高职高专精品课程规划教材 经管系列

秘书理论与实务
(第 2 版)

张再欣 主 编

清华大学出版社
北 京

内容简介

本书以理论够用为度，突出实用与技能培养。本书在编写上具有三个鲜明的特点：一是突出实务的可操作性，理论上的阐述尽量简约，突出秘书实践操作技能的培训和掌握。二是凸显学习的趣味性，每章、节都简明地提出学习要求和学习目标，使学生明确必须掌握的理论知识及实践操作的技能技巧；每节都以基本上能覆盖本节教学内容的案例分析导入；章后的综合练习、系列案例和紧密结合教学内容的情景实训，用以巩固教学内容。三是对接秘书任职资格认证，把"国家秘书职业资格认证"的相关考试内容融入进来，学完本书后可参加资格认证考试，以获取秘书中、高级职业资格认证证书。

本书可作为高职高专和成人大专的文秘、涉外文秘以及管理专业的教材，也可作为参加秘书国家职业资格技能鉴定的考试教材，还可作为在职秘书人员的参考书。

本书封面贴有清华大学出版社防伪标签，无标签者不得销售。
版权所有，侵权必究。举报：010-62782989，beiqinquan@tup.tsinghua.edu.cn。

图书在版编目(CIP)数据

秘书理论与实务/张再欣主编. —2版. —北京：清华大学出版社，2014（2021.1重印）
(高职高专精品课程规划教材　经管系列)
ISBN 978-7-302-34490-2

Ⅰ. ①秘… Ⅱ. ①张… Ⅲ. ①秘书学—高等职业教育—教材 Ⅳ. ①C931.46

中国版本图书馆 CIP 数据核字(2013)第 274282 号

责任编辑：桑任松
封面设计：刘孝琼
责任校对：周剑云
责任印制：杨　艳

出版发行：清华大学出版社
网　　址：http://www.tup.com.cn, http://www.wqbook.com
地　　址：北京清华大学学研大厦A座　　邮　编：100084
社 总 机：010-62770175　　　　　　　　邮　购：010-62786544
投稿与读者服务：010-62776969，c-service@tup.tsinghua.edu.cn
质量反馈：010-62772015，zhiliang@tup.tsinghua.edu.cn
课件下载：http://www.tup.com.cn, 010-62791865

印 刷 者：北京富博印刷有限公司
装 订 者：北京市密云县京文制本装订厂
经　　销：全国新华书店
开　　本：185mm×260mm　　　印　张：19.5　　　字　数：469千字
版　　次：2008年7月第1版　2014年1月第2版　　印　次：2021年1月第8次印刷
定　　价：45.00元

产品编号：053052-02

再 版 前 言

精品课程《秘书理论与实务》教材出版以来，受到业界的普遍关注和厚爱，众多院校都将它作为专业教学用书，且在使用过程中，不断反馈使用信息和意见。再版的编写和修订，是在广泛吸纳使用者建议的基础上，对其框架结构、内容及体例等方面作了较大幅度的修改和增补，理论部分压缩为两章，其余六章均为实务内容。文书的撰拟格式规范要求，绝大多数院校的秘书专业都将其单独设置，作为一门专业课程来教授，故修订时不再赘述，而只对其运行管理加以阐述。修订过程中还增添了部分新的案例并补充了部分真实性的实训科目。

本书与其他同类教材相比，其最大特色：一是突出实训的可操作性。每章后都有紧密结合教学内容而设计的情景实训，这是根据秘书在这个岗位上该"做什么"工作及这些工作该"怎么做"所设计的实训科目。教学时，先让学生做实训科目工作，通过做，促使学生自觉学习完成该项工作内容所必须掌握的理论知识，进而应用理论知识解决实际工作任务，在实践的训练中掌握完成该项工作任务的技能。二是凸显学习的趣味性。教学的组织是让学生置身于真实(或仿真)的秘书工作环境中完成秘书工作，它改变了过去主要由教师讲授、学生被动接受的填灌式教学模式，使学生从厌烦的、被迫的"要我学"的情绪中解脱出来，转变为自觉的、主动的"我要学"，且这"学"还是在完成工作任务中"学"，是在充满乐趣的"做中学"。三是对接秘书任职资格认证。本书在编写过程中融入了"国家秘书职业资格认证"的相关考试内容，学生学后可参加职业资格认证考试，获取秘书中、高级职业资格证书。

本书的编写单位是闽西职业技术学院和福建信息职业技术学院，两校均为"国家骨干高职院校"建设单位。主、参编人员都有丰富的教学改革与实践经验，编写实力雄厚。全书的编写结构与体例要求，是由省级精品课程的主讲张再欣教授在其精品课程教学框架结构的基础上加以设计。各章的撰写分别是：张再欣编写第一、二、三、五、六、七、八章；陈飞鲸编写第四章。全书由张再欣统稿。

在编写过程中，我们参阅了大量的同类论著，引用了大量例文，其中有的例文注明了出处，而有些例文因被多家媒介转载过，故未对其来源加注，编者在此对刊载这些例文的媒介和原创作者致以真诚的感谢。

本书体系庞大、内容繁复，而编者的水平有限，因而修订后仍可能会有漏误或欠妥之处，恳请各位同仁和广大读者继续批评赐教，以便进一步修订时完善。

编　者

目 录

第一章 秘书理论与实务概述 ... 1

第一节 秘书的含义和职业特征 ... 1
一、秘书的含义 ... 2
二、秘书的类别 ... 2
三、秘书职业特征 ... 3
四、秘书职业素养 ... 4

第二节 秘书工作的特点和作用 ... 9
一、秘书工作的内容 ... 10
二、秘书工作的特点 ... 10
三、秘书工作的作用 ... 11

第三节 秘书学与秘书学的研究 ... 12
一、秘书学的性质与研究对象 ... 13
二、秘书学与相关学科的关系 ... 15
三、秘书学的研究方法 ... 16

综合练习与实训 ... 17

第二章 秘书职能与职能环境建设 ... 23

第一节 秘书工作职能内涵 ... 23
一、秘书辅助管理职能 ... 24
二、秘书综合服务职能 ... 30

第二节 秘书职能环境建设 ... 31
一、秘书职能环境概述 ... 32
二、秘书职能的自然环境 ... 33
三、秘书职能的人际环境 ... 40

综合练习与实训 ... 47

第三章 秘书形象与秘书职业礼仪 ... 53

第一节 秘书的形象规范 ... 53
一、秘书的着装与佩饰 ... 54
二、秘书的仪容与仪态 ... 61

第二节 秘书的职业礼仪 ... 69
一、日常交际礼仪 ... 69
二、拜访会谈礼仪 ... 76
三、接待事务礼仪 ... 81
四、签字庆典礼仪 ... 90
五、礼品馈赠礼仪 ... 94

综合练习与实训 ... 96

第四章 秘书调研与秘书信息工作 ... 103

第一节 秘书的调查研究工作 ... 103
一、秘书调查研究概述 ... 104
二、秘书调查研究的内容 ... 105
三、秘书调查研究的方法 ... 105
四、秘书调查报告的撰写 ... 110

第二节 秘书的信息处理工作 ... 112
一、秘书信息与秘书信息工作的作用 ... 113
二、秘书收集经济信息的内容和形式 ... 114
三、经济信息收集的基本原则 ... 117
四、经济信息收集和加工方法 ... 117

综合练习与实训 ... 121

第五章 秘书沟通协调与辅助谈判 ... 129

第一节 秘书沟通协调的工作 ... 129
一、沟通的概念与原则 ... 130
二、倾听与表述的要领 ... 131
三、横向及纵向的沟通 ... 136
四、秘书综合协调工作 ... 138

第二节 秘书辅助谈判的工作 ... 139
一、谈判的概念、要素与特征 ... 140
二、谈判的模式、种类和程序 ... 142
三、谈判的策略、方法与技巧 ... 144
四、秘书在谈判中的辅助工作 ... 149

综合练习与实训 ... 153

第六章 秘书的文书工作 159

第一节 秘书文书工作概述 159
　　一、文书工作的概念 160
　　二、文书工作的特点 160
　　三、文书工作的管理 163

第二节 秘书文书处理程序 164
　　一、文书的收发与处理 165
　　二、文书的立卷与归档 173

综合练习与实训 175

第七章 秘书的会务工作 179

第一节 会议概述 179
　　一、会议的含义 180
　　二、会议的要素 180
　　三、会议的种类 180
　　四、企业的会议 181
　　五、会议的作用 182

第二节 秘书会前的准备工作 183
　　一、秘书会务准备工作概述 183
　　二、会议文件的制作与发送 187
　　三、会务机构及会议的经费 191
　　四、会场预订和会场的布置 193
　　五、接站报到及食宿的安排 199

第三节 秘书会间的服务工作 201
　　一、会议签到和座位引导 202
　　二、秘书的会议记录工作 204
　　三、会务协调与会议宣传 205
　　四、编发会议简报及纪要 207
　　五、会议的值班保卫工作 209
　　六、会议的后勤服务工作 210

第四节 秘书会后的事务工作 211
　　一、会后事务工作 212
　　二、提高会议效率 215

综合练习与实训 217

第八章 秘书的事务工作 224

第一节 办公资源管理 224
　　一、设备用品的管理 225
　　二、办公事务的管理 229

第二节 办公电讯管理 232
　　一、电话挂接的程序和方法 233
　　二、传真电邮的收发与处理 238

第三节 信访督察工作 240
　　一、信访工作概述 241
　　二、信访工作程序 243
　　三、企业信访工作 249
　　四、督察工作概述 251
　　五、督察工作程序 252

第四节 值班保密工作 254
　　一、值班工作 255
　　二、保密工作 259

第五节 印信管理工作 267
　　一、印章的作用 268
　　二、印章的种类 268
　　三、印章的样式 269
　　四、印章的管理与使用 271
　　五、信证的管理与使用 273

第六节 上司日程安排 276
　　一、安排上司活动概述 277
　　二、安排上司活动的原则 278
　　三、安排上司活动的程序 279
　　四、上司活动日程表安排 280

第七节 商务旅程管理 283
　　一、上司商务旅行的准备工作 284
　　二、出国商务旅行的服务工作 287
　　三、上司差旅期间秘书的工作 291
　　四、差旅返回之后秘书的工作 291
　　五、秘书随同旅行的事务工作 292
　　六、商务差旅的安全防范工作 293

综合练习与实训 294

参考文献 304

第一章　秘书理论与实务概述

本章学习要求：

秘书职业与秘书工作古已有之，距今已有四千多年的历史。但作为研究秘书工作规律的秘书学，却还是一门很年轻的学科。本章简要介绍秘书的含义、类别、秘书职业特征及秘书职业素养；秘书工作的内容、特点及秘书工作的作用；秘书学的含义、研究对象及秘书学的研究方法。理论问题不是本书研究的主要目的，因此不作深层次的探讨。要求通过学习，了解本学科的形成和发展历程。

第一节　秘书的含义和职业特征

学习目标：

- 了解并领会秘书概念的含义、秘书的种类及各类秘书的职责。
- 了解并掌握秘书职业特征与秘书职业素养。

案例导入：

小姜大学毕业后，应聘到中信集团下属的宏达贸易公司工作。她凭着自己的聪明和能力，经过一段时间的努力，被公司罗经理看中，调到经理办公室当秘书。到经理办公室后，姜秘书更是干得有声有色。

近些天，姜秘书很兴奋，因为几天后总公司的李副总经理要来公司视察工作，罗经理点名让她陪同一起向李副总经理汇报工作。姜秘书心想机会来了，她要精心准备一番，一定要在副总经理面前好好表现一把，不光让罗经理脸上有光，说不定借这次机会，得到副总赏识，以后还有可能调到总公司工作。所以，在李副总经理视察期间，姜秘书总是抢着介绍公司的具体情况，从现状到未来发展趋势，从具体工作到宏观评价，侃侃而谈，娓娓道来，无一遗漏。对自己了解得不太准确的情况，她也能灵机一动，迅速作出汇报。对李副总经理给公司布置的任务，她也毫不犹豫地满口应承下来。

视察结束后，姜秘书还给李副总经理留了名片，并向李副总表示：今后不管要办什么事，无论公私，都可以直接找自己。

送走李副总经理后，姜秘书对自己的这次表现有些沾沾自喜。她正暗自得意，却发现罗经理的脸色有些不对头。罗经理对她的这次表现并没有表扬，只冷冷地说了一句："辛苦了。"

过了几天，姜秘书被调到销售科当业务员去了。她怎么也没有想到会落得这么个结果。

秘书的职责是辅佐自己的上司，做好服务工作，而绝不是主角。姜秘书由于忽视了自己工作和职权的界限,积极主动"过头",出现"越位"现象。表现在:一是汇报工作越位;二是表态越位。在工作中,秘书因表现欲过强而造成工作越位,必然会干预到上司的职权范围,这是上司绝对不能容忍的。

(根据孟庆荣主编《秘书工作案例及分析》的案例修改,清华大学出版社 2007 年 6 月版)

一、秘书的含义

(一)秘书是一种职务或职业

(1) 在我国,秘书原指宫禁中的密藏之书。《晋书·荀勖传》中的定义是:"得汲冢古文竹书,诏勖撰次之,以为中经,列为秘书。"后引申为撰制、掌管文书的官员。如在东汉时设秘书监、秘书令等从事该工作。

(2) 在西方,"秘书"一词源于拉丁文,其意是"可靠的职员"。后泛指政府、社会组织和个人聘用的从事公务服务、处理文字及办公事务的工作人员。

(3) 《辞海》对秘书一词的定义为:"职务名称之一。协助领导综合情况,研究政策,密切各方面工作的联系,办理文书、档案、人民来信以及其他日常行政事务和交办事项。"

(4) 《现代汉语词典》(修订本)对"秘书"的定义是:"掌管文书并协助机关或部门负责人处理日常工作的人员。"

(5) 国际职业秘书组织对秘书的定义是:"具有熟练的办公室工作能力,不需上级敦促即能主动负责、积极进取、干练果断、在授权范围内作正确决定的经理助手。"

(6) 前苏联有关教材对"秘书"的释义是:"秘书是一项普通的职业,其职能主要是为机关提供称为秘书的辅助性、事务性和信息性的服务。"

上述定义对秘书的表述各不相同,但都共同指出:秘书是一种社会职务或职业,是辅助领导管理,为领导提供服务的工作人员。

(二)我国公务员制度对秘书的定义

秘书是国家工作人员(或称公务员)众多职务中的一种,是为领导中枢和领导者提供综合性、辅助性服务的公务人员,是以文字、调研、组织、协调等能力为手段,围绕领导意图进行工作的智力劳动者,是领导的耳目、助手和参谋。

二、秘书的类别

(一)按服务对象和经济来源分类

按服务对象和经济来源不同,秘书可分为公务秘书和私人秘书两大类。

(1) 公务秘书:是指为各级党、政、军、群机关和事业单位的领导服务,由组织和人事部门选调,从国家或集体领取报酬,在编制上属于该机关、单位的国家工作人员。

(2) 私人秘书:是指为企业、外国商社、三资企业、私营企业主服务,由他们聘请并支付报酬,不属国家编制的文员。

(二)按不同行业或所属部门分类

按不同行业或所属部门分类,秘书可分为党务、行政、经济、军事、司法和文教秘书等。

这其中还可进一步细分为若干小类,如在经济部门,可具体分为工业、农业、金融、保险、税务、商业等行业的秘书;在文教部门,又可具体分为文化、教育、卫生、体育、宣传、文艺、科研等部门的秘书。

(三)按业务范围的宽窄分类

按业务范围的宽窄分类,秘书可分为通用秘书和专业秘书两大类。

(1) 通用秘书:是指在我国党、政、军、群机关中担任秘书工作的秘书。这是我国当前秘书群体的主要部分。

(2) 专业秘书:是指在各行各业中担任秘书工作的秘书,如企业秘书、科技秘书、教学秘书等。

(四)按辅助的对象不同分类

按辅助的对象不同分类,秘书可分为集体秘书和个人秘书两大类。

(1) 集体秘书:是指辅助领导班子群体的秘书。我国党、政、军、群机关和企事业单位一般都实行集体秘书制。

(2) 个人秘书:是指辅佐领导者个人的秘书。我国高、中层机关、团体的主要领导人以及大型国有企事业单位的主要领导人,都配备有专职个人秘书。

(五)按秘书自身的特长分类

按秘书自身的特长分类,秘书可分为参谋智囊型秘书、事务型秘书、公共关系型秘书、技术型秘书、秀才型秘书和综合型秘书等。

(六)按秘书的精力投入情况分类

按秘书的精力投入情况分类,秘书可分为专职秘书和兼职秘书两大类。

(七)按工作性质和工作内容分类

按工作性质和工作内容分类,秘书可分为文字秘书、机要秘书、行政秘书、通信秘书、生活秘书、事务秘书、法律秘书、信访秘书、科技秘书和外事秘书等。这种分类是目前比较普遍和通用的分类方法。

三、秘书职业特征

(一)辅助性管理

从管理系统来看,领导处于主导地位,属于管理的中心;而秘书则是处在为领导中枢和领导者的工作创造各种便利条件,以保证领导中枢和领导者顺利地进行工作的地位。因此,秘书具有辅助性管理的特征。

1. 参与管理的辅助性

秘书能参加领导班子的各种会议并参与研究有关问题,可以提出解决问题的意见和建议,但只有发言权,没有表决权,更没有决定权。

2. 辅助管理的全过程性

秘书对任何一项事务的管理都是全过程参与。即从管理开始的前期获取信息，并对所获取的信息进行综合分析，从中发现问题，再根据需要和可能提出解决问题的方案，把方案提供给领导决策；然后对决策方案的实施进行协调监控直到最终目标的实现。整个管理的全过程工作，秘书都参与，是从开始到结束的全过程地辅助管理。

3. 处理事务的被动性

秘书处理任何问题，只能按领导的意图和指示精神办理，不能超越自己的职权范围，不能背离领导的意图和指示精神自作主张。

4. 工作结果的幕后性

秘书只能隐匿在领导的身后，出主意，想办法，献计献策，而不能走上前台，与领导"抢镜头"，他只能当"配角"，而不能当"主角"。

(二)综合性服务

秘书是领导的左右手，秘书部门是机关、单位的综合性服务部门，其工作涉及机关、单位工作的方方面面，具有工作内容的全面性、活动范围的宽广性以及主体角色的多重性，从而决定了秘书在进行工作时有着鲜明的综合性的特点。

1. 工作内容的多样性

秘书和秘书部门的工作涉及机关和单位的所有方面，许多无法交到职能部门承办的工作都由秘书部门去办理。秘书部门实际上成了"不管部"。

2. 综合服务的全面性

秘书辅助领导者的工作，其工作内容极其广泛，领导工作涉及哪里，秘书工作就要延伸到哪里，在宽范畴工作面上为领导者提供全方位的服务。

3. 工作服务的前导性

秘书和秘书部门联系上下左右，沟通协调，出谋划策等，这些事务都是在工作开展的前头就要先做；同时，任何单位、任何人来机关、单位办事，不论其内容如何，都是先找秘书和秘书部门，由秘书和秘书部门负责接待，然后按对方提出的要求和问题的性质，或由秘书和秘书部门亲自处理，或由秘书和秘书部门转交有关职能部门负责处理，这也是在工作开展的前头就先行处理。因此，秘书工作具有前导性。

四、秘书职业素养

(一)秘书知识与能力要求

1. 秘书的知识结构

秘书工作的综合性，要求秘书人员横向上要具有较宽广的知识面；秘书工作的专业性，要求秘书人员在纵向方面应具有较深厚的专业知识。纵横交错相结合，可以用大写的英文字母"T"来表示从事秘书工作所应具备的知识结构要求。当代秘书应具备如下三个层次的知识。

1) 基础知识

基础知识是秘书知识结构中的根基。基础知识越扎实、丰富，秘书的潜力发挥就越大。秘书的基础知识主要包括两大类：一类是社会科学基础知识，即语言文字的表达和应用的基础知识；观察事物、分析事物、认识事物的思想方法和能力的基础知识。另一类是自然科学基础知识，如数学、物理、化学、生物、天文地理等。秘书工作的基本特征决定了从事秘书工作的人员应具备专博结合的基础知识。

2) 专业知识

专业知识是指秘书在工作范围、工作职责内应掌握的知识。它同样也包括两方面的知识。一类是从事秘书工作所必须掌握的专业知识。秘书从事辅助性管理工作和为决策管理提供综合性服务工作，要求秘书必须掌握信息科学、决策科学、管理科学、社会学、人际关系学、心理学、秘书学(办文、办会、办事)及与之相关的信息调研知识、文书档案管理、信访督察知识及综合运用上述知识的能力。另一类是秘书所在部门的业务知识，比如，秘书供职于企业，就必须具有相关的企业管理知识；如工作在政府机关、事业单位等，就必须具有与这些业务相关的行政管理的知识。秘书工作的专业性特征决定了秘书从业人员必须掌握精深厚实的专业知识。

3) 相关知识

这一部分是秘书从业人员为适应时代不断进步的需要，为更好地完成工作而加以进修提高的知识，这是秘书人员知识结构中较高层次的知识，如新闻学、运筹学、法学、编辑学及各类办公现代化设备使用的基本知识等。社会事务管理的复杂性决定了高层次秘书人员应广泛涉猎与其管理工作相关的专业学科知识。

以上三个层次的知识结构不是并列的，其核心层次是专业知识，基础层次是基础知识，外围层次是相关学科知识。秘书人员需要构筑这种多层次的、博与专相结合的知识结构，应根据自身的具体情况，从工作需要出发，拾遗补缺，不断更新、优化自己的知识结构。

2．秘书的能力要求

所谓能力，是指顺利完成工作任务，并直接影响工作质量和效率的基本技能。一般来说，知识是人们对客观世界的一种认识活动，而能力则是人们运用知识对客观世界的改造和创造。能力与实践活动密切相关，一个人的能力可在实践活动中形成并得以发展。

通常，当代秘书应具有如下几种基本能力。

1) 办事能力

秘书活动具有明显的事务性特征，办事成了秘书一项基础性和经常性的工作。原因在于随着社会事务的复杂化，管理者越来越感觉无法全面准确捕捉和把握管理对象方方面面的情况，因而需要有专门的机构和人员帮忙和协同管理，于是，管理实践中出现了一种新趋向：即在管理决策系统中，主要决策者越来越向"务虚"方向发展，即集中精力研究关键性、全局性的战略问题，而把务实性工作交由辅助者来办理。作为辅助管理人员的秘书，其务实性工作的属性和本质特征，决定了他必须要具有较强的办事能力，这是秘书最基本又是最重要的能力。秘书的办事能力是由多种能力综合而成的，具体包括以下能力。

(1) 理解与领会。办事是在人与人的交往中进行，要办好事，必须准确而迅速地摸清各相关者的意图和想法。如上级决定并交办的事，秘书就要全面、正确地领会他们的意图；如果上级的意图需要相对人执行，秘书又得了解相对人的想法和意见。只有两头都吃透，上级的意图才能得以顺利贯彻执行，相对人才会配合落实。也只有如此，秘书的事最终才会得以办成。

(2) 分析与梳理。秘书每天要办的事常常不是一件两件，而是纷至沓来，千头万绪，一错乱就有可能陷入一团旋涡之中，茫茫然不知所措，有可能会出现抱住芝麻，却丢了西瓜的情况。因此，秘书必须要有较强的分析和梳理的处事能力，要把各种事情合理分类，综合梳理，分清主次缓急，紧扣主旋律，处理好主要的、关键的事务，其他的事务则顺势而带，这样，所有的工作才能如一支和谐的旋律，按部就班、轻缓有序、有条不紊地进行。

(3) 原则与应变。在实际工作中，有许多事情若死守条条框框，往往行不通。秘书在处理事情的过程中，须把原则性和灵活性相结合，即在不违反原则的前提下灵活变通处理，事情才能顺利办成。

2) 交际能力

交际能力是指秘书与各种公众、组织打交道的能力。秘书部门是沟通上下左右的枢纽部门，秘书每天都要接触各种人，与他们相处，秘书只有善于交际，也就是说秘书只有广交朋友，才能使人容易接近，也容易被人信赖，办事的效率才会高。

3) 管理能力

秘书担负着辅助决策、协助管理、综合协调的职能，因而要求必须具有相应的管理能力，即辅助计划、组织、指挥、监督、控制、协调、实施等能力。秘书的管理能力具体体现为：能使各方面的关系亲近、融洽、和谐，以消除不应有的紧张和隔阂；能迅速、准确地进行信息的传递与反馈，以避免视听不灵、情况不明；能使各项工作有主有次，有轻有重，同步运转，以杜绝工作的重复与冲突。

4) 调研能力

调查研究，是领导工作的基础，而秘书辅助管理，因此也要求具有调查研究的能力。调查能力，即运用科学的方法，全面、准确、迅速获取有关材料的能力；研究能力，即运用马克思主义的立场、观点和方法，对调查得来的材料进行分析研究，探求事物的本质和规律，得出正确结论的能力。

5) 承受能力

承受能力，是指人的心理对外界情况发生变化时的承担和自控能力。人的心理对外界环境，如自然环境和社会环境的变化一般都有习惯的适应性，但这种适应性有强弱之分。承受能力强的人，面对突然的变幻，能泰然处之，并及时采取灵活相应的对策，以适应环境的变化；而承受能力差的人，面对突然的变幻，则往往会感到很不适应，茫然而无所适从。秘书担负着辅助管理的职能，每天都会面对变幻莫测的外界环境，职能使之必须要具有较强的承受能力，泰然处置各类变幻莫测的事务。

6) 表达能力

表达能力包括口头表达能力和书面表达能力，能说会写是秘书的"看家本领"。秘书人员虽然很少去演说，但却经常要说话。上传下达要说话，汇报情况要说话，接待来访要说话，打电话要说话。说话机会如此之多，因此要求秘书说话必须：一要清楚明白，二要注意分寸，三要生动活泼。写作能力主要指写各种文章的能力。除了写得好，还要写得快，要练就"倚马千言"的硬功夫。

7) 操作能力

秘书是一种需要具有多种技能的综合性的职业种类。由于科学技术的飞速发展，尤其是办公自动化设备的应用，使秘书工作方式发生了巨大变化，因而要求秘书必须掌握多种专业化设备应用的工作技能，主要如对文字处理机、复印机、誊印机等文字处理机器的应用；对照相机、收录机、缩微机、电视会议系统等声像信息机器的应用；对电传机、多功能电话等通信机器的应用；对办公室计算机、个人用计算机等计算机的应用。另外，最好还能驾驶摩托、汽车等交通工具，以备不时之需。

综上所述，秘书的能力构成是一个多侧面、多因素的综合体，而要建立一个合理的能力结构并不是一蹴而就的事，要求秘书热爱自己的工作，有着强烈的事业心和责任感，能自觉地学习和运用，在工作实践中不断提高和完善。

(二)秘书修养与道德要求

人们常把修养与素质相提并论，但是素质主要是先天的，而修养则全靠后天的培养。如有的人素质并不出类拔萃，甚至迟钝愚笨，但只要心理状况基本健全，通过后天的努力，完全可以弥补先天的不足，成为一个有很高修养的人。因此，修养是指个人在思想、品质和知识技能等方面，经过长期锻炼和培养所达到的一定水平。秘书作为决策者和执行者之间的桥梁，需要有良好的修养。

1. 秘书的理论与作风修养

1) 秘书的理论修养

理论，是指人们在社会实践中概括出来的关于自然界和人类社会知识的系统的结论。科学的理论是对客观世界的本质及其规律的反映，其任务在于揭示客观事物的发展规律，并用以指导人们的实践活动。秘书需要掌握的理论有以下三个方面。

(1) 政治理论修养：主要有马克思列宁主义哲学、政治经济学和科学社会主义理论及毛泽东思想、邓小平理论等。马克思主义揭示了世界发展的普遍规律，特别是人类社会的历史发展的普遍规律，揭示了社会主义必然代替资本主义和最终实现共产主义的普遍规律，是无产阶级和劳动人民认识世界、改造世界的强大思想武器。中国革命和建设必须以马克思主义为指导。但对马克思主义理论的认识和理解不能是教条的，必须把马克思主义的基本原理同中国的具体实际相结合，科学地总结自己的经验，确定符合中国特点的前进道路和战略策略，我们的事业才能不断取得胜利。政治理论修养还包括政策水平。秘书工作的政策性和实践性很强，秘书必须具有较高的政策水平，才能正确理解党和国家的各项方针政策，并把它们贯彻到各项工作实践中去。

(2) 经济理论修养：秘书要加强经济理论的学习，提高经济理论修养。改革开放以来，我国的工作重心转移到经济建设上来，各级领导都要抓好经济工作。秘书作为领导的参谋助手，也必然要辅助抓经济工作，因此，秘书必须学习和掌握经济理论，要学习社会主义经济理论，同时还要学习西方资本主义经济理论，批判地吸收其有用的成分，为建设有中国特色的社会主义事业服务。

(3) 专业理论修养：秘书要加强专业理论的学习，提高业务理论修养。社会的发展造成社会分工的不同，不同岗位的人们必须具有相应的专业知识和技能。秘书作为一种职业，要辅助领导搞好管理工作，就必须加强专业学习，要具有较高的秘书专业理论修养。秘书业务理论主要包括秘书学的基本原理和基础知识以及秘书实务性的知识和实际操作方法、技巧，两者结合，构成秘书专业领域完整的业务理论知识体系。

2) 秘书的作风修养

作风是指思想上、工作上和生活上表现出来的态度和行为。

(1) 思想作风：秘书思想作风上的基本要求，就是要实事求是、谦虚谨慎。实事求是是我们党的优良传统和作风。坚持实事求是才能正确地认识和反映客观世界，才能敢于坚持真理、批判错误。解放思想与实事求是是统一的。我们的思想认识要符合客观实际，就要冲破落后的传统观念的束缚，改变因循守旧的精神状态，使思想适应发展变化的新形势。坚持实事求是，就要求秘书人员在工作中，善于把党的路线、方针、政策同本地区、本单位、本部门的具体情况结合起来，勇于探索，及时总结经验，创造性地开展工作；要在信息调研、辅助决策、办文办事、督察落实中，尊重客观事实，如实反映情况，有喜报喜，有忧报忧，不夸大也不缩小；要敢于坚持原则，不弄虚作假，更不能欺上瞒下，力戒工作的片面性、主观性。

(2) 工作作风：秘书工作作风上的基本要求，就是要雷厉风行、一丝不苟。一方面，贯彻执行上级的指示和决策，动作要迅速，工作效率要高，要认真负责，不折不扣，全面落实到位；另一方面，则要求把人民群众的事当成自己的事，以人民群众的利益为根本利益，及时转达人民群众的呼声，使上级领导能根据群众的反映迅速做出决策，满足人民群众的要求。

(3) 生活作风：秘书生活作风上的基本要求，就是要有礼有节、落落大方。待人接物要谦虚，要正直无私，不媚上，不骄下，要摈弃装腔作势、盛气凌人的官僚恶习。

2．秘书的职业道德要求

道德是一种社会意识形态，是人们调整自身及相互关系的思想意识和行为准则。职业道德是同人们的职业活动紧密联系的、具有自身职业特征的道德准则和规范。各行各业都有特殊的职业道德规范，如教师的诲人不倦、循循善诱；医生的救死扶伤、治病救人；售货员的文明经商、公平买卖等。秘书工作的从属性、服务性、事务性、烦琐性、机要性等特点，决定了秘书须拥有较高的人格及恪守的职业道德。

1) 热爱工作，甘于平凡

秘书岗位十分重要，但秘书人员不处于社会活动的前沿阵地，其辅助性、"潜隐性"，决定了秘书人员的"幕后角色"。党政秘书主要不是去做报告，企业秘书主要不是去订货拍板，科技秘书主要不是去发明创造，秘书的全部成果应多以其领导或所属组织的名义公之于众，而自己却默默无闻。秘书只有充分认识到自己工作的这一性质，有甘当无名英雄的胸怀，才能做好这份工作。

2) 不辞劳苦，不计报酬

秘书工作，特别是基层的秘书工作，涉及面广，工作量大，既繁重又琐碎，且政策性强，责任重。秘书人员既要有脑力劳动，又会有体力劳动。秘书人员必须做到大事要抓，小事要管，"眼睛一睁，忙到熄灯"，但他们的劳动价值不一定会得到社会的理解和承认。有人这样概括："工作来了找秘书，出了问题怨秘书，福利待遇压秘书，功劳簿上没秘书。"

这种状况估计短期内难以改变，因此，没有无私奉献精神，是做不好秘书工作的。

3) 自尊自重，克己奉公

秘书虽然权力不大，但用权方便，用权的渠道和方式比较多。因此，要自尊自爱，不能以自己的特殊地位谋取私利，处理各种问题也不能掺杂私心，更不能擅用领导的名义办各种私事，搞不正之风。此外，秘书还要在为政清廉中发挥作用。廉政是针对政权机构中的腐败现象提出的，廉政必须从领导干部做起。秘书作为领导的参谋和助手，要经常提醒领导，坚持原则，秉公办事。

4) 谦虚谨慎，平等待人

秘书接近领导，常常出面替领导办各种事情，故人们常把他们看成公司或机关的代表、领导的代言人。故此，秘书虽贴近领导，但也不能以"二首长"自居。他们本身待人接物的态度往往影响到单位或领导的声誉，因此，秘书必须宽厚谦和，把自己摆在小学生的位置。对上固然要尊敬、请教；对下也要热情有礼，不可摆官架子，盛气凌人；听到不同意见不急躁、不反感；遇到困难不气馁、不埋怨；工作中出现差错不推诿，应勇于负责，迅速改正。

5) 严守机密，提高警惕

秘书经常接触和掌握机密，相对于其他部门而言，秘书是知密早、知密多、知密深的显要人物，因此，常有人向他们打探消息，他们甚至成为对手窃取情报的主要对象。而秘书经常与各种人打交道，出入大大小小的场合，这就给保密增加了难度。一般来说，秘书失密、泄密大致有两种情况：一是有意泄密(这是政治态度问题)，虽然此类人为数极少，但造成的损失很大；二是过失泄密(这是工作态度问题)，要减少此类失误，主要靠秘书人员的自觉性。秘书人员要随时提高警惕，加强保密观念，养成保密习惯；要做到不该看的不看，不该听的不听，不该说的不说，不该写的不写。

由以上的内容有人总结了当好秘书的秘诀："吹吹拍拍不迎合，拉拉扯扯不下水，吃吃喝喝不沾边，谈谈聊聊不泄密，急急忙忙不粗心，稳稳当当不误事。"这也就从一个侧面体现了秘书修养与职业道德的作用。

第二节 秘书工作的特点和作用

学习目标：

- 了解和掌握秘书工作的主要内容。
- 了解并领会秘书工作的主要特点与秘书工作的作用。

案例导入：

> 微软的总裁比尔·盖茨曾说过："我和微软的成功因为有露宝。"露宝正是他的秘书。
> 创业时的微软都是年轻人，做软件、搞开发都是能手，但内务却一团糟。微软的第一任秘书是个年轻漂亮的女大学生，除了自己分内的事，对其他任何事情都是一副不闻不问的冷漠劲儿。没过多久，比尔·盖茨就要求总经理伍德给他换一个秘书。
> 一天，伍德一连交上几个年轻女性的应聘资料，比尔·盖茨看后都连连摇头："难道就没有比她们更合适的人选了？"比尔·盖茨理想中的女秘书应该干练、稳重，而不是花

瓶式的摆设。伍德犹犹豫豫地拿出一份资料递到比尔·盖茨面前："这位女士做过文秘、档案管理和会计员等不少后勤工作，只是她年纪太大，又有家庭拖累，恐怕……"比尔·盖茨一目十行看完了这份应聘资料，表示："只要她能胜任公司的各种杂务而不厌烦就行。"

这样，42岁的露宝上任了。事实证明比尔·盖茨的选择是正确的。她进入公司后，像母亲一样关怀各位软件高手的衣食起居，使他们减少了远离家庭而带来的种种不适。露宝把微软公司看成一个大家庭，里里外外打理得妥妥帖帖。她一直自觉以一个成熟女性特有的缜密与周到，考虑着自己应该在"娃娃公司"负起的责任与义务。她真心关爱每一位员工，对工作也有一份很深的感情。很自然，她成了微软的后勤总管，负责发放工资、记账、接订单、采购、打印文件等，工作远远超出了一位总裁秘书的职能。这也使比尔·盖茨和其他员工对露宝产生了很强的依赖心理。

当微软决定迁往西雅图，露宝因为丈夫在亚帕克基有自己的事业而不能走时，比尔·盖茨对她依依不舍。他和公司高层联名写了一封推荐信，信中对露宝的工作能力给予了很高的评价，临别时比尔·盖茨握住露宝的手动情地说："微软留着空位子，随时欢迎你。你快点过来吧！"

三年后，1980年冬季的一个寒夜，在比尔·盖茨西雅图的办公室，一个熟悉的声音响起，"嗨，我回来了！"——正是露宝！她先是一个人从亚帕克基来到西雅图，后又说服丈夫举家迁来。

秘书工作的内容极其宽泛，除了辅助管理这种比较高层次的工作外，还有为上司提供服务这种琐碎的事务性工作。微软公司在创办初期所网罗的是"做软件、搞开发都是能手"，但这些人往往对工作和生活的琐碎事一窍不通，因此，必然是"内务一团糟"。而露宝以其成熟女性特有的缜密与周到，在"娃娃公司"承担起处理事务性工作的责任与义务，当然成了总裁和其他员工的依赖。因此，微软的成功离不开露宝是必然的。

(根据孙荣等编《秘书工作案例》的案例修改，复旦大学出版社2005年2月版)

一、秘书工作的内容

秘书工作，是以为领导中枢及领导者的工作运转和决策服务为目的，由秘书完成的一系列综合性、辅助性工作的统称。具体而言，秘书工作主要包括文字工作、文书工作、调研工作、信息工作、协调工作、督察工作、信访工作、会务工作、接待工作、保密工作、事务管理工作以及领导交办的其他工作等。

二、秘书工作的特点

(一)机要性

秘书工作的机要性，即秘书工作的机密性和重要性。秘书部门是最贴近领导中枢的部分，他参与各种重大问题的研究，了解机关、单位内外许多重要的情况，其中不少在未公布之前都属于机密，因此，具有机密性；秘书工作是辅助领导、上司进行管理的公务活动，有相当部分的内容属领导、上司的工作范围，因为工作需要，秘书必须了解和掌握这些工作内容，甚至在必要的时候，代替领导、上司临时实施管理和开展公务活动，因此，这又构成了秘书工作的重要性。

(二)被动性

秘书工作的被动性是由秘书工作的辅助性特点和服务宗旨所决定的。秘书和秘书部门的工作总是围绕着领导中枢和领导者的工作需要而进行的。当然，秘书和秘书部门也有需要自己独立履行的工作职责，但这种独立履行的工作职责也是不能背离领导中枢和领导者的工作而按自己的意愿来安排的。秘书一般都是领导交代干什么，他就必须干什么，即使是自己分内的规范性工作，也只能在领导交代的任务少时，插缝自行安排加以调剂。由此种种，决定了秘书工作总是处于被动的地位。

(三)事务性

秘书工作的事务性，是指秘书和秘书部门为领导中枢和领导者服务，而这种服务一般都体现在对各种具体事务性工作的处理上，如收发文件、起草公文、打印校对、加盖印章、组织会议、安排洽谈、接听电话、送往迎来、派车买票、安排食宿等，都要一件一件地去办，一点也疏忽不得。而办事又总是与"细"、"繁"、"杂"、"忙"连在一起。这种繁杂事务须一件件加以认真细致地处理，从而体现了秘书工作事务性的基本特征。

三、秘书工作的作用

秘书工作服从并服务于领导工作，因此从某种意义上来讲，也是领导工作的组成部分；同时，它也是机关、单位能正常、有效运转的基本保障。其作用具体表现在以下几个方面。

(一)枢纽作用

(1) 从纵向来看，它要做好上情下达、下情上传的工作，及时将领导的意图、指示、决定传达下去，让各职能部门、下属单位和广大干部群众了解和掌握，认真领会并贯彻落实；同时，又要将下面的情况全面、准确、实事求是地反馈上来，尤其要重视反映广大群众的意见、要求、愿望乃至疾苦，使领导的工作具有广泛的群众基础，从而制定出切实可行、行之有效的决策。

(2) 从横向来看，秘书部门要充分发挥密切各方面关系的纽带和桥梁作用，切实做好各职能部门的协调、平衡工作，成为减少摩擦、使"机器"正常运转的"润滑剂"，有效防止和解决各职能部门之间互不买账、推诿扯皮等问题，形成一种亲密融洽、团结协作的关系，在工作上相互支持，密切配合，同心同德，并肩前进。

(3) 秘书工作的枢纽作用能否得到充分的发挥，关键是看秘书和秘书部门对上下、左右、内外等方面的关系协调得如何。秘书和秘书部门要协调好各方面的关系，一定要坚持协调原则，把握协调时机，注意协调方法，讲究协调艺术，以取得尽可能圆满的协调效果。

(二)辅助作用

(1) 在决策前期收集加工信息资料，给领导提供各方面的信息，作为领导决策的依据；在决策中协助领导对已掌握的信息进行分析、研究、判断，并提出几套方案供上司参考选择；在决策后则要对决策方案的落实、实施、监控和反馈，保证决策方案全面贯彻落实。秘书工作的参谋作用贯穿于领导中枢和领导者的指挥、管理、协调、监控等各个方面，在这管理的全过程中，秘书起的是参谋、助手的辅助的作用。

(2) 协助领导处理大量繁杂的常规性事务工作。如安排好机关的全年工作和阶段性工作；为一定时期的中心工作或重要会议、重要活动出主意、当参谋；在撰文、核文、筛选文件时，提供一些参考性意见。

(3) 承担其他职能部门无法办理，而领导者个人又承担不了的各种日常事务性工作。如接打电话、收发文电、印制公文、管理印章、接待来访、安排会议、督促查办等。

(三) 耳目作用

(1) 耳目作用是指充当上司的"眼睛"和"耳朵"。由于秘书处于机关的枢纽位置，听到、看到、收集到的各种情况较之其他职能部门乃至比上司的范围要广、数量要多，秘书将了解到的情况和获取的各种信息，经过去粗取精、去伪存真、由此及彼、由表及里的改造制作，由感性认识上升到理性认识，然后提供给领导，为领导决策提供依据。

(2) 决策确定之后，在贯彻、落实决策的过程中，再收集贯彻落实的反馈信息，将之及时向领导汇报，以保证正确决策的有效实施或对有瑕疵决策及时进行修正完善，最终有效实现目标。

(四) 协调作用

(1) 秘书处于综合办事机构之中，承担调整和改善上下级组织之间、各职能部门之间、领导与领导之间、领导与干群之间、同事与同事之间以及本单位与兄弟单位之间、单位与员工家属之间的关系，发挥协调的作用，这是其他职能部门所无法替代的效用。

(2) 现代社会事务的复杂性导致工作的复杂化，要提高工作效率就必须协调处理各方面的关系，使上下左右形成一个有机体，心往一处想，劲往一处使，朝着决策目标形成合力，这样才能提高工作效率。

(五) 形象作用

(1) 把好文字、用印、保密等工作关口，减少工作失误，提高工作效率，树立机关单位的形象。

(2) 展现良好的礼仪风貌和工作态度，提高机关、单位的整体素质形象。

第三节　秘书学与秘书学的研究

学习目标：

- 了解并领会秘书学的基本定义及秘书学的研究对象。
- 掌握当代秘书学的研究方法。

案例导入：

某经济管理职业技术学院文秘专业有"三朵金花"：刘枚、李彤和张帆。三个人身高都是一米六七，体重54公斤；长得也都是面容姣好，青春可人；学习成绩也不相上下。当得知著名的大型企业中信集团要来学校招聘一名秘书的消息之后，三个人私下都暗暗努力，做了充分的准备，想尽办法要把这唯一的名额争到手。

招聘分三轮进行：自我介绍、专业测试、面试。前两轮下来，三个人的分数居然相等，可又远超过后面的几个人。最后一关大家都感觉非常紧张。主考官出了两个问题：你的竞争优势和劣势各是什么？你对自己的职业生涯有什么样的计划？当时三个人的回答也不相上下。按常理，这唯一的职位应该是从这三个人中选一个。可奇怪的是，最后被选中的却是排在她们之后的第四名张睿。是因为张睿有后门，还是她有什么特长？

可她们都知道：张睿没有什么背景，她家境贫寒，上学的学费都是靠自己勤工俭学赚来的。

后来，班主任请教招聘主考官后，才得知张睿成功的秘密：在面试的现场，主考官故意在面试教室的门旁边放了一把倒下的扫帚。其他的同学在面试的时候，都专注于主考官的表情并想着如何应对主考官的提问，对倒地的扫帚视而不见。张睿在进入面试考场时，看到倒地的扫帚，不仅捡起来，还把它放到了应该放的地方；同时，在准备坐下应对主考官的提问时，发现给考生坐的椅子下面有两张白纸，她又很自然地弯下腰拾起来，放到主考官面前的桌子上。招聘的主考官说："秘书人员所从事的是服务性质的工作，其他的专业知识可以通过学习获得，但是服务意识却是要多年的习惯才能养成；同时，张睿在进出的时候特别懂规矩，非常有礼貌，礼仪规范和习惯，也是要经过长时间的积淀才能形成。而这些方面素质的养成，却是企业最看重的。因此，我们当然选择录用张睿。"

对于秘书从业人员来说，专业知识通过努力很快就能学到，而服务意识和礼仪规范却需要长时间的积累才能养成，可后者素质的养成却是企业最关注的。所以，张睿才能够突破自身的劣势获得成功。

(根据孟庆荣主编《秘书工作案例及分析》的案例修改，清华大学出版社2007年6月版)

一、秘书学的性质与研究对象

(一)秘书学的学科性质

学科性质是由该学科的研究对象所决定的，指的是该学科区别于其他学科的根本属性。秘书学是一门年轻的学科，当前研究秘书学的学者对它与其他学科的区别的看法不尽相同，概括起来，大致有以下几种看法。

(1) "应用说"：认为秘书学是近些年来在我国形成的一门新兴的应用学科。

(2) "分支说"：认为秘书学是人文社会科学中的行政管理学或领导科学中的一个分支，或者认为它是政治学、管理学中的一个分支。

(3) "边缘说"：认为秘书学是一门新兴的边缘学科，是从政治学、领导学、管理学和文书学(写作学)的边缘产生的，是这些学科知识圈交叉重叠的产物。

(4) "综合说"：认为秘书学是研究秘书、秘书工作、秘书机构、秘书职能、秘书队伍建设和秘书实务的本质、特征和规律的新兴、横向、边缘、交叉的综合性应用学科，是一门独立的现代人文社会学科。

(5) "实践说"：秘书学的理论来源于秘书实践，先有秘书实践，然后才有秘书学。秘书学是秘书实践经验的概括和总结，是秘书实践经验的条理化、系统化、规范化、理论化和科学化。

综合上述各学说，或认为秘书学是一门新兴的应用性的独立学科，或认为是众相关学科中附生的一门新学科。

本书对秘书学学科性质的看法如下。

(1) 秘书学是一门实践性很强的技术性应用学科。秘书学来源于秘书实践，反过来又为指导秘书实践服务，是理论与实践有机结合的产物。

(2) 秘书辅助职业古已有之，只不过是过去对其研究甚少。今天，随着管理事务越来越趋于复杂化，现代决策管理中心需要众多辅助管理机构的协助，而秘书及秘书机构是众多辅助管理机构的主体，因此，对其研究越来越引起人们的重视，秘书学因而应运而生。

(3) 秘书学在形成过程中，借鉴了政治学、领导科学、管理学、社会学、行为科学、信息学、公共关系学、文书学、档案学、写作学等姊妹学科的研究成果，在借鉴过程中形成了有自己血肉的、有新的内涵和新的特征的一门独立的学科。因此，秘书学不能说是附生于众相关学科中的一门新学科。

(二)秘书学的研究对象

秘书学学科性质的无定论，导致对秘书学的研究对象也存在众说纷纭的现象。

(1) 秘书工作说。如王千弓等在《秘书学与秘书工作》一书中认为，秘书学是"以秘书工作为研究对象，是研究秘书工作的产生、发展、特点、任务、原则和方法的一门新科学"。朱佳林在《管理秘书学》中认为，"秘书学是研究秘书工作规律及其应用的科学"。

(2) 秘书活动说。如董维超主编的《秘书学教程》认为："秘书活动是秘书学的学科对象。"

(3) 综合上述两说，形成"秘书工作和秘书活动说"。如袁维国主编的《秘书学》认为："秘书学是研究秘书工作和秘书活动规律的科学，是一门综合性的应用学科"，"秘书学的研究对象，包括秘书工作、秘书活动两个方面"。

(4) 对象多元说。如陈贤华在《秘书工作论》一书中认为："概括地说，秘书学以秘书、秘书机构和秘书工作为研究对象。"欧阳周在《现代秘书学》一书中认为："秘书学是以秘书、秘书工作、秘书机构、秘书职能、秘书队伍建设和秘书实务的本质、特征、发展及其规律为研究对象的一门学科。"

(5) 辅助管理说。秘书学的研究对象就是秘书和秘书部门对领导进行辅助的一般规律，或者认为秘书学是研究如何进行辅助性管理的一门科学。

以上各种意见，都从某一侧面揭示了秘书学的性质，在不同程度和不同层次上涉及了秘书学研究的对象和范围，各有其合理的一面，但又各自偏于一端，因而不能认为是完善的和全面的。

本书对秘书学研究对象的看法如下。

(1) "秘书工作说"与"秘书活动说"的内涵应该说是同质的，没有大的区别；而"对象多元说"，罗列再多的对象，却仍还有一些对象没被罗列进去，遗漏是必然存在的，因此，概念定义肯定是不完善的。

(2) "辅助管理说"把秘书所有的工作内容和活动范围都囊括进来，并突出秘书工作辅助性这一本质特征而进行研究，对象全面而又紧扣其本质属性，应该说这是比较科学合理的概念定义。

二、秘书学与相关学科的关系

(一)秘书学与哲学的关系

哲学是以最一般的概念形式表达人们对整个世界(自然界、人类社会和思维)的根本观点的体系,是系统化、理论化的世界观,是对自然科学、社会科学的概括和总结。哲学为秘书学的研究提供世界观和方法论的基础,对秘书学的研究起着导向作用。

(二)秘书学与管理学的关系

管理学是对现代管理机能发展变化的概括和总结,是以人和组织的根本利益为前提而有目的、有意识地进行监控的学科,其内容主要包括管理组织、管理职能、管理系统、管理行为、管理原则、管理技术等。秘书和秘书部门的基本职能之一是协助领导进行有效管理,这是一种特殊的管理活动。秘书虽不是严格意义上的管理者,但他在协助领导计划、组织、指挥、监督、控制的管理过程中,起着十分重要的作用。秘书和秘书部门在协助领导进行管理时,必然要运用管理学的原理、知识、技能和技巧。但管理学研究的是一般的管理规律,而秘书学研究的只是秘书职能中辅助管理的特殊规律,它们属于两门不同的学科,二者不是包容与被包容的关系。

(三)秘书学与行政学的关系

行政学是一门研究各级政府公共行政管理现象及其规律的学科,其内容主要包括行政原理、行政组织、行政领导、行政决策、行政信息、行政法规、行政监督、人事行政、财务行政和机关管理等。秘书工作是公共行政领导工作和组织管理工作的重要组成部分,在行政学的研究内容中,包含有秘书学的内容,如机关管理中就包括对秘书、秘书机构、秘书工作的管理。秘书和秘书部门要协助各级各类领导综合情况,研究政策,密切各方面工作的联系,担负着"参与政务"的工作,同时还有大量的"管理事务"的工作。但秘书所有的这些工作都是起辅助和服务的作用,这是秘书学与行政学在本质上的差别所在。同时,秘书工作还不仅是公共行政管理机构才有的辅助管理工作,其管理内涵已远远超出公共管理领域。因此,我们不能把秘书学说成是行政管理学的分支,因为这显然是与实际不相符的。

(四)秘书学与领导科学的关系

领导科学是研究现代领导工作规律的科学。有领导就有秘书,秘书工作不能离开领导工作而独立存在。但我们也不能因此而认为秘书学是领导科学的分支。因为领导在其全面的工作过程中是居于主导地位,特别是其中的决策职能,这是专有的职权,秘书在其中都只是起辅助管理的作用,而拍板决策的职权是绝对没有的,这是它与领导工作在本质上的差别,也是它之所以成为独立的学科而不附生于领导科学的原因所在。但领导与秘书、管理与辅助管理在关系上的紧密性,导致了研究秘书学必然要与研究领导科学相结合。

(五)秘书学与信息学的关系

信息学属于自然科学范畴,是研究信息的发生、获取、传输、存储、加工处理、分类、识别、控制和利用的一般原理和方法的科学。信息工作是秘书工作的组成部分，信息学的理论和方法，已开始应用于秘书工作中的信息传导、文字处理和文书档案的管理等方面。秘书学与信息学的关系，主要表现在以下三个方面：一是信息学的兴起，促进了秘书学的发展，给秘书学增添了新的内容；二是信息学的理论和技术，已被秘书工作领域广为应用，成为秘书学研究的重要对象；三是信息学理论、技术的应用，为办公自动化展现了美好前景，为秘书工作的现代化开辟了新的途径。但是，秘书学只是运用信息学的原理和方法来加工、处理、传递、存储信息，大部分内容与信息学无关，它们各自都是新兴的独立学科。

(六)秘书学与文书学、档案学的关系

文书学、档案学被称为与秘书学并列的姊妹学科。文书学研究文书和文书工作，档案学研究档案和档案管理工作。文书是档案的前身，档案是文书的归宿，它们在文书立卷过程中有机结合。而通过文书处理和档案管理来为领导服务，是秘书工作的重要方面，因此，秘书学离不开文书学、档案学。

(七)秘书学与写作学的关系

写作学是研究写作的特点和规律的科学。秘书的工作内容之一就是撰写文件和其他文章，因此，秘书学要研究公文和其他实用文体写作的规律、特点和方法，在这一点上，两门学科发生重叠和交叉。

此外，秘书学还与政治学、决策学、行为科学、心理学、公共关系学、法学、口才学等学科有着一定的联系，甚至还借助于自然科学的研究成果和研究方法。

三、秘书学的研究方法

(一)历史和逻辑相统一的方法

秘书学中所研究的各种问题，如秘书、秘书工作、秘书机构、秘书职能、秘书职能环境以及参谋咨询、辅助决策、沟通信息、协调关系等，都是在历史的发展过程中产生和形成的，因此，秘书学的研究必须具有历史主义观点。但不同的时代同一行为又会有不同的含义，因此，还必须与逻辑的方法结合起来。逻辑的方法就是推理论证的方法，即以逻辑"浓缩"的形式再现秘书学和秘书工作的历史进程。逻辑的方法并不是纯抽象的方法，它需要有事实的依据，有历史的根据，它反映了历史的辩证法。只有将历史的方法与逻辑的方法有机地统一起来，才能使秘书学的研究真正揭示出其历史的规律性，并预见其发展的趋向。

(二)理论与实践相结合的方法

秘书学是理论性与实践性相统一的学科。秘书学的理论与应用是密不可分的，因此，在学习和研究秘书学时，一方面要从实际出发，掌握大量原生态的秘书工作案例，从无数生动的客观事实中寻找规律性的东西，对秘书学的理念和基本理论问题作出科学的回答，提升为理论；另一方面，又要将秘书学理论与秘书实践、秘书工作的实际运作联系起来，把提升为科学的理论，再返回来指导秘书工作的实践，通过实践来验证和发展秘书学理论。这就是从感性到理性的整个辩证思维的发展过程，它包括了从具体到抽象，再从抽象到具

体两个阶段。

(三)学科比较的方法

秘书学是一门自成体系的独立学科，但它在形成过程中借鉴了哲学、政治学、行政学、管理学、信息学、写作学、社会心理学、领导科学、决策学、行为科学等姊妹学科的研究成果，它与这些姊妹学科有着千丝万缕的联系。因此，学习和研究秘书学，有必要将秘书学与相关姊妹学科进行比较和鉴别，从中总结出带有规律性的理论，找出它们之间的相同点和不同点，从而才能正确地认识秘书学的学科性质及其本质特征。

(四)经验分析的方法

所谓经验，是指从实践中总结出来的认识。实践经验是得到了检验的理性知识，它对以后的同类实践具有现实的指导意义。经验分析法，就是从掌握的实践经验事实出发，对秘书和秘书工作进行比较和分析，使其成为有条理、较系统、有联系的科学经验。科学经验能为秘书工作中一系列问题的科学说明提供依据，能为现实的秘书工作发挥高效的指导作用。

(五)案例研究的方法

案例，是指对某一具体真实的事件作客观而准确的叙述或报道，然后对这一事件的具体活动内容、预期目标、运作过程、内在机制、成败原因、社会效果等进行具体的分析归纳、总结提炼、研究并评价解决这一事件所采用的方式方法，找出事件的成败得失和经验教训，以增进后人的治事能力。

综合练习与实训

一、思考题

1. 秘书的含义是什么？现代秘书有哪些种类？
2. 现代秘书的职业特征是什么？
3. 现代秘书应具备什么样的知识结构？
4. 现代秘书应具备什么样的能力？
5. 秘书应具备什么样的理论修养和作风修养？
6. 秘书须恪守什么样的职业道德？
7. 现代秘书的工作内容及工作特点是什么？
8. 现代秘书工作有哪些作用？
9. 简述秘书学的学科性质和研究对象。
10. 简述秘书学与管理学、行政学的关系。
11. 秘书学的研究方法有哪些？

二、案例分析

案例(一)

她长得并不好看,是一家房地产公司的电脑打字员。她工作的地方与总经理的办公室之间隔着一块大玻璃,但她很少向那边多看一眼。她总是低头忙于打不完的材料。她知道工作认真刻苦是她唯一可以和别人一争长短的资本。

一年后,公司资金有些紧张,员工工资都发不出了,人们纷纷跳槽。最后总经理办公室的人员就剩下她一个人。她要打字、接听电话、为总经理整理文件等,天天忙得团团转。

一天,她又看着总经理没精打采地走进他的办公室,坐在办公桌前发愣。于是,她放下手中的活,走进总经理办公室,直截了当地问总经理:"您认为您的公司已经垮了吗?"总经理很惊讶,说:"没有!""既然没有,您就不应该这样消沉。现在的情况确实不好,可许多公司都面临着同样的问题。虽然您的2000万砸在了工程上,成了一笔死钱,可公司并没有全死呀!我们不是还有一个公寓项目吗?这个项目就可以成为公司重整旗鼓的开始。"

隔了几天,她被派去搞那个公寓项目。两个月后,那片位置不算好的公寓全部先期售出,她拿到了3800万元的银行存单。

4年后,她成了公司的副总。她又帮着总经理做成了好几个大项目。同时,还忙里偷闲,炒了大半年股票,为公司净赚600万元。

公司改为股份制公司,总经理当了董事长,她则成了新公司的第一任总经理。有人要她对公司的数百名员工讲几句话。她说:"无论是为公司工作还是为公司炒股,我一是用心,二是没有私心。因此,我才能成功。"

(根据孙荣等编《秘书工作案例》的案例修改,复旦大学出版社2005年2月版)

请问:这位电脑打字员为什么能走向成功?当单位或领导面临危机的时候,秘书应当怎么做?

案例(二)

杨梅在中信集团宏威电子有限公司做秘书工作已经5年了。从大学毕业到这个单位做秘书,最后成为公司经理的左膀右臂——秘书科科长。居于这个年产值3亿元的公司的显赫职位,是非常令人羡慕的事情。当那些后生学妹缠着她介绍经验的时候,她只说了四个字——细致周到。在同事们软磨硬泡之下,她终于缓缓地说出了细致周到的具体内容。

原来的经理是个刻板严谨的老者,他非常讲究卫生和工整,自己放置的文件如果被人换了位置他都会相当不满。所以,杨梅从来都不让卫生员为经理打扫办公室,而是自己亲自来做。她不仅把办公室收拾得整洁有条理,而且保证清扫之后任何物品都在原处。她发现经理喜欢喝西湖龙井。于是,在出差去杭州时,特意为经理带回几盒茶叶。后来老经理退休了,换了一位中年妇女,大家都想,这次她肯定得不到新上司的赏识了。但是,杨梅还是凭着自己的细致周到,又赢得了上司的青睐。每次她跟女经理一起下楼的时候,她总是走在女经理的外侧,有时候还如同对待长者一样,小心地搀扶着女经理的手臂。当女经理过生日的时候,她知道女经理是个单身妈妈,还专门买了一束鲜花放了在她的办公桌上。不仅如此,女经理因为经常晚上有应酬,孩子正准备中考,于是,她主动提出晚上帮她的孩子补习功课。女经理为人比较粗心,一次,她着急让杨梅打印一份商业合同。当时女经理心急火燎急催着要，而杨梅却依旧忙而不乱，在影印之前，耐着性子将合同仔细地阅读了一遍。结果，细心的她发现合同的一处数据错误，报请经理作出修改，此举为公司避免了将近百万元的损失。

(根据孟庆荣主编《秘书工作案例及分析》的案例修改，清华大学出版社2007年6月版)

请问：杨梅成功的秘诀是什么？她为什么能与不同性格的上司和谐相处？

案例(三)

有这么一位秘书，据说中国台北的老板们都乐意聘用她，都想方设法地争着开高价把她吸引到自己的公司。据圈里人说，哪个老板要是能聘用到她，必然会财运亨通，诸事顺达。那她到底是怎样的一位秘书呢？从外表上看，她毫不起眼，既不年轻，也不漂亮，四十不到的她，瘦弱而且略微有些憔悴；她的个性也不活泼开朗，而是腼腆内向。然而她举止文雅，待人有度。尤其是她有着令人羡慕的惊人的敏感性和记忆力，每一位她辅佐的上司的客户和朋友的情况，她都了如指掌。在公众场合和日常的工作中，她总能适时地悄悄地提醒上司：该向某位客人道喜，因为他的公子近日考上了台大；或是该向某位友人慰问一下，因为他刚刚病体康复……由此，每一位由她辅佐的上司总能在公众中赢得良好的口碑和极佳的人缘。

(根据孙荣等编《秘书工作案例》的案例修改，复旦大学出版社2005年2月版)

请问：做秘书一定要有漂亮的外表吗？做企业老总的秘书最需要具备哪些基本素质？

案例(四)

张彬彬是中信集团总经理的秘书。每天上午她都会提前15分钟到达公司，以便做好正式上班之前的准备工作。她已经得到总经理的授权，整理他的办公室。

她先打开总经理办公室的窗户通风，将空调调到适宜的温度和湿度，打扫地面卫生，把地面拖得干干净净。接着开始整理总经理的书桌，把文件用文件夹夹好摆整齐，把书籍放回书柜摆整齐，重要的文件放回文件柜锁好。把不用的废纸扔进垃圾桶里，并把垃圾桶倾倒干净。

之后，张秘书回到自己的办公室，开始整理自己的办公桌，清扫擦拭桌面和文件柜，并用酒精棉擦拭电话话筒。清理完毕后，她坐到办公桌前，打开秘书办公日志，开始一天的工作。

15分钟后，总经理走了进来。张秘书赶紧起身，与总经理打招呼："总经理，早上好。"总经理向她点头示意后，进入自己的办公室。

张秘书走进茶水间为总经理冲了一杯咖啡，放在托盘里端出来，走到自己的办公桌前，拿起总经理今天的工作安排表，走到总经理办公室门前轻轻地敲了敲门。听到总经理说"请进"后，张秘书推门进去，把咖啡和工作安排表放在总经理的桌子上说："总经理，请喝咖啡，这是您今天的工作安排。总经理，您还有什么吩咐？"总经理惬意地说："谢谢，暂时没什么事情，你去忙吧。"

张秘书退出总经理办公室，回到自己的办公桌前，开始了今天的好心情。

(根据孟庆荣主编《秘书工作案例及分析》的案例修改，清华大学出版社2007年6月版)

请问：张秘书的服务工作是否做得到位？她的动作行为是否符合规范？

案例(五)

李保红在一家公司做秘书，他能说会道，才华出众，所以很快被提拔为秘书处主任。他认为，更好的前途正在等着他。

有一天，一位外商请李保红喝酒。席间，外商说："最近我的公司和你们公司正在谈一个合作项目，你能把你手头的客户资料提供给我一份吗？然后，这个吗……"手上做着"捻"的动作。

"什么，你是说，让我做泄露机密的事？"小李皱着眉道。

外商小声说："这事儿只有你知我知，不会影响你的。"李保红心动了。

小李的公司经济损失很大。事后，公司查明真相，辞退了小李。

真是赔了夫人又折兵，本可大展宏图的小李因此不但失去了工作，就连那8万元"好处费"也被追回。

他懊悔不已，但为时已晚。

(根据孟庆荣主编《秘书工作案例及分析》的案例改编，清华大学出版社 2007 年 6 月版)

请问：李保红作为秘书犯了什么禁忌？严守机密、提高警觉是秘书的基本职业道德，秘书应该如何做？

三、情景实训

(一) 秘书工作内容和规范服务

1. 实训目标：领会并体验秘书工作的内容和秘书的规范服务。
2. 实训背景：毕业于名牌大学的苏云应聘到中外合资的宏华玻璃制造公司为老外副经理当秘书。她想象着她的工作应该是：在电脑桌前熟练地进行电脑操作；用流利的英文书写函件；聚光灯下，从容地主持外事活动……可当她兴冲冲地赶到办公室报到后，老外经理淡淡地看了她一眼，然后吩咐说："请苏小姐先把办公室收拾一下。"收拾完办公室，老外经理连头也不抬，接着说："请帮我倒杯水。"苏云泡了一杯热的茶水端了过去，他一看，挥挥手说："对不起，我要的是白开水。"苏云赶忙又去换了一杯热的白开水。"对不起，苏小姐，我要的是冷水。"老外经理有点不耐烦地说，她只好去换第三杯水。接下来，老外经理又吩咐她做了很多琐事：寄信、购买打印纸、煮咖啡等。
3. 实训内容：领会秘书综合服务的工作内容和规范服务的基本要求。
4. 实训要求：
   (1) 本实训拟安排在综合实训室进行。
   (2) 实训分小组进行，每组 2 个人。
   (3) 按背景材料分别扮演不同的角色，体验各个角色的不同感受，然后共同探讨秘书工作的内容，秘书应怎样为上司提供规范的服务，秘书应怎样协助上司开展工作。
5. 实训提示：
   (1) 秘书工作有事务性特点，工作内容非常具体，而且不得有半点疏忽。
   (2) 秘书办事与"细"、"繁"、"杂"、"忙"连在一起，因此必须十分认真细致。

(二) 为上司提供资料信息

1. 实训目标：了解掌握上司的意图，为之提供真实有用的资料信息。
2. 实训背景：一天，宏华玻璃制造公司老外副经理坐车路过一个小菜市场，看见路边的小蔬菜店门口摆着一堆新鲜的洋葱。洋葱的皮晒得红红的，上边还沾着泥巴。老外经理的父亲是个农场主，他小时候跟父亲种过洋葱。来中国这么久了，第一次看到这么新鲜的洋葱，所以感到很亲切。到办公室后，他让秘书苏云派人去给他买几个洋葱回来。当苏云把洋葱放到他办公桌上的时候，那几个洋葱只剩中间的那一点小芯儿了。为什么？原来当行政部的办事员将洋葱买回来之后，马上放在水龙头下把洋葱上面的泥巴洗掉。洋葱交给行政部的头儿后，头儿又把洋葱外面的几层粗皮给剥掉。行政部的头儿把洋葱交给苏云，苏云又把洋葱上的红皮剥掉。洋葱虽然还是那几个洋葱，但早已不是老外经理当初想要的那种洋葱了。老外经理面无表情地盯着桌上那几个洋葱看了一会儿，头也不抬，没精打采地吩咐苏云，"把洋葱送到厨房去。"

3．实训内容：了解上司的真实意图，为之提供原生态的、真实有用的资料信息。

4．实训要求：

(1) 本实训拟安排在综合实训室进行。

(2) 实训分小组进行，每组 5 个人。

(3) 按所给的背景材料分别扮演不同的角色，体验各个角色的不同感受，揣度上司的真实意图与要求，为上司收集原生态的、真实有用的资料信息。

5．实训提示：

(1) 在了解上司的真正意图的基础上，再对收集的材料进行鉴别、筛选和整理分析。

(2) 如果暂时还不了解，宁可让材料粗一点，不要自作主张过度加工，把材料中最有价值的部分给弄丢了。

(三)杨修之死

1．实训目标：今天的人为什么要研究杨修之死？以当今职业秘书的专业角度，分析杨修所遇的每则事例应该如何处理。

2．实训背景：《三国演义》中记载行军主簿杨修改门、杨修分食"一盒酥"、杨修识曹梦杀近侍真相、杨修识曹"鸡肋"口令真意四则情节，最终，曹操以扰乱军心罪斩之。

3．实训内容：今天的秘书学还要研究二千多年前的杨修之死是为什么？从秘书专业的角度来看，当遇此事时该如何处置？

4．实训要求：

(1) 本实训拟安排在综合实训室进行。

(2) 实训分小组进行，每组 3 个人。

(3) 对所给的实训背景材料深入进行分析研究，有可能的条件下扮演角色，体会其中的感受，然后再按实训目标要求撰拟实训报告。

5．实训提示：

(1) 秘书应时刻牢记自己的身份和角色，即使揣度出上司的意思，也不应该越俎代庖，擅自替上司作决策。

(2) 聪明的秘书即使猜测出上司耍心眼的真实意图，也不应该点破，使上司丢脸以致下不来台。

(3) 聪明的秘书应把聪明用在正事上，揣度出上司的意思，更好地在正事上为之提供前置的服务，这样才能成就自己的事业。

(四)秘书的操作能力

1．实训目标：通过本实训掌握办公设备的使用和保养常识，使学生了解自己动手操作能力方面的不足而加以弥补。

2．实训背景：陈小丽是这个星期一才开始到公司正式上班的。办公室主任让她先学习常用办公设备的使用和保养方面的常识。

3．实训内容：通过本实训，要求秘书掌握办公设备使用与保养的操作技能。

4．实训要求：

(1) 本实训拟安排在综合实训室进行，要求配置计算机、电话机、打印机、传真机、复印机、数码相机、扫描仪、碎纸机等。

(2) 实训分小组进行，每组 3 个人。其中 1 人扮演陈小丽，1 人扮演领导，1 人进行监督和评价。每人都要轮演陈小丽和领导。

(3) 每个同学在演练过程中一定要严肃认真，言行符合规范。

5．实训提示：

秘书不是技术员或工程师，因此对各种常用办公设备的工作原理和维修方法不一定要十分清楚，但要掌握基本的使用和保养方法。

(五)秘书应具备的职业道德

1．实训目标：通过本实训掌握秘书应具备的职业道德内涵。

2．实训背景：中信集团有一个秘书，这个秘书工作十分认真，能力也不错。没有工作时，她就爱在办公室给外地的亲戚或朋友打长途电话。主管发现后，拿了账单去找她。她还理直气壮地说道，"我是为了给公司联系业务才打这些电话的。"主管说："你要联系那么多业务，应当先告诉我一下。请你讲讲看，对方是什么公司？联系人是谁？业务联系得如何？"秘书顿时语塞，终于承认有些电话是打给朋友的，但她坚持称目的是请他们帮助联系业务。

3．实训内容：通过本实训，要求秘书了解并掌握秘书从业应具备的职业道德内涵。

4．实训要求：

(1) 本实训拟安排在综合实训室进行。

(2) 实训分小组进行，每组 2 个人，1 人扮演主管，1 人扮演秘书。

(3) 让学生分别担任秘书，体会其中感受并认真思考秘书该如何挽回这种残局。

5．实训提示：

有很多的人干工作的时候都有这样的不良习惯，总是喜欢占公司的小便宜。比如，用公司的电话打给朋友聊天，将公司的办公用品如纸、笔带回家等。这虽是小事，但却给人留下一个爱占小便宜的印象，将大大影响你的职业前途。

第二章 秘书职能与职能环境建设

本章学习要求：

秘书工作职能范畴主要体现在"辅助管理"与"综合服务"两个方面。这两个方面既有内容上的区别，又相互渗透。其共同的目的都是为领导工作的有效和有序提供辅助和服务，以促进领导工作效率的提高。秘书职能环境有自然环境和人际环境两个方面。创建优美宜人的自然环境，使人身心舒畅，能有效激发工作热情，提高工作效率；创造良好的职业人际环境氛围，与各方面建立和谐、正常、稳定的职能关系，能有效地行使和实现自己的职能。要求通过本章的学习，准确理解和把握秘书工作职能范畴的两个方面，即"辅助管理"、"综合服务"；准确理解和把握秘书职能环境，营造良好的职能环境，从而达到高效履行职能的目的。

第一节 秘书工作职能内涵

学习目标：

- 掌握秘书工作职能辅助性和服务性这两个基本特征。
- 掌握秘书辅助管理职能的内涵——正确获取并利用信息，提供可供选择的决策方案，辅助执行并反馈执行信息，协调各方面关系，形成合力以保证管理效率。
- 掌握秘书综合服务职能的内涵——通过办文、办会、办事，为领导提供全方位的综合服务，提高管理绩效。

案例导入：

又到年底总结的时候了，秘书李浩然忙碌起来。因为他们处长点名让他负责今年处里的总结，处长要在局里的总结大会上作汇报。与往年不同的是，局里早就明确表示，今年要进行改革，打破奖金发放的平均主义。年底总结，每个处都要上台讲一讲，然后进行评比，哪个处工作做得好，处里人员的奖金就升一级，工作做得不好的，奖金就降一级。

俗话说，"做得好不如说得好"。这句话虽然有弄虚作假的嫌疑，但也说明做得好也要说得好，否则，不了解情况的人怎么知道你做得好呢？因此各个处都较上了劲，除了工作完成出色外，都在年底的报告上下足了功夫。

李浩然是北大中文系的高材生，平时写文件就是一把好手。刘处长叮嘱他说："今年处里的工作是出色的，能不能让局领导满意，就看你的总结报告是否出彩了。"李秘书接到任务后，连着熬了几个通宵，终于写出了一篇洋洋洒洒，既有文采又有深度的总结报告交给处长审阅。处长看了连连点头，非常满意，高兴地说："今年咱们处这奖金是拿定了。"

果然，在全局的总结大会上，李秘书写的稿子让刘处长声情并茂地一讲，获得了全局一致的好评。会后，局长还专门对刘处长说："老刘，今年你们处的总结不错，很有深度。"

刘处长听了很得意。知道内情的人都说这是李秘书的功劳，李浩然得悉后严肃地说："不能这么说，我只是写了个草稿，最后还是处长定的稿。"

秘书是为领导服务的，是领导的参谋和助手，但只起辅助作用，只是"谋"而不"断"。领导在做最后的决策之前，会让秘书做先期的工作，像调查、草拟文稿等一类的工作。有时，秘书的工作能力强，完成领导交给的任务比较到位，无须领导做更多的修改就采用了，但这不等于是秘书的意志，因为是由领导拍板的，就此已经转化为领导的意志了，而最为此负责的也是领导。毛主席的秘书田家英才学深厚，为毛主席撰写了许多脍炙人口的文稿，其中中共八大毛主席的"谦虚使人进步，骄傲使人落后"的警句家喻户晓、妇孺皆知，就是出自其手。但田家英从不居功，若不是主席自己说是秘书田家英写的，大家都认为是毛主席的名言。因此，秘书要甘当领导身后的无名英雄。

(根据孟庆荣主编《秘书工作案例及分析》的案例修改，清华大学出版社 2007 年 6 月版)

一、秘书辅助管理职能

"辅助管理"，是新时期管理活动赋予秘书的一项基本职能，也是秘书职能的本质特征。秘书辅助管理贯穿于管理活动的全过程，即从获取信息，根据获取的信息从中发现问题，拟定解决问题的方案提供给上级作出决定；对确定的决策方案辅助贯彻执行；对执行情况进行监督检查，及时反馈执行信息；协调各方面关系，形成合力以保证管理效率。秘书在这整个过程中起辅助管理的作用。

(一)辅助获取并利用信息

领导者准确、全面、有效地利用信息是其正确开展领导和管理工作的基础。秘书作为领导的近身参谋助手，不仅要充当领导的耳目，向领导提供信息，而且要为领导者有效获取并利用信息、进行适时的信息沟通及排除信息沟通障碍等，进行参谋辅助。

1. 获取并利用信息

领导者必须站在全局的高度开展管理活动，而在实践中，不少领导者由于工作繁忙，往往很难做到全面地获取和利用信息。对此，秘书要注重做好以下参谋辅助工作。

1) 在获取信息的方向上参谋辅助

(1) 为信息假象所蒙蔽。信息在获取的过程中往往会被一些表面的假象所遮掩，如在获取的原始信息里，就会因为晕轮效应或首因效应而产生一些假象，使我们不能真正认识事物的本质属性，而根据表象信息作出的决策，其执行的结果肯定是要失败的。

(2) 为利益驱动强决策。有时，决策者会在利益驱动下，明知不可为，却偏要逆潮流而动"强为之"。这逆潮流而动的驱动力主要源自"政绩"，为了要出"政绩"，最快捷的方法是提高经济总量。只要有投入，就或多或少有收获，故明知不可为，但为了追求眼前利益或局部利益而强为之。

(3) 想当然的主观意愿。有时，决策者会不自觉地过高估计自身的能力，凭主观意愿，想当然地期望一口吞下大象，这种不顾客观实际而朝着符合自己主观愿望的发展方向作出的决策,是一种建立在空中楼阁的决策,它超出了实现决策目标的实际可能性和必要性,其结果必然是失败。

秘书在获取信息并为领导者提供信息的过程中,必须保持清醒的头脑,要深入实际,调查了解;要以中性的意识对已掌握的信息进行分析研究,抓住事物的本质属性,在方向上辅助领导者纠正偏差,从而使领导者作出科学的决策。

2) 在扩大信息数量上的参谋辅助

(1) 秘书应在资料的收集工作中,如在对最新的动态以及重要文献、书籍、报刊等阅读的基础上,选择对本机关或单位有用的信息进行摘录、摘要或剪贴加工,然后在适当的时候提供给领导者,使之在精要的阅读中扩大信息量。

(2) 秘书还应在广泛的调查研究中,牢牢把握事物的发展变化,并对事物变化的信息进行综合处理,编写综合度高、针对性强的"信息快报"材料供领导阅知,使之在对动态的信息把握中扩大信息量。

3) 在优化信息结构方面的参谋辅助

一方面,秘书应主动检查管理信息系统及其数据库流动和存储的各类信息的比例和结构是否与领导和管理工作相符合,看领导者利用的信息是否周全。若发现信息结构不合理,秘书一方面要获取并及时提供所短缺的信息;另一方面应提醒领导者重视信息结构不合理现象,建议采取措施调整并优化信息结构,如采取多种形式的调查研究及其他有效手段,确保所依据的信息有一个科学合理的结构和比例,以满足科学管理的需要。

2. 排除信息干扰

各种形式的信息干扰是造成领导和管理工作失误的重要原因。秘书有责任协助领导者排除来自各方面的信息干扰。

1) 排除思想障碍造成的干扰

秘书除了及时有效地补给所短缺的信息外,应特别重视排除障碍,让领导者获得更多接触真实信息的机会,在真与假、虚与实、全面与片面等方面信息的对照比较中,促进领导从认识上排除思想障碍所造成的信息干扰。

2) 排除感情障碍造成的干扰

交流双方的感情距离过于密切,会产生"爱屋及乌"的感情障碍。领导偏爱于某一方而疏远另一方,必然会造成其在接受信息形式上受到干扰。秘书应通过真实准确的信息,佐证那些被疏远,甚至是被怀疑的对象所提供的信息是正确的,有时甚至是极为珍贵的,这样就能逐步协助领导者排除由感情障碍造成的接受信息形式的干扰。

3) 排除利益冲突造成的干扰

上下级之间、干群之间、组织与个人之间、组织与组织之间及个人与个人之间,在某种情况下都可能出现利益冲突或维护自身利益的事权冲突。这些冲突都可能产生信息干扰。秘书应协助领导协调利益冲突,在根本利益和长远利益一致的前提下,加强沟通,加深理解与合作,创造和谐的气氛,协商解决问题,清除各为其利而产生的信息干扰。

4) 排除时空局限造成的干扰

秘书应协助领导者精简会议和文件,摆脱事务应酬和文山会海,把时间和精力集中到深入实际的工作中去,直接调研获取信息。这样才能使领导工作效率和效益得到大幅度提高。

(二)秘书辅助决策

1. 决策准备阶段

从领导者产生决策意向进行决策准备开始,秘书的参谋辅助就可同步进行。在准备阶段,秘书可协助领导者做好以下工作。

1) 看作出此项决策是否必需和应该

(1) 协助分析此项决策的重要性和必要性,看此项决策是否是本单位、本组织的关键和要害问题,在此基础上进一步分析问题的性质、成因、影响范围等,并作出准确的判断。

(2) 从权责与法规的角度分析这项决策是否在本组织领导者的权责范围内,是否与国家方针、政策、法规相悖,是否与上级、相关职能部门及本机关的其他决策相冲突。

2) 据以决策的信息是否全面和真实

即协助确认决策者考虑决策所依据的信息是否具有使用价值,是否存在以偏概全、以假乱真的信息干扰,还有哪些重要参考资料尚未掌握,应到何处去寻求这些资料等。

3) 此项决策在何时作出才最为恰当

即协助领导审时度势,看此项决策所要解决问题的条件是否已经具备,把握事物发展规律,抓住时机,适时决策,取得事业发展的主动。

4) 看决策目标是否有实现的可能性

即看决策目标通过努力是否有实现的可能。问题的解决当然是越彻底、越迅速越好;目标当然是越高越好,但需要受制于可能,因此,决策目标的确定应当立足于现实可能的基础上。

5) 看决策内容是否合乎规范和系统

(1) 决策内容的规范包括据以决策的信息是否真实、准确、全面;决策的程序是否规范、科学、合理;决策的目标是否切合实际和有可能实现;决策的执行是否完善和可操作;执行的监控是否严谨规范。

(2) 决策内容的系统性,就是看该决策在单位和组织的整体中所产生的综合效应及对眼下和将来的影响。任何事物总是相互联系、相互渗透、相互影响、相互制约的,决策更是牵一发而动全身,因此,任何决策都得对其整体与局部、内部条件与外部环境、当前利益和长远利益、主要目标和次要目标进行综合分析,全方位考虑其综合影响,使决策在系统中起有益的促进作用,而不至于起反作用。

6) 预测此项决策所取得的预期效果

决策是规划未来、影响未来行动的决断。要使决策正确可行,必须对决策对象未来发展作出科学的预测。对未来发展作出判断的正确程度,将决定决策目标实现的程度。秘书辅助预测决策的预期效果,就是要协助领导者思考决策意向与客观环境条件是否相符,为了获取满意的预期效果有哪些途径可供选择,怎样的途径是最为满意的选择等,依此冷静地判断实现决策目标的可能性和可行性。

2. 决策形成阶段

在决策形成阶段,秘书可以在以下方面进行参谋辅助。

(1) 可进行创新思维，设计新的方案供决策者选择。

(2) 可综合来自各方面的意见和建议，形成系统的可供选择的方案。

(3) 可按领导意图开展专家咨询活动，并将专家意见、建议吸纳到有关决策方案中去。

(4) 可带着各套初选方案到有关部门和群众中去征求意见，并根据各方面的意见进行修改。

(5) 对重大决策的初定方案，秘书往往还应伴随领导，到基层进行小规模试验，蹲点探索，取得成功经验后，再由点到面地进行推广。

(6) 对各种供选择的方案进行一一对应的比较，如比较其投入成本和产出效益，比较其风险值与效益值，比较其科学性、合理性、可行性和可接受性等。

3．决策实施阶段

决策必须通过有效的实施，才能使设想变成现实。

1) 决策目标无法实现的因素

(1) 认识上的误差。由于学识和阅历上存在差异，执行者对领导者所作的决策在认知上存在差异，执行中出现偏差，因而无法达到预期目标。

(2) 意识上的差异。方案的执行有可能损害执行者自身的既得利益，执行者便恶意曲解执行目标或有选择地执行，对决策指令或各取所需，或消极抵触，或拖延执行，因此，无法达到预期目标。

(3) 方案本身的误差。由于对信息掌握不全，情况不明的决策方案本身不完善，执行结果肯定无法达到预期目标。

(4) 执行体系的弊端。执行体系的构建存在问题，系统内各部门分工不明，职责不清，相互不配合、不支持，推诿、扯皮，妨碍决策指令的顺利执行，无法完全达到预期目标。

2) 秘书在决策实施阶段的辅助作用

(1) 对谋求认同的促进辅助。秘书通过办文、办会、办事和信息沟通，一旦发现执行者对决策不理解、误解或有偏见，可以立即进行疏导、宣传。更重要的是建议领导者对容易产生疑点、误解或歧义之处，执行者难以理解之处，加大宣传力度，以便尽快使执行者获得认同。

(2) 对行为失范的防范辅助。秘书通过督促检查，发现执行者中有恶意曲解或拖延执行、有选择性地执行等行为失范现象，及时反馈给领导，采取有效措施，协助领导者防患于未然。

(3) 对纠正偏差的补救辅助。秘书协助领导者执行的过程中，发现方案有偏差，应及时深入分析其原因，迅速采取有效的补救方案，保证决策继续执行。

(4) 对运行失调的协调辅助。秘书通过督促检查，发现执行机构设置不尽合理，部门之间因工作进度、能力、条件等方面的差异而造成相互之间不配合，出现推诿、扯皮现象时，应及时协助领导进行调控，使各子系统恢复协同运行状态，形成合力，统一步调，实现预期目标。

(5) 对环境变化的控制辅助。秘书在与内外沟通联络中，发现执行环境中的自然因素或社会因素发生突变的不利征兆时，应及时捕捉风险信息，并将预期情况提醒领导者，及时采取措施加以控制或防范，确保方案继续执行，或对方案调整修正，重新设定目标，然后继续执行。

(6) 对有利机遇的调整辅助。秘书在督促检查中发现自然因素或社会因素突发有利的变化征兆，及时分析未来发展的新趋势，并根据本组织的资源条件进行创新思维，向领导提出抓住机遇的参谋建议，为组织的决策实施增添新的内容，以利用有利时机实现更高的决策目标。

(三)辅助督促检查

1．督促检查的内容

秘书对督促检查的辅助，主要是在领导者的主持下，按照领导确定的督促检查内容和目的，操办具体的事务。具体包括以下内容。

(1) 发现执行机构出现失调现象时，提出督促检查建议。
(2) 检查执行的实施进展情况，保证执行顺利进行。
(3) 检查办理决策方案的措施，保证不折不扣地实现预期目标。
(4) 及时反馈实施的信息，执行结束后进行归纳，评估督促检查效果。

2．秘书辅助督促检查的意义

督促检查是领导实施决策，保证领导工作部署得以有效实施的重要组成部分。秘书操办督促检查中的事务，既有利于领导者直接掌握执行情况，又有利于秘书发挥近身综合辅助的优势；既有利于上情下达，使执行者正确理解领导意图，又有利于下情上达，使领导者全面把握执行情况，有针对性地进行指挥、控制和协调，对维护组织管理协调运作具有积极的推动作用。

3．秘书辅助督促检查的种类

(1) 一般性督促检查。一般性督促检查是指组织系统内部按层次和隶属关系、工作关系，自上而下以及横向交错所进行的督促检查。
(2) 专门性督促检查。专门性督促检查是指组织内部就重大的决策问题而设立专门的机构对执行组织的专项管理活动实行的监督检查。

4．秘书督促检查的要领

秘书对领导的督促检查工作进行辅助，是在领导者主持下，围绕领导工作需要而展开的，其督促检查的要领如下。

(1) 重点督察。即要正确理解领导意图，抓住领导工作的重点、难点和热点的决策事项进行督察。
(2) 坚持原则。即为了本组织的正当利益，秘书必须坚持一定的原则性。例如严格坚持保密原则、效率原则和实事求是的原则等。
(3) 及时反馈。秘书在督促检查过程中，发现执行不到位或执行无法到位的事项，要及时反馈给领导者，使领导能根据具体情况，或加强指导教育，或谋求协调有序，或修正决策方案和目标，使决策方案继续有效执行，以提高管理绩效。

(四)辅助协调

1．秘书辅助协调的内容

(1) 协调。协调是指对组织运转中由不确定因素出现的问题和失调现象进行妥善处理，化解或缓解矛盾，统一思想认识，恢复组织协调运转，共同形成合力，完成组织使命。

(2) 秘书的协调。一是指秘书在辅助管理等业务活动中，发现失调或问题，主动进行信息沟通和思想交流，消除误会和隔阂，谋求共识，协调关系；二是指受命于领导者，处理随机出现的失调问题。

2．秘书辅助协调的作用

秘书处于组织运转的信息枢纽地位，对出现的失调现象能够敏锐地发现，预先进行协调和控制，对组织继续和谐有序地运转，提高管理效率，具有显著的效用。

(1) 对一般性的、浅层次的失调，秘书主动进行协调，便于把问题化解在萌芽状态，避免酿成更为严重的失调。

(2) 对突发性的、重大的失调，秘书进行协调，有利于控制事态，缓解冲突，为领导解决问题做好准备。

(3) 对严重的、深层次的失调，秘书及时调查失调的状态、性质、变化态势、影响范围，并提出有关协调方案的建议，对领导者采取协调举措具有重要的参考作用。

3．秘书辅助协调的要领

秘书辅助协调，是秘书立足本职地位进行的协调活动，必须把握以下要领。

(1) 协调要与组织的目标相一致。秘书必须在遵从组织原则、遵从有利于实现组织目标的前提下，确定协调的出发点和归宿。

(2) 协调要适应环境条件的变化。秘书必须将失调现象与环境条件的变化结合起来分析研究，因势利导，善于变通，才能有效协调矛盾。

(3) 协调要注意所处的地位和权限。秘书在进行协调时，他仍然还是秘书，与被协调者同时处在一个平等的位置上，因此，这就决定了他进行协调的方式方法与领导者进行协调的方式方法是不一样的。他不能用强制的支配性权力，不能采取命令、指示的方式，只能以明之以事、晓之以理、谋求认同等方式进行协调；要讲究策略，发挥思维的机敏性和灵活性，正确协调各方的利益和关系，使整体利益达到最优化。

(4) 要注意协调的职责范畴。秘书本身没有协调的职责权限，他是为减轻领导的工作负担而辅助领导者进行协调，因此，只能按具体领导工作的需要和失调现象出现的概率，以及秘书自身发现和处理问题的协调能力，随机进行协调。

(5) 要注意沟通协调的疏导性。秘书进行协调时，必须能够将新的情况、发展趋势、变化要求等及时提供给有关方面，促进其认清形势，把握动态，跟上发展的步伐，从而与组织运转保持协调一致。

(6) 协调要注意量力的适度性。秘书协调能够化解和缓解部分失调问题，但无法解决所有的失调问题。某些本来是秘书无力协调的问题，如管理中的深层次的失调问题，倘若还不自量力超越限度去进行协调，很可能产生负面影响，使问题越来越严重，甚至引发新的问题。

二、秘书综合服务职能

"综合服务"是秘书的根本职能。秘书提供"综合服务"的职能很宽广，可以说，领导的管理内容有多宽，秘书的服务范围就有多宽。同时，秘书还得为平行的职能部门执行管理职能提供服务，并为管理的相对人——组织、公众提供服务。

(一)秘书"办文"服务事务

"办文"在秘书工作中主要指文稿撰拟、运行、整理及保管利用。自秘书工作萌生开始，"办文"就成为秘书人员为领导和管理工作服务的重要职能。

秘书在"办文"服务事务处理过程中，要熟练掌握并严格按各类文书的规范格式要求进行撰写；要严格按文书运行程序进行操作；并要将已经办理完毕的文书进行整理立卷及归档保管，以备查考利用。秘书文书的撰拟，一般院校的秘书专业都专设一门课程进行讲授，故本书不重复赘述，在第六章中只对文书的运行、整理及保管利用加以阐述。

(二)秘书"办会"服务事务

秘书"办会"指的是协助领导者筹备会议、操办会务，为会议有序进行和取得预期效果提供服务的办理会议事务的工作。

秘书办理会议事务的内容主要包括会前准备、会间服务、会后事务及在会前、会间、会后的大量会议文字工作和文件材料处理事务。具体的办会服务事务内容，本书将另设专章(第七章)阐述，在此不展开论述。

(三)秘书"办事"服务事务

秘书"办事"服务事务是指为领导操办处理勤杂事务。其目的是使领导摆脱繁杂事务，以便有更多的时间和精力抓管理大事，提高管理绩效。

秘书"办事"服务事务的范围相当广泛，大体上可分为常规事务、随机事务和受权理事三类。

1. 秘书办理常规事务

秘书办理常规事务的内容繁多，主要有办公资源的管理、办公电讯的管理、信访督察工作、值班保密工作、印信管理工作、领导日程安排、商务旅程管理等，办理这些事务的规范要求及方式方法，本书也将另设专章(第八章)进行阐述。

2. 秘书办理随机事务

秘书的随机事务是指在管理过程中难以预测的、不经常发生的，或在职能分工边界上难以确定由谁处理的事务。此类事务因无人管，只好由处于"不管部"地位的秘书承揽处理。秘书处理随机事务要注意以下事项。

(1) 注意随机事务发生的预防性。就是要尽可能把管理事务分工明确，确定责任人，以预防和减少事情发生后没人管的现象。

(2) 随机事务发生后反应敏锐性。当事情发生后存在没有责任人承担的局面时，秘书和秘书部门应迅速反应，及时处理问题或采取措施控制局面，以避免事态恶化。

(3) 处理事务要注意整体配合性。当随机事务发生后，其处理方案应考虑整体的配合性，表现在两个方面：一是处理方案应与整体方案相协调；二是要求各相关方面对问题的处理应相协调，共同配合。

(4) 处理事务辅助地位的制约性。随机事务发生后没人管而由"不管部"的秘书部门承揽处理，并不等于秘书部门就拥有了处理该事务的决定权，秘书处理随机事务仍然是协助领导开展工作，仍然是居于辅助地位，只拥有制约处事的权力。

(5) 注意处理事务的沟通枢纽性。秘书处理随机事务，要注意与上下左右前后全方位关系相协调，要注意沟通，获取各方面的理解和配合，事情的处理不应该与任何一方相悖逆，而应该是与各方面相顺应、相促进。

3. 秘书受权处理事务

秘书受权处理事务，指的是领导者根据工作的需要，将自己权限范围内的事务，授权秘书代表自己去处理，秘书要根据领导的意图和领导委授的权限范围、要求，代表领导去处理该项事务。秘书受权理事的方法如下。

(1) 要准确理解领导授权的内涵。即要准确理解领导授权的意图，准确把握理事的目的、要求和授权范围以及相关的法纪规范，正确把握理事的依据；要分析客观环境要素和完成任务的各种条件，谋划办理的思路和选择有效的工作方法。

(2) 要明确受权理事的双重角色。秘书受权理事，可他仍然还是辅助领导工作的秘书；但他已经受权，又变成拥有独立理事的领导权者，因此，秘书此时成为拥有双重身份的角色。

(3) 要与领导者保持密切沟通。特别是当环境变化或其他原因使问题的处理已超出授权范围时，一定要向授权者请示，并遵从其新的指示办理；要主动争取其他方面的配合与合作，但遇到受权以外的事务时，秘书不得自作主张，不得擅作决定。

第二节 秘书职能环境建设

学习目标：

- 掌握科学设计办公空间布局的技能，创造优美的办公自然环境。
- 合理安排办公设备和办公用品，发挥办公设备与办公用品的效用。
- 了解并掌握办公场所的安全管理工作程序和要求。
- 了解秘书职能人际环境的概念、秘书职能人际环境的类型。
- 了解并掌握制约秘书人际环境关系的因素，清除影响秘书人际环境的障碍。
- 掌握构建和谐的秘书职能人际环境的方法和技能，提高管理绩效。

案例导入：

林明花是秘书专业的高材生，毕业后她以雄厚的专业实力应聘到中信集团总经理办公室任秘书。

上班第三天，总经理就把她叫到办公室，对她说："咱们集团的楼是新建的大楼，办公室都是新装修的，本应该感觉很好，可我每次走进办公区，总觉得很零乱，不舒服。现在交给你一项重要的任务,以你专业的眼光看看我们办公室的布置到底存在哪些问题,然后向我汇报。"

林明花接到任务后,到各个部门的办公室转了一圈,实地考察办公环境。

她发现诚如总经理的感觉,的确存在很多问题:各个办公室的设备虽然是新的,但摆放零乱;男职员办公桌上的文件、文件夹乱糟糟地堆在那儿;女职员办公桌上个人照片、零食和化妆包到处可见;打印纸东一堆、西一堆地放在窗台上;办公室里人声嘈杂,职员们在扯着嗓子大声说话;办公室和公共办公区域缺少绿色植物,显得没有生机,空气污浊……林明花看完后就向总经理如实说明了她发现的问题。

总经理听后,对她说:"你尽快拿出一个设计方案,然后放手去改,不要有顾虑。"

得到总经理的授权后,林明花开始对集团办公环境进行重新设计和布置。她对办公室的硬环境和软环境都进行了大刀阔斧的改变;并制定了一套具体可行的办公规范管理制度,要求职员们按照规范整理好自己的办公桌,并按程序进行办公事务的处理。

经过一个星期的紧张工作,终于完成了总经理交给的任务。她请总经理来验收。

这次总经理所到之处,看到一切都那么和谐、美观:办公室整洁有序;办公桌上电脑、电话、文件夹摆放整齐规范;职员们正在忙碌着,没有了往日的嘈杂;办公室和公共办公区的绿色植物生机盎然。走在这样的办公环境中,给人以舒适的感觉。总经理忍不住连连夸赞:"干得不错,这才像个公司的样子。"

加强对日常工作环境的管理,营造一个令人舒适的工作环境,是秘书的一项常规性工作。一个和谐、美观、整洁、舒适和安静的工作场所,必然有助于办公室日常工作的完成,也有利于公司职员的身体健康,提升公司的良好形象。因此,秘书应该掌握整理办公环境的技巧,为创造良好的办公环境作出应有的努力。

(根据孟庆荣主编《秘书工作案例及分析》的案例修改,清华大学出版社2007年6月版)

一、秘书职能环境概述

(一)秘书职能环境的概念

职能环境是指职业个人在履行其职能时必须具备的物质环境条件和与之发生职能关系的相对稳定的职能对象的统称。

秘书职能环境是指从事秘书工作的秘书个人,在其履行秘书职能时必须具有的有利于自身健康和提高工作效率的物质环境条件及与之发生职能关系的相对稳定的职能对象的总称。

(二)秘书职能环境的作用

(1) 创造优美的工作自然环境。优美的工作自然环境,可以激发人们愉快、高昂的情绪,使其专心致志地投入工作,还有利于消除紧张和疲劳。秘书有责任为自己、上司乃至办公室的工作人员创造良好的工作环境,提供工作、生活上的便利条件,解除职工的后顾之忧,确保组织大环境的正常运转。

(2) 优化履行职能的人际环境。优化各种职能关系,为自己的事业创造"天时、地利、人和"的人际关系环境,使自己的工作能得到有关方面的理解、信任和支持,才能正常、顺利、有效地行使自己的社会职能。其职能环境优化的程度愈高,秘书的职能活动也就愈顺畅，效用也就愈显著。

二、秘书职能的自然环境

秘书职能的自然环境主要包含秘书工作区的空间、采光、温度、通风、噪声、装饰及工作区的办公桌椅、柜架、各种办公设备、饮水设备、办公用品和耗材、工作所需的文件、资料、档案、书籍等要素。

(一)秘书工作空间的布置和安排

秘书的工作空间，即各机关、单位的秘书按照一定制度，并借助于一定手段处理公务的地方。它应根据秘书工作的性质、特点和基本职能，特别应根据服从并服务于领导工作的需要和外来人员办事联络的需要来合理设计，如应考虑到秘书的活动范围、作业姿势和办公用具的安置，要求做到房屋建筑的面积适当，室内空间适度，各办公室的位置排列科学，座位按工作流程顺序同向排列。

1．办公空间的配置

(1) 根据组织机构的规模和职工人数确定办公空间的大小。

(2) 根据组织经营的性质或内容来设计办公结构和布局。

(3) 根据部门间的工作联系情况具体安排各机构办公场所。如将业务相关联、相衔接的部门安排为近邻，可以减少工作人员和文件流动的次数和距离，避免不必要的重复与浪费，可提高效率。

(4) 根据工作性质设计间隔办公空间的方式。如为了方便交流，可设计安排成开放式办公空间；而为了保密，则可设计安排成封闭式的办公空间。

(5) 根据安全的需要安排走廊、楼梯、通道的宽窄和畅通，并安排好公用区域。

2．办公空间的布局

1) 开放式办公空间布局

开放式办公空间布局就是在一个大工作间里按照工作流程安排所有员工的工作座位，相互之间没有任何隔板，站立时能直接看到所有员工的座位。有的工作位置可用高低不等的隔板分开，以吸收噪声和区分不同的工作部门，这被称为半开放式办公空间，其布局如图2.1所示。

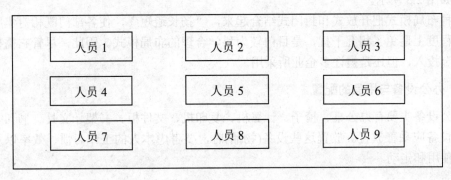

图2.1 开放式或半开放式办公空间布局

开放式办公空间布局具有以下优点：①有利于沟通和监督。把所有员工集中于一处，彼此没有墙壁阻隔，也没有明显的等级标志，部门与部门、管理者与员工、员工与员工之间交流的心理障碍得以消除或减小，工作的合作和协调更为灵便；上司也有更多的机会接触员工，观察员工工作，有利于掌握并监督工作，可以提高工作效率。②有利于办公空间和经费的节省。有数据显示，开放式布局设计占用的地面面积比传统固定墙壁的办公空间面积可减少 20%～30%；它的灵活性也很大，如果要对办公空间的布局进行调整或重新布局，无须再对其进行大量的资金投入；由于办公空间没有了墙壁，能源的消耗率减低；办公的集中化，也使办公设备的共享性得以提高。这些都是节约办公经费的有效途径。

开放式办公空间布局具有以下弊端：在这种工作环境中，难以进行带有秘密性质的工作；干扰较大，使人难以集中注意力开展工作；缺乏单独办公的机会，有人可能会产生处于被监控之下的感觉。

2) 封闭式办公空间布局

封闭式办公空间布局即传统的办公空间布局，是把组织内部各职能部门独立安排在一个个小房间内，组成一个个小办公室。其布局如图 2.2 所示。

图 2.2 封闭式办公空间布局

封闭式办公空间布局具有以下优点：工作环境相对安全，有利于保密；可以使员工拥有相对独立的私人空间，有效地保护个人隐私；相对安静的工作环境，易使人集中注意力来进行更为细致和专业的工作。

封闭式办公空间布局具有以下缺点：各职能部门之间的信息较难得到及时有效的沟通，工作协调也不够快捷灵便，工作效率受到一定程度的影响；非办公空间的占用率较大，管理费用较高。

3) 混合式办公空间布局

混合式办公空间布局是指根据工作内容和性质的不同，在开放式布局的大办公空间内，把组织内部的各职能部门用组合式办公用具或其他材料分隔开来，组成若干个工作区域。其布局如图 2.3 所示。

这种布局模式把开放式和封闭式结合起来，"扬长避短"，使各部门既相对集中，又在一定程度上避免了相互干扰，是目前较为科学合理的布局模式。因此，尽管它需要相当量的资金投入，但还是被许多企业所采用。

3．办公设备与用品的配置

办公设备主要有办公桌、椅子、计算机、复印机、文件柜、书架、文具、书刊等。各种办公设备应妥善放置。放置这些设备(物品)时，要考虑本人的工作习惯、效率以及方便同事的使用和走动。

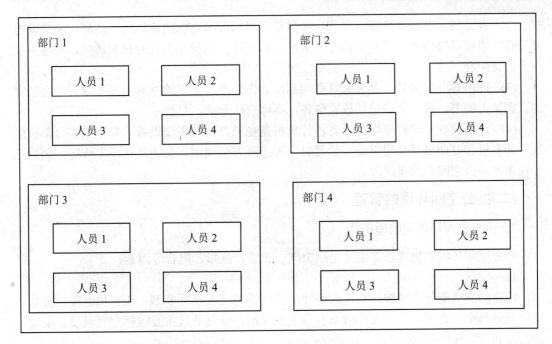

图 2.3　混合式办公空间布局

(1) 办公桌。办公桌大小要适中，以足够放置常用的办公用品，并有空余的位置进行工作。理想的办公桌是多平面转角办公桌，它的工作容量较大，功能也较多样，适合使用计算机和读写多种要求。办公桌的整洁状况，可以从一个侧面反映出秘书的能力和素养。桌面上常用的文件夹应予以分类整理。小物品如笔、订书机、回形针等，要放到抽屉或专用文具盒里，不要在桌面上乱放。图 2.4 所示为半封闭式多平面转角工作台。

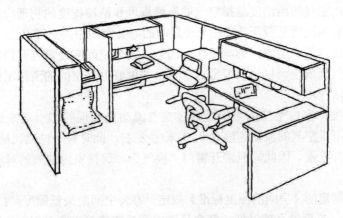

图 2.4　半封闭式多平面转角工作台

办公桌的摆放要注意：①按照工作程序的顺序，按直线对称的原则，朝同一方向摆放，不宜对面排列，这样可避免使人产生被监控的感觉，也可避免相互干扰和闲谈。②各座位间通道大小需适宜，其技术参数是通道间距要保证 1.5 米，桌与桌间距要保证 1 米左右。③应使光线来自左或左后方，以便顺光写字办公。④领导者应位于后方，以便监督，同时不因领导者接洽工作转移和分散工作人员的视线和精力。

(2) 办公椅。办公座椅应有靠背，并尽量用可以调节方位的旋转椅，这样的座椅既方便工作，也可延缓疲劳；座椅的高度、大小、样式等，应与秘书的身材相适应，并尽可能与办公桌配套。

(3) 橱柜等办公家具。办公家具和用品以必需为限，多余的家具用品不宜放在办公室内；橱架上的书、报、杂志等要放置整齐，不可杂乱无章。

(4) 计算机、复印机等办公设备。计算机是秘书办公的重要设备，每个工作台都应配置。传真机和复印机是公用设备，放置时应考虑既方便使用，又适当远离工作区，因为这往往也是办公空间内的噪声源。

(二)办公空间环境的管理

1. 办公空间环境的物理条件

办公空间环境的物理条件主要是指空气、光线、色彩、声音等因素。

1) 空气

清新的空气能使人精神振奋，而混浊的空气不但使人精神萎靡，还有损健康。因此，室内通风与空气调节对提高工作效率有很大的作用。空气环境主要包括空气温度、湿度、清洁度和流动速度四项。

(1) 温度：温度过高，会使人烦躁困倦，影响思维；温度过低，人的动作会显得迟缓。适当的温度则使人心情舒畅，精力集中，思维流畅。一般来说，办公空间的适宜温度是22～26℃。

(2) 湿度：湿度是空气中水蒸气的含量。湿度过高或过低，人会感觉湿闷或烦躁。适宜的湿度使人感觉清凉、爽快、心情舒畅。在正常温度下，办公空间的理想湿度是在40%～60%之间。

(3) 清洁度：空气的清洁度是指空气的新鲜程度和洁净程度的物理指标。空气的新鲜程度是指空气中氧的比例是否正常。在一个封闭的办公空间中，空气混浊，氧的比例降低，人会出现胸闷或压抑的不适感，影响工作。因此，办公空间应经常打开门窗或利用有关的设备，如开启排气扇或空调机，调节室内空气，并做好办公空间的清洁工作，保证办公空间空气的新鲜和洁净。

(4) 流动速度：室内空气的更换是通过空气流动来实现的。一般来说，在室内温度22℃左右的情况下，空气的流动速度为0.25米/秒左右，此时有一种微风拂面的舒适感觉，人体热量散发保持正常。因此，应常开窗门"换气"，保持室内空气的对流。

2) 光线

我国为企业制定的《房间的照度标准》规定，办公空间的最低照度是：距地80厘米的水平面须有50°。亮度过高或过低，都容易造成视觉疲劳并牵连引起其他的身体不适，适当而稳定的光线，可以提高工作效率和工作安全性。因此，布置办公空间时应注意以下几点。

(1) 办公桌最好安放台灯，台灯以20～25W为宜，要加灯罩，避免灯光直射人眼。写字时，最好让灯光源来自人的左后和右后两侧。

(2) 尽量利用自然光。因为人工照明比自然光源更容易使人疲倦，所以办公空间的窗户宜采用有利于采光的百叶窗。

(3) 尽量避开反光。摆放电脑、玻璃或其他有光亮表面的物品要避开反光，以免刺激人眼，使人产生疲倦的感觉。

3) 色彩

色彩是指光波刺激人眼所产生的视感觉。色彩对人的生理、心理会产生特有的视觉效果。

(1) 红、橙、黄色具有热烈、温暖的视觉效果，称为暖色；蓝、绿、紫色具有寒冷、沉静的视觉效果，称为冷色；黑、红、橙色给人以重的感觉；白、绿、蓝色给人以轻的感觉。

(2) 深颜色有收缩感，使人感到大、厚、近；浅颜色有扩张感，使人感到小、薄、远。

(3) 秘书工作场所的色调宜为白、乳白；会议室、接待室可用浅黄、天蓝、浅蓝色，这样的色彩能减轻人眼的疲劳，提高识别事物的能力和速度，提高工作效率和质量，而且还能使室内环境变得赏心悦目，给人带来精神上的轻松感、愉快感和舒坦感。

4) 声音

声音环境又称听觉环境，是指声波振动动物耳朵鼓膜所产生的感觉。一般情况下，50分贝以下的环境是安静的；75分贝以下对人体没什么影响；85～90分贝对人有轻度影响；95分贝以上的噪声对人体将造成危害。噪声会使人产生烦躁情绪，导致注意力分散，思维力下降，记忆力减退。中国科学院声学研究所《环境噪声标准》规定，办公空间的噪声，白天应在45分贝以下，晚间则应在35分贝以下。要达到此标准，应注意以下几点。

(1) 尽可能让办公室远离噪声源。如果有噪声对办公空间造成影响，在有条件的情况下，可在办公空间和噪声源之间种植绿化带，以隔离噪声。

(2) 办公室窗户若是临街的话，窗户宜用两层玻璃或采用隔音玻璃、隔音板等控制噪声。

(3) 按照工作流程布置座位，以减少往返走动的声音。接待来宾，宜专设会客室，以免谈话影响他人办公。

(4) 将所有发出音响的设备与机器置于一个单独的房间，如不可能，也尽量将主要的声源设备与机器集中于一处，这样较分散置于办公室各处为优。

5) 绿化室内外环境

机关、单位应创造一个自然优美的办公环境，为秘书和所有员工提供一个卫生、整洁、安全、安静、方便、舒适、优雅、美观的工作场所。

(1) 办公地址要避开各类污染。机关、单位的选址要远离污染，布局要规整合理，周围应绿化、净化、美化。

(2) 办公场所周围应种树植草。花木繁茂，不仅点缀美化环境，而且也是调节周围小气候的有效方式，能使人产生安宁、舒适感，催人奋发向上，有助于提高工作效率。

(3) 办公室内应适当绿化美化。室内绿化只能放置花草，且所占空间不能太大。合理配置花木，能给室内增光添辉。有人把室内绿化誉为"无声的音乐"，它可使人心旷神怡。花卉宜人的馨香，易使人的嗅觉得到某种良性刺激，促使大脑皮层兴奋，从而影响人的心理、情绪和行为举止。

2．办公空间环境的日常维护

1) 秘书要经常整理清洁负责的办公区

(1) 清洁台面、地面、计算机、设备、家具以及门窗墙壁等处。

(2) 保持办公桌面清洁、整齐、美观，不乱放零散的物品和无用的东西，私人物品应放于抽屉内。

(3) 电话按键和听筒应经常清洁消毒。

(4) 来访者用过的茶具应立即清洗干净，并重新摆放好。

(5) 废纸篓要放在隐蔽处，每天下班前予以清理。

2) 自觉清洁整理本人参与的公用区域

(1) 经常清洁整理使用过的复印机、打印机等设备及设备周围附属用品的堆放。

(2) 公用茶水桌应保持桌面、地面无弃物、无水迹，茶具清洁整齐。

(3) 公用办公文件柜、书架、物品柜等家具应摆放整齐并保持整洁。

(4) 注意清理负责的接待区或会议室，并在访客离开或会后立即清理，保证在下一个访客或会议前又呈现一个清洁整齐的环境。

3. 办公设备、物品的放置

1) 自用物品摆放有序，方便操作

(1) 自用的办公文具、用品、零散物件应按照使用频率及使用习惯有序地放在抽屉里。

(2) 常用文件夹应整齐地叠放在桌边或直立在文件架上，并贴有标识予以区分；保密的文件和不常用的文件夹应存放在文件柜里。

(3) 专用的电话应放在左手边顺手可拿的位置，以方便用右手记录留言。

2) 公用资源摆放有序，用后及时归位

(1) 文件柜里的公用文件夹应整齐有序地摆放，取用后要放回原位置，方便他人再用。

(2) 公用办公用品柜的物品要放置规范。通常重的、大的放下面，轻的、小的放上面，且摆放有序，便于取用，并做到用后及时归位。

(3) 常用的公用物品，如电话号码本、航班表、火车时刻表、字典等按办公空间要求放在柜子里或书架上，注意用后放回原位，不给他人带来不便。

(4) 接待区为访客阅览的宣传品、资料以及报纸杂志应摆放整齐，并经常整理，做好接待窗口的对外形象。

(三)办公环境的安全管理

1. 办公环境安全隐患的类别

(1) 办公建筑隐患。主要指地、墙、天花板及门、窗等，如地板缺乏必要的防滑措施，门、窗不牢固或离开办公室时不关窗、不锁门等。

(2) 办公室物理环境方面的隐患。如光线不足或刺眼，温度、湿度调节欠佳，噪声控制不当等。

(3) 办公家具方面的隐患。如办公家具和设备等摆放不当，阻挡通道；家具和设备有突出的棱角；橱柜顶端堆放太多东西，且有倾斜征状等。

(4) 办公设备及操作中的隐患。如电线磨损裸露，拖曳电话线或电线，计算机显示器摆放不当的反光，复印机的辐射，违规操作等。

(5) 工作中疏忽大意的人为隐患。如站在转椅上举放物品；女士的长头发或丝巾下垂至操作旋转的机器设备；复印后将保密原件遗留在复印机玻璃板上；在办公室里抽烟；不能识别有关的安全标志等。

（6）消防隐患。如乱扔烟头，灭火设备已损坏或过时，灭火器上堆放物品，火灾警报失灵等。

2．识别并排除安全隐患

（1）学法懂法，树立安全意识，维护公司的利益，保护自己合法、安全的劳动权益。

（2）学习了解有关安全生产、劳动保护的规定和本组织的规章制度，并自觉遵守执行。

（3）学会识别工作场所的安全标志，若发现一般的安全隐患，应及时在职权范围内排除。

（4）按照设备安全操作规程操作设备，识别运行中存在的隐患，并及时在职权范围内排除。

（5）发现设备故障，应立即报告，并填写《设备故障登记表》。

（6）发现工作场所有异常情况或险情，应立即准确、清晰地向主管报告并组织疏散。

3．做好紧急情况的应对和事故记录

1）紧急情况的预防措施

紧急情况通常指发生的事情是不可预见的或突发的，并带来危险，需要立即采取应对措施，尽力控制。每一个组织有责任保证在其办公地点的工作人员、来访者的安全，使所有紧急情况的危险最小化。预防紧急情况的措施有如下几种。

（1）制订紧急情况处理预案。明确规定当出现火灾、地震、人员受伤、突发疾病或发生炸弹威胁等恐怖活动时的具体处理程序。

（2）用上述紧急情况处理预案培训员工。如健康培训、安全培训、急救培训、保安人员的特殊培训。

（3）张贴安全标识和遇紧急险情时的疏散线路方向指示标志，并进行遇紧急情况时的疏散模拟演练。

（4）明确各级管理人员在紧急情况下所负的任务和职责。一旦有险情，由他们负责处理。

（5）配备相关的设备和资源，以随时处理紧急情况。如报警装置、灭火器、急救包等。

（6）定期检查和更新报警设备。如灭火器、急救包、报警装置的定期检查和维护。

2）紧急情况的应对措施

（1）火灾。发生火灾应立即拉响火警警报铃，立即组织疏散；疏散时，应关闭门、窗及防火门，以阻止火势蔓延；工作人员应留下手提包和个人物品，迅速疏散，以保证人身安全；电梯在疏散时不能使用；火情小则应组织利用消防设备灭火。

（2）炸弹威胁。发生炸弹威胁等恐怖活动，应立即拉响炸弹威胁警报铃；迅速组织疏散，以保证最大的安全；疏散时，所有窗户和门应该完全打开，以减少碎玻璃飞溅的危险；若有可能，工作人员应该拿走自己的个人物品，以方便险情发生后检查余下的可疑物品；若有可能，可用扫描设备检查险情。

（3）人员伤害或疾病。发生人员伤害或疾病险情，应立即呼叫急救员或急救中心；向有关负责人员报告并进行力所能及的救助；应保护现场等待有关人员处理。

3）紧急情况和事故记录

（1）遇险的应对措施。出现险情或事故，应尽量保持镇静，并按照险情或事故应对措施加以处理。如果有人受伤，应立即救护。

(2) 填写《事故情况记录表》。《事故情况记录表》应记录的内容为：发生该事故的时间、地点、事故人姓名、发生事故或疾病的细节等。这可用以总结教训和为日后判定责任时使用。

(3) 填写《工伤情况报告表》。《工伤情况报告表》上应填写的信息有：受伤人的基本情况和事故发生时间、地点、伤害的细节以及事故发生时采取的行动和急救措施。《工伤情况报告表》要存档20年，以备认定工伤情况时做依据。

三、秘书职能的人际环境

(一)职能人际环境的概念

所谓职能人际环境，是指职业个人在履行职能时必须与之发生职能关系的相对稳定的职能对象之间相互关系的统称。

(二)秘书职能人际环境概述

1. 秘书职能人际环境的含义

秘书是以综合性、辅助性的中介活动职能作用于社会管理系统，其职能人际环境就是围绕管理核心，沟通上下左右，在各层次之间，发挥综合性、辅助性的中介纽带作用过程中建立起来的业缘人际关系(或称工作关系)环境。

2. 秘书职能人际环境的作用

在管理系统中，秘书人员的特定职能规定了其特定地位与作用：在适宜的职能环境里，即同作用对象建立起一种信任、和谐的职能关系，构成秘书人员获取良好活动效果的重要条件。环境优化程度愈高，秘书的职能活动就愈顺畅，作用也就愈显著，两者之间成正比效应。

(三)秘书人际关系环境的类型

1. 和谐型人际关系环境

和谐型人际关系环境是指机关、单位各部门之间感情融洽，能相互理解、相互信任、相互支持、相互照应，各项工作都能默契配合，步调一致，因而工作人员心情舒畅，工作干劲大。和谐的人际关系是最佳发挥秘书职能作用的人际环境氛围。秘书不仅要珍惜和利用和谐的人际环境，而且应协助领导形成和优化良好的人际环境。

(1) 要加强上情下达，下情上达，左右沟通，内外沟通，促进人与人之间的相互理解与信任，促进相互支持与配合。

(2) 要将贯彻领导意图与真实反映群众意愿有机结合起来，使各方相互理解和支持，形成团体意识，协同步调，统一行动。

(3) 要把服务于领导工作与服务于全体组织成员相结合，促进共识，整合团体效率。

2. 淡漠型人际关系环境

淡漠型人际关系环境是指机关、单位各部门、各成员之间以及与上下、兄弟单位之间缺乏感情联系和思想沟通，除了工作上的一般接触外，就再也没有其他的接触，各职能部门之间只是业务上的往来，按程序办事，工作人员虽有明确分工，也能按时到位，但公事公办，不求有功，但求无过，事不关己，高高挂起，谈不上相互支持与协作，很少考虑组织总体目标的实现进程，也很少关心人与人之间思想感情的交流与沟通，显示出一种"平淡如水"的状态，人们的工作主动性和积极性都不高。在淡漠的人际关系中，秘书工作会受到消极影响，其各项职能活动得不到必要的理解、支持和协作；辅助领导工作也缺乏良好的群众基础。秘书在淡漠的人际环境中要加强以下两个方面的工作。

(1) 要加强桥梁纽带作用，把群众的意见和要求及时集中起来向领导反映，使领导的管理措施符合民意，增强团体凝聚力；协助领导加强与群众的联系，开发群体潜能，激发群众开拓事业的热情。

(2) 要将领导的正确意图及时向群众传达和宣传，强化群众对领导工作的理解和认同；协助领导妥善处理各种矛盾和问题，消除各种隔阂，谋求协调与和谐，逐渐形成和谐的人际关系。

3. 紧张型人际关系环境

紧张型人际关系环境指的是机关、单位处于一种摩擦不断、矛盾突出的人际关系环境氛围。在这种氛围中，或由于领导班子不团结、互不买账，各吹各的号、各唱各的调；或是职能部门从各自的小集团利益出发，相互掣肘、推诿扯皮；或是同一职能部门的成员之间人际关系紧张，"各人自扫门前雪，莫管他人瓦上霜"，配合失调；或由于人们价值观念的不同而造成认识上的分歧；或由于个人恩怨和利益冲突而戟指怒目；或由于领导偏听偏信、处事不公而产生埋怨心理；或由于机构臃肿而"人闲出是非"。这种环境氛围使得秘书干什么工作都难，极费周折，而且往往是费力不讨好。在紧张的人际关系环境里，秘书应该注意做好如下工作。

(1) 不介入领导人之间的无原则纠纷，不分亲疏，不传是非，不要信小道消息，不搞人身依附，坚持正常的组织生活原则。

(2) 对人一视同仁，诚恳相待，一切从组织的公共利益出发，不为小团体利益损害组织的公共利益。

(3) 按职责分工对口请示汇报工作，避免多头请示、交叉请示，以免因此而引发交叉指示的矛盾，给自己的工作制造被动的局面。

(4) 多做协调工作，增进矛盾各方的相互理解，促进关系协调。

(四)制约秘书人际环境关系的因素

制约秘书人际环境关系的因素主要有以下几个。

1. 信任度

秘书职能环境的信任度，指的是秘书工作对象及秘书业务所关联到的组织内外公众对秘书的信任程度。它是由秘书职能环境内的物质、精神及政治文明要素与秘书的工作表现及成效相互作用所决定的。秘书的工作绩效越佳，形象越好，越能得到广泛的信任和支持，环境的信任度就越高。较高的环境信任度，又能促进秘书充分发挥职能作用，取得更佳的工作绩效。要提高职能环境的信任度，秘书必须做到以下几点。

(1) 要忠于职守，严格按组织规范办事，不折不扣地完成各项任务，增强领导和同事对自己工作能力和负责精神的信任感。

(2) 在与各方面配合中诚恳、务实、严守诺言、热情合作，共同完成任务。

(3) 在公务服务中对组织内外公众讲真话，要做到言必信、行必果，取信于民，获得公众的认可和支持。

(4) 要事事从组织的利益出发，不掺杂个人功利，严守规范，克己奉公。

2．和谐度

秘书职能环境的和谐度，指的是组织运转中各相关方面协同配合的和谐程度及秘书工作中与各相关方面协同配合的和谐程度。组织运转中的和谐度是由组织与外部环境因素的协同程度及组织内部分工合作、权力及利益分配、团队精神等因素决定的；秘书工作与职能环境的和谐度，既受组织运转和谐度的影响，又与秘书综合辅助和服务的有效性、周密性及与相关方面协同配合程度有着直接的关联。相互之间能够理解和认可，便能建立互相配合的有效和谐。

3．开放度

职能环境的开放度，是由秘书所在组织及秘书工作中与组织内外公众进行物质、能量、信息交换的灵敏程度、广度、深度所决定的。开放程度越高，公众获取管理信息越是深刻和全面，秘书在履行职能时，就越能获得相对人的理解、支持和配合。

4．自由度

职能环境的自由度，是指秘书主动按领导工作需要开展业务活动，即发挥主观能动性的程度。

(1) 管理组织中的自由度，是由管理体制、权力运行方式、制度规范及领导风范等因素决定的。其对秘书职能环境的自由度有着直接影响。

(2) 对具体的秘书而言，其职能环境的自由度还受信任度、和谐度和开放度的影响。

(3) 秘书工作能力越强，工作绩效越佳，越能得到领导和群众的支持和信任，其自由度越高；反之，领导对其不放心、不放手，群众对其不支持、不信任，其自由度就越低。

(4) 秘书在获得较大自由度后，更要严格地规范自己的行为，自觉遵从组织纪律和约束。行为失范、无视纪律，就会严重干扰组织正常运转，干扰领导工作，其自由度也会降低。

(五)清除影响秘书职能环境的障碍

职能环境障碍指的是不利于秘书发挥职能作用的各种因素的总和。其中常见的且能够通过主观努力加以克服的主要障碍有以下几种。

1．信任障碍

清除信任障碍除了要通过自身的努力，提高各有关方面的信任度外，还要弄清楚产生信任障碍的原因、范围、程度等，有针对性地加以排除。

(1) 对自己失误造成的信任障碍，必须诚恳地认错、道歉，并以实际行动证明自己改正错误的诚意和能力，逐步恢复信任。

(2) 对工作态度不好引起的信任障碍，必须在认识上深刻反省，在行动上加强责任感，做到认真、负责、周密、可靠,一丝不苟地完成各项具体工作任务,改变领导和同事的看法。

(3) 对动机不纯引起的信任障碍,如说假话、搬弄是非、当面一套背后一套、投机钻营等,是最难清除的。有过这类过失的人要改变别人的看法并取得信任,必须彻底改变自身的思想意识,要端正动机,说老实话、做老实事、当老实人,才能重新取得领导和同事的信任。

(4) 对误会产生的信任障碍,要加强沟通和交流,多作自我批评,不要把产生误会的原因推给别人,争取在相互理解中取得信任。

2．沟通障碍

秘书要充当信息枢纽和上传下达、左右沟通的中介。一旦出现沟通障碍,其职能作用就无法发挥。清除沟通障碍关键是要弄清楚产生沟通障碍的内容,然后有针对性地加以排除。

(1) 对信息网络功能、结构不全或运作受阻,必须尽快完善和修复。

(2) 对人际关系隔阂、语义障碍、感觉失真等所造成的沟通障碍,要主动协调,自觉加以排除。如通过关心、理解、支持他人,清除隔阂;正确表述意见和看法,使他人能有效理解;加强交往,深入沟通,引发心灵上的感应,寻找相互理解的感觉等。

(3) 对自己疏漏造成的沟通障碍,如因无意识的口误而刺激或伤害对方,因考虑不周的处事方法损害对方的切身利益,因不了解情况而伤害对方的思想感情等,在知道后,要及时弥补,不能留下消极影响。

3．理解障碍

秘书工作必须得到各相关方面的理解,才能取得广泛的支持与合作,否则,就可能造成障碍。秘书要别人理解,首先得善于理解别人,只有善解人意,别人才会乐于与他合作与共处。清除理解障碍,也是得先弄清楚产生理解障碍的原因、范围、程度等,然后有针对性地加以排除。

(1) 对纵向关系的领导,由于不了解秘书工作程序或来不及调查了解的不当批评,不要急于辩驳,更不要当面对抗,"冷处理"或事后稍加解释就可获得理解。

(2) 对横向关系的同事或其他部门,只要在工作中真诚服务、加强沟通,就可求得了解。

(3) 对自己言行不慎引起别人不理解或反感,则要多从自己方面找原因,检点自己的言行,以求获得别人的谅解。

(六)构建协调的秘书人际关系环境

1．秘书与纵向层次机构的关系

秘书工作与纵向层次机构的关系,指的是与上级领导机构的关系、与本组织领导层的关系、与本组织下属机构的关系等。

1) 秘书与上级领导机构的关系

秘书在辅助本组织领导推行公务管理过程中,必然要与本组织的上级领导机构有密切的关系,必须正确处理好与上级领导机构的关系,这既有助于本组织与上级领导机构的联系和沟通，也有助于秘书开展具体工作。处理好与上级领导机构的关系的做法如下。

(1) 要遵从领导。要经常检查本级组织的业务活动，不得与上级领导机构的政策和决策相悖，要忠实执行上级领导机构的指示，及时反馈执行情况，要将对本组织领导的忠诚与对上级领导机构的忠诚结合起来。

(2) 要加强服务。为上级领导机构服务，也是秘书的重要职责之一。秘书要做好下情上达工作，特别是在撰拟上报公文和提供信息时，要讲真话，报实情，实事求是；要及时、准确、全面地报送，以供上级领导机构参考。

(3) 要加强沟通与协调。当对上级机构的某些指示精神不能全面理解时，要协助本组织领导向上级请示和请教；当上级领导机构对本组织情况不够了解时，要协助本组织领导及时汇报，以促进上下相互理解，保持协调一致。

2) 秘书与本组织领导层的关系

秘书作为本组织领导者身边的综合性参谋助手，其作用是全面协助本级组织领导者推行公务。秘书辅助本级组织领导开展工作时，领导是一个圆心，秘书则是环绕圆心的圆周轨道上运行的各个点；若领导工作是一条主线，秘书工作则是围绕主线上下、左右、前后同步行进的一条曲线。

(1) 秘书在本级组织领导活动中的位置。秘书的职能就是全面"辅助管理"和全方位提供"综合服务"，在这一切过程中秘书必须服从并服务于领导和领导工作，始终处于中介、辅助的地位。因此，秘书必须要有甘当配角，做无名英雄的意识；在代替领导发号施令过程中又要有不当"二首长"的意识。即秘书在为领导服务的过程中，应当做到参谋而不决策，分忧而不分权，自尊而不自大，要坚持对事不对人，对事业负责，对上级领导负责。

(2) 秘书与本组织领导在人格地位上的平等关系。领导与秘书都是国家的公民，都享有宪法规定的平等权利和承担同等的义务。秘书与领导的关系，应当建立在公民的人格平等的基础之上。

(3) 秘书与本组织领导在工作目标中的同事关系。领导与秘书在事业发展目标上和各项任务目标上是一致的。为了实现共同的事业目标和任务目标，两者是相互配合的同事，必须密切配合。

(4) 秘书与本组织领导在工作职能上的上下级主辅关系。秘书工作属于领导工作的延伸。在工作实践中，领导者是上级，处于主体地位；秘书是下级，处于辅助地位。主辅配合默契，关系和谐，工作才能有效开展。

(5) 秘书与本组织领导在工作过程中的主从关系。领导与秘书在相互配合的工作过程中，领导处于主动地位，发动、推动工作的进展；秘书处于被动地位，辅助领导，执行任务和操办事务，为领导工作服务。

(6) 秘书与本组织领导在工作沟通上的双向交流关系。领导与秘书工作的沟通，既有领导者对秘书的指示、指导，又有秘书对领导者的请示、汇报；既有领导者向秘书了解情况、征求意见和建议，又有秘书向领导者主动参谋，提供可行方案等。只有建立和保持这种密切的双向沟通关系，领导者与秘书的主辅配合才能有效；只有加强这种双向沟通，才能使领导者与秘书主辅配合，逐渐达到配合默契的程度。

(7) 秘书与本组织领导在工作绩效上的一体关系。秘书工作的绩效，蕴含在领导工作的绩效之中。因此，领导者对秘书指导有方，促进秘书提高工作绩效，实际上也是在提高领导工作绩效；秘书立足本职主动提供有效的辅助和服务，促进领导工作绩效，同样也是在提高自身的工作绩效。

3) 秘书与下级组织机构的关系

秘书要协助本组织领导对其下属机构实施有效领导和管理，就必须处理好与下属机构的关系。秘书与本组织下属机构保持良好的关系，既有利于增强组织的内聚力和外张力，又有利于秘书在调查研究、综合协调、沟通信息等一系列职能活动中获得下属机构和基层的有力支持与配合。这对提高秘书工作成效和领导工作成效都是极为有利的。处理好与下级组织机构关系的做法如下。

(1) 做好服务工作。要在办文、办事、办会等业务活动中多为下属机构和基层着想，要为其提供相关服务。

(2) 公正公平对待。要公正公平，态度应谦虚，做好上情下达的沟通工作。

(3) 及时了解情况。要深入基层，及时收集下属机构和基层的最新动态信息。

2．秘书与横向职能部门机构的关系

秘书与横向部门机构的关系既包括与本组织各职能管理部门的关系，也包括与上级机关职能部门及不相隶属的有关部门的关系。

1) 秘书与横向职能部门机构搞好关系的意义

(1) 上级机关职能部门是本组织相关业务信息的重要来源，并对本组织对应的业务工作起指导和引导作用。秘书必须与之有效沟通，构建和谐与同步的环境关系，才能获得其相关的有效指导和引导。

(2) 不相隶属的有关部门是本组织的合作伙伴或有着某种往来关系、利益关系的单位，这些部门均对本组织领导活动和秘书工作有着重要影响。秘书与之构建良好的合作环境关系，在开展工作时，能有效获得其支持与合作。

(3) 本组织内的各职能部门是本组织领导管理职能展开的子系统，是组织运转不可分割且各具功能的支撑，也是秘书工作的重要服务对象之一和重要的信息来源，秘书在履行职能活动过程中与之构建和谐的环境关系，才能有效得到其支持和配合，从而顺利履行职能，提高管理绩效。

2) 秘书与横向职能部门建立良好的、相互配合的人际环境关系的方法

(1) 做好综合性办公服务。为相关职能部门提供周密、及时、有效的公务服务。

(2) 尊重部门的职能管辖权。秘书业务中凡涉及特定职能部门管辖范围的问题，应主动向职能部门征求意见；涉及几个相关职能部门的，应进行会商，以求统一认识，统一行动。

(3) 保持密切有效的沟通。秘书加强与有关职能部门的信息沟通，有利于加强组织管理的职能规范性，增强职能整合性，也有利于各相关职能部门对本组织的了解，增强各相关方面的理解与合作，特别是有助于各相关职能部门与进行综合辅助的秘书工作之间的理解与合作。这对秘书工作取得广泛的支持与配合是十分有利的。

3) 秘书与本组织职能部门同事的关系

秘书与本组织各职能部门同事之间的联系是一种同层次业缘人际关系，即在同一机关、

单位处于相同地位的人们在工作交往过程中结成的业缘人际关系。秘书与本组织职能部门同事建立良好的业缘关系应做到如下几点。

(1) 树立"一盘棋"的整体观念。即秘书和各职能部门的人员必须树立整体观念，以全局利益为重，小局服从大局，"棋子"服从整盘棋的调度。

(2) 强化职能部门同事观念。秘书应正视其地位与作用的辅助性质，恪守谦虚谨慎的职业道德，不得居高临下、颐指气使。

(3) 体谅职能部门同事工作的难处。秘书和秘书部门应正确转达领导意图，协助职能部门同事完成任务；要尊重和体谅职能部门同事的实情，少给职能部门同事施加压力；要广泛搜集各方面的信息，乐于为职能部门同事服务；要发挥秘书的特有职能优势，多为职能部门同事排忧解难；要注意同等对待各职能部门的人员，切不可厚此薄彼；要讲究协调策略，宜采用思想沟通、感情交流、信息传输和正面疏导的方法，达成共识，完成任务。

3. 秘书与公众的人际关系

组织内外的社会公众是开展领导和管理活动的社会基础，是秘书职能活动的重要对象，是有效辅助领导活动的重要依靠，秘书与之建立良好的环境关系，才能获得他们的理解、配合与支持，才能使职能的履行顺畅、有效。秘书同群众的职能关系，通常表现为被动和主动两种形态。

(1) 被动形态。即秘书被领导临时指派或作为授权代表，受制于领导而与群众所发生的一种职能关系。如领导因决策需要让秘书深入群众，了解和掌握第一手情况和资料；领导为处理信访或其他有关事项，授权秘书对群众进行调查或作出答复；群众则把秘书视作领导的代表，向秘书反映、申诉自己的意愿或举报违法违规事项，秘书则代表领导接受群众的申诉或举报，并遵照领导具体意向进行处理等，均属秘书要受领导制约，带有明显被动色彩的同群众的一种职能关系。

(2) 主动形态。即秘书在自己的职能权限内自行同群众所发生的职能关系。如秘书为履行其职能，作为有心人，随时随地在群众中了解各种情况，听取各种反映；或秘书为积累有关资料，自行定向地向群众调查研究；或为协调某一工作、处理某一事项，主动同群众交往，了解和掌握有关情况等，均属秘书不明显受制于领导，而带有主动色彩的一种同群众交往的职能关系。加强同群众的这种职能联系，优化与群众的业缘人际关系，是秘书在职能活动中发挥主动性、积极性和创造性的集中体现。

秘书同群众建立良好的业缘关系应做到以下几点。

- 全面了解群众的基本情况，了解和掌握群众的各方面要求，有的放矢地开展工作，密切与群众的关系。取得他们对机关、单位各项工作的支持，尽职尽责地完成自己的本职工作，为实现机关、单位的总体目标而奋斗。
- 强化为群众服务的观念。即想人民群众之所想，急人民群众之所急，把人民群众的利益置于至高无上的地位，一切的管理和决策，都得代表最广大人民群众的根本利益。
- 加强领导与群众之间的信息沟通。把领导的意图及有关政策原原本本地传达给群众，把群众的意见和要求不折不扣地转达给领导。
- 营造亲密、融洽的"家庭式气氛"。

综合练习与实训

一、思考题

1. 秘书应如何辅助领导者获取并利用信息？
2. 秘书应从哪些方面辅助领导者进行有效决策？
3. 在决策实施阶段，秘书要做哪些辅助管理工作？
4. 秘书应怎样开展辅助督促检查工作？
5. 秘书辅助协调要掌握哪些要领？
6. 秘书综合服务的范畴有哪些？
7. 简述秘书办理随机事务的内容和方法。
8. 简述秘书受权理事的内容和方法。
9. 简述秘书日常服务事务的内容。
10. 秘书职能环境概念的含义是什么？
11. 简述秘书办公空间布局的三种形态及各种形态的优劣因素。
12. 简述秘书办公设备和办公用品配置摆放中应注意的事项。
13. 秘书办公环境的物理条件是指哪些内容？
14. 办公环境的日常维护和办公设备的摆放有哪些具体要求？
15. 办公环境的安全管理有哪些内容？
16. 秘书职能的人际环境范畴有哪些内容？
17. 简述制约秘书人际环境关系的因素。
18. 清除职能环境障碍有哪些做法？
19. 简述秘书人际关系环境的类型。
20. 如何构建协调的秘书人际关系环境？

二、案例分析

案例(一)

邱志伟与吴宏斌同时受聘到中信集团做秘书工作。一年后领导遇到什么问题时，总爱找邱志伟商议。吴宏斌感到纳闷，心想：自己的水平能力不亚于邱志伟，为什么会受到冷落呢？

他找到邱志伟，请他帮助分析原因。邱志伟开诚布公地对吴宏斌说："我看你主要是提意见多，提建议少。做一件工作，你这也不满意那也不顺心，咚咚咚地说了一大堆问题，可如何解决这些问题，你却很少提出办法。我要是领导，也不喜欢你这样做。"吴宏斌回想了一下自己一年来的表现，点头说："你说得对，我是有这个毛病。我总想着提意见是下属的事，拿主意是领导的事。"邱志伟截住吴宏斌的话说，"领导也不是神，不会事事都有主意。领导是很希望下属提建设性意见的。一年来，我就是这么做的：凡接到上级的通知或下级单位的报告，我都认真想一想，提出处理意见，不管领导采用不采用，我都坚持这么做。时间久了，领导就对我的建议重视了。就是这么回事。""那每次提几条建议呢？"吴宏斌问。邱志伟说："这也不一定。古人讲上、中、下三策，就是说每次提好中差三个建议。我看这主要是指决定命运的大事时才需要设计这样的方案，一般情况下，每次提一条就可以了。因为大多数事情，一种处理办法也就够了。对于大事或者吃不准的事，有争议的事，不妨多提几条处理意见，供领导选用。即使提不出很好的方法，起码也要有一点建议，帮助领导打开一下思路。这样做，真正有作为的领导都是欢迎的。我把这个办法叫做'一策备选'。你不妨一试。"

吴宏斌照着邱志伟所说的办法去做，一年之后，领导也经常找他商量工作了。

(根据孙荣等编《秘书工作案例》的案例修改，复旦大学出版社2005年2月版)

请问：邱志伟与吴宏斌在工作的方式方法上有何不同？面对问题，秘书应该如何为领导出谋划策？

案例(二)

最近，公司为了扩大品牌效应，着手酝酿一个具有里程碑意义的发展计划：进军上海，成立分销售公司，销售本公司设计的服装。公司准备设置一个销售厅，同时设立销售科、财务科、办公室三个部门。鉴于唐主任的能力和所学专业，经总经理办公室会议研究决定，一致同意由他全权负责设计上海分销公司的办公和销售空间布局的方案。唐主任接手任务后，感觉责任重大，马上着手运用所学知识，综合考虑设计办公结构和布局需要的各方面因素。

(1) 职工的人数。
(2) 购买或租用办公和销售的空间面积。
(3) 机构的建制和办公空间的分类。
(4) 经营的性质或内容。
(5) 部门间的工作联系。
(6) 办公室的间隔方式应符合工作的需要和保密的需要。
(7) 走廊等通道要符合安全需要，并安排好公用区域。
(8) 办公室随组织发展变化的变更，需要具有灵活性。

经过仔细斟酌，最后唐主任向总经理提出分公司办公和销售结构布局方案：销售厅采用开放式类型，财务科采用封闭式类型，办公室采用半开放式类型。同时，销售大厅应安排在离大门较近的地方，并给予较大的办公面积，以便充分展示公司的产品和方便客户出入；财务科办公室应设在离公司大门较远的、比较安全的位置；办公室属综合办公性质，且与销售厅和财务科工作都比较密切，为避免工作人员来回奔波浪费时间，应安排在二者之间的位置。唐主任的设计方案拿出后，经总经理办公会议研究讨论后，一致认为比较科学合理。

现在方案已经实施，分公司布局合理。开业以后，人来人往，业务兴隆。

(根据孟庆荣主编《秘书工作案例及分析》的案例修改，清华大学出版社2007年6月版)

请问：唐主任进行办公和销售空间布局设计时考虑的因素是否全面？他的布局设计是否切合实际？

案例(三)

有一外商到中信集团下属的宏达贸易公司要找罗经理商谈合作事宜。时间尚早，他在接待处等候，看到办公室如下情景：秘书小姜正站在有轮子的办公椅上取文件柜上面的东西；还有一位秘书正在搬动办公桌一角放置的一堆东西，显然在寻找什么，外商一眼扫过去，瞅见灭火器被压在下面；窗外的阳光直射到窗边的电脑上。外商见此情景皱起了眉头。

(根据孟庆荣主编《秘书工作案例及分析》的案例修改，清华大学出版社2007年6月版)

请问：外商为什么会皱眉头？宏达贸易公司办公室的办公设备、设施摆放及工作人员的操作存在哪些不规范的地方？

案例(四)

中信集团拟招聘3名信息资料员，陈总经理授权办公室王副主任主持招聘新秘书的初试，要求以善于参谋为主，要通过笔试，从100名应聘者中选拔出9名，最后进入由总经理亲自主持的复试，并强调若有疑问和难题可随时找他商量。王副主任接受任务后，决心在这份试卷中表现出自己老资格的水平。经过广泛参阅资料，反复斟酌推敲，出了一套他认为十分满意的、能全面覆盖并体现办公室日常事务处理程序和技能的笔试试卷。同时，他还亲自把关，配套出了试卷答题的评分标准，亲自监考、阅卷。最后，他从100名应聘者中选拔出9名佼佼者，推荐参加总经理主持的复试。可陈总经理却认为：9名佼佼者基本上无法做到"参谋辅政"。原因何在？总经理将初试试卷调来一查阅，恍然明白，说："王副主任代表我选人，却没有用我的尺度，只好重新再选。"

请问：总经理对秘书的授权属何种授权方式？王副主任的这次授权理事结果为什么会被否定？

案例(五)

林明花进入中信集团已有数年，算是资深的老秘书了。因她有扎实的秘书专业知识功底，再加上工作认真负责，处事周到细致，因此深得总经理的信任。由于工作的关系，她跟领导接触最多，经常向领导们请示汇报工作，所以集团领导们的事她最清楚。

最近，她有些心烦，因为她发现集团里王副总经理和席副总经理之间的矛盾越来越深了。有时王副总还在她面前抱怨几句席副总，林明花不敢有所表示，每次都借故避开话题。她心里明白，王副总这样说，是希望能得到她这位经理秘书的支持。本来也是，总经理年纪大了，还有两年就要退休了，很有可能从这两位副总经理中选一位扶正。两人本来在工作上就时常有不同的意见，再加上涉及个人前途，他们之间的争斗就更复杂了。林秘书身在其中，有时觉得很难做，做事都是小心翼翼的。

有一天，林秘书送文件去王副总经理办公室。敲门进去以后，发现席副总经理也在。林秘书定睛一看，看到席副总面色铁青，好像刚才正在与王副总激烈地争论着某个问题。林秘书见状马上说："对不起，我过一会儿再来。"但席副总叫住她说："林秘书，你等会儿再走，过来听听，我们俩的意见谁有道理。"林秘书马上说："对不起，席副总经理，我没时间，总经理让我送完文件后马上就去他办公室，他还有急事让我办。还有王副总经理，总经理说这份文件很重要，请您看完后抓紧时间落实。"说完，就退了出去。

其实，林秘书撒了个谎，总经理没有急事让她办，可她要不这么说，席副总经理就不会让她走，两位副总经理意见有分歧，让她一个做秘书的作评判，她又能说什么呢？

(根据孟庆荣主编《秘书工作案例及分析》的案例修改，清华大学出版社2007年6月版)

请问：秘书应怎样正确处理与领导的关系？林秘书在这种情况下处理与两位有矛盾的

领导的关系妥当吗?

三、情景实训

(一)辅助领导决策

1. 实训目标:通过本实训,掌握辅助领导决策的程序、方法和技巧。

2. 实训背景:中信集团下属的宏华玻璃制造厂与美国某玻璃设备制造公司合作办汽车挡风玻璃生产合资厂,宏华玻璃制造厂以现有的厂房、设备折价入股,美方则以他们先进的玻璃制造配方、技术和设备折价入股。其中美方设备作价入股的报价为260万美元,可其中有25台套主要设备无铭牌,无出厂日期,且技术含量不高,其实际价格肯定值不了这么多。作为秘书,该怎么辅助领导处理这件事。

3. 实训内容:

(1) 查询有关与外商合资办企业的政府有关文件规定作为佐证依据。

(2) 查询国际同类产品的市场报价资料给领导作为参考。

(3) 拟制决策方案供领导选择,如可提请聘中介机构或商检局鉴定作价。

4. 实训要求:

(1) 本实训在综合实训室进行,实训室配置有打印机、传真机等全套日常办公必需的设施和可供上网的电脑工位。

(2) 实训分小组进行,每组5个人,大家共同讨论确定1~2个可供领导比较选择的方案,并分头查找设计方案中相关国家的政策依据、商务活动中同类或相关事件的处理案例和方法、国际市场设备报价材料及聘请设备鉴定中介机构鉴定作价等资料。

(3) 所有材料找齐后再设计以什么样的方式向领导提供方案和资料。

5. 实训提示:

(1) 辅助领导获取并利用信息和辅助领导决策的方法见本章相关内容。

(2) 市政府转发有《关于加强外商作价投资管理和进口设备鉴定工作的决定》等相关文件。

(二)办公空间的布局和自然环境管理

1. 实训目标:通过训练,掌握办公空间布局和办公自然环境的构成因素及基本要求。

2. 实训背景:到企业或学校实地参观考察办公空间的布局和自然环境的管理。

3. 实训内容:

(1) 根据经营业务或工作性质设计办公空间的布局。

(2) 设计适合人体机能要求,有利于工作潜能发挥的物理自然环境。

4. 实训要求:

(1) 本实训安排在实景地参观考察,分小组进行,每组5个人,选择学校或企业走访,就办公室环境进行讨论,分析存在的问题,提出建议和意见。

(2) 各小组走访、观察完后提交办公室环境现场照片一组,并提交实训总结报告一份。

5. 实训提示:

(1) 办公空间规划、信息沟通的距离分布合理,空间分配便于人员沟通和监督;设备、用品、家具利用空间与人员空间分配相匹配;以人员工作性质划分利于保密安全。

(2) 办公场所的辅助空间规划有序、和谐适用,并且统一使用企业标识系统。

(3) 办公的照明环境、色彩环境和微气候环境适宜人体对物理环境的基本要求,有利于工作效率的发挥。

(三)办公室设施、设备布置操作技能训练

1. 实训目标:通过本实训掌握秘书办公室设备与用品的配置安排。

2. 实训背景:中信集团办公室信息科有科长1人、秘书3人、勤杂人员1人。办公设备和办公用品的配置是每人有办公桌、计算机、电话各1部;档案橱3架,打印机1台,传真机1部;有全套必备的办公用品和少许盆景,还有一幅挂画。

3. 实训内容:按工作人员和工作性质要求,在模拟办公室内摆放布置上述物品设备,然后对照办公室布置要求,评价此间办公室布置是否合理,指出其优缺点。

4. 实训要求:

(1) 本实训安排在综合模拟办公室进行。

(2) 实训分小组进行,每组5个人,根据上述所给背景材料,集体讨论办公室设备物品的摆放安排。

(3) 每个人分别扮演不同的角色,根据一名信息秘书的工作要求,考虑应该配备哪些基本办公物品,并将这些物品摆放在恰当的个人办公空间。

5. 实训提示:

(1) 办公设备、家具、用品的选择和摆放规范要求。

(2) 绿色植物及装饰物品、个人物品的摆放位置要求,见本章"办公设备与用品的配置"相关内容。

(四)安全管理

1. 实训目标:通过本实训,掌握处理紧急事故的方法。

2. 实训背景:中信集团下属的宏达贸易公司办公室,一位背挎包穿高跟鞋的女士急匆匆地走进来,不注意被拖曳在地的电话线拌住,往前倾倒,额头先撞在办公桌角上,然后扑倒在地,血流不止,人随即昏迷不醒。

3. 实训内容:秘书在遇突发紧急安全事故时的处理方法。

4. 实训要求:

(1) 本实训在模拟办公室进行。

(2) 实训分小组进行,每组6个人,其中1人扮演来宾,其余5人分别扮演秘书。

(3) 当事故发生时秘书应采取的紧急救护措施和后期的处理内容与方法。

5. 实训提示:

(1) 遇险的应对措施。出现险情或事故,应尽量保持镇静,并按照险情或事故应对措施加以处理。如果有人受伤,应立即救护。

(2) 填写《事故情况记录表》或《工伤情况报告表》。

(3) 不安全隐患的整改措施。

(五)秘书处理与因工作而发生矛盾冲突的领导的关系

1. 实训目标:通过本实训,掌握处理与发生矛盾冲突的领导关系的方法。

2. 实训背景:中信集团下属的宏达贸易公司里的曾副经理和黄副经理之间有很深的积怨。这一天,两人又因一项对外业务签约的事项有不同的看法,当着秘书小姜的面大吵起来。随后,曾副经理气呼呼地摔门而去。曾副经理走后,黄副经理拉住小姜,数说一通曾副经理的不是。然后,要小姜转告曾副经理,明天他有急事,不去参加签约,叫曾副经理一个人去。小姜走去曾副经理的办公室,把黄副经理的话转告曾副经理。曾副经理一听,如同火上浇油,张口大骂黄副经理。

3．实训内容:秘书处于有矛盾冲突的领导缝隙中,该采取什么样的对策加以应对,使得两人矛盾既能有所缓和,自己又不掉入旋涡之中。

4．实训要求:

(1) 本实训在模拟办公室进行。

(2) 实训分小组进行,每组3个人,其中2人分别扮演副总,1人扮演秘书小姜。

(3) 每个同学都要轮换扮演一回秘书小姜。

(4) 每个同学都要根据实训背景所给的情景,预先准备好演练脚本(包括情节和台词),在演练过程中认真揣摩角色心理,设计处理方案。

5．实训提示:

秘书处理与领导的关系,见本章"秘书职能人际环境"相关内容。

(六)秘书处理与同事的关系

1．实训目标:通过本实训,掌握处理与同事关系的方法。

2．实训背景:陈总的一个老朋友从外地来了一封信,说他已病重,生活不能自理,家中人力十分困难,想请陈总将他在此工作的一个孩子小张调回家乡公司分部工作,以解决家中无人照料之困难。

3．实训内容:处理好同层次业缘人际关系,构建和谐的人际环境。

4．实训要求:

(1) 本实训在综合办公室进行,要求配置有完整的基本办公设施,并预先准备1份同事父亲的来信。

(2) 实训分小组进行,每组3个人,其中1人扮演陈总,1人扮演秘书,1人扮演同事。

(3) 每个同学都要根据实训背景所给的情景,预先准备好演练脚本(包括情节和台词),秘书在演练过程中设计处理方案并落实解决办法。

5．实训提示:

秘书处理与同层次业缘的人际关系,见本章"秘书职能人际环境"相关内容。

第三章　秘书形象与秘书职业礼仪

本章学习要求：

秘书形象要求，是指秘书在公务和社交场合中个体须遵守的着装、修饰及仪态行为规范。要求通过本章的学习，领会并掌握秘书在公务和社交场合中规范着装及佩戴饰品；按礼仪规范要求对面容进行修饰打扮；举止行为等仪态按规范操作，向交往对象展现自然、严谨规范的秘书个体形象。秘书礼仪，是指秘书在公务和社交活动中须遵守的礼仪规范行为。要求通过本章的学习，领会并掌握秘书在出席公务和社交活动时应严格遵循的言行举止及组织安排活动的礼仪规范要求。

第一节　秘书的形象规范

学习目标：

- 了解着装的一般要求与技巧，掌握男性秘书和女性秘书在职场穿着正装的规范及佩戴服装饰品的技巧。
- 了解化妆的基本规范，掌握公务交往中的站、坐、行、蹲及表情动作等日常行为举止仪态的规范要求。

案例导入：

林明花出生于农村，家里经济不富裕，但她学习非常刻苦，因此成绩突出，大学毕业后顺利应聘到中信集团。在集团工作期间，她为人实在，做事勤快，交给她的工作任务，都能保质保量完成。总经理对她的工作能力和工作表现都很满意，一年后，即提拔她为总经理助理。然而美中不足的是她生活过于简朴，穿着打扮近乎有点"土"。而林明花却不以为然，她认为那是朴实，是她的本色。其实仔细看看林明花长得还是很不错的，同事们都戏称她为"璞玉"。

有一次，总经理受邀出席一家外资企业的年会。为了让林明花见见世面，总经理要她第二天下午陪同他前往，并特地嘱咐让她好好地打扮一下，特许她明天上午可以晚来一会儿。林明花嘴里答应着，心想打扮什么，穿着整齐干净就行了。

第二天一早，林助理照常准时上班，仍旧穿着她那身不怎么漂亮的职业装，洗得倒挺干净的；脸上也没化妆；要说与平常有什么不同的话，就是换了一双新皮鞋。同事们一见她的样子就说："你这就叫'打扮'？这样肯定不行的，你快回去换件漂亮的衣服，化化妆吧。"林助理听了后，只是笑笑，任凭同事们怎么说，就是不为所动，继续干她的工作。

九点三十分，总经理来到助理办公室，见到她这个样子，很严肃地对她说："人应该朴实，但也要讲究场合。你是我的助理，代表的也是公司的形象，所以把自己的外表收拾得干净漂亮去出席会议，也是你的工作内容之一。"说完，马上把公司里公认的穿着打扮最有品位、最时髦的王秘书叫过来，交给她一个任务，就是陪林助理去打扮，并特批妆扮费用从公司的置装费里出，一定要保证在中午吃饭前完成任务。小王欣然领命。

接下来王秘书带林助理去商场挑衣服，去美容院化妆和美发。经过一番专业的包装，最后出现在大家面前的林助理完全像换了一个人，既端庄又大方。同事小张嘴快地说："咱们的'璞玉'雕琢成一块'美玉'了。"听到大家对自己新形象的赞赏，小林自己也感觉非常不错，心想总经理说得对，以后我得多学习学习这方面的知识了。

在商务活动中，秘书给别人留下什么印象不是自己个人的事，它关系到组织的形象和效益。秘书经常出入各种场合，如公务场合、社交场合、休闲场合等。不同的场合对秘书的形象有不同的要求。秘书应根据不同的场合及时调整自己的形象，使之适应相应的角色和身份。小林作为总经理助理，诚如总经理所说的：代表的是公司的形象，出席外资企业的年会，要跟很多商务人士打交道，不适当的装扮会给公司带来负面影响，降低公司的美誉度。再者，一个职业秘书每天把自己打扮得得体漂亮，有助于在职业生活中树立良好的形象，自己的心情也会舒畅。因此，秘书应该学习一些化妆和着装方面的知识和技巧。

(根据孟庆荣主编《秘书工作案例及分析》的案例修改，清华大学出版社2007年6月版)

一、秘书的着装与佩饰

(一)服装款色与个人形体肤色搭配要互补

人的身材有高矮，体型有胖瘦，肤色有深浅，穿着理当因人而异，扬长避短。一般来说，着装应注意以下几点。

(1) 瘦的人不要穿黑色的、竖条形的衣服；胖的人不要穿白色的、方格子或横条形的衣服。

(2) 肤色较深的人宜穿浅色服装；肤色较白的人可穿深色的服装。

(3) 肩胛窄小的人，宜选择有衬肩的衣服；膀大肩宽的人，则以无衬肩为好。

(4) 腰粗的人应选择肩部较宽的衣服，以产生肩宽腰细的效果。

(5) 腿较短的人，可以选择上衣较短、裤腿稍长的服装；腿较粗的人，宜穿上下同宽的深色直筒裤、过膝的直筒裙，不宜穿太紧的裤、太短的裙。

(6) 颈长的人，适合穿领子较高的服装；颈短的人应选择无领或低领服装。

(7) 胸部狭小者，宜穿水平条纹的上衣，开细长缝的领口，并在衣服门襟处点缀些波浪边或荷叶边等，以掩盖胸部扁平的缺陷。

(二)女性秘书的着装规范与佩饰

1. 女性秘书社交场合着装规范要求

(1) 常礼服：指质料、颜色相同或不相同的上衣与裙子搭配在一起穿着，可以戴帽子与手套。适用于参加一般的公众活动或朋友家的晚宴。

(2) 小礼服：指长及脚背的露背式单色连衣裙，质地较高档，做工较讲究。适用于参加较正式的社交活动或者赴晚宴时穿着。

（3）大礼服：低胸露背式的拖地或不拖地的单色连衣裙式服装，并配有帽子、手套及饰品。适用于参加晚上正式的公众活动时穿着。

（4）长旗袍：我国女性较少穿礼服，一般在正式的社交场合无论是白天或晚上，可穿长旗袍，其面料是绸缎或毛料，紧扣高领贴身，下摆长及脚面，两旁开衩，斜式开襟并配以高跟或半高跟皮鞋。

（5）传统民族服装：在社交场合，也可以穿着传统民族服装，即中式对襟盘花纽扣的上装，配上与之相吻合的裙子或裤子。

2．女性秘书职场着装规范要求

西服套裙是职业女性在职场穿着的标准服装。有上衣和裙子同色同料或上衣和裙子不同色不同料的两件套、三件套(上身内加一件与上衣同料同色的马甲)两种款式。具体见图3.1。

图3.1　女性穿着的标准西服套裙

1）西服套裙的色彩

西服套裙的色彩以黑色、藏青色、雪青、灰褐色、灰色、茶褐、土黄、紫红和暗红色为佳；精致的方格、印花和条纹也可以接受；穿红色、黄色或淡紫色的西服套裙要小心，因为它们的颜色过于抢眼，故要根据出场的场所和自己所处的角色位置来确定是否可穿。

2）西服套裙的面料

西服套裙的面料一般选择质地好、有垂感的薄花呢、华达呢、凡立丁、法兰绒等纯毛面料，高档的府绸、丝绸、亚麻、麻纱、毛涤以及一些化纤面料也可选择。

3）西服套裙的裙长

西服套裙的裙长以下摆抵达着装者膝盖处为标准的裙长，一般裙长最长以抵达着装者的小腿肚子上最饱满处、最短以不短于膝盖以上 15 厘米为限。

4) 西服套裙的上衣

西服套裙的上衣款式有紧身和松身两种。紧身式上衣较为正统，该款上衣的肩部平直、挺拔，腰部收紧或束腰，其长不过臀，整体呈倒梯形。其变化主要在衣领，常见的有平驳领、一字领、圆状领、V 字领和 U 字领，也可采用青果领、披肩领、燕翼领、蟹钳领、束带领等。衣扣有无扣、单排扣和双排扣之分，还有明扣式和暗扣式之分。

5) 西服套裙的造型

西服套裙的造型有 H 型、X 型、A 型、Y 型四种。其特点是：H 型套裙上衣较为宽松，裙子多为筒式；X 型套裙上衣多为紧身式，裙子大都是喇叭式；A 型套裙上衣为紧身式，裙子则为宽松式；Y 型套裙上衣为松身式，裙子多为紧身式，并以筒式为主。

6) 西服套裙的搭配

西服套裙的搭配主要是考虑衬衫、内衣、衬裙、鞋袜的选择是否得当。

(1) 衬衫。衬衫面料要求轻薄而柔软，可采用真丝、麻纱、府绸、花瑶、涤棉等。衬衫色彩要求雅致而端庄，不能过于鲜艳，常见的是白色，最好选用无任何图案的衬衫，款式以简单为宜。

(2) 内衣。内衣由胸罩、内裤、吊袜带、连体衣等组成。内衣应当柔软贴身，起到支撑和烘托女性线条的作用。所用的面料以纯棉、真丝等为佳。图案和款式可以根据个人爱好加以选择。穿着时要注意内衣不能外露。

(3) 衬裙。女士穿套裙必须穿衬裙。衬裙面料以透气、吸湿、单薄、柔软为佳。色彩宜为单色，并与外面的套裙色彩相互协调。款式要与套裙相配。要注意衬裙也不能外露。

(4) 鞋袜。女士所穿的鞋子，以牛皮鞋为上品，颜色以黑色为正统，高跟、半高跟的船式皮鞋或盖式皮鞋为宜。袜子，以尼龙丝袜或羊毛袜为好，色彩可以是肉色、黑色、浅灰色或浅棕色等，以高筒袜或连裤袜为好。多色袜、彩色袜、白色袜等都不宜与套裙配套。

3. 女性秘书一般场合着装规范要求

(1) 连衣裙。一般在不太正式的工作场所穿着，色彩宜选择灰色、藏青色、暗红色、米色、驼色、黄褐色、红色和玫瑰红颜色的布料，也可以选用简洁的印花或图案的。面料以丝绸为最佳，也可选用人造丝或加入人造纤维的亚麻制品(注意不要选用纯亚麻或棉布，因为它们容易起褶)。

(2) 夹克与裙子。轻便的夹克可以与裙子搭配，用于一般的工作场所。颜色的搭配应协调。面料应选择纯毛华达呢以及混纺面料，丝绸和亚麻混纺制品也可以，但不要选择皮革、绒面料、斜纹粗棉布或缎子的面料，因为这些面料让人有一种不太职业化的感觉。穿夹克配衬衫以白色、黄白色或米色为宜。衬衫的面料最好是丝绸，也可以选择纯棉的。

(3) 在一般的工作场所或只有内宾参加的交际活动中，我国女性习惯于穿着裤装。但裤装一般不能作为正式商务场合的礼服，且裤装对穿着者身材条件的要求比裙装高。

4. 女性秘书服饰配件的佩戴技巧

1) 首饰

在社交和工作场所佩戴首饰的规范是同质同色且不超过三件套，式样要尽量简单大方。不要戴晃来晃去或叮当作响的首饰。

2) 腰带

要用皮制腰带，皮带扣要简洁。皮带的色彩应与鞋子的颜色相配。

3) 围巾

选择围巾时要注意颜色中应包含有套裙的颜色。如果要将围巾打结或系起来，最好要选择100%丝绸面料的围巾。

4) 袜子

丝袜一般用来衬托裙装，颜色应与肤色相近或较深，尤其以肉色为最佳。穿袜时切记裙摆与袜口之间不能露出一段腿部，亦不能挑丝或破裂。应随身携带一双备用的透明丝袜。穿浅色皮鞋时不要穿黑袜子，也不要穿带有图案的袜子，因为它会使人注意你的腿部。

5) 鞋子

穿不同女装配鞋有区别。一般穿礼服长裙或长旗袍，就应配高跟皮鞋，既衬托体态风仪，又合乎国际惯例。鞋跟高度为2.5~5厘米。不要穿凉鞋、松糕鞋。尽量避免穿后跟用带系住的女鞋或露脚趾的鞋。穿中式套服时可穿软底鞋、平跟鞋或布鞋。穿鞋子要注意以下两点。

(1) 鞋的颜色应与衣服下摆一致或再深一些。从衣服下摆开始到鞋的颜色一致，可以使大多数人显得高一些。如果鞋是另一种颜色，人们的目光就会被吸引到脚上。

(2) 职业女性最好穿着中性颜色的鞋，如黑色、藏青色、暗红色、灰色或灰棉色。不要穿红色、粉红色、玫瑰红色和黄色的鞋。

6) 提包

应选用皮革制成的高档提包，使用时不要带有设计者标签。款式应以长方形为正宗，可以作硬衬，也可用软衬。颜色最好是黑色、棕色和暗红色。

7) 眼镜

应选配体现职业化特点和质地高档的眼镜，不要戴有色和半透明的眼镜，款式应适合个人的脸型，镜框的颜色应与佩戴者所佩戴的首饰同色。

(三)男性秘书的着装规范佩饰

男士在正规场合要着西服。西服有正装和便装两种。男性秘书在正规的公务或社交场合理所当然要着西服正装，穿西服正装全身上下不能超过三种颜色。

1．男性秘书穿着西服正装的规范要求

西服正装：是指上下同质同料(质料一般都是较高档的毛料)，且颜色为深色的两件套西服或三件套西服。三件套是指上衣里面多加一件同质同料的马甲。

1) 正装穿着

两件套西服在正式场合不能脱下外衣；三件套西服因里面穿有马甲，故可脱下外衣。且按规范，西服里面一般不能加穿毛背心或毛衣，因为那样的话会显得臃肿，破坏西服的线条美。但在我国北方因冬季寒冷，要加穿毛衣，即使如此也至多只能加一件矮领的羊毛衣，且要穿在衬衫的里面并被衬衫所包掩。

2) 配好衬衫

配西服的衬衫必须是长袖，即使夏天也不例外。衬衫通常为单色，白色是最佳也是最安全的选择；面料最好是纯棉的，领子要挺括，不能有污垢、油渍；衬衫下摆要放在裤腰

里,并要系好领扣和袖扣;衬衫衣袖要稍长于西服衣袖0.5～1厘米,领子也要高出西服领子1～1.5厘米,以显示衣着的层次。

3) 系好领带

西服脖领间的V字区最为显眼,领带应处在这个部位的中心,质地一般以丝绸为佳。在喜庆场合,领带的颜色可鲜艳些;吊唁等严肃场合,领带的颜色要素气,或直接用黑色。夏天单穿衬衫配西裤时,仍可系领带,但因天热解开衬衫领扣,挽起衬衫袖子时,就不该再系领带了。领带的领结要饱满,与衬衫的领口吻合要紧凑,领带的长度以系好后宽边领带尖下端正好触及腰带扣处为最标准;若加穿马甲,则马甲的纽扣要扣好,领带应放在马甲内,并注意不能让领带下摆从马甲下面露出来。领带夹一般夹在衬衫第三粒与第四粒扣子间为宜,标准是:西服系好纽扣后,不能使领带夹外露。领带的打法有四种。

(1) 浪漫结:浪漫结因其完美的结型,适用于各种浪漫系列的衬衫领口。完成后将领结下方之宽边压以皱折,可缩小其结型;窄边亦可将它往左右移动,使其小部分出现于宽边领带旁。具体打法如图3.2所示。

图3.2 浪漫结的打法

(2) 温莎结:此结因温莎公爵而得名,适用于形状偏宽、质料较薄的领带。完成后领结成正三角形,结形饱满,搭配八字领口的系列衬衫,体现正统典雅的气质。身材健硕者可选择打此领结。温莎结的具体打法如图3.3所示。

图3.3 温莎结的打法

(3) 王子结:此结适用于质料柔软的细款领带,搭配浪漫扣领及尖领系列衬衫,完成后领结成正三角形,压出"男人的酒窝"向两边略微翘起,体现轻松、快乐、浪漫的情调,适合于一般社交场所使用。具体打法如图3.4所示。

图3.4 王子结的打法

(4) 四手结:是所有领结中最容易打的结型,适用于各种款式的衬衫及领带。具体打法如图3.5所示。

图 3.5　四手结的打法

4) 用好衣袋

西服上衣两侧的口袋只作装饰用，不可装物品。左胸部的上衣袋是装饰袋，只可插放装饰手帕或花饰。上衣内侧衣袋为功能袋，可放置票夹或名片盒，但不宜放置过多。两侧裤袋可放轻薄简单的物品，不可放厚重或大的物品；后裤袋是装饰袋，不可放置物品，否则会影响裤形美观。

5) 扣好纽扣

双排扣的西服要把纽扣全部系上，以示庄重。单排扣西服无论行走还是站立，可以全部不扣。若要扣纽扣，则两粒扣的西服，只扣上面一粒纽扣；三粒扣或四粒扣西服，则扣中间一粒或上边两粒纽扣。穿西服坐下时，纽扣应全部解开，若不解开，会因挤压使衣服皱折难看。

6) 穿好皮鞋

穿西服一定要穿皮鞋，皮鞋颜色不应浅于裤子，一般以黑色并系带的正装皮鞋为最规范。裤脚要盖住皮鞋鞋面。穿西服不能穿旅游鞋、轻便鞋、布鞋或露脚趾的凉鞋。

7) 配好袜子

袜子也以深色为正规，切不可穿白色袜子、半透明的尼龙或涤纶丝袜以及色彩鲜艳的花袜子。袜子的袜口不宜外露，即使是坐下时，裤脚下也不能露出袜口甚至一截腿。

8) 饰品配件

西服饰品配件包括眼镜、提包、腰带、手帕、手表等。

(1) 眼镜：需戴眼镜者，应选配体现职业特点和质地高档的眼镜，不要戴有色和半透明的眼镜，款式应选择适合个人脸型且能弥补脸部缺陷的镜架。一般地说，身高脸大的人不宜选小镜，而纤细瘦小的人不要戴厚重的大边框眼镜；镜架色调应配与佩戴于身上的饰品相同的色调。

(2) 提包：在公务活动中，秘书人员总是要携带各种文件材料或有关物品，因此，公务用包可相对大些；质地以皮革为佳，做工要精；提包的颜色应与腰带、皮鞋相同，这就叫"三一定律"。

(3) 腰带：男士穿正装西服系的腰带很讲究，应选择质地高档的真皮或爬行动物的皮制腰带，颜色应为黑色、棕色或暗红色，且与皮鞋、提包相配，皮带扣要简洁。注意千万不要在腰带上佩挂其他物件。

(4) 手帕：男士携带手帕只是作为装饰，没有功能性的作用，一般是叠成山形或两瓣插在西服上衣口袋作点缀。手帕的质地要高档、硬挺；色调可与衬衫或领带相同，要注意用手帕作装饰仍得保持三色原则。

(5) 手表：手表对于男士来说，现已成为装饰品。男秘书的手表可以稍大，手表以金属外壳为大方，色调也应与所佩戴的首饰相同。塑料外壳的手表只适用于休闲旅游场合，而在正式场合则不宜佩戴奇特的电子表。

2．男性秘书穿着西服便装的规范要求

1) 西服便装

西服便装又称休闲西服，是指上下不同质不同料(质料要求较正装西服宽松，可以是混纺、亚麻、涤棉、化纤、混合丝、毛涤及动物皮制品)的、颜色可深可浅(一般以浅色居多)的单件西服和单件西裤配套。穿着西服便装一般应注意以下两点。

(1) 西服便装的穿着比较随便，适合在非正式公务场合、一般性聚会及休闲场所穿着。穿西服便装时，可系领带，也可不系领带。

(2) 西服便装的款式较新颖，一般以大翻领、双排两粒扣居多；可用条纹、方格的图案或条绒的面料。

2) 饰品配件

穿着西服便装时，其他饰品配件的佩戴没有穿着正装西服的要求那么严格规范，但也须注意应以简洁为宜，不能过杂过乱。

3．男性秘书在一般职场着装规范要求

我国大部分地区冬夏温度反差大，不可能一年四季都穿西服，因此，绝大多数人习惯于穿职业便装上班，如有些人穿夹克衫、休闲衫等。只要无重大活动，这也是可行的。但由于仍是在职场，因此，穿职业便装也有些规范要求。男性秘书的职业便装种类主要有：夹克衫配长裤、毛衣配长裤、衬衫配长裤、有领棉T恤衫配长裤等。

1) 夹克衫配长裤

在冬天较冷的季节，可穿夹克配长裤。

(1) 颜色搭配：藏青色、灰色和铁灰色的夹克可与多种颜色形成对比；棕色与驼色的夹克衫，配上蓝裤子，要比相同颜色的西服套装更易于被人接受。普蓝色可搭配的颜色较多，如藏青色或灰色。深色的夹克可以搭配颜色较浅的长裤，包括黄褐色或米色。

(2) 面料选择：与西服便装的情况相同，夹克的面料可选用纯毛、混纺、亚麻、涤棉、化纤、混合丝及动物皮制品；长裤面料可选纯毛华达呢、混纺或永久熨烫混纺。

(3) 饰品配件：①帽子。在寒冷的冬天穿夹克，可佩戴帽子。帽子在西方被认为是权力和地位的象征，但凡致礼和进入室内时，一律要除帽。②围巾。穿夹克可同时围围巾，男士围巾宜选用质地优良的围巾，进入室内也必须脱去。③手套。寒冷的冬天穿夹克可同时戴手套。手套必须质地柔软，款式入时。手套口应与衣袖口相重合，在手套口与衣袖口之间不能露出一小节手腕。注意，手套口应塞入衣袖口，而不是将手套口盖住衣袖口。进入室内应脱去手套，与人握手时更不能戴着手套。

2) 毛衣配长裤

在春秋季节，天气不是很寒冷的时候，男性秘书在一般职场活动中也可穿毛衣配长裤。外穿的毛衣要选择质地较高档的纯毛或羊绒制品，领口款式因个人的脸型和脖颈而异，其色彩与长裤的色彩搭配要和谐。

3) 衬衫、棉T恤配长裤

夏天男士穿衬衫或棉T恤配长裤上班，这在我国是很普遍的，只要无重大活动，也无可非议。衬衫和T恤的款式宜简约，颜色以单色为宜。根据体形，采用横条纹或竖条纹面料也能为人所接受，注意衬衫和T恤外穿时不能太花哨。领子要挺括，不能有污垢、油渍。

衬衫和 T 恤的下摆要放在裤腰里，裤子要有裤缝。衬衫、T 恤与长裤在色彩的搭配上要和谐。夏天穿衬衫、T 恤与长裤，可穿凉鞋，其他季节可穿胶底鞋，鞋子要时刻注意刷干净，不能穿鞋跟磨损过度的鞋。

二、秘书的仪容与仪态

(一) 仪容修饰

仪容是指人的仪表姿容，仪容修饰就是对人的面容、发式、气味等进行修饰和掩盖，从而展现出淡雅清秀或健康自然的适合环境要求的容颜。

1. 面容

面容指人的面部容颜。对面部进行美容，目的就是掩饰缺陷，突出优点。美容的关键是清洁，要注意眼角不能有眼屎，鼻腔要干净，耳朵的凹槽里也不该有积垢，牙齿应洁白光亮，不能有口臭，工作时不该吃葱蒜等辛腥食品；指甲不宜留太长，指甲缝里更不能有积垢。根据不同的工作场合，可适当化妆修饰面容。

1) 男性秘书的化妆

男士极少做烦琐的浓妆艳抹化妆，但简单的刮脸洁面却是每日必做的功课。

(1) 刮脸：先用热毛巾敷一下，涂上剃须膏，用剃须刷蘸温水在胡须处来回湿润几下使产生泡沫，然后用剃须刀刮胡须。

(2) 洁面：把清洁霜均匀涂于面部并按摩，再用温水热毛巾把面部擦净。

(3) 收敛：用爽肤水或营养蜜涂于药棉上或手掌中，均匀涂抹于面部，然后轻轻拍打面部。

2) 女性秘书的化妆

女士化妆比较复杂，可分为日常简妆和深度化妆。日常简妆主要有洗手、修眉、固发、洁面、收敛、润肤等程序。深度化妆则比较复杂，一般包括以下步骤。

(1) 打底：挑少许粉底霜点在额、鼻、双颊、下巴上，再均匀涂抹，鼻翼两侧和下眼睑睫毛处、发际处、嘴角处、颈际处要抹匀晕染，调正肤色。

(2) 定妆：轻扑香粉于脸上，但一定要薄，似有似无。

(3) 眼线：在上下睫毛底部用眼线笔画出细长线。上眼线尽量贴近睫毛部，从眼角至眼尾引画；下眼线贴近睫毛部，从眼尾至眼角内侧先点上三点，然后用指尖把点延抹相连成眼线。

(4) 眉毛：眉在延长时应与眉形融合，确保自然。眉的化妆还应与眼睛、前额相吻合。不可粗浓而失温柔，亦不可细疏而不入时；大眼睛不可将眉修得过细，小眼睛则要将眉毛画得略细些。

(5) 唇线：先画唇线外轮廓，再把口红向内涂匀。唇线笔与口红颜色以相差一号为佳。

(6) 脸颊：用小毛刷蘸胭脂少许，由颊部向内向下晕染，要均匀自然，边界要汇成一体。

(7) 睫毛：涂睫毛膏，上睫毛应先往下拉，再托起眼皮朝上拉，睫毛不能被粘住；下睫毛应从睫毛根部开始涂睫毛膏，轻轻向外至尽头。

(8) 指甲：摇匀指甲油，先涂一些在指甲前端，接着向四边抹匀，最后竖着填补中央部分。

(9) 香水：发际、衣领反面及耳背洒几滴香水。

2．发型

发型修饰就是在头发保养、护理的基础上，修剪出一个适合自己面容的发型。平时要注意保养头发，洗发用品要适合自己的发式皮肤，并坚持按摩头皮和发根，梳发时要跟着发型发丝的流向顺流而梳。此外，要注意卫生，不论发质优劣，都应该保持头发清洁、蓬松、无头屑，并散发有淡淡的香味。

1) 男性秘书的发型

男士在公务活动中不宜留长发，亦不宜剃光头，其头发长度一般以"前发不遮眉、后发不触领、侧发不掩耳"为标准。

2) 女性秘书的发型

女性秘书发型的修饰要根据个人的脸型、身材及职业环境特点进行整修，一般应注意以下几点。

(1) 椭圆脸(又称瓜子脸)型及身材适中的人可选任意发式。

(2) 圆脸型且身材矮胖的人应将头顶部的头发梳高并设法遮住两颊，使脸部看起来显长不显宽。

(3) 长脸型且身材瘦高的人应将头顶部的头发压低，两侧蓬松，使脸部显宽。

(4) 方脸型的人，可将头发披在两侧成弧形轮廓，掩饰棱角，使脸部看上去圆润些。

(5) 菱形脸的人应将头顶部的头发压低，两侧宜厚且隆起呈椭圆形。

(6) 职业女性的发型应文雅、庄重；伏案工作者留披肩长发在工作时应扎或盘起来，这样显得精神、干练，不影响工作；而参加交谊或出席宴会，则可精心盘成发髻以显示高贵雅致；短发者可在不同场合做成不同式样，如向左、向右或朝前朝后梳理会给人以新鲜感；头发上的饰物不宜多，一件(套)足够了；注意额发不能遮住眼睛，以免给人留下幼稚、散漫的感觉。

(二)仪态礼仪

仪态是人的举止行为的统称，包括站姿、坐姿、走姿、蹲姿及目光表情等。大方、得体、优雅的举止，不仅可以塑造自身美好的形象、气质和风度，还可以使各种礼仪表现得更充分、更完美。

1．站姿

(1) 站立的基本姿势是：头正、颈直、腰垂、两眼平视前方，嘴微闭，肩平并放松，挺胸收腹，两臂自然下垂，手指并拢自然微屈，中指压裤缝，两腿挺直，膝盖相碰，脚跟并拢，脚尖张开成45°或60°的V字型，身体重心落在两脚中间。

(2) 站立时间若较长时，手脚可稍微变化。如与人交谈，双手可随谈话内容做一些手势，以加强语势；脚可由V字型调整成T字型，男士则可把双脚稍分开一点儿，与髋同宽，但不宜超过肩宽。男士、女士站立的基本姿势如图3.6所示。注意站立时不宜头下垂或上仰，收胸含腰，背曲膝松，臀部后突，手插在衣裤口袋里或搓脸，弄头发，脚打拍子，身靠柱子、餐桌、柜台或墙歪斜站立。

图 3.6 男士、女士站立的基本姿势

2．坐姿

在公务和社交场合，坐要有坐相。坐有美与丑、优雅与粗俗之分。正确的坐姿能给人一种安详端庄的印象，不正确的坐姿会让人感觉懒散无礼。

(1) 正确的坐姿：入座时要轻要稳，坐下后腰背挺直，双肩放松，女士两膝并拢，男士膝部可稍分开，但不超过肩宽。女士穿裙装入座，应先用手将裙后摆稍稍拢一下，再慢慢坐下。坐在椅子上不可全部坐满，也不可坐得太少，一般以坐椅面的 2/3 为宜。坐下后切不可后仰半躺，给人懒散疲沓的感觉。男士、女士的基本坐姿如图 3.7 所示。

(2) 手臂的放置：坐下后，双手可连肘关节一起支撑于扶手上；或双臂自然弯曲，掌心向下置于双腿上；或将右手搭握左手，掌心向上或向身体内侧，轻放于左、右腿上。注意坐下后不要把双手夹在双腿之间或放在臀下，也不要将双臂放在胸前或抱在脑后。

(3) 腿脚的放置：坐下时，双膝应自然并拢正放(男士可略分开些，但不得超过肩宽)。若坐的时间长了，感觉疲劳时，可适当变换姿势，如双膝并拢向左或向右侧放；或仍双膝并拢，两小腿前后分开，男士则除前后分开外还可左右分开；或两腿前伸，一脚置于另一脚上，在踝关节处交叉成前交叉坐式；也可小腿后屈，脚前掌着地，在踝关节处交叉成后交叉式坐姿；或跷起一条腿架在另一条腿上，但跷起的小腿要尽量后收贴紧被架腿的小腿。要注意坐下后在任何时候都不得跷起二郎腿，女士不得叉开双腿。

3．走姿

走是一个人精神面貌的动态体现。由于性别、性格的原因以及美学的要求，男女走姿要求有差别：男性走路以大步雄壮为佳，而女性走路则以碎步轻盈为美。

图 3.7 男士、女士落座的基本姿势

(1) 走的基本姿态：走路时目光平视，头正颈直，挺胸收腹，两臂自然下垂，前后自然摆动，前摆稍向里折，身体要平稳，两肩不要左右晃动或不动，或一只手摆动另一只手不动。走路出步和落地时，脚尖都应指向正前方，由脚跟落地滚动至前脚掌，脚距约为自己的 1.5～2 个脚长。男女行走的基本姿势如图 3.8 所示。

图 3.8 男士、女士行走的基本姿势

(2) 走路的忌讳：忌走八字步，不要多人一起并排行走，也不要搂肩搭背。在狭窄的通道，如遇领导、尊者、贵宾、女士，则应主动站立一旁，以手示意，让其先走；上下楼梯时，不要弯腰弓背，手撑大腿；若遇尊者，则应主动将扶手的一边让给尊者。

(3) 与尊者同行：对方不识路径，需要引领，则应在他的左前侧1.5~2米处，并以侧身跟他形成130°的前方引导；对方若认得路径，秘书只是作为陪伴，则应走在他的左边或后面。

(4) 男女同行：在难走的路面、黑暗处或上下楼梯时，男士应走在前面，其余路况下则男士应走在后面。

4．蹲姿

蹲姿要优雅自然，关键是要注意不能暴露不该暴露的体位。

1) 交叉式蹲姿

下蹲时右脚在前，左脚在后，右小腿垂直于地面，全脚着地。左腿在后与右腿交叉重叠，左膝由后面伸向右侧，左脚跟抬起，脚掌着地，身体下蹲，两腿前后靠紧，合力支撑身体。臀部向下，上身稍前倾。女性常采用这种蹲姿，具体情形如图3.9所示。

2) 高低式蹲姿

右脚前移至左脚前约8~10厘米，两腿并拢下蹲，左腿呈半跪姿态，左膝盖靠近右小腿肚，上体后移，左脚后跟上提与臀部接触，右腿弯曲，全身重量压在左脚前掌上。女士如果是穿着低领上装蹲下时，可一手护着胸口。男士下蹲可采用这种姿势，蹲下后双腿可以适当分开，以双膝不超过肩宽为准。具体情形如图3.10所示。

图3.9 交叉式下蹲基本姿势

图3.10 高低式下蹲基本姿势

3) 蹲姿的忌讳

(1) 蹲下时不要东张西望，特别是从地上取物时，东张西望会让人产生猜疑。弯腰曲背翘臀的蹲势会影响人体的外形美观，而女士穿短裙弯腰曲背翘臀就更不雅了。

(2) 不要双腿并拢下蹲。采用这种全蹲姿态会使人的正面形象看上去不美，腿显得短而粗，女士穿短裙采用这种蹲姿更有晃倒的危险。

5．手势

手势是利用臂、肘、掌、指的活动以表情达意为目的的行为。在日常交往过程中，手势的使用频率很高，使用范围也很广。使用手势的关键在于优美、柔畅，给交往对象以美的享受，感受其蕴含的更深切的思想情感。

（1）横摆式。在表示"请进"、"请"时常用横摆式。具体做法是：五指并拢，手掌自然伸直，手心向上，肘微弯曲，从腹部之前抬起，以肘为轴轻缓地向一旁摆出，头部和上身微向伸出手的一侧倾斜，另一手下垂或背在背后，目视宾客，面带微笑，表现出对宾客的尊重、欢迎。具体见如图3.11所示。

（2）双臂横摆式。当来宾较多，或为表达出一种更强烈的感情，其表示"请"或"欢迎"的动作幅度可大一些，即用双臂横摆式姿势。具体做法是：两臂从身体两侧向前上方抬起，两肘微曲，向两侧摆出。指向前进方向一侧的手臂应抬高一些，伸直一些，而另一手臂稍低一些，曲一些，也可以双臂向一个方面摆出。具体如图3.12所示。

图3.11　横摆式手势

图3.12　双臂横摆式手势

（3）前摆式。当一只手扶房门或电梯门，或一只手拿着东西，同时又要作出"请"或"指示方向"的手势时，可以用前摆式手势。以右手为例，具体动作要求是：五指伸直并拢，从身体的右侧前方，由下向上抬起，抬至上臂离开身体的高度时，以肘关节为轴，手臂由体侧向体前的左侧摆动，摆到距身体15厘米，掌心向上，手尖指向左方，头部随客人由右转向左方。具体如图3.13所示。

（4）斜摆式。请客人落座时，手势摆向座位地方，这称为斜摆式。具体做法是：手要先从身体的一侧抬起，到高于腰部后，再向下摆去，使大小臂成一斜线。具体如图3.14所示。

（5）直臂式。需要给宾客指方向时，采用直臂式。具体做法是：手指并拢，掌伸直，屈肘从身前抬起，向指引的方向摆去，摆到肩的高度时停止，肘关节基本伸直。具体如

图 3.15 所示。

图 3.13 前摆式手势

图 3.14 斜摆式手势

图 3.15 直臂式手势

6. 表情

表情是运用面部器官的动作及脸色的变化来表达人们丰富的情感和心理活动的一种行

为。这是一种无声的语言，但其传达的情感信息却比有声语言要丰富得多，也巧妙得多。面部表情的具体表现主要有与人交往时目光注视区域及脸色笑容。

1) 目光

"眼睛是心灵的窗口"。一个人内心复杂情感的变化，往往会透过眼神表现出来。在与人交往过程中，通过目光接触时间的长短、目光注视的方向、目光注视的方式三个方面，可了解交往对象内心真实的思想、复杂情感的变化，从而及时调整自己应对的神态。

(1) 目光接触的时间：在与人交往和交谈过程中，目光与交往对方的目光接触的时间应累计达到全过程的 50%～70%，当然，这 50%～70%的接触时间应是间或性的，不能集中在某一段时间里进行凝视，其余 30%～50%的时间，可注视对方脸部以外 3～5 米处。注视对方时，目光应是坦然、亲切、和蔼、有神的。若同时与多人交谈，应先看主交谈对象一段时间，再用环视关注在场的其他人。目光接触交谈对象时，眼皮眨动一般是每分钟 5～8 次，眨动过快表示思维活跃或在思考，眨动过慢则表示轻蔑、厌恶。

(2) 目光注视的区域：目光凝视区域是指人的目光所落定的位置。在与人交往或交谈中，正视的目光是表示"相互尊重"的目光，它会使人感到你的自信和坦率。因此，与人谈话时，应将视线停留在对方双肩和头顶所形成的正方形区域内，以示态度的真诚。

(3) 目光注视的方式：当开始与人说话时，目光要先集中注视对方；听人说话时，也要看着对方可看的区域，这是一种既讲礼貌又不易疲劳的方法。如果表示对谈话感兴趣，就要用柔和友善的目光正视对方的眼区。如果想要中断与对方的谈话，可以有意识地将目光稍稍转向他处。当对方说错话拘谨害羞时，不要马上转移自己的视线，而是要用亲切、柔和、理解的目光继续看着对方，否则对方会误认为你高傲，在讽刺和嘲笑他。尽量不要将两眼视线直射对方眼睛，因为对方除了会以为你在窥视他心中的隐秘，还会认为在向他表示不信任、审视和抗议。在谈兴正浓时，切勿东张西望或看表，否则对方会以为你听得不耐烦。无论是使用哪种注视，都要注意不可将视线长时间地固定在所要注视的位置上，应间或性地将视线移开，这样能使对方心理放松，感觉平等，易于交往。

2) 微笑

微笑，是以不出声的面部神态来传递信息的行为，它由从嘴角往上牵动颧骨肌和环绕眼睛的括纹肌的运动所组成，并且左右脸是对称的。

(1) 微笑的作用：微笑所传递的意思基本相同，是一种"世界语言"，因此被称为社交的"通行证"。真正的微笑应是发自内心的，渗透着自己的真实情感，表里如一，毫无包装或矫饰，目光柔和、神情友善、愉悦、自然、真挚，只有这样的微笑，才是真正具有感染力的笑。微笑对自身而言，表示心情愉快；对他人而言，则表示尊重和善意。你向对方微笑，对方也会报以微笑，微笑让交往的双方体验到亲切感，因此，它能起到迅速缩短交往双方的距离的作用。微笑具有强化有声语言沟通的功能，可增进友谊和交流。在交谈中，碰到不易接受的问题，边微笑边摇头，这种委婉的拒绝，不会使被拒绝者感到难堪。

(2) 微笑的训练方法：这里介绍两种训练方法。一种是不露牙齿微笑，即嘴角两端稍稍用力向上拉，使两端嘴角向上翘起，让唇线略成弧形，在不牵动鼻子，不发出笑声，不露出牙齿的前提下，微微一笑。另一种是标准口形的笑，即嘴角两端稍稍用力向上拉，使两端嘴角向上翘起，两唇分开，露出六颗牙齿。这可借助一些辅助工具进行训练，我们经常念的一些词、字，正好是微笑最佳的口型，如中文的"茄子"，英文字母"G"、"V"

等；奥运礼仪小姐则用牙齿咬住筷子训练微笑，这也是一种技术辅助训练的很好方法。

第二节 秘书的职业礼仪

学习目标：

- 掌握公务和社交往来中的称呼、介绍、握手、名片递接、致意等礼仪规范要求。
- 掌握组织安排拜访、会谈等公务和社交活动的礼节规范、座位安排和程序要求。
- 掌握接待过程中迎、送、引、领的技能，从容应对已预约来客和未预约的来客。
- 了解涉外接待的原则并熟练掌握涉外接待中宴请的桌次与席位的安排。
- 掌握签字、庆典仪式的礼宾规范及程序，做好签字庆典仪式的组织与服务工作。
- 掌握商务交往中挑选礼品、赠送礼品、接受礼品及拒收礼品的礼仪规范。

案例导入：

【场景一】孙涵韵与郑重两位白领在中信集团公司大堂门口迎候星华集团公司的谢宏宇总经理。一辆小轿车驶到，车上下来一位男士。孙涵韵走上前，道："谢总，您好！"并呈上自己的名片。又道："谢总，我叫孙涵韵，是中信集团的公关部经理，专程前来迎接您。"谢宏宇总经理连连道谢。郑重也挤上前："谢总好！您认识我吧？"谢总点点头。郑重又道："那我是谁？"谢总望着他，无以应对，面露尴尬之情。

【场景二】中信集团公关部干事郑重陪星华集团公司的谢宏宇总经理进入本公司会客厅，本公司陈振钢总经理正在会客厅恭候。

郑重面对陈振钢总经理介绍说："这是星华公司的谢总。"然后向谢宏宇总经理介绍说："这是我们集团公司的陈总经理。"

上述两个场景中两位接待人员的见面介绍都有瑕疵。情景一中孙涵韵不应在客人一下车就先递名片然后紧跟着自我介绍，这会让对方一下子难以适应而无所适从，规范的做法应是先简要作自我介绍，然后再递送名片；而郑重的自我介绍更是不符合礼仪规范，他根本就没作自我介绍却要人家猜，这必然是把交往对象逼进尴尬的境地。情景二中郑重的他人介绍顺序是错误的，为他人作介绍须遵守"尊者优先了解情况"的规则，故此时应先介绍主人，后介绍客人，以示对客人的尊敬。

(根据金正昆《商务礼仪》的案例修改，北京大学出版社2004年4月版)

一、日常交际礼仪

(一)使用称呼的礼仪规范

称呼，是人与人交往中使用的称谓和呼语，用以指代某人或引起某人的注意，表达人的某种思想感情，体现双方的关系。

1. 交际活动中使用称呼的原则

在社会交往活动中使用称呼的基本原则是：根据对方的年龄、职业、地位、身份、辈分以及与自己关系的亲疏、感情的深浅而选择恰当的称呼。

2. 交际活动中使用称呼的类型

交际活动中使用称呼语一般分尊称和泛称两种。尊称是指对交往对象尊敬的称呼；泛称是指对交往对象的一般称呼。

1) 尊称

(1) 您加老。如"您老近来如何？"

(2) 姓加老。如"冯老"、"李老"。

(3) 姓或姓名加职衔、职称、职务、职业。如李将军、刘厅长、王教授、陈律师、张经理等。此称呼要注意姓"傅"的正职领导不能在职务前冠姓，以免引来他人的误解。在非正式场合，还可用"姓加职务简称"称呼，如"张工(程师)"、"王董(事长)"、"陈局(长)"、"李处(长)"等。

(4) 爷爷、奶奶、叔叔、伯伯、大爷、大娘等，是我国对年龄较大者的一种尊称，称呼前可加姓氏，亦可不加。

(5) 阁下(Excellency)，是西方国家对地位较高的官方人士使用的尊称。如主席、总统、总理、部长、大使等均可尊称"阁下"，即使是女性也如此。

(6) 陛下、殿下(Majesty、Royal Highness)，是西方国家对王室及贵族的尊称。国王、王后称陛下；王子、公主、亲王称殿下。

(7) 先生、夫人(Sir、Madam)，是西方国家对年纪较大、地位较高的人士使用的尊称。使用时可不带姓名。此称呼现在我国商务场合也广为使用。

2) 泛称

(1) 在正式交际场合称先生、太太、小姐、女士(Mr、Mrs、Miss、Ms)，是对人的一种尊重但不特别亲密的称呼，称呼前可冠上姓或姓名，但不能单带名不带姓。

(2) 在我国，正式场合还可称同志，称呼前可冠上姓、名或连姓带名一起叫。

(3) 在正式场合，对职位较低、年龄较小者，可直呼其名，或连姓带名，或姓前冠"小"，如"小李"、"小陈"等；对年龄较大者则在姓前冠"老"，如"老张"、"老黄"，这样的称呼显得亲切熟悉。

3. 使用称呼应注意的问题

(1) 注意称呼的顺序：称呼要遵循先尊后卑、先长后幼、先女后男的顺序。

(2) 注意称呼的语境：对生理有缺陷的人，应注意不使用带有刺激或轻蔑的字眼；有外国人在场时，注意不在人名前冠以"老"，因西方一些国家忌讳人说"老"；也不要称异性为"爱人"，因为"爱人"在英语中是"情人"的意思，若使用这个称呼，容易引起误会。对外国人不可称呼"同志"，因为"同志"二字在西方特指同性恋者之间的称呼。

(3) 注意称呼时自己的角色位置：有时环境不同，自己扮演的角色不同，对某一个人的称呼也就不同。

(4) 注意使用称呼的语气：在称呼人时，语气要加重，要认真、缓慢、清楚地说出称呼语，称呼完了要停顿片刻，然后再谈你要说的事，这样才会收到理想的效果。

(二)相互介绍的礼仪规范

介绍，是指人际交往中自己主动或借助他人把彼此的基本情况告知交往对象，使大家彼此了解并相识的行为过程。介绍一般有自我介绍、他人介绍和集体介绍三种形式。

1. 自我介绍

自我介绍就是在社交场合，由自己担任介绍的角色，自己将自己介绍给其他人，以使对方认识自己。

1) 自我介绍的场合

一般是在社交场合，与不相识者相处且需要作自我介绍时；或打算介入陌生人组成的交际圈时；或初次前往他人的居所、办公室进行登门拜访时；或前往陌生单位进行业务联系时；或利用社交媒介(如信函、电话、传真等)与不相识者进行联络时；或因业务需要，在公共场合进行业务推广时；或初次利用传播媒体如报纸杂志、广播电视等向公众进行自我推荐、自我宣传时。

2) 自我介绍的形式

(1) 应酬式：适用于公共社交场合(如旅途、宴会或舞会等)中的一般性接触，对方属于泛泛之交或是已熟悉，进行自我介绍只不过是为了确认身份而已。此种自我介绍内容要少而精。

(2) 工作式：适用于工作场所。它是以工作为自我介绍的中心，因工作而交际，因工作而交友，故又称公务式的自我介绍。其所介绍的内容包括本人姓名、供职的单位及部门、担负的职务或从事的具体工作等。

(3) 交流式：适用于社交活动中的一种刻意寻求与交往对象进行交流和沟通，希望对方认识自己、了解自己并与自己建立联系的自我介绍。其介绍的内容包括姓名、工作、籍贯、学历、兴趣以及与交往对象的某些熟人的关系等，使对方对自己留下深刻的印象。

(4) 礼仪式：适用于讲座、报告、演出、庆典、仪式等正规而隆重的场合，是一种意在表示对交往对象友好、敬意的自我介绍。其介绍的内容包括姓名、单位、职务等，在其中还应加入一些适宜的谦辞、敬语，以示自己礼待交往的对象。

(5) 问答式：适用于应试、应聘和公务交往。在普通交往应酬场合，它也时有所见。其介绍的内容主要根据问者的提问，问什么答什么，有问有答。

2. 他人介绍

他人介绍是指经第三者为彼此不相识的双方引见、介绍的一种双向的介绍方式；也有进行单向的介绍方式，即只将被介绍者中的某一方介绍给另一方，其前提是前者了解后者，而后者不了解前者。

1) 他人介绍的介绍者

充当他人介绍的介绍者有一定之规，通常由具有以下身份者在他人介绍中充当介绍者。

(1) 社交活动中的东道主。

(2) 社交活动中地位、身份较高者。

(3) 公务交往中的专职人员。

(4) 熟悉被介绍双方者。

(5) 应被介绍者一方或双方要求者。

2) 为他人作介绍的时机

(1) 在办公地点或家中接待来访而又彼此不相识的客人。

(2) 陪同上司、长者、来宾、同事、家人时，遇见其不相识者，而对方又跟自己打了招呼。

(3) 陪同亲友或同事前去拜访他们不相识者。

(4) 打算推介某人加入某一交际圈。

(5) 接受他人作介绍的邀请。

3) 介绍他人的顺序

为他人作介绍时，介绍的先后顺序有讲究，此时必须遵守"尊者优先了解情况"的规则。其含义是：在为他人作介绍前，首先确定双方地位的尊卑，然后先介绍位卑者，后介绍位尊者，这样做，使位尊者拥有优先了解权，以便见机行事。

4) 他人介绍时的应对

(1) 介绍者在为被介绍者作介绍之前，要先征求一下被介绍双方的意见，在开始介绍时还应再打一下招呼，切勿一上场开口即讲，使被介绍者措手不及。

(2) 当介绍者开始为被介绍者进行介绍时，被介绍双方应正面站立，面带微笑，大大方方地目视介绍者或对方，神态庄重、专注。

(3) 当介绍完毕后，被介绍者双方应依照合乎礼仪的顺序进行握手，并且彼此问候对方。必要时，还可进一步地自我介绍。

3．集体介绍

集体介绍是指被介绍者其中一方或者双方不止一人时的介绍规则。

集体介绍的顺序可比照他人介绍的顺序进行，如果难以参照，则可酌情参考下述顺序进行介绍。

(1) "少数服从多数"。即当被介绍者双方地位身份大致相似，或者难以确定其地位身份时，应当使人数较少的一方礼让人数较多的一方，一个人礼让多数人，即先介绍人数较少的一方或个人，后介绍人数较多的一方。

(2) 强调地位、身份。若被介绍者双方地位、身份之间存在明显差异，特别是当这些差异表现为年龄、性别、婚否、师生以及职务差别时，则地位、身份为尊的一方即使人数较少，甚至仅为一人，仍然应被置于尊贵的位置，最后加以介绍，而先介绍另一方人员。

(3) 多方介绍排序。有时被介绍的不止两方，需要对被介绍的各方进行位次排列。其排序方法是：以其负责人身份为准；以其单位规模为准；以单位名称的英文字母顺序为准；以抵达时间的先后顺序为准；以座次顺序为准；以距离介绍者的远近为准。

(4) 单向介绍。在演讲、报告、比赛、会议、会见时，往往只需将主角介绍给广大参加者，而没有必要一一介绍广大参加者。

(三)行握手礼的礼仪规范

握手即握手礼的简称。它源于古代的军礼，是武士言和之时，双方退下护手铠甲，表示没有携带武器，然后伸出友谊之手相握在一起。传统上，握手是信任的象征。

1．握手的表示

先自报姓名并同时伸出你的右手。在多数场合，应是由职位高的人先伸出手示意握手，位卑者再伸出右手与之相握。特殊情况下如：主人与客人见面时握手，主人先伸手示意；

而客人与主人告别时握手，则应由客人先伸手示意。这是因为前者有表示"欢迎"的意思，而后者则是表示"再见"之意，此时若是主人先伸手示意，则有驱赶人之嫌。

2．握手的姿势

面对面站立，上身向前稍微倾斜，向身前伸出右手，离身体约50厘米左右，手掌高度大概在腰带上下，四指并拢伸直，大拇指向斜上方张开与四指成60°形态，手掌垂直于地面。双方虎口(大拇指与手掌连接的关节处)相互接触，接触后便轻轻放下拇指，同时，其余四指弯曲相互握住对方的手掌，微笑并用双目注视对方，轻轻地上下晃动三至五下，然后松开，具体如图3.16所示。注意一般情况下握手的时间最长不宜超过10秒，特别是与女士握手过于用力或时间过长，都是十分失礼的行为。

图3.16　握手的姿势

3．握手的力度

握手要有一定的力度，一般控制在2～3斤的握力。过于软弱无力称为"死鱼式"，给人冷漠而毫无生机的感觉；过于用力则被称为"虎钳式"，好像要捏碎别人的手，它给人以粗鲁的感觉。

4．握手的次序

握手按"尊者优先"顺序进行，即先与长辈、上级、女士相握，后与晚辈、下级、男士相握。若是与很多人相握，则按先近后远的顺序逐一相握。注意此时须按顺序一一相握，不能跨越或跳过某人而与后面的人相握。

5．不规范的握手姿势

常见的不规范的握手姿势有：伸手与人相握时掌心向下(这是傲慢、控制的表示)；掌心向上与人相握(这是过于谦恭讨好的表示)；只把指尖给人与之相握(这是冰冷无生机的表示)；用左手与人相握(有些民族认为左手是做不洁之事，用左手与人相握等于把一只脏手递给别人);同时伸出左右手交叉与两个人相握;与人两手相握时眼睛却看着别人或与别人交谈(这是不礼貌的表示);一般情况下不要用双手紧握对方的右手且长时间不放(这是感情激烈的表示),特别是初次握手及与女士握手一般不用此方式;与人握手时手应是洁净的,手不干净或不方便与人相握可作说明;男士戴帽子和手套与人握手是不礼貌的;军人戴军帽与他人握手,可不必脱帽,但应先行军礼然后再握手;女士若是身着礼服、戴礼帽戴手套可与他人握手;握手时应站起来与人相握,不方便站起来应说明理由。

(四)使用名片的礼仪规范

中国人以谦逊为美德,一般不习惯主动向别人介绍自己的头衔职位。在名片上印上自己的姓名、单位、职务、职称、通信地址、电话号码乃至公司的业务内容等,当初次被介绍给别人或初次与自己有商务往来的合伙人见面后,递上一张名片,等于把自己的详细情况介绍给了对方,避免不便启齿的尴尬,同时还能起加深初交印象的作用,有益于日后的继续交往和联系。

1. 名片设计的规范

(1) 名片的尺寸和质料。名片一般为长 9 厘米、宽 5.5 厘米的长方形,其质料以质地较高级的硬质纸质材料为佳。形状奇特或加长加宽的,如用金属、石片、木头等其他材料制作的名片虽然能引人注目,但在名片夹里装不下,也不便携带,因而不易保存。

(2) 名片的内容。名片上的字体可横排也可竖排,通常包括以下几项内容:公司标志、商标或公司的徽记、姓名、职务、公司名称、公司地址、邮政编码、电话号码、传真号码、电子邮箱、业务范围等。与外商有往来的人,可在名片的另一面用外文印制上述内容。

2. 名片交换的时机

(1) 第一次见面时。第一次见面时,一般都要赠送一张名片,这是十分得体的礼仪。出示名片,表明你有与对方继续保持联络的意向。

(2) 业务活动开始时。如在展销会开始时,销售经理与客户之间互换名片是一种传统,表示非正式的业务往来已经开始;刚到办公室的来客也会向接待员出示名片,以便被介绍或引见给有关人员;等见到主人时他还要再递上一张名片;如果主人没有出示名片,客人可在道别前索要。

(3) 在宾客较多的场合时。如在会议或宴会前,一开始就交换名片可帮助你及早了解来客的身份。注意在会议开始时或用餐时不要出示和索要名片。

(4) 在无法面见的交往场合时。如在一些业务交往的场合,本人不能亲自前往,在送交材料时可附上一张名片,或在邮寄材料和商业信函时附上一张名片"代表"你,以便日后继续联络。

3. 名片交换的规范

(1) 名片应放在伸手可及的地方,以便需要时随时可以取出。如放在口袋里或公文包里。

(2) 递送名片时应以双手食指和拇指执名片的两个上角,把文字正向对方,面带微笑,一边自我介绍,一边递过名片。对对方递过来的名片,也应该用双手接过,以示尊重。具体递接姿势如图 3.17 所示。如果双方同时递名片，则应用双手执自己的名片从对方的稍下方递过去，然后用右手接过对方的名片，待对方接走自己的名片后，再用双手捧接对方的名片收回来。

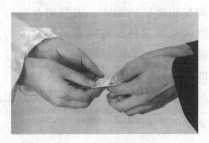

图 3.17　递接名片的姿势

（3）接过名片后，要看上一分钟左右，既以示尊重，也为熟记名片上的内容，看完后郑重地将其放在名片夹中。注意要放在名片夹的表层，不要把它塞到底层。

（4）对方人较多时，应从领导开始交换名片。若接受对方多人的名片，可将名片郑重地放在自己座位上方的桌上，以方便接下来交谈时辨认对方，不至出现张冠李戴的现象。要注意的是，此时不宜在他人的名片上压放其他物品，也不可漫不经心地放置一旁，不得在与人交谈时随意把玩他人的名片，告别时千万不要忘记带走他人的名片。

（5）递送名片的次序与握手相似，通常是年长者或职位偏高者主动出示，或等高级经理向你索要时再出示；如果他没有这样做，而你又想要他的名片，也可以先恭敬地递上自己的名片，然后再向他索要。

(五)行致意礼的礼仪规范

行致意礼，是人际交往中相识者因距离较远或在不便出声称呼等场合下，运用肢体语言，以引起对方的注意或表达某种思想感情的行为。

1．致意的形式

（1）起立致意。通常是在集会就座时，领导、来宾到场；或者是坐着的晚辈、下级见到长辈、上级进屋、离去时；或坐着的男子看到站立的女子时使用的体态招呼语言。这种情形一般站立时间不长，只要对方有所表示，起立者即可坐下。

（2）举手致意。适用于不宜出声的公共场合或与远距离的熟人打招呼时。一般不必出声，只是举起右手，掌心朝向对方，轻轻摆动数下，摆幅不要太大，当对方已注意到时，即可放下。

（3）点头致意。适用于不便与对方直接交谈或不必出声招呼的场合。如在会议、会谈的进行当中，与相识者在同一地点多次见面或仅有一面之交的朋友在社交场合相逢，均可以点头致意；同事之间经常见面，上下班时，也用点头表示打招呼。点头致意的方法为：头微微向下一动，幅度不必太大。

（4）欠身致意。常常用在相识者在较远处向你打招呼或别人将你介绍给距离较远的第三者而你又不便过去与之行礼时，可用欠身表示自谦，也就相当于向对方致敬。欠身要求身体稍向前倾，不一定低头，眼睛仍可以直视对方；如果是坐姿，欠身时只需稍微起立，不必站直。

(5) 脱帽致意。这是戴帽男士施礼的方式。相识者见面或不相识者经人介绍而你又戴着帽子，应摘下帽子，将帽子置于大约与肩平行的位置，注视对方，同时稍稍欠立并互相问好。若是朋友、熟人迎面而过，则不必脱下帽子，只需轻掀一下帽子致意即可。

(6) 抱拳致意。这是一种互相致敬的举止，通常用在身份、年龄相仿的男士之间。除了表示相见时打招呼或告辞时表示再见外，有时需拜托对方为自己做些事情，也常致"抱拳"之礼。其方法是：一手握拳，另一手抱在拳上，举于胸前，小幅度地上下晃动几次。

(7) 鞠躬致意。鞠躬，即弯身行礼，是表示对他人敬重的一种礼节。其方法是：先立正站好，同时双手伸于体前，右手搭在左手上，面带微笑，然后弯身行礼。鞠躬时应同时问候"您好"、"欢迎光临"或"请多指导"等。

2. 致意的顺序

致意的顺序一般为：男士先向女士致意；年轻者先向年长者致意；学生先向老师致意；下级先向上级致意。

二、拜访会谈礼仪

(一)拜访的礼仪规范

1. 拜访的含义

拜访是指个人或单位代表以客人的身份去探望有关人员，以达到某种目的的社会交往方式。实质上拜访是拜会、拜见、访问、探访等的统称。

2. 拜访的类型

1) 根据拜访目的分类
(1) 商业拜访：是为了加强商务联系、购销商品而进行的拜访。
(2) 政治拜访：是国家首脑或党政要员等因政治需要而进行的拜访。
(3) 情感拜访：是为交流感情、增进友谊而进行的拜访。
(4) 礼节性拜访：是为表达对对方的尊重、关心而进行的拜访。
2) 根据拜访性质分类
(1) 公务拜访：是机关团体、工商企业为达到组织的目的而进行的拜访。
(2) 友情拜访：是个人、家庭之间为促进感情交流、加强联系而进行的拜访。
3) 根据拜访方式分类
(1) 应邀拜访：是拜访者接到有关团体或个人发出的正式邀请后进行的拜访。
(2) 主动拜访：是团体或个人为自己的目的而主动联系的拜访。

3. 秘书在拜访前的准备工作

1) 预约的准备
(1) 拜访时间的选择：这是对方是否接受拜访的首要条件。一般公务拜访，应选择对方上班的时间；私人拜访，应以不妨碍对方休息为原则，尽量避免在吃饭、午休或晚上10点钟之后登门拜访。上午9—10点、下午3—4点或晚上7—8点为最适宜的拜访时间。
(2) 拜访地点的选择：一是办公室；二是家里；三是公共娱乐场所。一般公务拜访应选择办公室或者娱乐场所；而私人拜访则应选择对方家里或者娱乐场所。

(3) 拜访目的的确定：拜访的目的具体且必要，对方一般会愿意接受。如果对方拒绝拜访，要委婉地问对方何时有时间，何种情况下可以拜访；如果对方确实忙，则宜顺着台阶下，如说"没关系，以后再找机会拜访"。切不可强求，以免造成尴尬更不好下台。

(4) 预约方式的选择：预约方式有电话预约、当面预约或书信预约三种方式可供选择。无论选择何种方式预约，都要用客气的、商量的或恳求的口吻，而不能命令的口气要求对方，以免引起不快。

2) 赴约的准备

(1) 服饰仪表要得体。正式的公务拜访，穿着一定要整齐大方，干净整洁，符合规范；朋友之间的私人拜访，则不必太讲究，只要整洁大方即可，同时还应注意仪表的修饰。

(2) 内容材料要详细。拜访是有一定目的的交际活动，因此拜访者在拜访前一定要根据拜访的内容，把相关材料准备充分。

(3) 交通路线要具体。作为拜访者一定要对拜访的地点有所了解，特别是对自己首次去的地方，要提前了解一下交通路线，以免耽误时间。

(4) 名片礼品要备齐。拜访前，一定要把自己的名片准备好，并放在容易取出的地方；同时，还要准备一些礼品。这对于促进情感的交流，增进相互了解，有一定的作用。

3) 意外情况的处理

爽约很难让人产生信赖感，因此，赴约一定要守时。如果确实由于特殊原因而不能按时赴约，一定要想办法通知对方，诚恳地说明爽约的原因，并表示歉意。如实在来不及或没有办法通知对方，一定要在过后及时向对方说明原因，并表示歉意。在致歉的同时还可提出重新安排拜访的时间、地点，并在拜访时对上次的爽约作些解释，以取得对方的谅解。

4. 拜访的礼仪

1) 按时到达

按时赴约，是拜访的基本礼节。一般情况下，拜访要按预先约定的时间提前3~5分钟到达。这样，一方面可以避免到得早，而主人没有做好迎客的准备，出现令主人难堪的场面；另一方面也不会因到得晚而让主人焦急等待。拜访时按时到达，可给对方一个守信、守时的印象，可以使双方的交流合作有一个良好的开端。

2) 礼貌登门

当拜访者到达被拜访者的门口时，首先要整理一下自己的衣服、发型，并把鞋擦干净，然后按门铃或叩门求进，这表示拜访者对主人的尊重。按门铃或叩门时要注意力度和节奏，不可用力太大、时间太长，更忌用力敲打或用脚踹门。到达时如主人的门开着，也不可贸然进入，仍要按门铃、叩门或叫一声，等主人发出"请进"的邀请之后方可进入。进门后要轻轻地把门关上，并将自己随身带的大衣、雨具、手套等物品交给主人安放。

3) 进门问候

无论是公务拜访还是朋友之间的拜访，进门后，首先要和拜访对象握手、问好。如果有老人、儿童或其他客人在场亦应主动与他们打招呼，对老人可恭敬地问"老人家好"或"您老好"，对其他客人可简单说声"您好"。如果大家互不相识，点头致意即可。对儿童则应表示爱抚。如果自己是带着小孩拜访的，也要让小孩称呼主人家所有的人。问好之后，应在主人的安排下入座，否则是不礼貌的。

4) 言行适当

在拜访的交谈中，拜访者语言的表达要适度、准确，不要夸大其词，亦不要过于谦卑。特别是在一些商业性或政治性拜访中一定要做到：能够做到的事情要大胆地说，而且要充满自信；做不到的事情，不要信口开河，要以实相告；眼前暂时做不到但通过努力可以做到的事情要留有余地，要恰如其分地说。亲朋之间的拜访，不要随意谈主人不愿提及的话题，不要和主人谈及其他人的隐私，不要当着主人的面批评自己的孩子或夫人(先生)。

5) 礼貌告辞

当拜访的话题已谈完、目的已达到时，就应起身告辞，如准备有礼品，可在这时献给主人。告辞时应注意以下几点。

(1) 讲究告辞时机。告辞也是拜访的重要礼节，切忌别人正在讲话或者别人的话刚讲完，就马上提出告辞，这样会被认为是不礼貌，或对别人的讲话感到不耐烦，对别人不重视。最好是自己讲一段带有告别之意的话之后，或者是在双方对话告一段落，新的话题还没有开始之前提出告辞；或者被拜访者有了新的客人而自己又不认识时提出告辞。

(2) 告辞应坚决。当你准备告辞时，要说走就走，不要告而不辞，只说不动。

(3) 要注意谢辞。告辞时对于主人，尤其是女主人的热情招待，千万不要忘记感谢，即便是简单的一句"多谢您的盛情招待"、"给您添麻烦了"，也是一种起码的礼貌。

(4) 不要让主人远送。当与主人告别时，最好别让主人远送，应主动与主人握手道别，并向其说"您请回"、"请留步"、"再见"等礼貌用语。

(二)会见会谈的礼仪规范

应允客人的拜访，主人就得安排会见。在我国，会见又称接见，公务交往或商务交往的会见，见面时一般都会有一些实质性的内容或话题需要进行商谈或探讨，因此，会见与会谈往往是并在一起的，而此时就有必要讲究会见会谈的待客礼仪规范。

1. 秘书在会见会谈前的准备工作

1) 详细收集求见方的有关资料
(1) 收集主求见人的详细资料及参加会见的人数、姓名、职务等。
(2) 收集求见方的相关社会背景(如习俗、禁忌、礼仪特征等)及求见目的。
2) 协同确定参加接见的相关人员

接见人的确定要根据求见方的要求、双方的关系以及会见的内容、性质而定。一般是对等接见。除单独会见外，大多数情况下还要安排陪同人员。如求见人员的沟通语种不同，还得安排译员。参加接见的人员确定后，要及时逐一通知每个人。

3) 确定会见会谈的地点和时间

(1) 会见会谈的地点一般安排在主人的办公室、会客室或小型会议室，也可在客人的住所进行。

(2) 会见会谈的时间应根据会见的性质来定。礼节性的会见，一般安排在客人到达后的第二天或宴请之前；其他会见会谈，则可根据需要确定时间。

4) 把接见方的情况通知求见方

接见的人员、地点、时间一经确定,应及时告知对方。

5) 会见场所的布置及座位安排

(1) 场所的布置要求为:①会见会谈场所应准备足够的桌椅、沙发、茶几和饮料等物品。所有摆放的家具,应保证干净、清洁、大方。②会见会谈时桌上有时需放置双方标志旗帜(如果是涉外谈判,应摆放两国国旗),现场可放置双方主要人员座位台签,以便对号入座。③如果参加会见会谈的人数较多,还应安装扩音设备,并提前调试完备。

(2) 会见会谈座次安排:会见会谈座位安排通常为半圆形、长方形桌或椭圆形桌,宾主并列或相对而坐。如需记录或翻译,则安排在主谈人的后方或右侧。座次安排按照"远为尊、中为尊、右为尊"的原则,即上座是离门最远的正面右边位置,其余则根据地位或身份高低排序从上座依次客右主左入座,具体座位排序如图 3.18 所示。长方形纵排式礼宾座次是以进门面桌的右侧中位为上位,主宾应安排坐于该位,其余来宾在主宾两侧按右高左低的顺序依次安排就座;主方则在来宾相对面的左侧就座,具体座位排序如图 3.19 所示。长方形横排式礼宾座次是主宾居中面门而坐,其余来宾在主宾两侧也是按右高左低的顺序依次安排座位;主方则安排与来宾对面背门而坐,具体座位排序如图 3.20 所示。

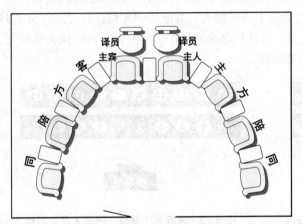

图 3.18 半圆形会见礼宾座次安排示意

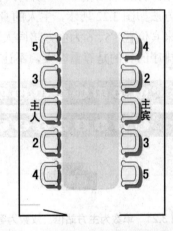

图 3.19 长方形纵向礼宾座次安排示意

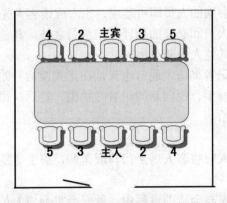

图 3.20 长方形横排式礼宾座次安排示意

2. 会见会谈的基本程序

1) 迎接

会见会谈时，接见人应提前到达接见厅或会见室门口迎候；客人则由接待人员在大楼门口迎候并引入会见厅；重要来宾进门后，应由主方的主谈人(或专门的司仪、翻译)向来宾一一介绍主方参加会见会谈成员，介绍的顺序是按职位先高后低；然后由客方代表团团长(或专门的司仪、翻译)向主人一一介绍代表团成员，介绍的顺序也是按职位先高后低。一般来宾则可以在入座后由双方主谈人分别介绍主宾双方成员。

2) 致辞、赠礼、合影

(1) 致辞。主宾双方均可致辞。一般是主人先致欢迎辞，客人后致答谢辞。

(2) 赠礼。致辞后，互赠礼品。礼品不一定很昂贵，能表达敬意与友谊即可。

(3) 安排合影。如有合影仪式，应事先安排合影地点并准备好必需的摄影器材。主客双方按礼宾顺序排列合影。合影的排列顺序原则为："中为尊"、"前为尊"、"右为尊"。常见的合影排序方式有两种：一种如图 3.21 所示，1、3、5…15 单数位置为主方站位，2、4、6…16 双数位置为客方站位。1 和 2 分别为主人和主宾的站位，其余位序按职位尊卑依次而站。合影人数较多，一排站不下时，再按"前尊后低"原则，可排成多排。另外一种排序方法如图 3.22 所示，主人的身份地位高于所有的人，故他居中定位；1、2、3、4 则均安排来宾位置，5、6 为主方陪同人员位置；后排也是来宾居中，两侧为主方陪同人员位置。这种排序的目的是尊重客人，不让来宾站边侧。

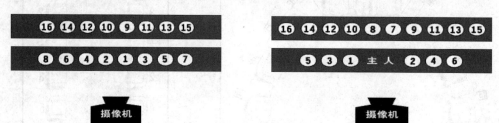

图 3.21　单数为主方站位，双数为客方站位　　图 3.22　来宾居中站位，陪同人员站两侧

3) 会见会谈

合影完毕，参加会见会谈的人员即可落座。主人应请客人先入座，或双方一起落座。

开始会谈时，除陪同人员和必要的翻译、记录员之外，其他工作人员即应退出；在会谈的整个过程中，不允许其他人员随意出入。

正式会谈如允许新闻记者采访，通常也只是在正式谈话开始前采访几分钟。新闻摄影通常是在主人和主宾站立握手、面向新闻记者时拍摄，然后，摄影记者与新闻记者一同离开会场。随后会谈正式开始。

4) 会见会谈结束

会见会谈结束后，主人应将客人送至门口或车前，握手道别，目送客人离去后，方可退回。

秘书人员要在整个会见与会谈的过程中，做好会见会谈人员的食、宿、交通、参观访问等一切事宜的服务工作。

三、接待事务礼仪

(一)接待类型与方式

1．接待的类型

1) 按来客的目的、任务分类

按来客的目的、任务，接待可分为上级检查、工作联系、业务往来、经验交流、召开会议、讲课、参观、访问等。

2) 按来客的地域分类

按来客的地域，接待可分为本地接待、外省市接待、境外及国外来客(外宾)接待。

3) 按来客的人数分类

按来客的人数，接待可分为个别接待和团体接待。

4) 按来客是否预约分类

按来客是否预约，接待可分为随机性接待、预定性接待或计划性接待。

2．接待的规格

接待规格一般是根据场面及主接见人的职位高低而加以区分，主要有三种接待规格。

1) 高规格接待

高规格接待是指接待场面热烈宏大，主接见人的职位比主要来宾的职位高的接待形式。高规格接待表示对被接待一方的重视和友好。它有以下四种情况。

(1) 上级领导派一般工作人员向下级领导口授决定或要求。

(2) 兄弟单位或协作单位的领导派一般工作人员到本单位商量重要事宜。

(3) 下级单位有重要事宜来访。

(4) 重要专家或对本单位业务发展有重要作用的专业技术人员来访或来求职等。

高规格接待虽然能表现出重视、友好，但它耗费资财，同时还会占用主接见人的很多时间，经常使用会影响主接见人的正常工作。

2) 对等接待

对等接待是指接待场面适当，主接见及陪同人员与主要来宾的职位相当的接待形式。它主要有以下两种情况。

(1) 对重要的来访者，负责接待的领导自始至终陪同。

(2) 来宾初到和临别时派与之同等职位的人员对等接待，中间则请适当人员陪同。

3) 低规格接待

低规格接待是指主接见人比主要来宾的职位低的接待形式。它主要有以下两种情况。

(1) 上级主要领导或主管部门领导来本地视察、了解情况或调查研究，本部门最高领导的职位也不会高于上级领导，只能低规格接待。

(2) 外地参观学习或旅游团的来访，可以低规格接待。

低规格接待是因单位的级别造成或不必如此重视而致，低规格接待会让被接待方产生不被重视的感觉，用得不好会影响与交往对方的关系。

3. 秘书接待的方式

1) 迎送式

迎送式是指秘书在接待过程中只负责迎来送往。迎送式有内宾的迎送和外宾的迎送两种形式。

(1) 内宾的迎送：内宾迎送的形式比较简单，一般客人都是自己来到拜访单位，秘书在看到来访客人抵达时，应从座椅上起身迎接，招呼致意，国内客人通常以握手的礼节相迎接。客人事情办妥离开时，秘书应离座相送。重要客人，秘书应送至办公室门口或电梯门口。也有些贵宾需用小车接送，用小车接送贵宾时要注意汽车尊位的排序。小车的尊位因驾驶员的不同而有别。若是主人亲自开车迎宾，其尊位是与驾驶座平行的前排副驾驶座；若是专职驾驶员开车迎宾，则其尊位是后排的右座。秘书代替上司用车去接送贵宾，应坐在前排司机旁的副驾驶座上，客人在后排按右、左、中顺序依次排座，详见图3.23。

(2) 外宾的迎送：外宾迎送一般用对等接待的规格，即主要迎送人员与主要来宾身份相当。外事无小事，故秘书在迎宾之前应做好充分的准备工作，主要有核实班机、车船到达时间，订好客人下榻的客房及膳食，根据来宾人数和我方陪客人数准备车辆等事务。双方若是第一次见面，要准备接站牌。迎送外宾时，要特别注意迎送的礼仪。

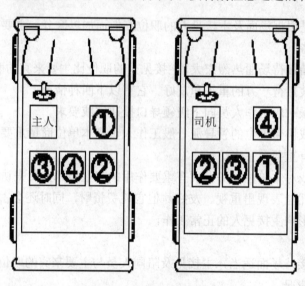

图3.23　小车迎宾座位排序

- 迎宾礼仪。迎宾人员应提前到达迎送地点，重要的贵宾来访，迎宾人员应按职务高低排成迎宾队列，当外宾下飞机(车、船)后，我方应立即上前迎接，双方先互作介绍，首先是由我方迎候人员中身份最高者或翻译将迎接者按身份高低向来宾一一介绍；然后再由对方身份最高者或翻译按来宾身份的高低向主方一一介绍，介绍的同时双方行握手礼。有的国家见面习惯行拥抱礼、鞠躬礼、合十礼、抚胸礼等，我方均应作出相应表示，不可表现出勉强。行礼后是献花。特别重要的来宾，还要组织一定的欢迎仪式。迎宾仪式结束后，即将外宾送抵入住的宾馆。进入宾馆后，我方迎宾人员不要在外宾的房间停留时间过长，因为从此时开始，房间已是外宾的私人空间，在向外宾送上日程安排表，约好下一项活动的时间后，即可离开。主方负责人如果没去机场或车站迎接客人的，在客人入住安定后，可安排去客方下榻处进行礼节性拜访，此时秘书应随同作介绍并做服务性工作。
- 送客礼仪。送客的规格与迎宾的规格应是一致的，秘书首先应确认外宾返程日期、时间、航班班次等，提前安排好车辆送客，并通知有关送客人员准时到场。送客应提前出发，尤其是乘坐国际航班的飞机，到达机场的时间应比飞机起飞的时间提前两个小时，重要的贵宾，可安排在机场举行送别仪式，还要通过安全检查，这些需要花费很多的时间；一般来宾，则可安排在贵宾室进行话别。同外宾告别后，要等他们走出我方的视线或火车、轮船开启后才可离开。

2) 引见式

引见式是指秘书不参加会见会谈，只负责引领客人与上司会见会谈。要注意引领的礼仪礼节。

(1) 秘书引领一般的客人。引领时应让客人靠右行走，这样可免除与迎面前来的行人相避让的麻烦，秘书引领应在客人左前方的两至三步并向右侧转身与客人成 130°，再配合客人走路的速度向前引领。

(2) 来宾认得路径的引领。来宾若认得路径，秘书只是作为陪伴，则应走在他的左边或后面。

(3) 女性或年高者的引领。秘书引领女性或年高的来宾且来宾认得路径，在难走的路面、黑暗处、转弯或上下楼梯时，应走在来宾的前面，并略停提示客人该往哪儿走，其余路况下则应走在客人的后面。

(4) 搭乘电梯上下的引领。搭乘的若是无人驾驶的电梯，秘书应先进后出，即在电梯门开后，秘书先进电梯并站在按键的位置边，用一只手按住开门键，让客人陆续进入电梯后再关门；下电梯时，秘书也同样按着电梯的开门键，待客人都走出电梯后，自己再出来到前面引导。若是有人驾驶的电梯，则秘书应后进先出。

(5) 抵达会客室的门前处。抵达会客室门前 1 米处，秘书应示意客人停下，然后在门上轻敲数下，里面的人应诺后，门若是往内推，则秘书应推门先进，并在门侧后扶门站立让客人进入，详见图 3.24；门若是往外拉，则应拉开门并在门侧后扶门让客人入内，详见图 3.25。

图 3.24　内推门秘书开门后站立位置示意

图 3.25 外拉门秘书开门后站立位置示意

（6）客人都进入会客室后。进入会客室后，秘书应迅速轻轻地将门关上，并迅速走到客人前面，此时如果上司已预先在会客室等待并对来客不熟悉，则应对主客双方进行介绍；介绍完后再按客人身份的高低引导依次入座(礼宾座次安排与会见会谈座序同)，随后依次捧敬茶水。

（7）上司不在会客室的接待。上司不在会客室，则先按客人身份高低依次引导入座，捧敬茶水，然后向客人致歉告退去请上司，并陪同上司再进入会客室为主客双方作介绍。

（8）为客人捧敬茶水的礼仪。捧敬茶水时要注意检查茶杯是否干净完好，要注意为主客双方准备的茶杯和茶水必须相同。端茶应用双手从客人的右侧端上，茶杯上的端环与茶碟上的花纹都要朝向客人的方向。茶杯应放在离客人右膝前方 10 厘米左右的地方，然后低声说"请用"。捧敬茶水的顺序是先客人，后主人；先地位身份高者，后地位身份低者。

（9）引领去上司办公室会见。引领客人去上司办公室会见时，在上司办公室门前 1 米左右示意客人停下，然后轻轻敲门进入通报，在获得上司同意后退回到门口并侧身示意客人进入。进入上司办公室后的介绍、让座及捧敬茶水如同会客室。

（10）会谈结束后送客的礼仪。会谈结束后，秘书应代上司送客。首先应提醒客人有没有托管的物品或忘记带走的东西，并说些客气寒暄之辞，让客人愉快离去。送客到什么地方为止，要根据上司与客人的关系而定，但无论是送到办公室门口、电梯口、大厅门口或汽车旁，都应该以客人离开你的视线后方可转身返回。

3) 完全式

有些重要的宾客，上司会要求秘书承担完全式接待。完全式接待是从事先联络、制订计划、接待准备、迎接、参与会见、陪同访问、送别客人直到事后小结、汇报，全过程都由秘书负责。

4) 陪同式

有些外地来的贵宾，主方安排参观、游览，需要秘书陪同，此时的秘书又充当了"导游"的角色。秘书应提前到宾馆等候，陪同过程中要处处照顾，还要对参观的交通路线、用餐、休息点等做好事先联络安排，并对参观内容和游览景点作适当介绍。这就要求秘书必须熟悉本地的建设概貌、发展特色、历史演变、人文和自然景观乃至风土人情等。要求秘书既要有丰富的知识，又要有生动、幽默的口才。

5) 参与式

有些接待中，上司会要求秘书参与会见或会谈，则秘书要参与并在其中做好服务工作。

(二)接待的准备工作

1．接待环境的准备

接待环境包括前台、会客室、办公室、走廊、楼梯等地方。接待环境应该整洁明亮、美观舒适、无异味。

2．办公用品的准备

与接待工作相关的用品有以下几类。

1) 前厅

前厅应安排有让客人等候的接待区，接待区与前台应拉开适当的距离，便于与被访者联系时，来访者不会听见与被访者的通话内容，这样可以避免尴尬甚至冲突。

接待区可放置纸笔，方便来访者拜访的对象不在或被拜访者不愿接见时，供来访者留言；并可放一些报纸杂志及公司可对外宣传的资料，以供来访者等候时浏览。

2) 前台

前台应备有根据预约整理出的当天的来访者单位、姓名、职务、时间、事由及接待者等内容的接待一览表，以便来访者造访时不会忙乱。

3) 会客室

会客室的桌椅摆放应整齐，桌面清洁，没有水渍、污渍；茶具、茶叶、饮料要准备齐全；一般客人可以用一次性纸杯，重要客人还是用正规茶具为好。

4) 客人离后物品整理

客人走后，要及时清理会客室，清洗茶具、烟灰缸，出去时，打开门、窗通风换气，然后关好门窗等候迎接下一拨客人的到来。

(三)接待来宾的程序

接待工作的基本程序如下。

1．迎接来访的客人

前台秘书见到客人第一时间应做的是：起立—微笑—致意—欢迎。

2．甄别来访的客人

前台秘书接下来就是对来访的客人进行"过滤"。让预约的或有接待必要的客人及时得到接见；把没有必要接待的客人客气地挡在门外，不要让客人直接见到上司或其他人，以免影响工作。

3．有预约客人的接待

(1) 先安顿来访者在接待区坐下，查清是在约定的时间到达，应立即通知被访者；在被访者同意后，即引领来访者至其要去的部门或者按单位要求安排工作人员陪同前往会见地点。

(2) 如果来访者比约定的时间来得早，安顿其在接待区入座后，款待饮料，递送书报资料以使之排遣时间，或轻松地和他们交谈，使他们感到不被冷落；离约定会见时间前的5～10分钟与被访者联系，同意接见后，引领来访者前往会见地点。

(3) 会见结束，来访者离开时，应礼貌送客，需要时可协助来访者预订出租车。

4．没预约来访的接待

(1) 在了解到对方未作预约时，仍以欢迎的态度礼貌友好地接待，为其服务。

(2) 询问来访者要访问的部门或工作人员的姓名，努力为来访者安排一个尽可能早的预约时间。

(3) 如果来访者要求当天必须见面，应设法联系有关部门或人员，看被访人或其他人员是否能接见来访者；如果当天可以接见，则接下来按照接待预约客人的工作程序进行。

(4) 如果当天确实不能找到适当的人与来访者见面，要立即向来访者说明情况，切记不要让客人产生"等一等还有希望"的误解，以免浪费双方的时间，使自己更被动。

(5) 在无法接待来访者的情况下，应主动请来访者留言，并向其保证尽快将留言递交给被访人。

(6) 来访者临走时再次给来访者一个预定约会的机会，并耐心听取对方的要求。

5．礼貌送别来访客人

(1) 客人要离去时，应主动为客人取衣帽等物，并扫视一下桌面，看是否有东西落下。

(2) 为客人开门。

(3) 送客人到电梯门口时，要为客人按电梯按键，在电梯门关上前道别；如送到大门口，要一直等到客人所乘坐的汽车开出视线后再转身回去。

(4) 和上司一起送客时，要比上司稍后一步；在按电梯门或开车门时应抢先一步做好开门的工作。

(5) 马上整理好会客室，以便迎接下一位客人。

6．特殊来访者的处理

1) 对同时到达的来访者

对同时到达的来访者，应该是有预约的客人优先接待，但须向另一位来访者表示歉意："那位先生事先约定来访，所以请您稍等一会儿。"并请他坐着等候。如果来访者均未预约，则就来访目的紧急、重要的程度转达上司，由上司作决定。

2) 对未经预约的来访者

对未经预约的来访者，秘书须根据来访目的紧急、重要程度，同时还要了解上司对这些人的好恶感及上司的身体健康状况、工作时间安排状况等确定是否传达并安排会见。

3) 对拉广告、募捐的来访者

对拉广告、募捐的来访者，应以柔和的表情、客气但坚定的态度去应对，如礼貌地说："很抱歉，某某不巧正忙，不能亲自见您，能不能让某某人跟您谈呢？"

4) 对上司不愿接见的来访者

对上司不愿接见的来访者，秘书应尽可能柔和地向对方表达不能接见的理由，以免同来访者发生误会，并诚恳地看着对方的眼睛致歉。

5) 对有特殊问题来访的接待

(1) 固执任性的来访者。有些来访者不听任何解释，死搅蛮缠非见上司不可，甚至出言不逊，此时秘书还是应坚决但又有礼貌地反复解释并提出建议。如坚持说自己没有权利更改规章制度，但可以向来访者保证，如果对方写信给上司，自己可以保证上司一定会看到这封信。

(2) 进行威胁的来访者。如果来访者对秘书进行威胁，可悄悄地告诉老板或公司的保安部门，请他们出面支走蛮横无理的来访者。

(3) 情绪激动的来访者。对因某种原因而情绪激动的来访者，秘书可亲自或请有经验的人帮助劝导平息其情绪，并尽可能帮助解决问题。

(4) 骗人的来访者。秘书必须保护公司和上司的利益，不要轻易引见或把公司及上司的机密信息透露给骗人的来访者。

(四)涉外的接待工作

1. 涉外接待的准备工作

外事无小事，在接受涉外接待任务后，秘书必须立即着手做好充分的准备工作。准备工作的要点如下。

1) 了解被接待者的基本情况

(1) 了解被接待者所在国的民族习俗、禁忌及礼仪特征，将之作为接待的指导性原则。

(2) 了解被接待者的背景资料，如对方的职位、信誉情况、经济状况、人事变动、个性、兴趣爱好等，将之作为个性化接待的参考。

(3) 了解被接待者来访的行程和意图，将之作为制订接待计划和具体实施的依据。

2) 确定接待规格

涉外接待规格的确定要把握以下三个原则。

(1) 身份对等。即确定接待规格时，应与外方人士的具体身份相称，同时要参照外方在接待我方身份相仿者时所采用的接待规格。

(2) 一律平等。即指在确定接待来自多方境外人士时，应不论其国家大小，不分强弱，不看贫富，不讲亲疏，严格地、无条件地平等相待。

(3) 特例特处。即接待与我方在习俗上存在差异或其他差异的外方人士时，应具体情况具体对待，不要一厢情愿，强人所难，可以采取充分尊重对方的风俗习惯以及其他方面的特殊要求而灵活接待。

3) 制订接待计划

(1) 确定接待形式。接待形式是指接待活动的主要方式方法，它受接待规格的直接制约。接待形式可以分为正式接待与非正式接待；常规接待与非常规接待；全程接待与非全程接待；单方接待与多方接待等几种类型。

(2) 确定接待人员。根据接待形式，确定安排由谁迎接、送别，谁参加会谈，谁出席宴请及陪同等人员的名单，人员安排应明确时间、地点、事项及是主接待人员还是陪同人员。计划确定以后，秘书要通知所有参与接待的人员，以保证到时每人都能各就各位。

(3) 确定日程安排。日程安排是指在接待来宾的工作中按日排定的具体行事程序。其中最为关键的有迎送活动、正式会见、业务谈判、签字仪式、邀请记者、参观企业、游览景点、观看演出以及出席宴请等项目，所有项目都要安排得详细具体。这里面包括日期、时间、活动内容、地点、陪同人员等内容。日程安排确定之后，要提前将该安排传给对方，征求意见后再修改定稿。经双方确认后的日程安排，一般不要轻易改变。

(4) 确定经费列支。接待经费项目有：场地和资料费、住宿费、餐饮费、劳务费(讲课、演讲、加班费等)、交通费、参观游览及娱乐费、纪念品费、宣传及公关费、其他费用等。上述费用中，有些开支项目是应该由客方支付的，如住宿费、交通费、参观游览娱乐费等，到底哪些开支费用应该由客方支付，在磋商及交换意见时应确定。经费预算方案一经批准，就得严格按规定开支，不得随意追加或超标使用。

2．来宾生活安排

1）预订住宿宾馆

根据接待规格，预订接待来宾的住宿宾馆，确定房间住宿标准和房间数量。

2）预订宴请酒家

对外宴请一般还是选用中餐。与国内宴请相比，要注意如下几点。

(1) 宴请环境十分重要，应该选择雅致、卫生、安静的地方。

(2) 点菜时要考虑外宾宗教信仰方面的忌讳。如伊斯兰教禁食猪肉，印度教禁食牛肉，犹太教禁食无鳞无鳍的鱼等。宗教禁忌最严格，必须严格遵从。

(3) 要注意民族禁忌。如美国人不吃鲤鱼，俄国人不吃海参，英国人不吃狗肉，日本人不吃皮蛋等。尊重民族习俗，接待人员对此必须熟记于心。

(4) 要注意饮食差别。在我们的"山珍海味"中，有许多是外宾普遍不能接受的。比如燕窝、鱼翅、海参、国家保护的野生动物，还有动物的内脏、蹄爪、翅膀等，餐桌上不要出现这些食物。

(5) 菜肴要有地方特色。可以是精致、丰盛的，但不必奢侈。

(6) 参加宴请的人要讲究个人卫生，衣着得体，女士要化妆。最好不要穿白天的工作装参加晚宴。

(7) 进餐要注意卫生。要用公筷取用放置在同一器皿内的食物到自己的餐具内食用，进食时不要发出声响。

(8) 如需要，秘书要为上司准备祝酒词。

3）宴请桌次排序

宴请人数较多的团体外宾，在同一个宴会厅里摆放两张以上的宴席桌时，桌次排列次序要注意礼仪规范，不可随意或马虎，此事如若出错，轻则给对方留下不愉快的阴影，重则有可能造成交往中断，所有合作都成泡影。一般涉外宴请桌次安排的原则是："面门远为尊"、"面门居中为尊"、"面门右为尊"。根据这三个原则，桌次的安排有如图3.26～图3.29所示的几种范式。宴请规模若还再有扩大，则其他桌次的位序按距离主桌远近和左右位置再确定高低，即以离主桌近为上、远为次，右为上、左为次。

4）宴请席位排序

中餐宴会每张餐桌上的具体座位也有高低之分。位次的确定遵循"主位面门，右高左低，各桌同向"这三个基本原则。

(1) "主位面门"是指每张餐桌面对宴会厅正门的座位为主位。

(2) "右高左低"是指在每张餐桌上，除主位外，其余座位座次的排列，以面对宴会厅正门为准，右侧座位的位次高于左侧的位次。

(3) "各桌相同"是指其他各桌的主人和主宾的座位与主桌都是同方向。

根据这三个原则,宴请的礼宾席位安排次序如图 3.30 和图 3.31 所示。

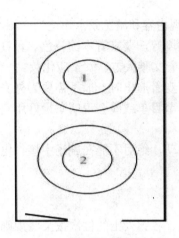

图 3.26　桌次排位面门远为尊

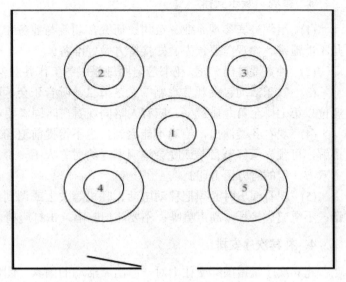

图 3.27　桌次排位面门居中为尊

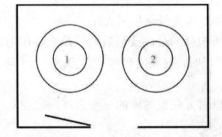

图 3.28　桌次排位面门右为尊

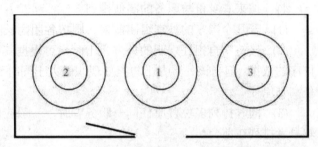

图 3.29　桌次排位面门居中为尊

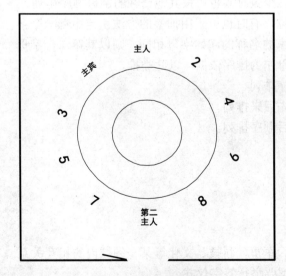

图 3.30　宴请礼宾席位安排之一

(主宾和第二主宾分坐两侧)

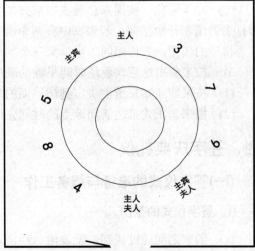

图 3.31　宴请礼宾席位安排之二

(主人和第二主人、主宾和第二主宾相对而坐)

3. 参观、娱乐安排

(1) 组织外宾参观企业、公司、研究部门等与业务相关的地方，一是要有代表性；二是不能泄密。参观前要预先通知接待方做好准备。

(2) 外宾要外出游览，秘书应陪同做好服务工作并对参观内容和游览景点作适当介绍。

(3) 娱乐活动包括观赏戏剧、文艺节目，听音乐会、歌剧等，要富有本国特色。预订座位以第七排至第九排最好，应有人陪同观看。陪同者要衣着文雅大方，女士应化妆。

(4) 观看各类演出，绝对不能迟到，也不得提前退场。观看演出时一般不需要为外宾讲解，可预先买好节目单或晚会说明书送给对方人手一份。节目单或晚会说明书最好用宾主双方法定的官方语言印制。

(5) 观看演出时必须把移动电话、呼机等关上或调到振动，绝对不能在剧场中接打电话；不得交头接耳，高声喧哗；不要随口哼唱，击打座椅。

4. 礼宾次序安排

礼宾次序是指国际交往中对一同出席活动的国家、团体、各国人士的位次按某些规则和惯例进行排列的顺序，有如下三种排列顺序的方式。

1) 按来宾身份与职务的高低排列

(1) 若几个国家的外宾组团前来，则按各团团长的职位高低来排列次序。

(2) 接待不再担任现职的外方人士时，可根据其所担任的最高或最后的行政职务作为排序的依据；但当该外方人士与担任现职的人士同时到场时，则应位列对方之后，因为"现任高于原任"。

(3) 同时排列多位曾原任同一职务者时，一般应以对方任职时间的早晚为序，将任职较早者排列在前。

2) 按来宾所在国名称的英文字母顺序排列

(1) 大型国际会议可采用此种排列方法，少数时候也可按其他语种的字母顺序排列。

(2) 为了避免一些国家总是占据前排席位，有时也可采用抽签的方法决定由哪一个字母打头的国家开始排列；若来宾中有两个国家的名称的起始字母相同，则以其第二个字母作为排序的依据；若再相同，则以第三个字母作为排序依据，以此类推。

3) 按来宾抵达活动现场时间早晚的顺序排列

(1) 按来宾通知东道主决定到访日期的先后来排列。

(2) 按来宾正式抵达活动地点的时间先后顺序排列。

四、签字庆典礼仪

(一)签字仪式的准备与服务工作

1. 签字仪式的范围

(1) 国家之间通过谈判，就政治、经济、军事、科技、文化等某一领域内的相互关系达成协议，缔结条约、协定或公约时，一般都要举行签字仪式。

(2) 一国领导人出访他国，经双方商议达成共识，发表联合公报或联合声明时，也要举行签字仪式。

(3) 各地区、各单位在相互交往中，通过会谈、谈判和协商，最终达成有关合作项目的协议、备忘录、合同书等，通常也要举行签字仪式。

2．签字仪式的准备

1) 签字会场的布置

(1) 布置签字会场的总体要求为庄重、整洁、清静。

(2) 室内应铺地毯，正规的签字桌应为长桌，横置于签字厅的中央，其上最好铺设深绿色的台布，面对正门，且在签字桌的前面可摆放适量的座椅或签字桌后留有适当的站立空间。

(3) 签署双边性合同时，在签字桌前可放置两张座椅，供签字人就座，并在双方座椅正前方的签字桌上，插放双方单位的标识旗。

(4) 签署多边性合同时，可在签字桌前仅放一张座椅，供各方签字人签字时轮流就座；也可以为每位签字人提供座椅；若签署的是涉外商务合同，则在签字桌上摆放各方国旗。

2) 签字用具的准备

在签字桌上，应事先放好待签的合同文本以及签字笔、吸墨器等签字所使用的文具。

3) 签字人员的确定

(1) 主签人的确定：一般事先商定由双方身份大体相当的人担任主签。

(2) 助签人的确定：由双方各选一名熟悉签字仪式程序的助签人，签字时给文本翻页，并指明签字处，防止漏签。若是多方同时签署文本，则有几方就选几名助签人。

(3) 其他陪同人员的确定：陪同人员基本上是参加谈判的全体人员，双方人数以相等为宜。有时为了表示对所签合同、协议的重视，双方也常对等邀请更高级别的领导人出席签字仪式。

3．签字座次的安排

1) 签署双边性合同

(1) 商务活动中双方位次排序按国际惯例是以右为尊，故应请客方签字人在签字桌右侧就座，主方签字人则应同时就座于签字桌左侧。

(2) 双方各自的助签人应分别站立于己方签字人的外侧，即客方助签站立在客方主签的右侧，主方助签站立于主方主签的左侧，以便随时对签字人提供帮助。

(3) 双方其他陪同人员，按照前为尊、中为尊、右为尊的规则，在己方签字人的正对面就座；或依照职位的高低，客方从中往右、主方从中往左排成一行或几行，站立于己方签字人的身后。具体如图3.32所示。

(4) 原则上，双方陪同签字的人数应大体上相当。

2) 签署多边性合同

(1) 一般仅安排一把签字座椅；若是同时一起签，则有几方就得安排几把签字座椅。

(2) 各方签字人签字时，依照有关各方事先同意的先后顺序依次上前签字，或按事先商定的排序同时入座签署。

(3) 助签人此时应随签字人一同行动，为签字人提供帮助。

(4) 各方的陪同人员，则按照预定的礼宾序列，面对签字桌就座或在签字桌后站立。

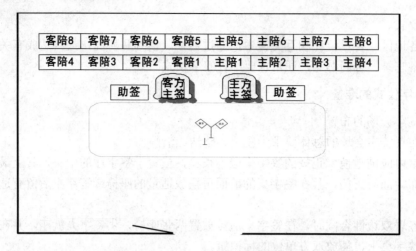

图 3.32　签署双边性合同礼宾位次安排

4．签字文本的要求

1）　待签文本的准备

(1) 由主方会同有关各方一道指定专人，共同负责合同文本的翻译、校对、定稿、印刷、装订、盖火漆印。

(2) 按常规合同文本上正式签字的有关各方，均提供一份待签的合同文本；必要时，还可再向各方提供一份副本。

2）　涉外商务合同文本语言

(1) 按照国际惯例，待签的合同文本，应同时使用有关各方法定的官方语言。

(2) 也可通过协商共同选用某方法定的官方语言。

3）　待签合同文本的印制

用精美的白纸按大八开规格印制并装订成册，并用高档质料如真皮、金属、软木等作为封面。

5．签字仪式的程序

(1) 签字仪式正式开始后，有关各方人员进入签字厅，在既定的位次上各就各位。

(2) 签字人签署合同文本，首先签署己方保存的合同文本，然后交换，再签署他方保存的合同文本。这一做法，在礼仪上称为"轮换制"。其含义是在位次排列上，轮流使有关各方均有机会居于首位一次，以显示机会均等、各方平等。

(3) 签字人正式交换已经有关各方正式签署的合同文本，此时，各方签字人热烈握手，互致祝贺，并相互交换刚才签字时使用过的签字笔，以示纪念；全场人员鼓掌表示祝贺。

(4) 共饮香槟酒互相道贺。①交换已签的合同文本后，有关人员，尤其是签字人，当场干一杯香槟酒是国际上通行的用以增添喜庆色彩的做法。②一般情况下，商务合同在正式签署后，应提交有关方面进行公证后才正式生效。

(二)典礼活动

典礼活动很多，常见的有节日庆典、奠基、竣工典礼等。下面以开业典礼为例，介绍典礼活动的程序和操作技巧。

1. 开业典礼的准备工作

1) 做好开业典礼的舆论宣传工作

(1) 开业典礼的舆论宣传：庆典单位可利用传播媒介如报纸、电台、电视台广泛发布广告或在告示栏中张贴开业告示，以引起公众的注意。

(2) 广告或告示的内容：开业典礼举行的日期、地点；企业的经营范围及特色；开业的优惠情况等。

(3) 开业广告或告示发布时间：开业前的3～5天内。

(4) 邀请舆论宣传媒介：在开业仪式举行时，可邀请记者到现场进行采访、报道，予以正面宣传。

2) 准备开幕词、答谢词

开幕词、答谢词要言简意赅、热情庄重，起到联络感情、增进友谊的作用。

3) 拟定典礼程序

典礼程序有着严格的先后顺序，应事先妥善安排。

4) 做好来宾邀请工作

一般来讲，参加典礼的人士包括上级领导、社会名流、新闻界人士和同行业代表。

5) 发放请柬

(1) 提前一周发出请柬，便于被邀者及早安排和准备。

(2) 请柬的印制要精美，内容要完整，文字要简洁，措辞要热情。被邀者的姓名要书写整齐，不能潦草马虎。

(3) 一般的请柬可派员送达，也可通过邮局邮寄。给有名望的人士或主要领导的请柬应派专人送达，以表示诚恳和尊重。

6) 做好场地布置工作

(1) 活动的场地：一般在开业现场，可以是正门之外的广场，也可以是正门之内的大厅。

(2) 布置主席台：按照惯例，举行开业典礼一般时间不长，故主席台不安排座椅，宾主一律站立，主席台背景则应布置得庄重热烈，以衬托隆重的气氛。

(3) 现场的装饰：为显示隆重与敬客，可在来宾尤其是贵宾站立之处铺设红色地毯；在场地四周悬挂横幅、标语、气球、彩带、宫灯；在醒目处摆放来宾赠送的花篮、牌匾。

7) 做好各种物质准备

(1) 用品准备：来宾的签到簿；本单位的宣传材料；彩带、剪刀、托盘；待客的饮料等。

(2) 设备准备：音响、录音录像、照明设备以及开业典礼所需的各种用具、设备，所有用具、设备都须事先进行认真检查、调试，以防在使用时出现差错。

8) 安排接待服务人员

(1) 举行开业典礼的现场，一定要安排专人负责来宾的接待服务工作。

(2) 本单位全体员工应分工负责，各尽其职，在来宾面前人人都要以主人翁的身份热情待客。

(3) 贵宾的接待，须由本单位主要负责人亲自出面。

(4) 其他来宾的接待，可由本单位的礼仪小姐负责。

(5) 来宾较多时，须为来宾准备专用的停车场、休息室，并应为其安排饮食。

9) 做好礼品馈赠工作

举行开业仪式时赠与来宾的礼品，一般属于宣传性传播媒介的范畴。根据常规，向来宾赠送的礼品，应具有如下特征。

(1) 宣传性：可选用本单位的产品，也可在礼品及其外包装上印有本单位的企业标志、广告用语、产品图案、开业日期等。

(2) 荣誉性：要使之具有一定的纪念意义，使拥有者对其珍惜、重视，并为之感到光荣和自豪。

(3) 独特性：要与众不同，具有本单位的鲜明特色，使人一目了然，或令人过目不忘。

2. 开业典礼的程序

(1) 迎宾：接待人员就位在会场门口接待来宾，请来宾签到后，引导来宾就位。

(2) 典礼开始：主持人宣布开业典礼正式开始，全体起立，奏乐，宣读出席的重要嘉宾名单。

(3) 致贺词：由上级领导和来宾代表致贺词。其他外来的贺电、贺信等不必一一宣读，但对其署名的单位或个人应予以公布。

(4) 致答谢词：由本单位负责人致答谢词。其主要内容是向来宾及祝贺单位表示感谢，并简要介绍本单位的经营特色和经营目标等。

(5) 揭幕：由本单位负责人和一位上级领导或嘉宾代表揭去盖在牌匾上的红布，宣告企业的正式成立。参加典礼的全体人员鼓掌祝贺，在非限制燃放鞭炮的地区还可燃放鞭炮庆贺。

(6) 参观：如有必要，可引导来宾参观，并介绍本单位的主要设施、特色商品及经营策略等。

(7) 迎接首批顾客：可采取让利销售或赠送纪念品的方式吸引顾客；也可以邀请一些有代表性的消费者参加座谈，虚心听取消费者的意见，拉近与消费者的距离。

五、礼品馈赠礼仪

礼品馈赠是组织与组织、组织与个人、个人与个人之间为联络感情、增进合作而互赠礼品的行为。

(一)礼品选择的原则

1. 要考虑接受者的兴趣和爱好

馈赠礼品的目的是为了与接受者联络感情，增进合作，因此，馈赠者必须考虑接受者的兴趣和爱好，投其所好才能达到目的。

2. 要选择体现馈赠者情意并有特色的物品

礼物是情感的载体。任何礼物都表示送礼人的一片心意，或酬谢，或祝贺，或孝敬，或关爱等。所以，选择礼品必须能体现自己的情意并使受礼者觉得你的礼物非同寻常，有特色，具有保存价值，因而倍感珍惜。

3. 要侧重于礼品的精神价值和纪念意义

礼物的价值不是以金钱的多少来衡量的，而是以其本身的意义来体现的。因此，选择礼物时要考虑到其思想性、艺术性、趣味性、纪念性等多方面因素，力求别出心裁、不落俗套。实际上，最好的礼品是那些根据对方兴趣爱好选择的、富有纪念意义或耐人寻味的小礼品。如奇巧、晶莹剔透的欧洲玻璃器皿，精美华贵的中国刺绣和丝绸制品，以及做工考究的景泰蓝，还有展示各国风情的绘画作品等，都常常被人们选为珍贵的礼物互相赠送。工厂、企业则常把自己精制的产品或产品模型用来作为礼品馈赠客户，这不但可以促进友好交往，还可以起到广告宣传的作用。

4. 要注意受赠对象的禁忌

禁忌的产生大致有以下几个方面的原因。

(1) 纯粹由受赠对象个人原因所造成的禁忌。例如，向一位从来不抽烟、不喝酒的长辈赠送烟酒；向一位刚刚中年丧妻的男士赠送情侣表、情侣帽、情侣眼镜，都会让对方不舒服。

(2) 由于受赠对象的自尊和在某些方面的不足造成的禁忌。如向不孕不育者赠送童车或儿童用品；向秃顶者赠送发饰等。

(3) 由于风俗习惯、宗教信仰、文化背景以及职业道德等原因形成的公共禁忌。比如在我国，一般不给人送钟，因为钟与"终"发音相同，送钟即"送终"的意思；朋友之间忌送伞，因为"伞"与"散"谐音。意大利人忌讳送手帕，因为手帕是亲人离别时擦眼泪之物；而向妇女赠送内衣，在欧美国家的风俗中是很失礼的。另外，13 这个数字在欧美一些国家更是送礼时应当避开的。茉莉花和梅花也不要送给我国港澳地区的人，因为"茉莉"与"没利"谐音，梅花的"梅"与倒霉的"霉"同音。我国内地的人送礼不会送"小棺材"，但香港人青睐红木制作的小型棺材摆件，寓意为"升官发财"。

国内、国际正式的社交活动中，因公赠礼不选择以下几类物品作为赠品：一是现金、信用卡、有价证券；二是价格过于昂贵的奢侈品；三是烟、酒等不合时尚、不利于健康的物品；四是易使异性产生误解的物品；五是触犯受赠对象个人禁忌的物品。

(二)礼品馈赠的时机

送礼要把握住时机。人们一般不会无缘无故地接受别人的礼物，所以找准送礼的时机至关重要。一般可选择以下时机。

1. 在应当道喜之时

当遇到亲朋好友结婚、乔迁、生小孩或合作伙伴开业等可喜的大事时，应当送礼以示庆贺。

2. 在应当道贺之时

当重要的节日或合作伙伴取得成就之时，可赠礼品，以示祝贺。

3. 在应当道谢之时

当个人或单位在得到了好友或合作伙伴的大力帮助，取得显著成效时，可备礼相赠以示真诚感谢。

4．在应当鼓励之时

当亲朋好友或合作伙伴升学、晋级、经营项目有显著收效之时，应备礼相送以示鼓励。

5．在应当慰问之时

当亲朋好友及其亲属患病或合作伙伴经营失败、受挫之时，也应备礼相送以示慰问和关怀。

6．在应当纪念之时

当亲朋好友寿诞、结婚纪念或合作伙伴有值得纪念的庆典大事时，应当送礼以示祝贺。

(三)礼品馈赠的方式

要使对方愉快地接受馈赠并不是件容易的事情，因为即使是你精心选择的礼品，如果不讲究赠礼的艺术和礼仪，也很难使它达到应有的效果，甚至会适得其反。

1．注意礼品的包装

精美的包装不仅使礼品的外观更具艺术性和高雅的情调，显现出赠礼人的文化素养和艺术品位，而且还可以避免给人以俗气的感觉。包装可以自己设计，也可以到礼品包装店让人家代为包装，且包装材料要挑选受礼者喜欢的颜色。包装完毕再贴上写有祝词和签名的缎带或彩色卡片，以表达自己的情感和诚意。

2．注意赠礼的场合

赠礼场合的选择是十分重要的。通常情况下，当着众人的面只向某一位赠送礼品是不合适的，即使给关系密切的人送礼也不宜在公开场合进行。只有象征着精神方面的礼品才适宜在众人面前赠送，如锦旗、牌匾、花篮等。

3．注意赠礼的神态

赠送礼品时，需以平和友善的态度、落落大方的动作并伴有礼节性的语言，才宜于受礼者接受礼品。而那种做贼式的悄悄将礼品置于主人桌下或房中某个角落的做法，不仅达不到馈赠的目的，甚至会事与愿违。

4．注意赠礼的时间

通常情况下，赠礼选择在相见或道别时是最为恰当的。

综合练习与实训

一、思考题

1．女性秘书在职场穿着的正装是什么？其正装服装的穿着及服装饰品配件的佩戴有什么规范要求？

2．男性秘书在职场穿着的正装是什么？其正装服装的穿着及服装饰品配件的佩戴有什么规范要求？

3. 服装的款色与个人的形体肤色应怎样搭配才能起到互补的作用？
4. 什么叫"三色原则"？"三一定律"是指什么？女性在社交场合可配戴几件套的首饰？
5. 在社交和公务场合中男女的站姿应该怎样才符合礼仪规范要求？
6. 在社交和公务场合中男女的坐姿有什么规范要求？
7. 在社交和公务场合中自我介绍的形式有几种？
8. 在社交和公务场合中为他人介绍的顺序有哪些规范要求？
9. 在有多方参加的大型聚会上介绍团体的顺序有几种方式？
10. 名片制作的内容与递接名片有哪些规范要求？
11. 行致意礼的形式有几种？
12. 秘书拜访的准备工作有哪些？
13. 会见会谈准备工作的内容及座次安排有哪些规范要求？
14. 简述内外宾的迎送规范要求。
15. 为宾客引见时有哪些规范要求？
16. 如何接待有预约的客人和没有预约的客人？
17. 简述涉外接待工作的基本内容及宴请席位安排的礼仪规范要求。
18. 涉外礼宾次序有哪些依据？操作时应注意哪些事项？
19. 简述秘书准备签字会场的礼仪规范。
20. 秘书准备开业庆典的工作内容有哪些？

二、案例分析

案例（一）

中信集团下属的宏达贸易公司最近来了一位秘书叫李兰，她在工作方面没有什么问题，也非常勤快，可在形象上，就是给人不太得体的感觉。有那么一天，李兰气喘吁吁地从外面办事回到公司，满头大汗。她忘了擦汗，就像个假小子一样开始给客户打电话。同事见她的头发沾在眼角边，便说："小李，看你出了那么多汗，去补个妆吧。"

"没什么。"小李一点也不在意，继续埋头干活。

过了不久，李兰又以一副新面孔展现给公司的同事，她脸上的粉涂得很厚，整个一戏台上的媒婆，差点吓了同事一跳。

可能是性格的缘故，李兰对自己的外在形象不太在意，或者即使在意也处理不当，这也许是她的一大缺陷。

(根据孟庆荣主编《秘书工作案例及分析》的案例修改，清华大学出版社2007年6月版)

请问：李兰有哪些不太得体的地方？秘书良好的职业形象主要表现在哪些方面？

案例（二）

仁达公司与中信集团有合作的意向。仁达公司也是一家集团公司，规模很大，特别是机械制造的实力很强。在此之前他们跟中信集团下属的宏昌机械制造公司接洽过几次，对宏昌机械制造公司挖掘机制造项目很感兴趣。这次，他们公司的正、副老总亲自出马，来宏昌机械制造公司实地考察。中信集团陈总经理很希望这次合作能够成功，所以，他极其重视两位老总的到来，亲自接待，全程陪同。经过双方几个回合的谈判，对方对宏昌机械制造公司有了进一步的了解，合作的意向渐渐明朗起来。

秘书王琳也全程参加这次的接待和谈判工作。按日程安排，明天由陈总经理陪同仁达公司的两位老总到宏昌机械制造公司实地考察。第二天早上，秘书王琳一早准时来到办公室，一进门，就接到陈总经理打来的电话。陈总经理告诉她，原定今天上午九点他亲自陪同仁达公司两位老总考察宏昌机械制造公司的安排，因今早市政府紧急通知，要他九点必须到市政府开会，所以去不了了。他让王秘书请常务副总李宏营出面陪同考察。李副总外出学习已于昨晚回来，陈总经理已在电话中跟他沟通过此事。同时，他也已跟仁达公司的两位老总通过电话，说明情况了。

王秘书接完陈总经理的电话，连忙给李副总打电话，说明情况。李副总说他会准时到宏昌机械制造公司门口等候迎接。打完电话，王琳便匆匆忙忙赶往金隅大厦，接仁达公司的两位老总去宏昌机械制造公司。八点五十分，王秘书陪同两位老总来到宏昌公司的大门，李副总也已带着宏昌机械制造公司的几位经理迎候在那里。王秘书抢前一步，向李副总介绍说："这位是仁达公司的傅总经理。"又指着另一位走过来的年纪更大一点的男士说："那位是仁达公司的洪总经理。"李副总与仁达公司的两位老总亲切握手寒暄，宏昌公司的几位经理也与仁达公司的两位老总握手迎接。之后，大家陪同两位老总参观考察宏昌公司。在整个参观考察过程中，王秘书发现，李副总总是喜欢走在洪经理身边，不停地向他介绍，而有些冷落傅总经理。她想也许两位都是副职，共同语言多吧。于是，她只好跟宏昌公司的几位经理一起走在傅总经理身边，向他介绍宏昌公司的生产流水线。参观考察结束，仁达公司的两位总经理对宏昌公司的生产管理和技术实力表示了肯定。

回到总部，仁达公司的两位老总经过协商，决定与宏昌公司签署合作协议。在之后的签署仪式上，李副总发现王秘书介绍的"'副'总经理"原来是"傅总经理"。他很尴尬，向傅总经理表示歉意。傅总经理看了一眼一旁的王秘书，开玩笑地说："哪里是你的错，是我姓错了。"王秘书羞愧得很想找个地洞钻进去。

(根据孟庆荣主编《秘书工作案例及分析》的案例修改，清华大学出版社2007年6月版)

请问：王秘书在接待介绍中犯了哪些错误？正确的接待介绍有哪些规范要求？

案例(三)

中信集团下属的宏昌机械制造公司为了保证明年的生产任务得以有效落实，在年终将至之时，召集提供给其配件的协作伙伴举行迎春座谈会并签订明年的提供配件合同。给宏昌机械制造公司主打产品提供主机总成的甲企业王副经理出席了座谈会。宏昌公司的苏经理为了表示友好和重视，亲自出面接待，全程陪同。随同王副经理一起来宏昌公司参加座谈会的还有某科研所李副所长，他因为研究该主机在装配过程中进行一项技术改进后，产品的质量能大幅提高，能源消耗可降低10%，该技术在实验室实验并经中试已成功，李副所长准备将该技术在生产中推广应用。可他在到达宏昌公司后，秘书小张把他带到宾馆安排入住，此后便无人问津而被冷落了两天。第三天，他随王副经理到邻省与宏昌公司生产同类产品的天源公司参加配件产品订购会。一年后，宏昌公司一度热销的主打产品因其质量没有改进且能耗高，销售量日渐萎缩，市场份额逐渐被天源公司所挤占，使得公司最后几近破产倒闭。

请问：宏昌公司的接待符合礼仪规范吗？正确的待客礼仪应该是怎样呢？

案例(四)

小张大学毕业后在扬州昌盛玩具厂办公室工作。中秋节前两天办公室陈主任通知他，明天下午 3:00 本公司的合作伙伴上海华强贸易有限公司的刘君副总经理将到本市(昌盛玩具厂的出口订单主要来自上海华强贸易有限公司)，这次来的主要目的是了解昌盛玩具厂是否有能力、有技术在 60 天内完成美国的一批圣诞玩具订单，昌盛玩具厂很希望拿到这份利润丰厚的订单，李厂长将亲自到车站接站。由于陈主任第二天将代表李厂长出席另外一个会议，临时安排小张随同李厂长一起去接刘副总经理。小张接到任务后，征得李厂长的同意，在一个四星级宾馆预订了房间，安排厂里最好的一辆车去接刘副总经理。

第二天上午，小张忙着布置会议室，通知一家花木公司送来了一批绿色植物，准备了欢迎条幅，又去购买了水果，一直忙到下午 2:30。穿着休闲服的小张急急忙忙随李厂长一起到车站，不料，市内交通拥挤，到车站后发现，刘副总经理已经等待了十多分钟。李厂长不住地打招呼，表示抱歉。小张也跟着说，厂子离市区太远，加上堵车才迟到的。小张拉开车前门，请刘副总经理上车，说："这里视线好，你可以看看我们扬州的市貌。"随后，又拉开右后门，请李厂长入座，自己急忙从车前绕到左后门上了车。车到达宾馆后，小张推开车门直奔总台，询问预订房间情况，为刘副总经理办入住手续。刘副总经理提着行李跟过来。小张将刘副总经理送到房间后，李厂长与刘副总经理交流着第二天的安排，小张在房间里转来转去，看是否有不当之处。片刻后，李厂长告辞，临走前告知刘副总经理晚上 6:00 接他到扬州一家著名的餐馆吃晚饭。

小张随李厂长出来后，却受到李厂长的批评，说小张经验不够。小张觉得很冤枉，自己这么卖力，又是哪里出错了？

(根据张岩松主编《现代交际礼仪》的案例修改，清华大学出版社 2008 年 7 月版)

请问：小张错在哪里？请分析原因。

案例(五)

经过长期洽谈之后，南方某市的一家公司终于同美国的一家跨国公司谈妥了一笔大生意。双方在达成合约后，决定正式为此而举行一次签字仪式。

因为当时双方的洽谈在我国举行，故此签字仪式便由中方负责。在仪式正式举行的那一天，让中方出乎意料的是，美方差一点要在正式签字之前"临场变卦"？

原来，中方的工作人员在签字桌上摆放中美两国国旗时，误以中国的传统做法"以左为尊"代替了目前所通行的国际惯例"以右为尊"，将中方国旗摆到了签字桌的右侧，而将美方国旗摆到签字桌的左侧。结果让美方人员恼火不已，他们甚至因此而拒绝进入签字厅。

(案例来源：http://www.szly530.com/course_tj_show.php?serial=319)

请问：签约仪式上出错在哪里？它给我们什么样的教训？

案例(六)

一家旅行社接待一批来华的意大利游客。该旅行社为了表示对外宾的热情欢迎，特意到杭州某名厂定制了一批纯丝手帕作为礼品送给来宾。手帕上绣着菊花图案，美观大方，并且装在特制的纸盒内,盒上印有旅行社社徽,礼品看上去确实很精美。中国丝织品闻名于世,把这作为礼品送给客人,料想会受到客人的喜欢。可事与愿违,当旅游接待人员带着盒装的纯丝手帕到机场接到来自意大利的游客,在车上把礼品赠送给每位游客时,没想到车上一片哗然,议论纷纷,游客显出很不高兴的样子。特别是一位夫人,大声叫喊,表现极为气愤,还有些伤感。旅游接待人员心慌了,好心好意送人家礼物,不但得不到感谢,还出现这般景象。中国人总以为送礼人不怪,这些外国人为什么怪起来了呢?

(根据王连义主编《怎样做好导游工作》的案例修改,中国旅游出版社1997年10月版)

请问:旅行社好意送人礼物为何会招来客人的愤怒之情?

三、情景实训

(一)秘书出席正式商务场合的着装与仪容修饰

1. 实训目标:通过本实训掌握秘书出席正式商务场合的着装与仪容修饰要点。

2. 实训背景:今天有外商来中信集团考察商谈合作事宜,总经理办公室全体秘书参与接待服务工作,要求全体秘书穿着正装并作简单化妆。

3. 实训内容:男女正装的着装,服装饰品配件的佩戴,男女简单化妆。

4. 实训要求:

(1) 本实训可选择在模拟综合实训室进行。

(2) 实训分小组进行,每组6个人,每位同学在演练过程中必须严肃认真,大家互相配合并检查评定成绩。

5. 实训提示:

女性秘书在正式的商务场合要着西服套裙,穿着西服套裙时其服装饰品的搭配及佩戴也要符合礼仪规范要求。男性秘书在正式的商务场合要着西服正装,穿着西服正装时,饰物配件的搭配及佩戴也要符合礼仪规范要求。

(二)秘书正式商务场合的介绍方法

1. 实训目标:通过本实训掌握在正式商务场合介绍的礼仪和方法。

2. 实训背景:与中信集团有合作意向的仁达公司的两位正、副总经理考察宏昌机械制造公司,中信集团常务副总李宏营和宏昌机械制造公司的一位经理、两位副经理出面陪同考察宏昌机械制造公司,秘书王琳要对他们6人分别加以介绍。

3. 实训内容:按正式商务场合为他人介绍的规范要求介绍相互不认识的客人。

4. 实训要求:

(1) 本实训在外景地进行,最好能按真实的接待场景布置。

(2) 实训分小组进行,每组7个人,其中1人扮演秘书,另6个人分别扮演本公司的4位经理和两位客人。每个人都要轮流扮演秘书。

(3) 每位同学在演练过程中一定要严肃认真,言行要符合礼仪规范。

(4) 每位同学最好都能按照实训内容设计演练的脚本(包括情节和台词,并给本小组成员分派角色)。

5. 实训提示:

(1) 6个人当中,其中1位上司与客人是初次见面,其余3位上司与客人是相识者,秘书应负责给双方分别作介绍。

(2) 正式的商务交往中介绍的顺序应该是：先要确定双方地位的尊卑，然后先介绍位卑者，后介绍位尊者。

(3) 在介绍宾主双方的时候，口齿要清楚，而且说到姓名时，速度应放慢一些，以便让所有的人都能听清。

(三)替上司安排约见

1．实训目标：通过本实训掌握为上司安排约见的礼仪规范要求。

2．实训背景：与中信集团有商务往来的盛大公司压了本集团一笔巨额货款，造成本公司流动资金短缺。为了解决这个问题，盛大公司答应给本集团担保向银行贷款，但他们的手续迟迟没有送过来。这天一上班，陈总经理就交代秘书王琳，让她尽快约盛大公司的胡总，请他过来一趟，时间当然是越快越好。

3．实训内容：按照实际情况演练为上司约见客户。

4．实训要求：

(1) 本实训选择在模拟办公室进行，要求配置真实的电话机。办公室中其他办公用品和设备齐全。

(2) 实训分小组进行，每组 4 个人，其中 1 人扮演陈总，1 人扮演秘书王琳，1 人扮演盛大公司胡总的秘书丁芳，1 人扮演盛大公司的胡总。每个人都要轮流扮演秘书王琳。

(3) 每位同学在演练过程中一定要严肃认真，要按照实训内容设计演练的脚本(包括情节和台词，并给本小组成员分派角色)，演练过程中言行要符合礼仪规范。

5．实训提示：

(1) 公务约见要注意时间的选择。

(2) 公务约见要注意地点的选择。

(3) 公务约见要注意语言的运用。

(四)不同类型来访者的接待方法

1．实训目标：通过本实训掌握不同类型来访者的接待方法和技巧。

2．实训背景：中信集团早上刚上班，同时推门而入来了三位客人，一位是昨天下班前就约好要与总经理洽谈合作业务的乙公司的姜副总经理；一位是洪达公司的王经理，他是中信集团陈总经理大学的同窗好友，今天一早来找陈总经理有要事相商；还有一位是某企业的业务推销员，声称有重要技术要与中信集团合作，他们都异口同声地说要立刻与陈总经理面谈。请演示秘书接待处理的方法。

3．实训内容：面对不同类型却又同时进门的来访者的接待处理方法和技巧。

4．实训要求：

(1) 本实训选择在综合实训室进行，实训室配置有前台及临时接待等候区。

(2) 实训分小组进行，每组 5 个人，其中 1 人扮演前台秘书，1 人扮演总经理，3 人分别扮演来访者。

5．实训提示：安排客人与上司会谈的原则是有预约的按预约的时间进行安排；没有预约而又同时到达，则按来访事务的轻重，经与上司联系同意接见后再进行安排。

(五)安排签字仪式

1．实训目标：通过本实训掌握签字仪式的礼仪规范。

2. 实训背景：机械制造实力很强的仁达公司经过与中信集团下属的宏昌机械制造公司进行接洽谈判并实地考察后，决定与宏昌机械制造公司的挖掘机制造项目进行合作，今天举行签字仪式，中信集团总经理办公室组织安排签字仪式。

3. 实训内容：秘书组织安排签字仪式的程序及礼仪规范要求。

4. 实训要求：

(1) 本实训选择在模拟会客厅进行。

(2) 实训时全班综合演练，大家共同布置签字会场。然后选派两人扮演主签人，两位扮演助签人，其余扮演陪同人员。

5. 实训提示：

(1) 签字会场的布置：按规范要求摆放签字桌、签字椅。

(2) 签字文本的准备和摆放。

(3) 签字位次排序按国际惯例安排。

(4) 签完字后双方交换协议文本和签字笔，开香槟酒庆贺。

(六)开业庆典程序安排

1. 实训目标：通过本实训掌握企业开业庆典的礼仪程序。

2. 实训背景：中信集团下属的宏盛活性酶制造公司今天举行开业典礼，宏盛公司办公室全体秘书组织安排开业典礼。

3. 实训内容：秘书布置开业典礼会场并组织安排开业典礼仪式。

4. 实训要求：

(1) 本实训选择在公司办公大楼前的小广场前进行。

(2) 实训时全班综合演练，大家共同布置开业典礼会场。然后选派1人扮演公司经理，1人扮演市分管领导，1人扮演司仪，其余扮演迎宾员和来宾。

(3) 每位同学在演练过程中都要严肃认真，要按照实训内容要求，准备开业典礼的文本材料，设计自己所扮演角色的演练脚本，演练过程中言行要符合礼仪规范。

5. 实训提示：

(1) 迎宾的礼仪规范。

(2) 开业典礼的程序及演练过程中应注意的礼仪规范。

第四章　秘书调研与秘书信息工作

本章学习要求：

调查研究是有目的、有计划地使用科学方法考察、获取及分析、整理客观信息的一种社会活动过程，是秘书综合处理信息的重要手段。信息工作是领导决策和一切行政工作的依据和基础，是秘书辅助决策的重要内容。要求通过本章的学习，掌握秘书调查研究的含义与作用；了解秘书调查研究的内容；掌握秘书调查研究的方法；掌握秘书调查研究报告的撰写；了解秘书信息工作的作用；掌握秘书收集经济信息的主要内容和形式；懂得经济信息收集处理的基本原则；掌握经济信息收集和加工处理方法。

第一节　秘书的调查研究工作

学习目标：

- 掌握调查研究的含义，理解调查和研究的辩证关系。
- 了解调查研究的四大作用。
- 掌握秘书调查研究的具体内容。
- 掌握秘书调查研究的方法，了解各类调查研究方法的优点和缺点。
- 掌握秘书撰写调查研究报告的基本格式和写作注意事项。

案例导入：

中信集团是个大型企业，为了提高员工的工作积极性和增强工作中的竞争意识，公司进行人事制度改革，实行"末位淘汰制"。该项工作具体由人事部负责。公司颁布这项制度已经两个月了。公司一千多员工的反应如何？是否真正提高了每一位员工的工作积极性？尽管公司各职能部门和分公司送上来的汇报材料都说好，但人事部部长还是让秘书钟倩去做一番调研。钟倩接受任务后，到各部门，特别是各车间的班组去走访，收集员工的真实看法；组织不同级别员工的座谈会，收集反馈意见；还设计了问卷调查表进行调查；并同时在公司人事部的网站上开展网络调查。通过广泛调查，她获取了大量真实的第一手材料，在对这些材料认真研究后，最终写了一份以"末位淘汰制"为主题的内容具体、材料真实的调查报告，为人事部部长的决策起到了很好的辅助作用，她也受到了表扬和嘉奖。

秘书的基本职能是辅助管理，管理的核心内容是决策。一项决策要保证切实可行，必须要以掌握全面、翔实的信息为前提，而掌握信息最直接、最有效的方法就是调查研究。秘书掌握调查研究的基本功，是秘书发挥辅助决策作用的重要前提。在调查研究工作中，必须采用科学的方式方法，设计合理且可操作的程序、全面并易收集整理的调查内容，才

秘书理论与实务(第2版)

能获取真实而又丰富的材料，写出有质量的调查报告。钟倩在这次调查过程中，综合运用了多种调查方法，并且是在轻松融洽的氛围中获取素材，因此，她的调查研究是成功的。

(根据谭一平编著《秘书工作案例分析与实训》的案例修改，中国人民大学出版社2007年6月版)

一、秘书调查研究概述

(一)秘书调查研究的含义

调查与研究，是既密切联系又有区别的两个概念。调查，是指采用科学的方法和手段以取得客观世界材料的过程；研究，则是指对调查得来的材料进行分析、比较、归纳、演绎等一系列过程。调查是前提，是基础，是手段；研究是后续，是深化，是目的。

调查研究是有目的、有计划地使用科学方法考察、获取及分析、整理客观信息的一种社会活动过程。秘书要有效地辅助管理，就必须深入调查，全面、准确地了解并掌握不断变化着的实际情况，据此对其进行深入、透彻的分析研究，对其中产生或可能产生的问题提出解决的方案，以供领导选择和决策。

(二)秘书调查研究的作用

秘书的重要职能是辅助管理，调查研究便成为秘书工作的一项主要内容。其主要作用可概括为以下几个方面。

(1) 调查研究是获取原始信息的重要途径。领导工作繁忙，不可能事必躬亲，且领导参加调研受到的干扰往往比较多，秘书及秘书部门则不受此干扰；职能部门的调研往往会带有倾向性，而秘书和秘书部门可以比较全面地反映情况，因此，秘书调研可以为领导的决策和管理工作提供准确的信息和第一手材料，保证领导正确地决策和指导工作。

(2) 调查研究是获取反馈信息的重要前提。决策确定后须付诸实施，设想才能转化为现实。调查研究又是检验各项政策和方针执行结果的主要手段。秘书通过深入实际的调查研究，听取、收集基层各方面的意见，对决策执行中的各种情况进行分析、论证，并如实反馈给领导，为领导修订、完善或作出新的决策提供依据。

(3) 调查研究是做好秘书工作的坚实基础。调查研究贯穿于秘书工作的全过程和各个环节。秘书只有深入实际，到第一线去调查研究，了解和掌握真实情况，并对情况进行实事求是的分析和论证，采取相应的对策和办法，才能避免走弯路和减少失误，提高工作效率，更好地为领导和领导工作服务。因此，调查研究是秘书和秘书部门的一项经常性工作，是秘书和秘书部门做好各项工作的坚实基础。

(4) 调查研究是提高秘书素质和能力的主要途径。调查研究的水平和能力，是秘书人员理论修养、政策水平、专业知识、业务能力、社会交往乃至处理人际关系能力等综合素能的体现。调查研究也是一个文员或办事员能否提高到成为一个称职秘书的主要标志之一。通过调查研究活动，更广泛地深入地了解社会、了解人，积累并丰富工作经验和人生阅历，秘书可以提高理论修养和政策水平，可以提高分析问题、研究问题和解决问题的能力，从而为承担更重大的工作责任、做出更多的贡献做好准备。通过调查研究，秘书还可提高观察能力、思维能力、交际能力、分辨能力、分析能力、概括能力、表达能力和自我完善的能力等。

二、秘书调查研究的内容

秘书调查研究的内容是多方面的，不同行业岗位的秘书，调查研究的内容有所不同。一般情况下，秘书调查研究的内容主要有以下几个方面。

(1) 基本情况调研。通过对本地区、本机关、本单位的基本情况的调查，了解情况，以掌握全面确切的资料，增强工作的针对性、主动性。

(2) 政策法规调研。了解调查对象对有关法律、法规、制度等的制定和贯彻情况，了解法律、法规贯彻落实情况，为领导和有关部门政策的贯彻、实施和落实提供重要的依据和反馈信息。

(3) 市场情况调研。了解掌握重大的经济活动状况、经济发展趋势；了解企业发展状况和趋势；了解组织投资前景、市场地位等；了解企业一定时期的经济情况以及企业生产、销售、技术水平等情况，为有关部门分析经济状况提供信息。

(4) 专题事件调研。包括对自然资源、社会生活以及人文状况的了解分析；对有关事故、事件的调查；对先进人物、先进集体事迹的调查等。

(5) 热点问题调研。是针对基层所关心的舆论热点以及带有倾向性、显露"苗头"问题的调查，为领导提供启示性信息。

三、秘书调查研究的方法

(一)调查的方法

调查的方法主要有观察法、访谈法、问卷法、实验法和文献法等。

1. 观察法

观察法，就是调查者对调查对象的状态、变化凭肉眼或借助于工具、仪器进行观察、记录。观察法侧重于了解调查对象的外观、形态、动作或变化的特征及过程。观察可分为参与观察和非参与观察。

(1) 参与观察，又称局内观察，是深入到一个单位蹲点，实地观察，以获取丰富而又真实的第一手材料。

(2) 非参与观察，又称局外观察，是在被调查对象没有察觉的情况下的观察。

实施观察法，要求调查者首先确立观察的重点，不能浮光掠影，走马观花。其次要用心。所谓用心就是要专注，边观察边思考。重要的应作记录，事后再仔细研究。还要懂行。调查者对观察对象应有一定的知识和经验，才能从中得到需要的信息。

2. 访谈法

访谈法是通过与人的交流、讨论，了解更深层的内容。访谈法最重要的是调查者要取得被访谈者的信任和合作，其次是要掌握一定的策略和技巧。访谈法可分为个别访谈法和集体访谈法。

(1) 个别访谈法。个别访谈法是指根据调查需要，选择单一调查对象进行采访、问询，了解情况。个别访谈的关键是选准访谈对象并拟好访谈提纲，要选好访谈地点并注意谈话的态度和语气。

(2) 集体访谈法。集体访谈法是指根据调查需要，恰当、准确地选择若干调查对象，组织目的明确的聚会、会谈。要求被选择的座谈人员能畅所欲言，无所顾忌，又真实可信。座谈会的规模一般控制在三五人为宜，至多不得超过 20 人。座谈会的优点是参加者可以互相启发，反映的情况与意见比较全面；缺点是容易产生随声附和的现象。调查者应作冷静、客观分析，不要盲目相信多数。另外，涉及机密的内容不能在座谈会上讨论，防止人多嘴杂而泄密。

访谈法的优点是与被访者面对面地交谈，可以追问，可以讨论，了解情况能够全面、深入；又是边问边看，察言观色，容易辨别情况的真伪程度。缺点是费时费力，难以作大规模的调查；而且问题难有统一、科学的标准，所得情况不易做定量分析。

3．问卷法

问卷法就是调查者把需要了解的情况设计成不同类型的题目并组合成书面问卷(又称调查表)，由被调查者做书面回答。问卷可分为开放式问卷和封闭式问卷。

(1) 开放式问卷。开放式问卷的题型是填空题和问答题，由被调查者自由填写、回答，不受限制。开放式问卷便于答卷人各抒己见，答案比较丰富、具体，既有共性，又有个性；缺点是无法用计算机统计，只能由人工阅卷。

(2) 封闭式问卷。封闭式问卷的题型则为选择题和是非题，被调查者只能在有限的范围内选择答案，作或肯定或否定的判断。封闭式问卷的优点在于用数字或符号表示答案，便于计算机统计；缺点是答案有限定，只有几种大体类型，无法调查特殊及深层的情况。

问卷法可以大规模进行，比较省时省力，但其质量的关键在于题目和答案的设计。因此，调查者绝不能想当然地闭门造车，最好事先作些典型调查。

4．实验法

实验法就是实验者按照一定的实验假设，通过改变某些实验环境的时间活动来认识实验对象的本质及其发展规律的调查。实验调查的基本要素如下。

(1) 实验者，即实验调查的有目的、有意识的活动主体，他们都以一定的实验假设来指导自己的实验活动。

(2) 实验对象，即实验调查者所要认识的客体，他们往往被分成实验组和对照组这两类对象。

(3) 实验环境，即实验对象所处的各种社会条件的总和，它们可以分为人工实验环境和自然实验环境。

(4) 实验活动，即改变实验对象所处社会条件的各种实验活动，它们在实验调查中被称为"实验激发"。

(5) 实验检测，即在实验过程中对实验对象所作的检查或测定，可以分为实验激发前的检测和实验激发后的检测。

实验调查的优点是其实践性，能够直接掌握大量的第一手资料；有利于揭示实验激发与实验对象变化之间的因果联系；有利于探索解决社会问题的途径和方法；是可重复的调查。缺点是实验对象和实验环境的选择难以具有充分的代表性；很难对实验过程进行充分有效的控制；对于许多落后的消极的社会现象，不可能或不允许进行实验；对实验者的要求较高，花费的时间较长，实验的对象不能过多等。

5. 文献法

文献法，是指调查者查阅有关的书面资料(报刊、文件、档案以及照片、图表、影音、资料等)，以获取所需要的材料。文献按其加工程度分为一次文献、二次文献和三次文献。

(1) 一次文献又称原始文献，是指作者的直接创造，如首次发表的文章、公布的文件、出版的著作、讲话及会议记录稿、原始档案等。这是最真实、准确、可靠，也是最有价值的文献。

(2) 二次文献是指非一次文献作者对一次文献进行加工、转引、摘录、摘要、编译而成的文献，如各种教科书、简报、文摘、综述等。二次文献比较容易阅读，重点突出，但往往不够全面。

(3) 三次文献是在一次文献和二次文献基础上经综合、分析、概括并整理有序的文献，如词典、百科全书、年鉴、索引等。三次文献涵盖面宽，内容简明，适于了解各种基本知识或信息来源，但不宜作为重要依据。文献的形成程序由一次而二次而三次，查阅文献则逆向而行。常常先查三次文献，由三次文献提供的线索再找二次文献，最终还是以一次文献(原始资料)为准。

搜集文献的具体方法包括做摘录笔记或卡片、写内容提要、重点页面复印、翻拍照片或图纸、复制录音或录像等。

文献法的优点是资料丰富，时间、空间跨度大，可以上下几千年，纵横数万里，搜集观察中受制约少，花费也低；缺点是所获得的信息总是滞后于现实，也往往缺乏生动性、具体性。

(二)研究的方法

调查得来的材料往往只是一些表象、事例、情况和数据，必须加以研究，才能了解事物的特征和本质，了解其内在联系和规律，也才能发现问题并找出解决问题的答案。

研究的方法主要有以下几种。

1. 归纳法

归纳法就是将多件同类的个别事物归在一起，从中概括出共同属性或特征以加深认识的研究方法。归纳法是常用的逻辑推理方法之一。例如，外企服务总公司(FESCO)发布了2007年秘书职业调查报告，报告中的数据显示，2008年秘书招聘仍处于上升阶段，需求量很大，人才缺口将达万人以上。2007年前4个月的人才招聘过程中，有多家外资企业共提出初、中、高级秘书需求1200多个。按需求行业划分，制造业、IT业、贸易业、金融业占需求行业的前4位。这些秘书职位的月薪从3000元到8000元不等，最高可达12 000元。据预测，随着奥运会的临近，媒体信息、文化产业等奥运相关产业的秘书需求也将迅速提高。同时调查报告中也指出，虽说从总体供求来看，秘书职位供大于求，但是从对于专业秘书的要求来说，则表现为储备少、市场符合率低。原因在于应届毕业生和没有工作经验的海归占到了求职者的50%左右，缺少职业化培训。

2. 综合法

综合法就是将众多的零散事物进行横向组合或纵向串联，视作一个整体进行研究。它比归纳法具有更大的概括性，也更为复杂。例如，全国政协十届四次会议期间，提案委员会共收到提案 5030 件，经审查，立案 4898 件。会议组对立案的提案进行组合、比较、筛选，选取重点的、有代表性的、可行性的提案，综合出政协委员关注的主要问题有：社会主义新农村建设、自主创新、节约资源、循环经济、环境保护、协调发展、思想道德建设，以及涉及群众切身利益的义务教育、就业和再就业、医药卫生、社会保障、收入分配、安全生产等。

3．统计法

统计法就是运用统计数据来描绘社会经济现象的状况和变化，认识社会经济规律的方法。一切客观事物都有它的量和质两个方面，而且量变可以导致质变。因此，研究量的方面，多作数量分析至为重要，例如，据中国教育报报道，2006 年，中国教育经费为 9815.31 亿元，比上年的 8418.84 亿元增长 16.59%。其中，国家财政性教育经费(包括各级财政对教育的拨款、教育费附加、企业办学中的企业拨款以及校办产业减免税等项)为 6348.36 亿元，比上年的 5161.08 亿元增长 23.00%。这些统计数据表明，我国政府教育投入总量继续增加，国家财政性教育经费占 GDP 的比例以及预算内教育经费占财政支出的比例均比上年有所增加。

4．比较法

比较法就是把两个或两个以上既同类又有不同之处的事物放在一起比较、分析，可以更深刻地认识各自的特征。比较法具体如图 4.1 所示。

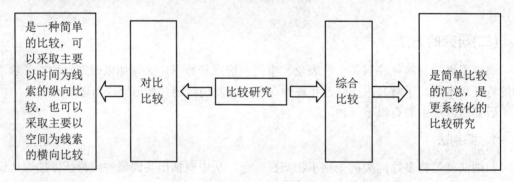

图 4.1　比较法示意图

在进行比较时必须注意，作为比较对象应该具备某一方面或某些方面的共同性质。这种同质性越高，可比性越大；如没有同质性，比较就不能成立。比较对象的各种因素还必须具有可分解性和可度量性，各种因素既要有联系性，又要有独立性，可以进行独立的考察和比较，并且通过多种量化的、技术性的指标来显示、说明。运用比较法，必须从客观、逻辑、历史、辩证、总体的角度看问题，才能抓住事物的实质。

5．分析法

分析法就是将复杂的事物进行分解，联系其他有关因素，从而辨析、认识事物的本质和规律。2007 年中青网公布了对武汉市华中科技大学、华中师范大学、华中农业大学、中南民族大学、华中科技大学文华学院、武汉体育学院等 6 所高校 420 名大学生做的"当代大学生社会责任意识调查分析"，最后收回 418 份问卷。调查"对社会责任的认可"这点，得出了如表 4.1 所示的数据。

表 4.1 "对社会责任的认可"调查分析数据表　　　　　　　单位：%

问　题	很大	较大	一般	较小	很小	不知道
对自己的家乡	44.7	31.3	19.0	3.4	1.0	0.7
对有困难的人	37.0	34.7	23.6	3.4	0.8	0.4
对自己居住的社区	27.7	32.9	30.7	6.1	1.6	1.1
对社会中所有的人	19.9	21.9	39.1	12.8	3.4	2.8

根据以上数据，调查组得出分析结论：当代大学生对社会责任认可的程度，从总体上来讲不是很高。数据不仅反映了当代大学生社会责任意识不强的现实，而且也反映了民族精神在相当部分大学生身上出现了缺失。因此在目前对大学生荣辱观教育过程中，需要强化大学生对社会责任的认可。

6. 演绎法

演绎法也是逻辑推理的方法之一。它以公理为大前提，以求证的事物为小前提，如果小前提符合大前提的前项，那么小前提的结论必然符合大前提的后项。比如，大前提：学习好的贫困大学生可以申请贫困生助学金；小前提：王强学习很好，是个家庭经济困难的贫困生；结论：王强可以申请贫困生助学金。

(三)调查研究的步骤和要求

无论党政机关还是公司企业单位的秘书部门，都会有大量的调查研究工作。一般来说，可以把调查研究的程序按逻辑分成准备阶段、调查实施阶段、研究分析阶段和结论报告阶段。每个阶段有不同的步骤和要求，具体见表 4.2。

表 4.2 调查研究各阶段的步骤要求表

调查研究的阶段	具体步骤	要　求
准备阶段	确定调查研究的课题	课题必须是必要的、可行的
	确立调查的对象、类型和方式	根据课题的性质和要求来确定
	设计必要的调查问卷和表格	设计要明朗、简洁、易答、逻辑性强、选项分明，便于统计分析
	规定调查的时间和地点	包括调研的起始时间、所需时间以及时间限度，注意地域的差异性
	制订调查研究计划	一般包括调研的主题、目的、内容与要求；调查的对象、范围、方法；调查的步骤与时间安排；调研人员和组织安排，以及经费和物质保证等

续表

调查研究的阶段	具体步骤	要　　求
调查实施阶段	联系确认调查对象	建立联系，详细说明，协商配合
	实施调查	科学安排，点面结合；注意遵守有关法律、法规和制度；严守有关保密纪律
研究分析阶段	对调查材料的取舍、审定、核对和证实；分类整理，将初级信息通过技术手段转化为高层次信息；利用科学准确的研究方法，对调研内容进行研究分析统计；确定研究结果	注意突出重点；注意全面性和重点性相结合
撰写报告阶段	一般包括：调查过程(含主要的及重要的事实、情况、资料或数据等)、调查结果(含原因、因素、评价、问题的症结、解决办法、意见或建议等)和研究结果	调查报告要求主题突出、观点鲜明；内容具体、材料实事求是；布局合理；格式规范；语言运用得当

四、秘书调查报告的撰写

调查报告是对整个调查研究结果的客观而又具体的反映，是对调查材料的深入分析研究的总结，因此，熟练掌握调查报告的撰写方法，是秘书必须具备的基本功。

(一)调查报告的基本格式

调查报告一般由标题、正文、前言和结尾四部分组成。

1．标题

标题即题目，有两种形式。

(1) 正标题：是全文的主要内容或中心观点的概括与说明。

(2) 副标题：副标题补充交代调查对象或调查内容，并标明文种，常采用"关于××××的调查"的形式。

2．前言

前言也称导语，起着总领或引出全文的作用。主要概括介绍调查的意义和目的、调查对象和范围、调查采取的方法及其过程等。前言要开门见山，言简意赅，明快朴实，紧扣主题。主要有以下形式。

(1) 概述式：用叙述的方法，概括地写出调研报告的基本情况、问题、目的、方法及其重要意义。

(2) 结论式：先写调查结论，然后分别叙述调查的内容。

(3) 说明式：先简要说明所述对象的基本情况、背景情况，再叙述主题和其他有关材料。

(4) 提问式：开头首先提出问题，设置悬念，然后引出下文。

3. 正文

这一部分是调查报告的主体部分。要详尽叙述调查的情况(经验或存在的问题)，并引出调查的结论。调查报告写得成功与否，主要取决于正文部分。正文部分常用的结构有以下几种。

(1) 横式结构。写作的方法是两段式，即把要反映的调查内容分几个问题叙述，接着归纳出规律性的东西(经验、教训或者结论)。这种结构的优点是反映情况系统性强，给人以完整的感觉。

(2) 纵式结构。写作的方法是逐一叙述，逐一论证。即把要反映的调查内容和论证的结构有机结合，针对每一个调查内容分析归纳，作出结论。这种结构的优点在于有鲜明的针对性。

(3) 综合式结构。也称纵横式结构。即纵式结构和横式结构结合使用，通常是按时间顺序介绍经验产生的前因后果，然后再将经验并列为几个部分加以说明。

(4) 逐点式结构。即围绕一个主题调查若干个对象，每个对象提供的情况或经验教训各有其特点，为了充分反映调查结果，可以分几个相对独立的部分来写，逐一说明调查所得的各种情况。

4. 结尾

结尾即调查报告的结束语，从形式上看，一般有：无结束语；有简短的结束语；有较长的结束语。从内容上看，既可以对调查对象的发展前景作展望，也可以对调查提出解决问题的办法和意见，还可以对调查中得出的结论从更高的角度作论述，揭示其现实的普遍的意义。

(二)调查报告写作中应注意的问题

1. 提炼报告主题

所谓提炼主题，就是对经过调查研究得来的资料深入地挖掘，从中抽象出带规律性的东西，作为报告的统帅、灵魂，并以之贯穿整个篇幅，统领所需的材料。提炼主题，一是要实事求是，不能任意拔高。二是要针对重点、难点、焦点问题，立足于解决和回答现实迫切需要解决和回答的问题。

2. 精选基本素材

材料选用要突出"精"字，即把那些最能说明观点、服务主题的材料尤其是典型事例选出来用上去，但不能过多过滥。材料缺的时候要沙里淘金，多的时候要忍痛割爱。同时，要十分重视数据的收集和运用，统计数据也是体现事物的质与量的有效材料，一个数字用好了，往往能起到画龙点睛的作用。

3. 合理布局谋篇

就是用一个恰当的结构方式，把已经确定的主题及其素材组合起来，使形式与内容得到完美的结合。开头力求开门见山，开宗明义，给人以总的概念或启迪。写法上既可直接摆结论，直接提问题，也可以从调查的经过与目的着手。主体是表现主题的核心部分，可按照事物发生、发展过程或时间先后次序来安排材料，阐明观点，也可按问题的属性与内在联系横向排开。结尾是分析问题、解决问题的必然结果。结尾可总结全文以深化主题，也可提出启示以发人深思，还可以指明方向或预示趋势等，意到言到，意尽言止，尽量做到首尾照应。

4．讲究语言的运用

调研报告是一种以叙事为主的说明性文体，其语言要求是准确、简洁、通俗。准确，就是要实事求是，陈述事实要真实可靠，议论要把握分寸，不能任意拔高或贬低；引用数据要正确无误。简洁，就是要用尽可能少的语句，表达尽可能多的内容；对事实的叙述，不要做过多的描绘；对观点的阐释，不要作烦琐的论证；对可有可无的段落、字句要统统删去。通俗，就是要有朴素、明白、平易近人的语言，以叙述和议论为主，不要抒情和渲染的描写，不要使用深僻的专业术语和华而不实的辞藻，不随便运用夸张和奇特的比喻。同时，还要注意引用群众语言为文章服务，但不要乱用、滥用，更不要用那些不文明的语言，要用得恰到好处。

第二节　秘书的信息处理工作

学习目标：

- 掌握秘书信息工作的含义和要求，了解秘书信息工作的作用。
- 掌握秘书收集经济信息的主要内容及途径。
- 掌握经济信息收集和加工处理的方法。
- 掌握信息传递的方式和要求、信息储存的方式和要求。
- 掌握信息利用和检索的相关知识。

案例导入：

张强大学一毕业，就被分配到中信集团公司办公室当秘书。中信集团下辖机械、商贸、电子等公司。他在大学学习时，听老师多次说过信息是资源，是财富，但究竟信息的价值有多大，对领导决策起多大作用，并没有亲身的感受。在一次集团领导办公会上，张强负责作会议记录，他对信息工作有了切身的理解。会上，集团下辖机械设备厂厂长提出技术改造方案，以提高企业的竞争力，要求把刚刚收回的一大笔资金，重点投放到更新机械设备上。管财务的副总表示支持。当集团老总正要拍板决断时，集团办公室王主任说他想向各位领导汇报一个新情况，供领导们参考。王主任说："一是近一年来我国的农副产品价格上涨的趋势十分明显；二是今年我国遭受了重大的冰雪自然灾害，影响到农业的生产，势必带来农副产品价格的继续上涨。我建议当务之急是尽快更多地购进农副产品，资金重点应该投到商贸上，把握市场机遇，促进商贸流通，获得可观的经济效益。然后再把获得的盈利投入技术改造，为机械产品参与国际市场竞争打下坚实的基础。"王主任的发言引起了会场领导们的沉思。最后老总同意王主任的分析和预测，并请各位领导对这两个方案再议一议。大家七嘴八舌讨论起来，会议气氛十分活跃。经过反复比较、分析、论证，集团领导最后一致同意采纳王主任的建议：先抓紧时机购进农副产品，促进贸易，再进行技术改造。后来的事实证明，王主任的预测是完全正确的，他的方案使集团获得了可观的利润。这件事情让张强十分敬佩王主任的信息工作能力。自此，张强对信息工作有了切身的感受，在工作中十分注意收集信息，及时为领导传递准确的信息。

决策是领导的主要职能，而信息是决策的依据。秘书要有效发挥参谋、助手作用，就必须根据本单位或本组织的管辖范畴，预先有针对性地收集相关的各级各类信息，同时对收集到的信息进行归纳、推理，并根据上司管理的需要，预先进行预测和确定，拟订可供选择的决策方案，必要的时候，及时提供给上司，辅助上司作出正确和科学的决策。王主任的信息工作做得很到位，因此，他的辅助管理起到了有效的作用。

一、秘书信息与秘书信息工作的作用

在信息化的当今社会，信息、能源与材料已成为人类社会的三大资源。信息，是事物存在的方式或运动状态的直接或间接的反映。信息是领导决策和一切行政工作的依据和基础。秘书信息工作主要是指秘书根据上级与主管部门的要求，了解情况，掌握动态，发现问题，然后进行筛选处理，综合分析，提供信息资料给领导参考。信息工作是秘书做好辅助管理的一项重要工作。

(一)秘书信息工作的基本要求

1．准确

准确即信息的内容要准确无误、真实可靠。准确是信息的生命，是信息的全部意义所在。秘书收集到的原始信息要可靠、真实，处理信息要坚持主观倾向性与客观真实性相统一。如实反映情况，才能保证各级领导机关及决策者依据真实的、准确的信息作出恰当判断和科学决策。如果信息不准确，必然会给领导工作造成失误。因此，准确，应是秘书信息工作的灵魂。

2．及时

及时即信息的收集、处理、传递、反馈要及时迅速，讲究时效。社会主义市场经济对秘书工作的时效性提出了更高的要求，不仅传递要快，而且收集、加工、检索、输出都要高速度。信息处理不及时，就会失去信息的价值，甚至造成严重的损失。

3．全面

全面即信息的收集和处理要注意广泛性，真实地反映事物各个方面的情况。只有全面地反映情况，才能使各级领导根据各方面的信息权衡利弊，择善而从，作出正确的判断和决策。

4．适用

适用即信息要服务于中心工作，要适用于本地区本部门本单位的工作情况，要及时摸清领导者的思想脉搏，根据不同领导机关和领导者的不同要求提供信息，帮助领导者集中精力考虑重点问题，同时兼顾一般，以免发生不应有的疏漏。

(二)秘书信息工作的作用

1. 辅助领导科学决策必须依靠信息

决策是领导的主要职能,是领导工作的主题。信息是决策的依据,是决策的必要条件。没有信息,就没有科学决策。进行预测和确定目标,必须将过去和现在的各种信息进行收集、加工、传递和利用;拟订各种可供选择的决策方案,必须对收集到的各种信息进行归纳、推理、评价,也就是具体地利用信息;决策方案的选择、实施、修正等,其客观依据依然是大量的信息。

2. 起草文件必须依靠信息

秘书人员撰拟公文,不能闭门造车,而是要在掌握各种信息的基础上,根据领导意图,经过分析、综合,形成更系统、更准确的新的书面信息。可以说,秘书撰拟公文,就是运用信息为机关服务。

3. 信访咨询工作需要依靠信息

秘书人员在接待群众来访、处理群众来信时,必须运用所掌握的政策精神、规章制度、领导意图、实际情况等信息,经过分析、判断,去回答来访,回复来信,或者转有关部门处理。

4. 做好日常管理工作必须依靠信息

秘书要办好机关的各项公务,不仅是依靠领导意图、个人学识,还必须依靠各种信息作依据、作借鉴。信息多,耳朵灵,综合判断、处理事务的能力就强。秘书人员必须会运用各种信息,把相关部门联系、协调起来,明确分工,消除矛盾,同步协作,去完成共同的任务。另外,秘书主动、认真地为部门领导反映各种情况,提建议要求,出主意,也是在运用信息为部门服务。

总之,秘书工作的一切方面都离不开信息,新时期特别要求秘书强化信息意识,研究并掌握信息工作的规律。

二、秘书收集经济信息的内容和形式

经济信息是指反映经济活动实况和特征的各种消息、情报、资料、指令等的统称。不论是在宏观经济还是在微观经济活动中,都存在着大量经济信息,人们通过信息接收、传递和处理,反映和沟通各方面经济情况的变化,借以调控和管理生产,实现管理环节间的联系。经济信息分为计划信息、控制信息、生产和经营信息、统计信息等。它们有的来自经济单位外部,有的产生于经济单位内部,故有时也分别称为外源信息及内部信息。在整个社会生产过程中,无时不在产生和使用大量的经济信息,它是客观经济过程的基本构成要素之一。

(一)秘书收集经济信息的主要内容

1. 政策法规性信息

政策法规性信息包括本国、外国和各地区的经济贸易政策、法令、条例,以及政治经济、社会习俗、习惯和爱好等情况资料。

2．世界经济信息

世界经济信息包括国际经济动态趋势、各国和各地区经济概况、国际商品市场、金融外汇市场、运输保险和海关等各个领域，还有投资信托、技术引进等各方面的情报资料。

3．商品信息

商品信息，包括商品本身的特点，如商品的自然属性、品种、规格、用途、经济价值等。商品的生产、消费、贸易近况和特点信息，包括生产量变动、生产集中和垄断、季节变动、科技进步和国家垄断机制对生产的影响等情况；商品价格信息包括商品生产成本，影响市场价格变化的因素，市场商品价格动态，不同国家、不同市场价格差异政策等。

4．顾客消费需求信息

顾客消费需求信息，包括市场社会购买力情况；顾客数量及其分布情况；对本企业生产的商品的设计、性能、包装的改进意见和具体要求；对本企业的商品(包括服务在内)的满意程度；顾客的经济来源和经济收入情况等。

5．市场竞争信息

市场竞争信息，包括市场中竞争者的商品的设计、性能、包装、售前售后优点缺点的分析；市场竞争者商品价格和定价政策分析；对竞争者服务方式的情况分析；市场竞争者分配渠道使用情况的分析等。

6．经济环境信息

经济环境信息，包括宏观的一般经济行情、中观的具体部门经济(即商品市场)和微观的经济措施、总人口和人口的自然增长率、国民生产总值及国民收入的分配等。

7．本企业信息

本企业信息，有本企业内部的、外部的信息以及本企业和外企业各种直接业务往来的信息，如合同、协议书、工作函件等。内部信息包括商品生产情况、数量与质量、现货与期货、仓储与运输、推销计划与销售意图等。外部信息包括市场供求关系、销售渠道、淡旺季节、客户和竞争对手情况等。

8．社会反馈信息

社会反馈信息，主要是指顾客、客户对企业的信件、访问、电话中所反映的正反两方面的反馈信息，也包括报纸杂志、电台、电视台等新闻媒介对本单位的评论。这些信息反映了单位工作的社会效果和社会声誉，关系到单位的生存和发展，也是秘书所不可忽视的。

(二)秘书收集经济信息的形式

秘书收集经济信息的形式，或称表现形态，有三种，即文字形态、声像形态和记忆形态。

1．文字形态信息

文字形态信息即以书面形式，包括文字、数字、图形、表格等形式表达的经济信息资料。

秘书在收集和使用这些信息时必须注意：报纸、杂志、文件、图书、档案等信息通常为原始信息，或称为一次文献，价值较高。词典、百科全书、年鉴、名录等信息则是经过整理、摘编的，往往不能显示其全貌，又可能掺杂有编者的意图，是所谓的二次文献或三次文献，价值相对较低，只能作为参考或索引。但这些信息资料的优点是信息量大、面广、综合性强，可为信息收集者节省不少时间和精力。

2．声像形态信息

声像形态信息即各种图文并茂的图书、照片、录音带、录像带、电影片、模型、实物所表达的信息。这类信息的优点是声、形、色、像并举，给人视觉、听觉或感觉的强烈印象，具体、真实而且栩栩如生。缺点是往往不够全面、深刻，有些观念、心态、思想等抽象的内容以及未来的、想象的、预测的事物不能很好地体现。所以，秘书最好是将声像信息与文字信息配合使用，可互相补充、相得益彰。

3．记忆形态信息

记忆形态信息即存在于人们脑海中还未以文字或声像表达的信息，又被称为零次文献或零次情报。秘书收集这类信息只能通过采访、交谈获取。其优点是尚未发表过，有新鲜感；缺点是往往不成熟，具有不确定性。

（三）信息收集的渠道

1．大众传播媒介渠道

大众传播媒介渠道包括广播、电视、报纸、期刊以及其他文章载体，是现代社会获取信息的重要途径。

2．图书馆

图书馆能提供借阅、阅览以及访问计算机媒体等服务。

3．联机信息检索渠道

联机信息检索渠道是快速检索获取信息的有效途径，通过该渠道能快速收集信息网中所提供的各种信息。

4．供应商和客户

从供应商和客户处能获得的信息包括产品目录、广告材料；当地顾客需要其提供的特定服务的信息；竞争对手提供的服务和产品信息；产品和服务的需求信息。

5．贸易交流渠道

秘书利用各种贸易交流机会，如展销会、交易会等了解情况，索取信息材料。

6．信息机构渠道

信息机构渠道储存着丰富的信息资源，秘书可从这些机构中获取信息材料。

7．关系渠道

关系渠道指业务往来关系、横向人际关系、纵向从属关系的渠道获取信息材料。

8．调查渠道

通过调查渠道获取信息是有目的、有重点、主动收集信息的主要方法。

三、经济信息收集的基本原则

(1) 突出信息的价值性。收集的信息必须具有价值，是适用的。
(2) 确保信息的真实性。收集的信息必须是真实、准确、可靠的。
(3) 注重信息的时效性。收集的信息必须及时、适时，并有一定的超前性。
(4) 保持信息的系统性。收集的信息必须是一个系统的，不同来源、不同渠道、不同角度、不同深度收集的信息必须能构成一个系统。
(5) 注意信息的全面性。信息全面性是指信息在时间上的连续性和空间上的广泛性。要全面收集各种需求的信息，保持信息的历史联系或专业内容联系，不仅收集与经济工作活动直接相关的信息，同时还收集对管理活动有间接影响的各种信息。

四、经济信息收集和加工方法

(一) 经济信息收集方法

1．观察法

观察法是指人们直接用感官或借助其他工具认识客观事物，获取信息。观察法简单、灵活，能获得较为客观的信息，但获得的信息量有限，深层次信息少，且秘书的观察能力将直接影响观察的效果。

2．阅读法

阅读法是指通过阅读书刊等获得信息。阅读法获得信息方便，获得的信息量大，涉及面广，但获得的信息有可能失真，要判断其真实与否。

3．询问法

询问法是指通过提问对方作答获取信息的方法，包括人员询问、电话询问和书面询问。询问法灵活、实用，双方直接交流沟通，获得的信息量大，但费用高、时间较长、规模小，要求秘书掌握询问的技巧，具备良好的素质和能力。

4．问卷调查法

问卷调查法是指由秘书向被调查者提供问卷并请其对问卷中的问题作答而获取信息的方法。问卷包括封面信、指导语、问题和答案、其他信息。问卷有封闭式和开放式两种形式。问卷法可以减少主观性，收集的信息客观，便于定量处理和分析，节省人力、费用和时间，效率高。但问卷的质量及回收难以有效保证，且要求被调查者有一定的文化水平。

5．投书索取法

投书索取法是指给外地的有关机关、企事业单位或个人发函或写信，请他们帮助收集或提供信息。投书索取法可以获得专门、真实的信息，但需要对方予以配合和支持。

6. 交换法

交换法是指将自己拥有的信息材料与其他单位的信息材料进行交换，实现信息共享。交换法获得的信息及时、适用、针对性强、节省时间，但信息范围窄，信息交换要建立在自愿基础上，并应注意信息的保密性。

7. 会议法

会议法是指组织召开专题会议，通过会议的交流、研讨获得信息的方法。会议法收集信息效率高、有针对性、节省时间、信息量大，但组织会议需要一定的人力、物力和财力。

8. 购买法

购买法是指通过订购、现购、邮购、代购等方式，向信息服务单位有偿购买所需要的信息。购买法能获得大量系统化、专业化的信息，信息来源广，但费用高，花费时间和人力，且需要对信息进行筛选鉴别。

9. 委托法

委托法是指对一些内部的和不容易获取的信息可以委托有关单位或个人帮助依法收集。委托法能够获得内部的、难得的信息，但要注意依法行事和保密性。

10. 网络法

网络法是指通过网络所提供的服务获取信息。网络法可以不受时间、地域的限制，获取广泛、迅速、时效性强的信息。但信息来源复杂，需要秘书掌握计算机知识，并对收集的信息进行鉴别。

(二)经济信息加工方法

通常情况下我们收集的信息一般都会大大超过实际的需要量，信息过多也会白白浪费精力和物力，因此需要对信息进行加工和处理。信息加工处理是指运用科学的方法，对收集的原始信息进行分类、筛选、综合处理，使之系统化和条理化的过程。信息加工处理主要可采取如下方法。

1. 分类

分类是根据信息所反映的内容性质和特征的异同，分门别类地组织信息的一种科学方法。具体可采用如下分类方法。

(1) 字母分类法。按照作者姓名、单位名称、信息标题等的字母顺序分类组合。

(2) 地区分类法。按信息产生、形成所涉及的地区或行政区域等特征，将信息分为各个类别。

(3) 主题分类法。按照信息的主要内容进行分类的方法。为了全面、准确地反映主题，便于利用，可以按多级主题分类。信息最主要的主题名称可称为分类的首要因素，次要的主题作为第二个因素，以此类推。

(4) 数字分类法。将信息以数字排列，每一通信者或每一个专题给定一个数字，用索引卡标出所代表的类别。

(5) 时间分类法。按信息形成日期的先后顺序进行分类。

2. 筛选

筛选是对收集到的大量信息进行鉴别和选择，判断信息的价值，决定信息的取舍，提取真实、有价值、能满足需求的信息。具体可采取如下方法。

(1) 甄别。就是秘书运用知识和经验将已经初步分类的信息进行甄别，将其划分为真实信息和虚假信息；真实信息又应划分为有效信息和失效(过时)信息。秘书要注意选择对企业的现实工作有指导意义、与企业当前的中心工作密切相关的信息。

(2) 佐证。对那些很难判明其真伪的信息，要使用其他实例、资料进行对照分析，以判断信息的真伪，剔除虚假信息和失效信息，保留真实有效的信息。

(3) 逻辑分析。秘书通过判断、推理等，查看信息是否有前后矛盾和与实际不一致的地方，要善于从大量的信息中识别信息的真伪，判定信息价值的大小，把握信息的"鲜度"，即掌握好信息的真实性、价值性和时效性。

3. 综合处理

经过初步加工所形成的信息，还不能成为决策的依据，在此基础上还需要进一步对信息资料加以综合处理。即从总体上进行系统分析、判断和归纳整理，进行综合研究，提出比较系统、比较深刻的意见和建议，形成切合领导决策需要的、有深度的高层次信息。具体可采取如下方法。

(1) 定性定量结合。对信息的处理要善于把定性分析和定量分析结合起来。既要对收集到的信息资料进行数量上的分析，弄清事物"有多少"的问题；还要进行质量上的分析，弄清事物"是什么"的问题，从而保证对事物判断的准确性和精确性。

(2) 点面结合。信息的综合必须集中力量抓住主要矛盾，突出把握信息材料中最重要、最典型、最新鲜的内容。注意选择带有倾向性、苗头性、动向性或突发性的重要信息。同时，对其他信息材料也不能忽略，要反映事物的全貌，做到突出重点，总览全局。

(3) 反映和预测相结合。对信息的处理要做到反映和预测相结合。从大量分散的信息材料中提炼出来的信息要能反映经济的现状。同时，还要注意信息的超前性，信息能够预测未来情况，注意选择经济活动中的有关新情况、新问题、新经验、新见解、新建议的信息。

(三)信息的传递

秘书收集、整理、加工经济信息，最终目的是提供给领导、上司和同事使用。通过传递信息为领导系统提供服务，是秘书处理信息的根本目的。

1. 信息传递的方式

按信息的载体形式，信息传递可分为口头传递、书面传递、图像传递、实物传递；按传递的方向可分为单向传递、双向传递和多向传递；按信息传递的手段可分为电信传递、邮政传递和当面传递(含委托他人当面传递)；按保密要求可分为公开传递、半公开传递和秘密传递。

2. 信息传递的要求

(1) 迅速。信息的传递应尽量减少周转，简化手续，尽可能采用直达的、先进的传递方式，使信息传递迅速、及时，充分发挥其时效性和共享性。

(2) 准确。信息传递无论是用口头方式、书面方式、电信方式还是电子邮件方式，都要发挥人为的和机器的积极因素，避免差错，排除故障或干扰，达到尽可能的准确。

(3) 保密。有些信息具有共享性，无须保密，只要求准确和迅速，谁先抢到谁就能先发挥作用。而有些信息则具有专用性，需要保密，一旦泄密就会失去优势，甚至造成损失或危害。信息传递的保密包括传递人员的保密、传递方式的保密、传递内容的保密、传递时间的保密和传递过程的保密。

(四)信息的储存

秘书处理的信息，许多都具有再次利用和开发的价值，因此应将这些信息按照一定的方法和技术加以保存，以备日后随时检索和开发利用。

1. 信息储存的方式

(1) 原件储存。如文件图纸的原稿、正本、录音带、录像带、胶卷底片、实物等的储存。

(2) 目录、索引储存。大量的信息资料，秘书应另外编制目录、索引置于原件之前一并储存，以便检索、查找。

(3) 软件储存。使用计算机的秘书可将信息资料制成软件，储存于软盘、光盘或其他电子介质中。

2. 信息储存的要求

(1) 安全。必须有专用的柜、橱或保险箱，要具备防盗、防火、防高温、防潮、防虫的功能和条件。

(2) 系统。信息储存应科学地存放排列，可按信息资料的来源地区或篇名排列，或按信息产生的时间排列，或按信息资料的内容分别排列，也可按信息的形式排列。

(五)信息的利用和检索

信息的利用是指秘书通过有效的方式将储存的信息提供给领导，实现信息的价值。秘书利用信息，首先要检索信息。检索是指从信息库中找出所需要的信息的过程。

1. 信息利用的要求

(1) 遵守信息法规。利用信息要遵守有关的信息法规，做到合法有效利用。

(2) 维护信息安全。在利用信息过程中注意信息的保密性。

(3) 最大限度地满足信息需求。提供信息应有针对性、适用性，领导、上司要解决什么问题，秘书就应提供什么样的信息。

(4) 注意日常信息的积累。把积累信息工作当成日常工作之一，广泛、全面收集信息。

2. 信息检索

信息检索分为手工检索和计算机检索两大类。手工检索就是将信息制成"文摘"、"索引"或"目录"，本机关、本单位可用簿式或卡片式，也可汇编成"信息资料指南"，既有近期资料，又有历史资料；既有国内资料，又有国外资料。"信息资料指南"往往由专业机构编印成书刊,以供社会各界利用。计算机检索,又称电脑检索,可由本机关、本单位秘书编排存储,自存自索,也可进入互联网,与其他机构、单位交换信息或共享信息。

综合练习与实训

一、思考题

1. 什么是调查研究?调查和研究的关系怎样?
2. 秘书开展调查研究有什么作用?
3. 秘书调查研究包括哪些具体内容?
4. 调查研究有哪些方法?
5. 比较观察法、访谈法、问卷调查法各有哪些优点和缺点?
6. 调查研究报告的基本格式是什么?
7. 写作调查研究报告要注意哪些事项?
8. 阐述秘书信息工作的含义,说说秘书信息工作的作用。
9. 秘书收集经济信息的主要内容是什么?
10. 信息有哪几种形式?收集信息有哪些途径?
11. 简述经济信息收集的基本原则。
12. 收集经济信息可用哪些方法?
13. 信息加工有哪些方法?
14. 信息传递有哪些方式和具体要求?
15. 信息利用有哪些要求?

二、案例分析

案例(一)

张强大学一毕业,就被分配到中信集团公司办公室当秘书。中信集团在进行企业用人制度改革中,大胆实行了"末位淘汰制度"。该制度已经实行 3 个月了,需要做个阶段性的小结,以便进一步完善。集团老总想了解下属各部门和各公司对该制度的执行情况以及一千多位员工对该制度的看法,交代秘书张强召开一个专题座谈会,收集一下群众意见。张强考虑到集团员工众多,采用了派代表参加座谈会的方式。除集团办公室外的人事部、财务部、市场部、研发部、后勤部、党办、工会,每部门派 2 人参加,下属的电子、机械、商贸、建工、化工、传媒公司,每个公司派 5 人参加。共 44 名代表参加了座谈会议。座谈会从下午 2 点开始,代表们踊跃发言。由于该项制度的实施给员工带来不小的压力,很多员工憋了一肚子话要说,加上老员工在压力下有些怨言,因此,座谈会上有些发言带有一定的情绪,情绪性的话又引起了代表们的共鸣和议论。一时间座谈会现场闹哄哄的,声音此起彼伏,杂乱无章,到处都是声音,张强也不知道该记录谁的发言,反而无法收集意见了。而且,眼看着 3 个多小时过去了,就要下班了,还有很多人争着要发言,张强感到不能让场面再这样下去,就站起来大声地要求大家安静,并说了一句:"大家不要老提意见,末位淘汰制度没什么可怕,我昨天听集团领导开会时说,由于公司整体利润下滑,下一段还计划裁减部分员工呢。"张强话音刚落，现场像炸开了锅，一时间失去了控制。

(根据谭一平编著《秘书工作案例分析与实训》的案例修改，中国人民大学出版社 2007 年 6 月版)

请问：组织这场座谈会，张强哪些地方做得不对？

案例（二）

美国某公司准备改进咖啡杯的设计，为此进行了市场试验。首先，他们进行咖啡杯选型调查。他们设计了多种咖啡杯，让 500 个家庭主妇进行观摩评选，研究主妇们用干手拿杯子时，哪种形状好；用湿手拿杯子时，哪一种不易滑落。调查研究结果，选用四方长腰果型杯子效果最好。然后对产品名称、图案等，也同样进行造型调查。接着他们利用各种颜色会使人产生不同感觉的特点，通过调查试验，选择了颜色最合适的咖啡杯。他们的方法是，首先请了 30 多人，让他们每人各喝 4 杯相同浓度的咖啡，但是咖啡杯的颜色分别为咖啡色、青色、黄色和红色 4 种。试饮的结果，使用咖啡色杯子时人们认为"太浓了"的占 2/3，使用青色杯子时人们异口同声地说"太淡了"，使用黄色杯子时人们说"不浓，正好"，而使用红色杯子时竟有 90%的人说"太浓了"。根据这一调查，公司咖啡店里的杯子以后一律改用红色杯子。该店借助于颜色，既可以节约咖啡原料，又能使绝大多数顾客感到满意。结果这种咖啡杯投入市场后，与市场上的通用公司的产品开展激烈竞争，以销售量比对方多两倍的优势取得了胜利。

(根据《市场营销调研与需求预测》的典型案例修改)

请问：本案例中应用的是什么调查方法？这种方法有什么优缺点？

案例（三）

中信集团下属的电子公司想了解计算机市场的情况。公司老总交代秘书小王开展一次计算机市场调查，小王接到任务后设计了一份计算机市场调查问卷。然后小王组织了一批人到各个电子产品大商场门口发放问卷，请顾客完成调查问卷，并给答卷的顾客每人发放一个小纪念品。收回了很多问卷，但在问卷统计和分析的时候却发现无法了解到计算机市场的真实情况。公司老总知道后认真看了小王设计的调查问卷，说是问卷设计有问题。以下是小王设计的调查问卷，请你说说该调查问卷有什么问题。

计算机市场调查问卷

姓名_____ 年龄_____ 性别_____

1. 请问你每月的工资收入是多少？
2. 您打算购买计算机吗？
3. 您最满意的计算机售后服务品牌是什么？
4. 台式 PC 厂商变换同等质量的售后服务，您愿意继续信赖该品牌服务吗？
   A. 非常愿意 B. 比较愿意 C. 无所谓 D. 不愿意
5. 台式 PC 厂商减少售后服务内容，您愿意继续信赖该品牌服务吗？
   A. 非常愿意 B. 比较愿意 C. 无所谓 D. 不愿意
6. 台式 PC 厂商增加售后服务内容，您愿意继续信赖该品牌服务吗？
   A. 非常愿意 B. 比较愿意 C. 无所谓 D. 不愿意
7. 购买台式 PC 时，您最看中的因素是什么？
   A. 产品本身 B. 厂商品牌 C. 综合应用 D. 售后服务 E. 其他
8. 购买台式 PC 时，在综合质保服务中，您最看中的因素是什么？

第四章 秘书调研与秘书信息工作

A. 售前服务　　B. 售中服务　　C. 售后服务　　D. 其他

9. 您从哪里能了解到品牌台式PC的服务质量？
   A. 媒体　　B. 广告　　C. 单位同事　　D. 朋友介绍　　E. 其他
10. 对于厂商的售后服务政策，您最看中的因素是什么？
    A. 保修时间　　B. 售后人员素质　　C. 服务质量　　D. 收费标准　　E. 其他
11. 对于厂商的保修时间，您认为合理的时间是多长？
    A. 1年　　B. 2年　　C. 3年　　D. 5年　　E. 其他
12. 您从哪里能了解到台式PC的售后服务条款？
    A. 媒体　　B. 广告　　C. 产品说明书　　D. 销售人员介绍　　E. 其他
13. 销售商在销售产品的过程中是否会告知产品的售后服务情况？
    A. 会详细介绍　　B. 简单介绍　　C. 不介绍　　D. 其他
14. 您能否接受购买超额售后服务的服务？
    A. 能　　B. 不能　　C. 看价格　　D. 其他
15. 购买的台式PC出现故障以后，您会如何解决？
    A. 自行解决　　B. 找品牌维修点　　C. 找经销商　　D. 其他
16. 当台式PC送去维修时，您认为合理的维修时间应为多长？
    A. 立刻　　B. 当天　　C. 三天　　D. 一周
17. 您认为目前台式PC维修中的收费方式和价格是否合理？
    A. 非常贵　　B. 适合　　C. 很便宜　　D. 无所谓　　E. 不清楚
18. 写出您所在的城市，台式PC品牌的指定维修点＿＿＿＿＿＿
19. 您认为哪个厂商的售后服务体系最值得信赖？＿＿＿＿＿＿
20. 您认为哪个厂商的产品能为您提供充分的应用帮助？＿＿＿＿＿＿
21. 您认为哪个厂商可以为您提供最及时的升级定制？＿＿＿＿＿＿
22. 您认为哪个厂商可以为您提供最丰富的收费增值？＿＿＿＿＿＿
23. 您认为目前台式PC售后服务应该改进的地方是什么？＿＿＿＿＿＿

案例（四）

这一年冬天，湖南遇上了罕见的冰雪天气。中信集团的总经理一天三次电话询问办公室信息秘书小张，了解湖南市场羽绒衣的销售情况。小张一连打了好几次长途电话，总是联系不上总公司湖南办事处吴主任。总经理要外出办事，临出门还叮嘱小张及时了解湖南市场的情况，以决定是否抓紧时间赶制羽绒衣，为企业创造经济效益。

小张不敢掉以轻心，中午时终于打通了湖南办事处吴主任的电话。"吴主任吗？我是集团办公室张秘书。总经理急需了解你们的销售情况。""我们的销售形势大好啊！我正忙着与长沙几个大型的商场洽谈8万套羽绒衣的合同呢！面料和样式与上次一样。""那太好了！能成功吗？"小张问。"估计问题不大！意向书已经草签，今天下午四时进一步洽谈细节，然后签订合同。"吴主任说。"那我下午四点半等您的准确消息。""四点半我还有个应酬。我让办事处小李给你回个电话。"

小张刚放下电话，总经理的秘书小钟又打来电话问湖南的销售情况。"吴主任说，湖南形势大好，正在与长沙几个大型的商场洽谈8万套羽绒衣的合同。"小张兴高采烈地说。"成功的把握大吗？"小钟问。"吴主任说，今天下午四点正式签约，面料和样式与上次一样。"小张说。"那就是说，只有签约的手续了？"小钟又问。"是的。"小张肯定地说，"我接到签约回电后马上告诉您。"小钟接电话后，在总经理写字桌的记事本上写道："办公室小张接到湖南办事处吴主任的电话，与长沙几个大型的商场洽谈8万套羽绒衣的合同，面料和样式与上次一样。今天下午四点正式签约。3月25日小刘记录。"

下午五点二十分，总经理回到办公室，急忙翻阅记事簿，看了小钟的记录后非常高兴。他拨通电话，要求采购员按上次的要求购进面料，通知设计部门做好准备，维修部门抓紧维护设备，生产部门抓紧招收一批熟练技工……时间就是金钱，总经理抢在时间前面调兵遣将，一直忙到晚上七点半还没有吃饭。

下午四点半，办公室小张一连接到江西、广西、沈阳办事处的三个长途电话，一直打到下午五点半。刚放下电话，一个多年不见的大学同学打来电话，一直谈了两个多钟头，并相约一起吃晚饭。放下电话，小张才想起湖南办事处的重要电话还未接到。这时已快八点了。他一拨通湖南办事处，小李开头一句就吼道："怎么搞的？我拨了几个钟头电话，总是占线，你的电话拨不通，总经理的电话也拨不通""合同签了吗？"小张来不及解释，打断小李的话问道。

"签个屁！生意让深圳一家公司抢去了。人家更有优势。吴主任气得高血压病也犯了，住院去了。"

小张赶快拨总经理的办公室电话。总经理办公室无人接，小钟也下班了。他又把电话打到总经理家里，家里说他没回来。最后，在富华酒楼找到了喝得满脸通红的总经理。

"什么？谈判失败？"总经理一听，脸色煞白。他知道昂贵的原料已经购进，现在只有压在仓库里……

重大的经济损失不可避免，总经理、吴主任、小张、小钟、小李像害了一场大病。公司的前途，个人的去留，使他们忐忑不安……

请问：这个案例给秘书在传递和处理信息时提供了哪些借鉴？

案例(五)

中信集团总经理办公室的林秘书工作效率特别高，总能在第一时间把领导交办的事情和应当完成的工作完成得漂漂亮亮的。她有个爱好，就是对网络情有独钟。只要忙完了工作，她就在网上看个不停，其他同事约她逛街看电影，她总是推说没空。久而久之，大家给她一个外号——"网痴"。她知道后也不介意，依然故我。其实，林秘书是个有心人，她上网并不是聊天、玩游戏、看小说、瞎逛，而是收集与公司业务有关的国际、国内信息，以及与本公司有业务往来的客户的信息，收集加工后整理在一个专用文件夹里，以备不时之需。当总经理需要什么信息，她从专用文件夹里调出来整理一下，马上就能给总经理送过来，总经理经常夸她工作效率高。

有一次，她从网上得知马来西亚和印度尼西亚发生大规模洪灾，预测我国木材进口价格将大幅上涨，进而必然会影响纸张也大幅涨价。她马上将信息向总经理汇报。总经理据此决定大批购进纸张库存起来，不久纸张果然大幅涨价，集团公司仅这单生意净赚100余万元。总经理非常高兴，在大会小会等多种场合表扬林秘书，还发给她1万元的大红包。

还有一次，她从网上一篇文章中发现，与她们集团公司一直有大笔业务往来的广州鑫银公司的员工与公司管理层正在闹矛盾，员工们扬言要告上法院，因为公司没有说明任何理由就要裁减他们。林秘书从这篇不寻常的文章中发现了不祥的苗头，于是，马上将这篇文章下载打印出来，交给总经理。总经理看了以后很重视，马上派李副总带人过去实地察看，发现鑫银公司实际上已经资不抵债，大幅裁员也可能只是权宜之计，最终难逃破产的命运。据此，总经理决定停止向鑫银公司继续发货，以免收不回货款，造成巨大损失。果然，过了两个月，鑫银公司申请破产。

林秘书这个"网痴"发现的信息，让公司避免了巨大的损失，总经理专门召开表彰大会，号召公司的全体员工向林秘书学习。

(根据孟庆荣主编《秘书工作案例及分析》的案例修改，清华大学出版社2007年6月版)

请问：林秘书沉迷于网络是否在履行其职能？她通过网络渠道获取的信息对辅助管理有否起到作用？

三、情景实训

(一)秘书实地调查研究及撰写调研报告

1．实训目标：通过本实训提高秘书实地调查的能力和撰写调查报告的能力。

2．实训背景：林兰是某职业技术学院文秘专业的学生。根据文秘专业教学计划的要求，学生在学习期间，需要完成两周的校内顶岗实习。林兰和她的同班同学都要在本学院内找到一个适合自己顶岗实习的岗位。经过三天的调查、走访，林兰最后确定了学院办公室为自己顶岗实习的部门。林兰需要撰写一份介绍实训岗位情况的可行性分析报告。

3．实训内容：实地调查、撰写调查报告。

4．实训要求：

(1) 本实训在校内进行，教学上可安排调查研究实训周，为学生实地调查提供时间保证。

(2) 教师提供学院的机构设置情况和各部门处室的联系电话。

(3) 每位学生都要完成实地调查研究并撰写调研报告。

(4) 教师对学生提交的报告进行评分。

5．实训提示：

(1) 在报告中应根据学院办公室岗位的分布情况、工作性质、工作内容、基本工作方式以及人员配备等分析学院办公室提供顶岗实习的可行性，并绘制办公室的组织结构示意图。

(2) 撰写调查报告时要注意格式和写作要求。

(二)秘书调查问卷的设计和调查结果的分析

1．实训目标：通过本实训提高秘书设计调查问卷的能力，训练对调查结果进行定性定量分析的能力，了解收集、整理、分析信息作为秘书基础工作的重要性。

2．实训背景：某职业技术学院秘书专业的学生要对本专业以往10届的毕业生进行追踪调查，为文秘专业的教学工作提供反馈信息。学院给学生提供有关文字资料，包括文秘专业历届各位毕业生的问候函、给毕业生供职单位的函、各届毕业生的部分联系方法。学生需要拟订一份调查计划，设计一份对毕业生的问卷调查表，然后开展问卷调查，并把回收的问卷进行定性和定量分析，最后写成一篇调查报告。

3．实训内容：调查问卷的设计、调查结果的定性定量分析、调查报告的撰写。

4．实训要求：

(1) 本实训在课外进行，教师要指导学生先制订调查计划并设计调查问卷。

(2) 教师要为每位学生指定一定数量的调查对象，并要求在规定的时间内与调查对象取得联系，发放问卷；问卷由毕业生填写，并回收问卷。

(3) 本次实践根据调查结果、书面汇报和完成时间等评定成绩。

5．实训提示：

(1) 书面报告的标题统一为《对____届秘书专业毕业生的调查汇报》，结构分四部分：调查对象的基本情况；调查对象工作、生活和接受继续教育的情况；调查对象的反映；归纳和总结。

(2) 设计问题时要注意：问题意思要明白；问题要具体；问题不能过多；确保问题易于回答；要注意双重问题和相反观点的问题。

(3) 对调查结果的分析除了数量的统计，还要作定性的分析。

(三)专题事件调查

1．实训目标：通过本实训提高进行专题事件调查的能力和撰写调查报告的能力。

2．实训背景：中信集团下属的宏达贸易公司，第二季度的销售业绩出现下滑。公司分管贸易的副经理要求秘书钟倩做个具体的情况调查，并把调查结果尽快反馈给他。

3．实训内容：专题事件调查。

4．实训要求：

(1) 每个学生都要模拟扮演秘书钟倩，拟订调查的具体计划。

(2) 交流调查的方法、具体措施和可能遇到的困难。

(3) 模拟钟倩向副经理的汇报会，回答副经理的提问。

5．实训提示：专题事件的调查通常要求秘书在短时间内集中力量进行，掌握专题有关的一般情况和特殊情况。专题事件调查可采用召开座谈会、个别访谈、查阅资料、书面问卷等方法进行。

(四)收集行业信息

1．实训目标：通过本实训掌握收集信息的一般方法，提高撰写调查报告的能力。

2．实训背景：中信集团下属的宏昌机械制造公司，生产的制药机械在全国很有名气，但随着产品老化，市场竞争加剧，公司决定转入生物制药行业。但到底生产什么产品，投资多少，都没有确定。经理让秘书钟倩帮他收集生物制药行业的相关信息，写一个调查报告交公司董事会讨论。

3．实训内容：按照实际情况演练几种常规的收集信息的方法。

4．实训要求：

(1) 本实训可选择在模拟办公室或教室进行，配置真实的电话机和能上网的计算机。

(2) 实训应分组进行，3人一组，1人扮演秘书，1人扮演经理，1人进行监督和评价。

(3) 每位同学要按照实训的内容设计演练的脚本，并给本小组成员分派角色。

(4) 教师设计专门的评分表，在同学演练时，组织观看的同学评分。

5．实训提示：

收集信息有几种渠道，如从网上收集、从报纸杂志等平面媒体收集、公司内部材料、实地调查、朋友帮忙等。

(五)利用网络收集信息

1. 实训目标：通过本实训，掌握利用网络收集信息的方法。

2. 实训背景：钟明是中信集团主管科研的副总施如孚的秘书。这天施副总说他突然有个想法，想开发一种使用纳米技术的机械设备，但不知道这种产品在国内有没有企业生产；如果有，达到什么水平了。因此，他让钟明在网络上帮他搜集一下有关的资料。

3. 实训内容：按照实际情况演练在网上收集资料。

4. 实训要求：

(1) 本实训可安排在可以上网的计算机机房进行。

(2) 实训分组进行，每个同学在演练中一定要严肃认真，言行符合规范。

(3) 每位同学要按照实训的内容设计演练的脚本，并给本小组成员分派角色。

(4) 教师设计专门的评分表，在同学演练时，组织观看的同学评分。

5. 实训提示：通过网络所提供的服务获取信息。网络法可以不受时间、地域的限制，获取广泛、迅速、时效性强的信息。但信息来源复杂，需要秘书掌握计算机知识，并对收集的信息进行鉴别。

(六)信息的筛选和汇总

1. 实训目标：通过本实训掌握信息的筛选和汇总的方法。

2. 实训背景：中信集团就要召开董事会了。总经理要在董事会上对集团一年来的工作进行总结汇报，并对明年的工作进行规划。因此，总经理办公室要求各分公司和部门汇报情况，提供信息。几天内总经理办公室收到了大量的材料。材料来源不一，形式不同，因此，在把材料交给总经理之前，秘书林兰要对这些材料进行筛选、分类、整理和汇总。

3. 实训内容：信息的筛选、分类、整理和汇总。

4. 实训要求：

(1) 本实训可选择在模拟办公室或教室进行，配置真实的电话机和能上网的计算机。

(2) 实训应分组进行，3人一组，1人扮演秘书，1人扮演经理，1人评判。轮流表演。

(3) 每位同学要按照实训的内容设计演练的脚本，并给本小组成员分派角色。

(4) 教师设计专门的评分表，在同学演练时，组织观看的同学评分。

5. 实训提示：

(1) 秘书在筛选材料时要运用知识和经验甄别已经初步分类的信息。

(2) 秘书要注意选择对企业的现实工作有指导意义、与企业当前的中心工作密切相关的信息。对那些很难辨明其真伪的信息，要使用其他实例、资料进行对照分析，以判断信息的真伪，剔除虚假信息和失效信息，保留真实且有效的信息。

(3) 秘书还要对信息进行逻辑分析，判定信息价值的大小，掌握信息的真实性、价值性和时效性。

(七)信息的整理和储存

1. 实训目标：通过本实训掌握信息储存的方法。

2. 实训背景：中信集团办公室新来的秘书肖红接到办公室主任布置的任务，要她把集团去年的材料，包括文件图纸的原稿、正本、录音带、录像带、胶卷底片、实物等，储存起来。

3．实训内容：信息的整理和储存。

4．实训要求：

(1) 本实训可选择在模拟档案室进行，档案室配置计算机。

(2) 实训应分组进行，分为整理组、编目组和存放组。

(3) 每位同学要按照实训的内容编制目录、索引置于原件之前一并储存。

(4) 教师设计专门的评分表，给每一组同学评分。

5．实训提示：信息储存的方式有原件储存，目录、索引储存，软件储存。信息储存的要求如下。

(1) 安全：必须有专用的柜、橱或保险箱，要具备防盗、防火、防高温、防潮、防虫的功能和条件。

(2) 系统：信息储存应科学地存放，可按信息资料的来源地区或篇名排列，或按信息产生的时间排列，或按信息资料的内容排列，也可按信息的形式排列。

第五章 秘书沟通协调与辅助谈判

本章学习要求：

沟通协调，是指组织为了一个既定目标，把信息、思想和情感进行交流和传递而达成共识、形成合力的过程。谈判，是双方或多方为了各自的利益和需要，通过协商对话，达成交易的行为和过程。要求通过本章的学习，掌握沟通过程中倾听和表述的技能技巧；掌握横向沟通与纵向沟通的技能技巧；掌握协调的方式方法；掌握秘书在谈判交涉中的筹备和组织安排，并灵活应用谈判的技能技巧，为谈判做好有效的综合服务工作。

第一节 秘书沟通协调的工作

学习目标：

- 了解沟通的含义与沟通的原则。
- 掌握有效倾听与有效表述的技巧。
- 了解跨文化沟通的含义，克服跨文化沟通的障碍，掌握跨文化沟通的方法。
- 克服横向沟通与纵向沟通的障碍，掌握横向沟通与纵向沟通的技巧。
- 了解综合协调的含义，掌握秘书协调的方式方法。

案例导入：

李总经理上午接到公司老客户永达公司刘经理的电话。刘经理在电话里抱怨说："老李，你们公司是怎么搞的，售后服务总是不及时，我们的电脑、打印机出了故障，通知你们来人修理，总是今天推明天，明天推后天，给我们的工作带来很大的不便。"然后半开玩笑地说："你们要是不采取点措施，老李，我看以后我们没法合作了。"李总经理在电话里连声道歉，向对方保证会调查清楚，加以改进。放下电话后，李总经理马上让陈秘书去找客服部和维修部的经理过来问话。陈秘书却提醒总经理，没时间了，该出发去机场到广州出差了。总经理临走时交代陈秘书说："永达公司是我们的老客户，现在出现服务不及时的问题，一定要妥善解决。我把这件事交给你处理，等我回来向我汇报。"

李总经理走后，陈秘书请来客服部和维修部两个部门的经理了解情况，把李总经理的意思转达给了两位经理。客服部的周经理感到很委屈，说："我们每次接到维修电话，都详细地作了记录，及时转给了维修部，让他们派人去维修。"维修部的胡经理一听，非常生气，大声说："那你的意思是说都是我们的责任了？你们一会儿通知这个公司要去维修，一会儿又通知另一个公司要去维修，一点章法也没有。我哪有那么多人手？再说，每个公司都离得很远，交通又那么堵，一个维修工一天能跑几个公司？还有，你们也不问清楚机器出了什么问题，有时跑了老远过去就一点儿小毛病，完全可以自己修一下。反正我们已经尽力了,每天我的手下都累得筋疲力尽,经常很晚才能回家。"陈秘书边认真地听两位经理诉说,边仔细地记录下来。

看到两位经理各不相让,争论起来,陈秘书马上诚恳地说:"情况我了解了,的确有很多困难,两位经理的工作都很不容易。不过,这事情还得靠我们团结合作才能解决。"一句话说得两位经理马上点头表示同意。陈秘书接着说:"我提个建议,两位经理看看是否合适。维修部的人手在维修高峰时的确不够,能否在我们客户公司附近就近聘请一些临时的专业维修人员。这样,既可节省人工成本,又可在需要时及时解决问题。客服部是否可以向我们的客户公司做个调查,统计一下都是什么部门什么人员的机器经常出问题,然后能否针对这些人做上门免费维修培训。这样,一些小的毛病,他们自己就能解决了,又省力又省时。我只是提个思路,如果你们觉得可行,咱们再仔细研究研究,提出个详细方案,等李总经理回来向他汇报。"两位经理听了陈秘书的一番话,情绪缓和下来,马上投入到方案的研讨上来。

李总经理从广州回来后,陈秘书向他汇报,并把解决问题的方案给李总经理过目。李总经理对陈秘书的表现很满意。

作为一个高级秘书,应该具有广阔的管理思路和优秀的协调沟通能力,时刻关注公司发展中出现的问题,运用自己的影响力,辅以精湛的人际交流技巧,影响被沟通对象的情绪和思路,使被沟通对象能在冷静、平和的氛围下为解决问题而团结合作。秘书在协调时还应从公司的整体利益出发,既关注部门的困难,又能提出解决问题的有益建议,使问题得到有效的解决,为领导分忧。

(根据孟庆荣主编《秘书工作案例及分析》的案例修改,清华大学出版社2007年6月版)

一、沟通的概念与原则

(一)沟通的含义

沟通是一种信息交流的过程。组织的沟通是指为了一个既定目标,用一定的载体,把信息、思想和情感在人与人之间进行交流和传递而达成共识的过程。

(二)有效沟通的7C原则

(1) 可信赖性(Credibility):沟通要从彼此信任的气氛中开始,营造这种气氛是秘书的责任。

(2) 一致性(Context):沟通的内容、目标和利益应该是一致的,才能为双方所接受。

(3) 内容(Content):沟通的内容需对接受者有意义,与接受者的价值观念有同质性。

(4) 明确性(Clarity):沟通信息的传递要以双方都能明白的简单明确的载体进行。

(5) 连贯性(Consistency):沟通是一个没有终点的过程。要不断地补充新内容,不断地交流。

(6) 渠道(Channels):沟通要使用双方都习惯的信息传递渠道。

(7) 接受者的接收能力(Capability of Audience):接受者的接收能力取决于其信息接收习惯、阅读能力和知识水平。因此,用来沟通的信息资料对被沟通者的能力要求越小,信息越简单就越容易被接收,从而沟通成功的可能性就越大。

二、倾听与表述的要领

(一)有效倾听

1．有效倾听的前提条件

倾听是我们与他人进行沟通，创造出"相互理解"的共同基础。有效倾听的前提是听者要能够站在说者的立场上去听；同时，创造能让说者乐于说的环境也是很重要的前提条件。

2．影响有效倾听的因素

(1) 语意不清。语意不清是指意思表达不清楚。例如："明天我和你在公司见面。"这种语意不详的表达，听的人只会把它当作一种客套话而不会放在心上。比较准确一点儿的说法应该是："明天上午10点半在我的办公室见面。"

(2) 先入为主。听之前，就料定结果必然是这样。这种预料不论是正面的，还是负面的，都会影响接收者对所接收到的信息的判断，因而作出错误的理解。

(3) 精神分散。沟通时因外界的各种声音、动作、事件等，使听者分神，无法专心倾听。

(4) 刺激反射。因对方话语中用了一些带有歧视性、令人反感的词语，使听的人产生厌恶情绪，进入拒绝接受的状态。

(5) 逃避反应。当接受者不想做某项工作时，通常也不会仔细去听有关这项内容的信息。

(6) 选择接受。接受者只是有选择性地听取自己想知道的信息，而把其他信息都屏蔽在外。

(7) 心不在焉。听讲时心中却在想着别的事情；或在听讲时忙于记录，跟不上讲者的速度，因而未听到完整的表述。

上述因素都会影响有效接收信息。因此，倾听时必须摈弃这些不利因素的影响。

3．创造良好的倾听环境

良好的倾听环境，包括自然环境因素和心理、生理环境因素。

(1) 适宜的沟通空间。沟通时应选择安静的小客厅；不受外界干扰的场所；足够的私人空间(在沟通时双方保持一米左右的距离)。

(2) 良好的视觉环境。沟通的场所要有适当的亮度和非直射光线，双方能够互相观察到对方的眼睛和面部表情。

(3) 感觉平等的氛围。如可安排环形座位、并行座位或面对面的交流环境，使沟通交流的双方感觉地位平等。

(4) 融洽的沟通氛围。沟通双方是以平和的心态进行交流，要情绪稳定，态度祥和，避免先入为主的猜测和结论。

4．有效倾听的方法

(1) 集中精神，认真倾听。听时应正面朝向说话者，身体前倾，接近说话者，目光保持经常性的接触，呈现一种开放的姿态；面部表现出真诚、热情和微笑，并不时地点一点头，或在适当时机以适当的短语，如"嗯"、"是"、"好"、"是吗"、"我明白"、"结果呢"等附和，以表示你在接收说者所表述的信息。

(2) 克服偏见，耐心倾听。听时应摒除杂念、偏见和烦躁，以客观公正的态度耐心倾听，谈论具体的事件，就事论事，不能心存批判对方的意念，以免影响对信息全面准确的接收。

(3) 抓住要点，理清头绪。根据对方表述的内容，迅速捕捉要点，理清头绪，精确扼要地理解内容。抓要点、理头绪常用的方法是 5W2H，5W 即 When(何时)、Where(何地)、Who(何人)、What(何事)、Why(何故)，2H 即 How(如何)、How much(多少)。

(4) 注意体态语，听出弦外音。听时必须同时注意语言和非语言所传达的信息，观察对方说话时的辅助性体态语，加强对语意的深层理解，辨析说者口头的表述和内心真实所想的差距，听出其弦外之音。

5. 有效提问的方法

听时应让人家把话说完，不要过早下结论。在对方表述告一段落或全部讲完时，对不清楚的地方可加以询问。

(1) 提问的态度。以理解的态度，认真、诚恳而准确地提出一些双方都能接受的问题。

(2) 提问的时机。不要在对方正讲述时插话提问，也不要在人家已讲过很长的间隔时间后再询问前面的内容，应在对方表述告一段落或全部讲完时，就对方当前所讲述的事项加以询问。

(3) 提问的内容。提出的问题必须是对方已讲述过，但自己不清楚或不理解的地方，不能提与当前所讲述无关的事项或带有责难、刁难，使对方为难或无法答复的问题。

(4) 提问的语速。注意提问时的话语表述速度应缓慢、清晰，提问后应有适当的停顿，给对方思考的时间。要提问的内容多时，根据对方表述内容的顺序逐一发问，不要连珠炮发射，使对方无法招架。

(5) 提问的形式。用不同的提问形式，使交流向有效沟通的目标前进。如可用开放式提问："请问还有其他问题吗？"或用封闭式提问："我是不是可以认为这是最后一个问题了？"

(二)有效表述

1. 有效表述的含义

有效表述就是说话者把自己的观点、看法、意见和要求，通过语言等载体表述出来，使听者理解和接受的行为。沟通双方的表述主要体现为述说、提出要求和拒绝要求等形式。

2. 有效述说的方法

(1) 使用简短的口语。语言是说出后就立即消失的声音，如果说出的语句过于冗长，内容就会变得模糊，接收者的思维会被搞乱，因而极容易造成记忆混乱而迅速遗忘。因此，在与人进行沟通时，应尽量使用简短的口语。

(2) 表述顺序清晰。与人交流时要注意表述的顺序。通常与人交流时先述说结果，以引起听者浓厚的兴趣，然后再述说理由和经过，这样能起到加深听者记忆的有效效果；或根据时间、地点变化的顺序说明，使听者明了事情的完整过程，对事件有一个全面的了解。

(3) 内容浅显易懂。选择适宜的通俗用语，把复杂的事项简单化，使听者易于理解；除了面对专业客户，一般不要用专用语、外来语和专业术语。

(4) 控制表述速度。表述时，语速太快，会让听者反应不过来；而语速太慢，又会让听者感觉难受。因此，语速应适中，咬字要清楚，语调要富于激情，要有感染力。

(5) 利用重复效果。表述时要注意听者的反应。希望加强对方印象的重要事项可以重复再说一遍，如时间、地点、人员等。时间的说法最好不要采用24小时制，因它往往会把人的思维搞乱，如不说"14时"而应说"下午2点"。重复时还可以举一些例子加以佐证，使听者加深印象。

(6) 结束整理总结。表述结束时，可对所述内容择要进行总结归纳，以加深听者的印象。

3．自信地提出要求

(1) 提出要求时要有清楚的目标并留有余地。如可以提出要求你所需要的东西；要求本来属于你的东西；希望对方提供的具体帮助；希望对方考虑你的要求等。

(2) 提问要简洁。提问的内容中心要突出，要使对方在最短时间内了解你的意图；兜圈子实际上是对自己的要求内容不够自信而寻找理由。

(3) 用果断和坚决的手势语协助表达要求的坚定性。

4．礼貌地拒绝要求

(1) 采用委婉的语言和巧妙的方式向对方说"不"。拒绝的口气要坚决，形式要礼貌，使对方不再以此纠缠。

(2) 拒绝时不要有自责、担心和愧疚感。应该知道不能满足别人的要求并不等于做了对不起人的事。

(3) 表达拒绝不一定使用生硬的"不"。如："很遗憾，我别无选择，希望你能理解。"

(4) 礼貌拒绝的技巧如下。

避免使用借口——借口使人感到还有余地，可以讨价还价。

留出时间延期答复——使人感到是深思熟虑后的拒绝。

提出替代方案——这能满足对方的补偿心理。

说明原因获得理解——这能使对方自动放弃要求。

(三)跨文化背景的沟通

1．跨文化沟通

跨文化沟通是指不同文化背景的人们之间的沟通。

文化的构成要素繁多，包括政治、经济、宗教、习俗、语言等。我们穿衣打扮的方式，同父母、亲戚、朋友的关系，对婚姻、工作的期望，每天吃的食物、说的话等都深深地受到文化的影响。

不同文化背景的人们，对同一事物的内容会有不同的理解，这是必然的，秘书必须对其他文化背景深入理解与尊重，才能有效地进行沟通。

秘书还得注意，同一文化群体内的每个人的所思所想以及行为方式也会有所不同，且文化还会随时间的推移而演变。

2．跨文化沟通的障碍

跨文化沟通的障碍主要表现在以下三个方面。

1）言语沟通障碍

（1）同语种的沟通障碍。同一词语在不同的地区其含义有时是不相同的。如美国人称戴的小圆软帽和穿的皮靴分别是 Bonnet 和 Boot，在英国，却是指汽车引擎的盖子和汽车的后备箱。在美国，scheme 是阴谋的意思，而在英国则是指一个计划。Satisfactory 对美国人来说是指"可以接受的"，可在英国，其外延却大得多，可解释为"可以接受的"一直到"最好的"。

（2）不同语种的沟通障碍。讲不同语言的人们之间沟通时要通过翻译，而翻译有时会出现很大的误差。如日本人把中国古代美女"王昭君"译成"王昭先生"；英文"喝百事——活力无限"，在德国被译成"从坟墓中出来"，在亚洲某地则被译成"百事把你的祖先从坟墓中带出来"；英文"精神永恒，躯体有崖"，在俄国被译成"魔鬼已经准备好了，但肉已经腐烂了"。

2）非言语沟通障碍

非言语沟通，是指人体的表情和动作行为所蕴含的意义。同样的动作在不同的国家和地区会有不同的理解。

（1）在欧洲或中东看到两个男人行走时手牵着手，甚至环抱着肩膀，是寻常事；在其他许多国家，两个男人彼此亲脸颊也是平常事。但这种现象在有些国家却会被认为是同性恋的表现。

（2）在美国，上下级的谈话可以是一种非常随意的氛围，如他们可能把一只脚搁在旁边的空椅子甚至是桌子上，一边喝着咖啡，一边交谈。而在中东则全然不同：跷着二郎腿或将鞋底面对另一个人是粗鲁无礼的表现。在欧洲的很多国家，当下属对上司说话时，下属几乎是"立正"的。在德国或澳大利亚，员工对老板说话时，从不敢把两手插在口袋里。

（3）与美国人交往，如果你不看着他的眼睛，或者让人觉得眼神游移不定，那么他就会担心你是否不够诚实，或生意中有诈；而跟日本人交往，如果你盯着他，他会认为你不尊重他。

3）信仰与行为障碍

不同文化背景的人们存在信仰与行为的差异，这是客观存在，由此而造成沟通时产生障碍也就成为必然。这种障碍甚至冲突大到什么程度，要取决于沟通双方对另一方信仰与行为的了解与接受程度。

3．解决跨文化沟通障碍的方法

1）了解交往的对方

了解对方来自哪个国家，了解其文化背景、爱好与禁忌，提醒自己的上司和同事应该注意什么，也就是对具体沟通对象具体分析，根据具体对象采取具体的交流方法，这是跨文化沟通的根本方法。

2) 对待"个人空间"的态度

"个人空间",是指我们身体周围的一块区域,它因文化规范的不同而有大有小。

(1) 与墨西哥或意大利人交往,得让他们更多地占据你的个人空间,也就是说在跟他们交流时,相互之间会很接近;而与德国人交流则正相反。

(2) 同文化背景的人因个人地位或职务的不同,其占据的个人空间也是不一样的,秘书在考虑个人空间问题时也应注意这点。

3) 对待时间的态度

发达国家(如美国、瑞典等)的人们对时间极其看重,几乎什么活动都以时间为中心,对不遵守时间的人会十分恼怒,以至不愿与之交往、合作。而有些国家的人会要求守时,但对时间利用效率却不要求。如在土耳其,商人在会见时必定会奉上一杯苦不堪言的土耳其茶,再聊上好长时间别的事才谈正事;而在中东,阿拉伯商人喜欢跟你喝上 2~3 小时的咖啡,眼看天色已晚,临结束时才轻描淡写地说某事就这样定了。因为他们相信:"欲交易,必先交友。"

4) 对待友谊的态度

在不同的文化中,友谊观也不同。

(1) 美国居民搬家频繁,交友既快又容易,新邻居、教友、工友很快可以互相用昵称。

(2) 在英国、德国、日本、芬兰或其他很多国家,情形却大不相同,他们对友谊的发展缓慢而谨慎,彼此邻居多年,称呼仍然相当正式,一般姓氏前都要加上"先生"或"太太"之类。

5) 对待协议的态度

文化差异使人们对"协议"的理解差别也很大。

(1) 美国人认为签好的协议是神圣不可更改的。

(2) 中东地区的很多人则认为合同只不过是"一张纸"而已,可以随时解除。他们习惯地认为经过慎重而彻底的讨论,喝过很多杯咖啡之后的一次握手,才是一份有效的协议。

6) 对待伦理道德的态度

某些行为在一种文化中可能会让人皱眉头,而在另一种文化中可能是非法的。如为了确保一个合同顺利执行,而付给供货人一笔钱,在美国被认为是"行贿";而在某些国家这种行为并不是非法的,可能会被认为是"佣金"(好处费)。因此,秘书必须注意:在跨文化交流中,要尽力避开涉及道德判断的话题。

7) 对待饮食习惯的看法

世界各地人们的饮食习惯差别巨大。在餐桌上,谁应该是第一个被服务的对象?男的在先,还是女的在先?在重要宴会上女性是否该出席?餐具如何用?什么时候该用什么餐具?需要提供饮料吗?是否要同主人互相敬酒?你可以拒绝喝酒吗?并且在如何传递接取食物的问题上也要特别谨慎。

8) 对待馈赠礼品的态度

国际交往中免不了要赠送礼品,但礼品的馈赠与接受很有讲究。

(1) 向阿拉伯人送礼要尊重其民族和宗教习俗,不要送古代仕女图,因为阿拉伯人不愿让女子的形象在厅堂高悬;不要送酒,因为多数阿拉伯国家明令禁酒;向女士赠礼,一定要通过她们的丈夫或父亲，而赠饰品给女士更是大忌。

(2) 收到日本人的馈赠，不能当着送礼者的面验看礼物；而收到欧美人的礼物，通常应当面打开，不管是什么礼品，都要赞赏一番，并表示感谢。

(3) 在巴西及俄罗斯，不能将"张小泉"剪刀和苏绣手帕这些我们认为是上档次的工艺品作为礼物，因为剪刀意味着断交，手帕则会带来不幸。

9) 对价值观的不同态度

(1) 中国人讲究含蓄、客气；而美国人、南非人则表现为直率，喜欢"实话实说"。这两种迥然不同的观念，会使沟通过程变得困难重重，甚至会导致沟通双方相互失去兴趣和信任。

(2) 中国人有钱得藏着、掖着，叫不露富；美国人则认为他们家里的电器、汽车等财富都是自己辛勤劳动的所得，有钱就买名车豪宅，金钱与财富都是自己才能的象征，是值得"展示"给别人看的东西。

(3) 中国人虽然对工作有十分的信心和把握完成，但一般总是说"我试试看"；而美国人则认为你行就行，不行就别接受。

三、横向及纵向的沟通

(一)横向沟通

横向沟通主要是指组织内部职能部门和员工之间的信息传递。横向沟通的目的是为了增强部门间的合作，减少摩擦。

1. 横向沟通的障碍

(1) 部门"本位主义"和员工短视倾向。现代管理活动中以工作业绩作为晋升和嘉奖依据的评估体系的存在，是造成部门本位主义和部门员工短视行为的主要原因。各方都会为争抢业绩而不愿帮助他人，每个人也都不愿为她人作嫁衣裳，因此，造成沟通存在障碍。

(2) 凸显"自身重要"而贬低他人的作用。各部门都强调本部门在整体工作中的重要作用而贬低其他部门的作用。这种认为组织部门有贵贱等级之分的成见，显然会降低正常横向沟通的效果。

(3) 个体性格冲突与信任危机障碍。部门是由无数个体构成，个体则因性格、思维、行为、习惯的不一致，必然造成沟通无法整齐划一，故横向沟通也需因人而异，因部门而异。同时，人与人之间因猜疑、威胁和恐惧而造成信任危机的存在，也会给沟通造成障碍。

2. 横向沟通策略

针对横向沟通中出现的问题、存在的障碍，秘书可以通过以下策略加以消除。

(1) 选择适宜的形式进行沟通。例如，对于决策性会议，与会的人数就应少而精，这样有利于统一思想，提升集中程度，提高决策效率；而对于咨询性的会议，其目的是集思广益，就应该扩大与会人数和与会人员的背景，以提高覆盖面；对于通知性的会议，让需要知晓信息的接收到信息就可以了；在传递信息时，应随时注意接收者的接收反馈，确保信息的传递准确无误。

(2) 树立"内部客户"的服务理念。"内部客户"的理念就是认为工作的下一个环节就是本工作的客户，要求每个工作部门和工作者要用对待外部客户、最终顾客的态度和热情去服务内部客户，用下一工作程序的接收者的满意度为标准衡量和考核上一工作程序的工作部门或工作者，沟通就能比较顺利地进行。

(3) 强调耐心倾听和换位思考的模式。在沟通交流会谈中，每个部门的参加者一般都是在描述本部门的困难和麻烦，同时指责其他部门如何不合拍、不协同，一般都不会花时间去倾听其他部门的描述。当组织沟通时只是让各方发言叙述，其结果肯定是失败。成功的沟通应该是强调耐心倾听，并要求各方换位思考，设身处地地替他人着想，体会他人的看法，跳出自我的模式，进入他人的心境，这样才能找到比较合适的沟通切入口。

(二)纵向沟通

1．纵向沟通概述

纵向沟通包括自上而下、自下而上两种沟通。

(1) 下行沟通是管理沟通的主体。公司管理层所涉及的种种活动，如计划实施、控制授权和激励，基本上依赖下行沟通去实现。

(2) 上行沟通可开辟管理人员听取员工意见、想法和建议的通路，提供员工参与管理的机会，从而可减少员工因不能理解下达的信息而造成的损失。

2．纵向沟通的形式

(1) 下行沟通在组织中的表现形式通常为：公司政策、报告、信函、备忘录、谈话、口头指示、会议、传真、电子信箱等。

(2) 上行沟通在组织中的表现形式通常为：建立建议系统、申诉和请求程序，参加员工座谈会，设置巡视员或行风督察等。

3．纵向沟通的障碍

1) 接收沟通信息技能的障碍

员工的生活阅历和素质高低不一，因而对沟通信息接收的技能和理解各有差异，若用简单统一的沟通方式，必然使沟通失败。

2) 沟通各方心理活动的障碍

研究表明，下行沟通中容易出现信息膨胀或扭曲。信息膨胀的原因是信息传递方担心信息接收者不理解而对沟通信息添油加醋的结果；信息扭曲是因信息接收者不善聆听，通常是按习惯性思维定式去草率评判沟通的信息，或进行推论和引申，或匆忙下结论表示赞同和否定。这样的沟通结果也不会成功。

4．纵向沟通策略

1) 下行沟通策略

(1) 制订沟通计划。

(2) 减少沟通环节，提高沟通效率。

(3) "去繁从简"，减轻沟通任务。

(4) 言简意赅，提倡简约的沟通。

(5) 启用反馈，鼓励接收者对信息进行评价。

(6) 多介质组合，比如，书面形式与电话相结合。

2) 上行沟通策略

(1) 维护领导威信，构建信任机制。

(2) 采用灵活的管理模式，实施非正式沟通。如采用喝茶、进餐、参加晚会、郊游及文体活动等形式进行沟通。

(3) 强调统一口径，规范沟通程序。加强领导层的内部团结，决策内容在对外时必须统一口径，使下层不会茫然而无所适从；沟通内容在运作时，如请示、汇报等，严格按照职责分工和程序进行，不越级，不在背后发议论。

四、秘书综合协调工作

(一)协调与秘书协调的含义

1．协调

协调就是在沟通信息的基础上，各方建立起和谐、融洽的关系，相互之间密切配合，步调一致，以实现共同目标的过程。

2．秘书协调

秘书协调就是秘书和秘书部门在上司的授权下，配合、调整和改善各级组织、各个部门、各类人员、各项工作之间的关系，促使各项工作同步、和谐、有序进行，以实现组织和单位整体目标的过程。

(二)秘书协调的特点

(1) 没有协调的支配权力。秘书没有法定协调的支配性权力，因此，只能采用软协调的策略，通过信息沟通，以平等协商的原则解决矛盾；只能以自身的素质、人格、品德和协调艺术去说服他人，使对方心悦诚服。

(2) 没有协调职责的限定。秘书没有法定协调的支配性权力，导致秘书的协调也没有确定协调职责范围的限定。秘书是依靠组织的权力惯性、领导的权力辐射和其自身的素质、人格、品德，把其他职能部门不能管或难以处理的矛盾和纠纷揽过来进行协调，以达成共识，达到实现目标的目的。

(3) 没有协调确定的地位。由于没有确定协调职责范围的限定性，导致秘书也没有确定的协调地位。如对领导成员之间的协调，是下对上的协调；而同级职能部门之间的协调，则是平行的协调关系。这种所处地位的复杂性，使秘书的协调更须讲究策略并采用富有成效的方式。

(三)秘书协调的方式

1．电话联系方式

协调事项比较单纯，所涉及部门不多，协调对象比较熟悉，估计能够较为顺利地达到预期目标，这种情况下可以通过电话联系的方式加以解决。

2．文件会签方式

文件会签方式是指在形成文件(如通知、通告、通报、会议纪要、请示、报告、函)的过程中，对决策部署或贯彻意见，通过文件会签或联合行文的形式进行协调，达到统一认识、统一部署、统一行动的协调目的。

3. 会议座谈方式

协调事项较为重要，涉及多个部门或单位，或是基层单位有事项需要协调时，可采取会议座谈方式。在以会议或座谈方式进行协调时，秘书部门应做好充分的准备，邀请有关部门或单位一起开会，摆出问题，交换意见，沟通思想，达成共识，最后根据需要整理成文件或会议纪要，下达各部门分头办理。

4. 组织协调方式

协调的事项很重要，涉及多个部门的职责划分、利益调整，而且难度大，难以在短期内奏效，这时可以建立独立的协调组织，由其深入细致地安排，以实现协调的目的。

5. 信息协调方式

信息协调是指秘书工作部门未雨绸缪，对可能出现的协调事项充分估计、及早预测，通过传递对协调与合作有益的资料和信息，促使有关各方明了真相，加强理解，消除隔阂，以达到真诚合作的目的。

6. 个别通气方式

协调对象比较单一，协调事项简单，且主要是属思想、情绪问题，可采用个别通气的方式进行协调。比如主动上门找有关部门或人员进行个别协商、谈心，陈述事情原委，表明基本看法，统一思想，消除分歧。通过沟通，使之取得基本一致的意见，然后积极配合行动。这种方式及时、便利，效果也较明显。

第二节　秘书辅助谈判的工作

学习目标：

- 了解谈判的特征、要素及种类，掌握谈判的原则、策略、方法及技巧。
- 掌握秘书在谈判中辅助工作的内容，并能完成辅助工作。
- 掌握并运用谈判常识，协助主谈者准备谈判，提出有效建议，运用谈判技巧，避免陷入误区。

案例导入：

中信集团下属的宏达贸易公司与英国客商史密斯谈一笔 20 万英镑的茶叶出口合同，姜秘书做接待工作兼翻译。史密斯一进门，盛装的姜秘书马上把他引进会客室，罗经理已等在那里了。经过一番简单的介绍，他们发现史密斯能听懂不少中国话。罗经理与史密斯寒暄的时候，姜秘书前去泡茶。她用手从茶叶罐中拈了一撮乌龙茶放在茶杯内，然后倒上水，把杯子放在史密斯的面前。

罗经理和史密斯都看到了这一切。史密斯疑惑地问："听说你们中国在加工碧螺春时，姑娘们要用手沾着唾液把茶叶卷起来，是不是？"罗经理还未答话，姜秘书立即抢着说：

"那种茶叶样子特别好看,并特别香!"罗经理忙跟着解释说:"不,不,不,几十年前是这种情况,现在茶叶的种植、采集、加工都严格按照国家出口标准进行,不会再出现类似的情况。"史密斯说:"刚才那位小姐给我泡茶不是用手抓的吗……"

罗经理连忙转移话题,引导史密斯到茶叶样品柜前鉴赏茶叶。两人边看边谈,随后,双方就合同事宜谈了起来,在价格问题上争执不下。最后,罗经理说:"我按最低价格打九折给你。"史密斯沉思着。姜秘书忙接口:"我们已经给你成本价了,你应该接受了。你连茶都没有喝一口,怎么知道茶叶的质量呢?"

史密斯听后,耸耸肩,说了声抱歉,拔腿就走。

望着史密斯的背影,罗经理冲着姜秘书一顿责备:"好好的一笔大生意,都让你给搅了!"

姜秘书茫然不知所措:"经理,我不是一直在帮你吗?怎么会是我的错?"

上述案例中,姜秘书的错首先在于她的接待服务工作不规范:众所周知,茶叶极易吸附异味,加工茶叶的工人都不允许涂脂抹粉、喷洒香水等;再者,用手抓茶叶,也存在不卫生的因素。外商的提示没有引起她的注意。其次是姜秘书的角色意识把握不准确:秘书在任何时候都是起参谋助手和提供服务的作用,可她在谈判中却处处抢风头露脸,俨然一个"二当家"的角色。再次,她的帮衬发言却是起帮倒忙的作用:一般来说,亏本生意是没人做的,把物品按成本价卖给人,没利赚吆喝,不外乎是陈货急于清仓回笼资金,甚或可能是倒闭大甩卖,难怪外商会"拔腿就走"。

(根据孙荣等编《秘书工作案例》的案例修改,复旦大学出版社 2005 年 2 月版)

一、谈判的概念、要素与特征

(一)谈判的概念

1. 谈判

谈判就是双方或多方为了各自的利益和需要,在一定时空条件下通过协商对话达成交易,获取各自经济利益的行为和过程。

2. 谈判的关系

谈判各方是既合作又竞争的关系。谈判利益主体都是为了满足自身的利益才坐在一起协商对话,因此,竞争是不可避免的;而双方又都得牺牲各自的利益,才能满足对方的需求,因此,双方又必须合作,谈判才能成功。故谈判各方在谈判过程中是合作中有竞争,竞争中有合作。

(二)谈判的要素

谈判的基本要素包括谈判各方、谈判的议题、谈判时间、谈判地点以及各方在谈判中使用的策略和技巧。

1. 参与者

每次谈判必须有参与谈判的各方。如果是多边谈判,那么参与者会更多;如果是间接谈判，那么参与直接谈判的某方或各方背后还有各自的利益主体。

2．时间

谈判总是在一定的时间开始，在一定的时间结束，期间持续的时间从几分钟，一直到几十年不等。

3．地点

谈判又是在一定的空间进行，所以必须有谈判的具体地点。分阶段的谈判可能还会有好几个谈判地点。

4．策略与技巧

每次谈判中谈判各方都会或多或少地运用各种谈判策略和技巧，以实现各自的利益。

(三)谈判的特征

(1) 经济利益是谈判的最高目的，也是谈判成功与否的最高标准。

(2) 谈判标的价格始终是谈判的焦点所在，因为价格将最终影响到各方的利益分配关系。

(3) 开放环境下的跨国界谈判还有其自身的一些特点，参与谈判的秘书人员必须了解：①谈判可能受到地缘政治、外交关系的影响，因为这种经济关系本身就在该种地缘政治、外交关系控制和影响之下；②合同适用的法律一般不再是某一方所在国的法律，而是国际经济法和国际惯例；③国际谈判一般比国内谈判更为复杂，因为利益主体的背景可能会很不相同，如社会制度、宗教信仰、价值观、行为习惯、语言和风俗等千差万别。

(四)谈判的原则

1．轻立场，重利益

谈判中要把利益放在比立场更重要的位置上，才可能增加谈判成功的概率。如果谈判各方陷入立场的争执，那么谈判不仅没有效率可言，而且还可能严重威胁到各方的合作关系。

2．对事不对人

任何一个人都会有让人难以捉摸的、属于他自己的价值观念和性格情绪。因此，谈判中应把人与事分开，要学会客观冷静地分析事实及其相互关系，学会设身处地地为对方考虑，不要指责对方，要理解对方的情绪，着眼于事情的内容。

3．求同存异，各得其所

谈判没有胜败之分，成功和有效的谈判在于努力追求"双赢"或"各方皆赢"。因为谈判各方的利益有多重性，各方的需求有差异，因此大可不必一定要坚持在一棵树上吊死。应明白固守对方不能接受的解决方案，会使谈判破裂；若能发挥充分的想象力和创造力，在谈判的最后阶段想出一种使各方受益的解决方案，则会将谈判推向成功。

二、谈判的模式、种类和程序

(一)谈判的模式

谈判的模式可分为竞争型谈判和合作型谈判两种。

1. 竞争型谈判

竞争型谈判是指双方都对相同目标有共同需要,为满足这一需要而不惜作出其他方面的牺牲。这种模式的谈判,要么处于僵持阶段,要么一方以其他方面的代价来换取这一方面的需求,否则,谈判不能取得成功。

2. 合作型谈判

合作型谈判是指双方都愿意为对方的利益作出让步,以达成相互合作、谋求共同利益的协议。这种模式的谈判,通常可以获得圆满的结局。

(二)谈判的种类

1. 按谈判人数多少分类

按谈判人数的多少,谈判可分为个体谈判和团队谈判。

1) 个体谈判

个体谈判是指利益双方各派一人参加谈判。其好处是:灵活,轻松,保密性强;缺点是难度大——对谈判者的专业才能、心理素质及谈判技巧等要求甚高,谈判代表必须独当一面,不辱使命。

2) 团队谈判

团队谈判是指谈判的各方派出两个以上的代表参与谈判,团队内的成员既分工又合作,双方谈判人员的级别一般都相当,人数也相等。如一个团队各派出 5 个人以上组成的谈判团队,此类谈判一般往往是涉及重大的项目,而且谈判也需要分阶段进行。

2. 按谈判利益主体多少分类

按谈判利益主体多少,谈判可分为双边谈判和多边谈判。

1) 双边谈判

双边谈判即谈判利益主体只有两个,其利益关系明确而且简单,比较容易协调。

2) 多边谈判

多边谈判即有两个以上利益主体参加的谈判。此时因利益关系较复杂,一般不易达成一致。典型的如关贸总协定的乌拉圭回合谈判。

3. 按谈判利益的承受体形式分类

按谈判利益的承受体形式,谈判可分为直接谈判和间接谈判。

1) 直接谈判

直接谈判是指谈判利益的承受者是参与谈判的直接者的谈判。

2) 间接谈判

间接谈判是指谈判利益的承受者不是参与谈判者的谈判。间接谈判有如下特征。

(1) 间接谈判又可分为委托谈判和代理人谈判。前者是指谈判的一方受直接利益承受者的委托而参与的谈判；后者指谈判各方均受委托，都是以代理人的身份参与谈判。

(2) 间接谈判，是因为谈判利益的直接承受者试图回避谈判，或借助于代理人的便利、学识、能力和社会关系等，以便使谈判取得成功。因此，谈判应尽量同当事人进行。因为当事人对谈判中提出的问题和条件有处理的全权，可以避免谈判的拖延或对实质问题的推托、回避。秘书要协助上司注意抓住对方当事人与之谈判，尽量避免与代理人打交道。

(3) 若知道对方是委派代理人出面时，要提醒己方的上司最好回避，并根据谈判内容和要求，也选择恰当的人担任己方的代理人出面与对方的代理人谈判。若实在找不到恰当的代理人，则在谈判过程中要注意对方的受委托人或代理人的身份是否合法，在谈判中是否越权等，以便随时采取措施应对。

4．按谈判地点的不同分类

按谈判地点的不同，谈判可分为国内谈判与国际谈判。

1) 国内谈判

国内谈判是指谈判主体同属一个主权国家。国内谈判中的沟通障碍较少，如果产生僵局，则一般源于利益之间的冲突。

2) 国际谈判

国际谈判是指谈判主体分属于不同的主权国家。此类谈判，按使用的语种数量可分为无翻译的谈判和有翻译的谈判。前者如中国人与新加坡人、英国人与美国人或澳大利亚人的谈判，因谈判基本上无语言障碍，沟通比较畅达。后者如中、英、法、德、日等国商人之间的谈判。因谈判除了有其他沟通障碍外，还应特别注意由语言引起的沟通障碍。

5．按谈判时间长短分类

按谈判时间长短，谈判可分为即时谈判、短期谈判、中期谈判和长期谈判。

(1) 即时谈判指 1 天内完成的谈判。

(2) 短期谈判指 1~3 周内完成的谈判。

(3) 中期谈判指 1~3 个月内完成的谈判。

(4) 长期谈判指 3 个月以上，直至几十年的谈判。

6．按谈判所在地与谈判主体间的关系分类

按谈判所在地与谈判主体间的关系，可将谈判分为主场谈判、客场谈判和第三地谈判。对某一方来说，如果在自己所在地，即为主场，该方也就是东道主；对另一方或几方来说，即为客场谈判，他们是宾客。如果谈判不在任何一方所在地进行，那么，便是第三地谈判。谈判地点使谈判各方分别成了主人、客人或具有无所谓主客的身份。谈判各方应利用谈判地点的不同采取相应的谈判策略和技巧，以便赢得主动权。

(三)谈判的程序

一轮正规的谈判应包含下面六个环节。

1．导入阶段

这是双方熟悉的阶段，要创造轻松愉快的气氛，时间不宜过长，以免冲淡谈判心理

准备。

2. 概说阶段

在这一阶段，简要概述谈判的内容和目的，让对方了解自己的目的、态度，这无须太长时间。

3. 明示阶段

这时要就双方存在分歧的问题表明自己的态度、立场，还可明确自己让步的条件范围。

4. 交锋阶段

这是谈判中的关键阶段。双方的不同意见在此时明显展开，大家列举事实谋求对方的理解和协作，寻找统一的途径。

5. 妥协阶段

妥协阶段是谈判中必不可少的一个阶段，作出某些妥协让步，是合作诚意的表示。

6. 协议阶段

这是谈判的最后阶段。此时，实质性问题都已解决，只差形式上的问题了。

三、谈判的策略、方法与技巧

在谈判中，秘书应审时度势，协助上司选择有效的谈判策略，熟练掌握谈判的方法，运用巧妙的谈判技巧，使谈判在双方合作的轨道上顺利进行。

(一)谈判的策略

1. 联络感情的策略

如客人来后以礼相待；赠送一些对方喜欢的小礼品；谈判空闲之时邀请对方一同游览、参观，以示友好，联络感情，为双方关系增加些润滑剂，能使谈判更顺利进行。

2. 先苦后甜的策略

谈判开始，把条件提得很苛刻，但不要说得太死，要留有余地，让对方产生兴趣，有吸引力。然后在谈判过程中逐步放松，每一步都放得有代价，不要随便让条件。可以在成员之间进行分工，有人用"苦"策略，有人用"甜"策略。

3. 争取主动的策略

即在谈判过程中随时随地争取居于主动的地位。例如，对方在初次会谈的一开始就宣布："今天只是初步接触，只谈判 1 小时就行了。"其目的是取得居高临下的心理优势。此时，秘书应提示己方的主谈判者明确提出异议，避免己方处于心理劣势，让对方牵着鼻子走。

4. 求上取中的策略

谈判前应设计好上、中、下三策，谈判时秘书可为上司提出上策，争取获得最佳成果。

如果对方的反对态度相当强烈，无法达到上策，则可退一步提出中策。采取这一策略的关键是掌握对方的心理，看对方是否急于求成。

5. 声东击西的策略

在交锋阶段，秘书应协助上司将对方的注意力引导至对己方不太重要的问题上，以转移视线，松缓气氛，从而有效保证重要问题的解决。

6. 休会暂停的策略

指当谈判进行到一定阶段或出现僵持，如观点尖锐对立或一方内部产生分歧等，此时秘书可以建议上司采取休会暂停的方法，使谈判双方人员有机会恢复体力和调整对策，以推动谈判顺利进行。休会的提出要注意时机和方式，休会的作用在于研究问题，调整对策。

7. 假设条件的策略

此法一般在谈判的探测阶段或妥协阶段使用。此时双方都在窥测对方的意图，寻求妥协的方法。秘书可协助上司用假设条件的方法，探测对方的意图，达成双方互惠的协议。例如"假如我方扩大订货，价格会有什么变化？""假设支付条件是这样，你又如何？"等。根据对方的反应，调整己方的策略和谈判目标。

8. 坦诚开放的策略

此法是近年来很多谈判专家日益重视的一种方法。其基本含义是：在谈判中坚持开诚布公的态度，向对方暴露自己的真实思想，以促使双方通力合作，使谈判双方在诚恳、坦率的气氛中有效地完成各自的使命。它一般在探测阶段行将结束之际采取。但要掌握开放的程度，不能百分之百开放，应视双方态度而定。如果对方是势利之徒，则不可使用。

9. 留有余地的策略

在对方提出某项要求时，即使能满足其要求，也不要马上全盘托出你的答复，而是先答应其大部分，留有余地，以便讨价还价。它一般是在开放策略失败之际使用。如发现谈判对手不坦诚相见，可以采用此策略，以抑制对方。

10. 最后期限的策略

这是对谈判对方提出结束谈判时间的限定。此法用于对方对谈判方案迟疑不决，拖延时间之时，秘书可建议上司用适当压力催促其下决心。如果对方有诚意，会赶紧达成协议。这种方法的使用要注意提出的期限要适当。

11. 马拉松式的策略

以马拉松式的谈判对付"趾高气扬"型的谈判者。对急于求成、过于自负、盛气凌人的谈判者，采取回避或提出针锋相对的强硬要求，反复谈判，使对手筋疲力尽，逼其就范。此法的使用要注意不能随便以硬对硬，否则有可能陷入僵局。

12. 以外促内的策略

此法用于谈判谈僵时使用。操作上可先休会，在休会期间另请高规格的首长、经理出面宴请谈判对手,接见他们,给予高规格待遇,使之认为自己在这个国家或单位很受尊重,身份不一样,以此促进谈判继续进行。

(二)谈判的方法

谈判的方法,是指谈判人员在谈判过程中对语言交流方面所使用的方式方法,它包括陈述、发问、答复、倾听和说服等五个方面。

1. 陈述

谈判中的陈述,是指谈判者将本次交易的有关情况及本方的立场、看法、解决办法等介绍给对方的行为和过程。陈述的最终目的是为说服对方接受最终条件作铺垫。

(1) 陈述的语言:应该简洁、准确、婉转得体,陈述的时间不可过长。

(2) 陈述的要诀:只有自己感到对方想听或对方明确要求自己陈述时才开口说话。

(3) 陈述内容的取舍标准:应该讲那些对方听后的第一反应及评价对本方有利的内容,回避或淡化那些对方了解后可能对自己作出消极评价的内容。

2. 发问

谈判中的发问是了解对方立场、观点、态度以及心理变化的有效手段,也是引导对方思维最终与自己达成共识的一种方法。具体谈判中,谈判者应该注意何时发问和如何发问这两个问题。

(1) 把提问建立在了解对方的基础上,提问才有意义。

(2) 发现对方游离主题或顾左右而言他时可以提问。此时的发问等于是在驾驭谈判的进程。

(3) 在自己陈述完毕或答复完毕之后,提出有利于使谈判顺利通向本方目标的合适问题。①引导性提问。如"您如何评价我方的这一改进措施?"引导对方作出有利于本方的回答;或"我们知道,贵公司对我方所报的优惠价格已经接受,是吗?"诱导对方接受本方的方案。②提问应避免有敌意的问题;每个问题应有明确的目的,不要无谓地提问;问完之后要耐心等待对方回答,切不可自己说个不停;待前面的问题弄清楚了,再提后面的问题。

3. 答复

谈判中的答复对各方都很重要——对回答者来说,是一种承诺;对听者来说,答复是作出判断与决策的前提或基础。这里,回答问题的一方会感到压力,因为怕自己说得不好,不利于自己或直接使谈判陷入僵局以致破裂。回答对方的提问,涉及三个方面:何时回答、如何回答和回答什么。

(1) 要在听清对方的问题并了解对方的提问目的之后才回答。

(2) 对对方的问题可以回答全部,也可以回答一部分;可以立即回答,也可以拖到后面来回答。

(3) 对难以回答的问题,可以避实就虚,或顾左右而言他。

4. 倾听

倾听是了解和掌握谈判对方真实意图的最佳方式。在谈判过程中，要学会适时闭嘴，耐心倾听对方的陈述，努力理解他所说话语的意图。

(1) 摒弃一切杂念耐心听。当对方陈述时，就不要再去想着另外的问题，应摒弃其他的一切想法，也不要被外界的各种声音、动作、事件所影响；在听的过程中，一般不要忙着做笔记，只需记下提示性的关键字就够了，以免因忙着记录而无法听清其全部表述。

(2) 以客观公正的心态倾听。倾听时应就事论事，注意克服自己的偏见，不要先入为主，还没听完就匆忙去预期对方的结果，从而影响对对方信息全面准确地接受；也不要因对方说了一些带有歧视性、反感的词语而产生厌恶情绪，把自己引入拒绝接受的状态。

(3) 注意听出弦外之音。倾听时要同时注意对方的语言和非语言所传达的信息，要善于从对方的陈述中找出重点或基本观点。

(4) 在适当的时机提问。如当对方语意不清或语音不清时，提出询问，以求澄清；或在适当的时候归纳对方观点和意图，以求证实。

5. 说服

谈判中的说服是谈判一方成功地引导对方为共同解决某个问题而进行的游说。成功的说服依靠的是合理的建议或方案、准确的事实和依据。

说服的诀窍为：先对分歧点避而不谈，只谈双方的共同点，让对方在对共同点的无数次的认可中自然而然地同意自己的观点。

(三)谈判的误区

在谈判过程中要注意不要陷入谈判误区，具体应避免以下几点。

(1) 把谈判演变为争论。谈判与争论的区别在于：谈判是协商与合作，不是树敌；谈判的目的是共赢，要共赢有时就会要求一方牺牲某些利益以满足对方的要求，因此，谈判在适当时候是要作出让步的。而争论则是辨明是非，它针尖对麦芒，绝不能以让步出卖原则来明辨是非的。谈判不可避免会在利益面前争执不下而出现僵局，但谈判者在僵局面前不能因而失态，同对方发生争论甚至争吵，要知道，成功的谈判不是争论和争吵出来的，它是谈出来的。理智的做法是：谈判者应另辟蹊径，寻找新的出路。

(2) 过分急促亮出底牌。在谈判时，还没摸清对方的路数，就把自己的底牌全部亮出，后面便没什么可谈的了，只能让对方牵着走，这样的谈判肯定不会成功。

(3) 宁为玉碎，不为瓦全。在谈判时，按既定方案，如同看家狗、守财奴，步步防守，处处死扛，一个字不能改，一条条款也不能动，不作任何退让，结果只能使谈判破裂。其实，谈判过程中对谈判条款作适当修改是常有的事，换个角度，寻找一个新的替代方案，很可能是双方都能接受并实现双赢的目标。

(4) 威胁强迫对方接受。在谈判时，为某一条款长久讨论不能定夺，一着急会用威胁的方式试图强迫对方就范。事实证明，威胁只能招来对抗和不合作。如果本方遭遇对方威胁自己，则可明确指出我方不喜欢这种方式，希望对方能冷静处置目前的僵局。

(5) 敬佩对手失去自我。有时碰到对手能言善辩，经验老到，又温文尔雅，自己内心不得不佩服甚至喜欢对方，因此在对方的循循善诱之下，失去自我，稀里糊涂地接受对方的所有条件。事后发现自己让步实在太多，不免顿生悔意。所以碰到谈判老手，不要为对方所迷惑，要始终记住自己的底线，要注意不要轻易作出无代价的让步。

(四)谈判的技巧

这是指根据谈判局势的发展变化而灵活采用的谈判技巧和手段，其目的是在最佳时机或进攻，或撤退，以便最终赢得谈判。

1．攻守自如，寻求战机

就是要求在整个谈判过程中要始终保持镇静自若，不焦不躁，静观其变，寻找恰当的时机出新招，让对手措手不及，一改僵局，变被动为主动。

2．出其不意，绕道突破

在正面久攻不下的情况下，抓住有利时机，突然改变手段、方法和观点，从背后切入靶心，让对手猝不及防，使谈判局势出现戏剧性的转变，以实现自己的目标。这一招的使用应事先设计好改变的手段、方法和内容。

3．扶上虎背，逼上梁山

这一技巧的使用比较难，其前提是对手存在犯晕且冒进的时候，而自己对对方的情况事先有足够的估计，在时机成熟之时，用四两拨千斤之力，将其扶上虎背，造成骑虎难下之境地，迫其就范。

4．欲擒故纵，以退为进

运用逆向思维的模式，对主要目标故作不关心态，在外围绕圈子，麻痹对手，当对手晕头转向时再奔向主题，诱使对方跟自己走，最终悄悄实现自己的目标。实在不行，则悄然退却，在退却时留给对方以真诚并无奈的感觉，以此保护自己的目标。

5．画地为牢，限额供给

亮出底线，在时空上有明确的界限来约束对方，实际上使之缩小选择余地。

6．联横合纵，逼迫就范

用"我们都是朋友"招式，介绍已经合作伙伴的支持和正准备合作伙伴的支持的诸多实例，给当前谈判对手造成不得不从众和配合环境的压力，使对手接受己方设计的合作方案。

7．纵横交错，浑水摸鱼

把许多事都拉到所谈的问题中来，纵横交错，云山雾海，把水搅浑，在对手分辨不清东西南北的情况下，浑水摸鱼，用小问题的让步换取大目标的实现。

8．以偏概全，积少成多

渲染一个特定事例(如某个成功的合作案例、质量保证事例或典型的让利举措等)，造成普遍性的假象迷惑对手；再把总目标分解成小项目，步步为营，一点一点地争取，积少成多，最终达到获取全部的目标。

四、秘书在谈判中的辅助工作

(一)秘书在谈判准备阶段的工作

1. 收集信息，提供资料

1) 己方信息

己方信息包括我方经济实力、技术实力、竞争实力等，客观地了解自己，力争在谈判中取得主动权。

2) 对方信息

(1) 谈判对手公司的基本情况。主要是了解对方的法人资格、资信状况、法定地址、本人身份和经营范围，这是谈判的基础。

- 通常情况下，上述基本情况的了解可以要求对方出示法人资格、经营许可证及本人身份证明。
- 对方资信状况可从其与银行的信贷关系中反映出来(外资企业可用经中国银行认可的外国银行出示的资本和信誉证明)。
- 企业与银行的资信关系有三种情况：信用贷款，资信最佳；凭保贷款，资信一般；抵押贷款，资信最差。

(2) 谈判对手的基本情况。尤其是主谈人的个人情况，如年龄、学历、资历、个人爱好、风俗习惯、价值观念、谈判风格和谈判经历等。

(3) 谈判对方的主要商务伙伴、对手，以及他们彼此间关系的演化，尤其是对方决策者与上述关系的基本情况。

(4) 对方的谈判标的、计划、方案乃至谈判最终底线或退让的幅度。这是比较难以获取的信息，但秘书得想方设法获取这类信息资料，以便于己方在谈判中采取相应对策，争取主动。

3) 涉外谈判需收集的信息

涉外谈判需了解和收集更全面的信息，如还要收集与谈判项目相关的、双方国家的政策和法律规定，了解行业和市场的信息，如合作生产或经营的产品的销路、档次等，以供作为谈判的指导。

收集到资料后可将重点内容制成表格(见表5.1)，以方便利用。

表5.1 谈判对方组织及人员情况表

组织情况		参加谈判人员情况	
公司类型		年龄	
组织机构		家庭	
职工人数		经历	
资金情况		爱好	
生产情况		个性	
销售情况		态度	对公司的态度：
目前面临的问题			对此次谈判的态度：
			对谈判对方的态度：

2. 参与拟订谈判计划

1) 确定谈判主题和目标

(1) 谈判主题就是谈判项目。

(2) 谈判目标是根据谈判主题来制定的。可分为三级：第一级是必须达到的目标，即最低目标；第二级是可以接受的目标；第三级是最高目标。

2) 设计谈判议程

谈判议程就是谈判的程序，这是影响谈判效率的重要一环。谈判议程可视情形而定。有三种方案可选。

(1) 先易后难，即先讨论容易解决的问题，为困难问题的解决打下基础。

(2) 先难后易，即先集中时间和精力讨论重要的、困难的问题，以主带次，推动其他问题的解决。

(3) 混合型，即不分主次先后，把所有要解决的问题都先提出来讨论，再加以概括和归纳。

3) 确定谈判班子

选择适当的成员组成谈判班子是谈判能否成功的关键。谈判班子的人员构成不应千篇一律，而应根据谈判的类型和内容来确定，必须少而精，有分工，有协作。一般以 5 人左右为宜，但应包括以下人员。

(1) 专业人员。通常是熟知谈判项目的专业技术人员或业务领导者，这是谈判的主力。

(2) 商务人员。必须是熟悉合同条款、价格、谈判条件及谈判财务情况的人员。

(3) 法律人员。这是重要谈判项目的必需人员。选择合适的法律工作者或懂得国内外经济法规的专业人员参加，有利于维护本方的合法权益。

(4) 管理人员。外商有时会派董事或董事长、经理来参加谈判，因而在有的项目中派有关管理者参加是必要的。

(5) 记录、翻译等人员。

谈判班子要相对稳定，一般不可中途换人。

4) 确定谈判时间

谈判于何时举行、何时结束，很有讲究，因为这关系到谈判时机的问题。一般选择谈判时间要考虑以下因素。

(1) 准备状况。本方要有充分的准备，准备不充分不能开始谈判。

(2) 情绪状况。不在疲倦、烦躁、情绪不佳时谈判。

下列时间不宜举行谈判：长途旅行刚结束，尚未得到休息、恢复时；连续紧张工作后身心疲惫时；下午 5 时至 7 时，一天工作后精神不佳时；周一的上午，人不宜集中精力之时；身体有病或不适之时；受到重大精神创伤之时。

5) 确定谈判地点

一般应选择本方熟悉的环境作为谈判地点。但比较复杂的国际性谈判，对方有可能会提出不在任何一方所在地进行，而选择在第三地谈判。不管是什么地点，总体上要求谈判地点宁静安全，不受外界干扰。

6) 布置谈判场所

(1) 谈判场所可设在隔音效果较好的会议厅，应配置空调、音响设备及打印等办公用具，会场色调以深蓝或暗绿为宜。

(2) 谈判桌一般安放于会议厅中央。双方谈判以长方形桌或椭圆形桌为宜；多边谈判可设圆桌或方框形桌。谈判亦需按礼宾次序安排座位。

- 双方谈判时，长方形或椭圆形谈判桌竖排式按会见会谈礼宾座次安排座位，即以进门面桌的右侧中位为客方主谈人的座位，主方主谈人则坐于左侧其对面中位，其余人员按客右主左，分别与两位主谈人按先右后左的位序安排座位；谈判桌横排式摆放则客方主谈人面门居中而坐，主方主谈人背门居中而坐，其他人员也是按职位高低，以右高左低的排序原则安排坐在双方主谈人的右侧和左侧。具体如图 5.1 所示。

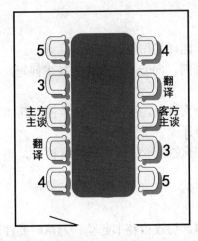 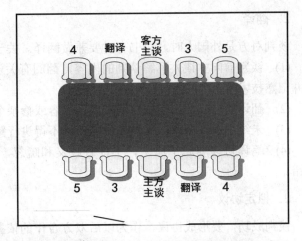

图 5.1　双边谈判礼宾位序

- 多边谈判应摆放圆桌或方框形桌，其礼宾上位以"以远为尊"、"以中为尊"、"以右为尊"的原则；人员排序则以主谈判人的职位高低，或国家(单位)英文字母排序，或先来后到顺序排序等为依据安排座位。采取何种排序，应在谈判前发送通知时就告知对方。
- 谈判桌上应放置座位台签，涉外谈判则要同时放置对方语种的座位台签；还可插放各方的标志旗帜(涉外谈判可摆放各国国旗)。

7) 通知各方谈判人员

在上述准备工作完成后，秘书人员可以采用电话、传真、信函、电子邮件等形式，将谈判地点、程序和日程及时告知各方，同时把准备的相关材料送达本方参加谈判人员，以供他们预先熟悉准备。

3．参与设计谈判方案

(1) 参加任何一次谈判，都必须根据已获取的信息资料情况，精心设计若干个谈判方案和策略。谈判方案越多越缜密越好。

(2) 设计方案时，一要对对方可能提出的方案作预测，并提出自己的应对方案；二要坚持互利互惠的原则，使方案切实可行；三要在谈判中耐心听取对方的意见，吸收其合理成分，及时调整我方方案。

(3) 所有成员都应谙熟谈判方案，争取达到最理想的效果。还要注意保密，否则会造成谈判失败。秘书作为参与设计谈判方案者，又是方案的起草者、打印者，更要注意保密。

(二)秘书在谈判进程中的辅助工作

1. 做好谈判记录

谈判记录既可供会后研究，以便调整谋略，也可以整理上报，作为向上司请示的材料；既能保证谈判的连续性，又是草拟协议的原始材料。所以，秘书要全面、准确地做好记录，必要时应与谈判班子核对，有时还需双方过目、签字。记录中秘书有不明白之处，可请发言人重复一遍。

2. 翻译

谈判对方是外国人时，秘书有时要兼做翻译。关于翻译工作要做到以下几点。

(1) 谈判前向主谈人了解谈判的内容，翻阅有关资料，向专家请教有关技术问题，熟悉并记熟技术术语。

(2) 翻译要准确，不能擅自增减谈话内容或掺杂个人意见，更不可不懂装懂乱翻译。

(3) 未经主谈人同意，其他成员的谈话不得进行翻译。

(4) 笔译协议要忠于原文，不许有歧义和疏忽，译文打印好后，要认真校对，避免差错。

3. 拟定协议

谈判成功，要形成协议，作为以后双方合作的依据。协议由秘书起草，起草时要注意以下几点。

(1) 协议书涉及的条款不能与国家法律法规发生矛盾。与国际惯例相左的，应慎重处理。

(2) 对重要条款必须认真斟酌，不要轻易让步；必须让步时应尽量以次要条款的损失来替代。是否重要条款取决于谈判的主要目标。

(3) 协议的内容要具体，不能含糊；文字表达要严谨，措辞要明确肯定，不能有歧义。否则，会给以后执行或出现纠纷时留下隐患。

商务协议拟定后，由双方签字，并和《法定代表人证明书》、《法人授权委托证明书》一起互换。协议最好经公证处公证，以保护双方的合法权益。

(三)秘书在谈判结束阶段的工作

(1) 回收有关文件资料，并进行整理和保存。
(2) 上报整理后的材料。
(3) 清理并报销有关账目。
(4) 协助总结谈判经验。

综合练习与实训

一、思考题

1. 简述沟通的含义与沟通的原则。
2. 在沟通过程中应如何有效表述与倾听？
3. 跨文化沟通存在哪些障碍？如何进行跨文化沟通？
4. 横向沟通与纵向沟通的障碍是什么？如何进行横向沟通与纵向沟通？
5. 什么叫协调？秘书协调有哪些特点？秘书协调的方式有哪些？
6. 谈判有哪些特征和原则？
7. 简述谈判的程序、策略和方法。
8. 谈判应注意避免陷入哪些误区？
9. 谈判中有哪些技巧可使用？
10. 秘书在谈判准备阶段的工作内容有哪些？

二、案例分析

案例（一）

一位来自台湾的客人来到金陵饭店公关部售票台前问有没有后天去上海的 91 次软卧票，公关小姐立即帮助客人预订。当写到车次时，公关小姐习惯性地发问："先生，万一这趟车订不到，别的车可以吗？他们的始发时间是……"没等公关小姐说完，客人连忙说道："不行，不行，我就要 91 次。"公关小姐习惯性地又说了一遍："万一……"但是这番好心将客人惹火了："什么万一，万一！我有急事，不能耽误，你们是为客人服务的，不能这么说。"公关小姐听客人这么说，赶紧转换语气说："我们一定尽最大努力设法为您买到票。"客人听到这样的答复后，脸上才露出了笑容。第二天，客人来取票时，公关小姐改变了原来公事公办的态度，微笑着说："先生，您的运气真好，车站的票非常紧张。但您的票我们还是买到了，看来您要发财了。"客人闻听这番话，立即转身给公关小姐买了一包糖，以示谢意。

（根据吕维霞主编《现代商务礼仪》的案例修改，对外经济贸易大学出版社 2006 年 1 月版）

请问：公关小姐在与客人交谈中犯了什么禁忌？商务活动中客服人员应如何与客人应对？满足客人的要求？

案例（二）

一天，李灿辉走进心仪已久的某报社社长办公室。他笑眯眯地问社长："社长先生，您这儿需要一个好编辑吗？我大学毕业了，曾当过三年大学学报的编辑呢！"他一边说一边掏出证明材料和一些他主编的学报。社长打量了他一眼，然后慢悠悠地说："我们这儿人手已经够了，不需要编辑了。""那么记者呢？我在大学时就常在重要报刊上发表文章。"他又忙递上一叠剪报。"记者更是人满为患。"社长笑着推脱说："我们什么人都不缺，天天有人来找我求职，真是烦死了。" 李灿辉却笑了，社长不解地看着他，"社长先生，你们一定需要这个东西。"说着只见李灿辉从背包里拿出一块木牌，上面写着"额满暂不雇用"六个大字。社长不觉一怔，心中暗叹："这小伙子想问题真是周密啊！的确，来向我求职的人太多了，忙得我焦头烂额，使我疲于应付，的确需要这么一块牌子啊！"于是，社长高兴地对李灿辉说："小伙子，你真聪明，看来报社还真缺你这样的人才，你被录用了。"

(根据黄琳主编《商务礼仪》的案例修改，机械工业出版社 2005 年 7 月版)

请问：李灿辉在求职中是如何进行有效陈述，把自己成功地推销出去的呢？

案例(三)

一天早晨，中信集团的陈总经理因出访要赶往机场，临出发时发现平时他乘坐的汽车因机械故障，摆弄许久仍无法启动。再拖下去恐怕要耽误登机，情急之下，办公室分管车辆调度的杨副主任只好决定换车。他想：副总里面比较少用车的是分管技术研发的施副总，于是，就临时调配他乘坐的丰田轿车给陈总经理使用。可没想到，杨副主任送走陈总经理，刚回到办公室，正与吴主任研究当天的工作，就听到楼下院子里传来一阵斥责声："为什么用我的车！是谁决定的？"

杨副主任一听，是施副总的声音。

"这车我不坐，我不去了！"施副总在大声嚷嚷。

吴、杨二位主任正欲下楼了解是怎么回事，秘书小沈匆匆跑来报告。

原来施副总今天一早来上班时，接到省检测中心挂来的一个急电，说是他们集团即将投产的新产品在最后的质量检测过程中出现一个技术问题，要他立刻赶往省质量检测中心解决。心急如焚的他匆匆赶到小车班时，听说他乘坐的车临时调给了陈总经理，很不高兴，发了脾气，并拒绝乘坐给他改派的汽车，说省检测中心他不去了，掉头返回自己的办公室。

吴主任一听，感到问题严重，立即起身要去找施副总解释。杨副主任拦住他说："要去我先去，你是办公室的第一把手，不宜首先出面。我先去向他解释，你随后晚一点来。"说完他先走了。

过了约 10 分钟，吴主任慢慢走到施副总的办公室，听到杨副主任正向施副总解释。

"我们不知道您要去省城开会，今早上陈总经理要车又很急，所以……"

吴主任推门而入，看到坐在椅子上的施副总的脸部表情已缓和了许多，知道杨副主任的工作已经奏效，就趁势再加一把火，来了一番自我批评："施总，是我们的工作失误，影响了领导的工作。首先是我这个主任要受批评，这个教训我们一定认真吸取。刚才临时调换的车如果您觉得不合适，我们再想法调，还可以到别的部门借，直到领导满意为止。您看……"

这么一来，施副总倒有些不好意思了。

"行了，就坐这辆车去吧。这件事也不能全怪你们。"听了施副总这句话，吴、杨二人才松了一口气。

最后，施副总还是坐着办公室给他调换的车到省检测中心去了。

请问：杨副主任在这次事务安排过程中沟通工作做得是否到位？矛盾产生后他们的协调方式是否可取？为什么？

案例(四)

美国某玻璃设备制造公司与我国中信集团下属的宏华玻璃制造公司谈判出售玻璃制造

替代材料技术，谈判已进行了一周，但进展不大。这一天，美方谈判代表约翰先生在重复前一天的阐述，并做了一次发问后告诉中方代表宏华厂杨副厂长："我还有两天时间可以谈判，希望中方配合，次日拿出新的方案来。"次日上午，杨副厂长与中方其他谈判代表一起在分析的基础上拿出了一个方案，主要在价格上比原方案降低了5%(由要求美方降价40%改为降35%)。美方约翰先生看后讲："杨先生，我已降了两次价，计15%，再要降到35%，实在困难。"双方相互评论，解释一阵后，建议休会，下午2:00再谈。

下午复会后，美方先要中方报新的条件，杨副厂长将其定价的基础和理由向美方做了解释，并再次要求美方考虑其要求。约翰先生又重申了自己的看法，认为中方要求太高。谈判到4:00时，约翰先生说："我为表示诚意，向中方拿出我最后的价格，请中方考虑，最迟明天12:00以前告诉我是否接受。若不接受我就乘下午2:30的飞机回国。"说着把机票从包里抽出，在杨副厂长面前显示了一下。中方把美方的条件理清后(美方再降5%)，表示仍有困难，但可以研究。谈判即暂告结束。

中方回到住处，研究美方价格后认为还差15%，但能不能再压价呢？明天怎么答复？杨副厂长一方面向领导汇报，同时与助手及厂领导联系商量对策；另一方面则派人调查明天下午2:30的航班是否真实。

结果该日下午2:30没有去美国的飞机，中方谈判组认为美方所谓的最后还价——机票是演戏，是应用最后期限的策略给我们施加压力，判断美方可能还有余地。于是在次日10:00时给美方去了电话，表示："美方的努力，中方很赞赏，但双方距离仍然存在，需要双方进一步努力。作为响应，中方可以在美方改善的基础上，再降5%，即从35%降到30%。"美方听到中方有改进的意见后，没有走，只是认为中方要求仍太高。

请问：美方的谈判策略使用得如何，效果又如何？应如何弥补谈判策略使用的漏洞？对中方识破美方谈判策略怎么评价？中方在让步及目标的调整上是否有针对性？

案例(五)

宏华玻璃制造厂与美国某玻璃设备制造公司谈判汽车挡风玻璃制造设备引进并合资生产事宜。在全套引进设备还是部分引进这个问题上，双方各执己见，僵持不下。美方谈判首席代表约翰先生抢占谈判先机，在翻译的帮助下，正眉飞色舞，再次大声重复阐述他们公司设备的技术先进性、操作的简易性和低能耗的优越性，反复强调成套引进将使玻璃生产质量得以有效保证。面对这种状况，宏华玻璃制造厂的谈判首席代表杨副厂长一边静静地听他的阐述，一边随手翻阅浏览出发前秘书小刘给他准备的资料。在约翰先生的阐述暂告停顿的时候，杨副厂长微微一笑，轻声说："用你们公司的设备和技术帮我们完成玻璃熔化、成形和抛光这几部分设备的改进，我们厂就会在这一领域居于全国同行第一的位置。这不单对我们有利，而且对贵公司也同样有利。"他换了口气，接着又以坚定的口气继续说："我们厂的外汇有限，不能买太多的东西，所以国内能生产的设备就不打算进口了。你们也知道，眼下法国、比利时、日本的厂家都在与我国北方某厂洽谈合作，如果我们之间不能尽快达成协议，那么你们将会失掉中国的市场，到时同行们将会笑话我们的无能。"短短几句话，使约翰先生和其他谈判代表们幡然醒悟，点头称是，谈判僵局被打破，双方回到研究引进设备及我国当前已有的可替代设备的技术含量指标的分析上来，经过协商，最终达成协议。宏华厂在这次引进设备和技术中节省了大笔外汇，而美国公司因帮助了宏华厂，使之成为我国同行业中生产玻璃产值最高、能耗最低的合资企业而名声大振，占领了在华的大部分市场，利润成倍增长。

(根据范立荣《秘书——国家职业资格培训教程》的案例修改，海潮出版社 2003 年 3 月版)

请问：宏华厂的杨副厂长在谈判中使用了什么样的策略？这次谈判是否成功，为什么？

三、情景实训

(一)与客户沟通的技巧

1．实训目标：观察并进行有效沟通，引导客户进入推销产品目标进行消费。

2．实训背景：一位衣着朴素的白领丽人走进精品皮鞋直销店，眼睛扫视一圈后，目光停在了一双黑色的软底坡跟牛皮鞋上。她绕过来走过去，看看鞋，又瞄一瞄价目表，犹豫着。前台迎宾员小王迎上前来，"请问需要我帮忙吗？""不，我随便看看。"她说。"这双皮鞋不适合您！"小王说。"为什么？"她问。"这是休闲皮鞋，质地很好，价格也不便宜，但它只适合在休闲场所穿着。这边有一双暗红色的半高跟船式正装皮鞋，它适合您穿着去参加正式的商务活动。像您这么高挑，又有一双修长白嫩的美腿，配上这暗红色，那真是绝配了。"小王继续说。"是吗，我明天就是要去参加一个签约会议……"

3．实训内容：

(1) 观察客户的神态，了解其真正的需要。

(2) 与客户进行有效的沟通，引导其进入推销产品目标进行消费。

(3) 推测接下去的继续沟通及最后的结局。

4．实训要求：

(1) 本实训可选择在实景地进行。

(2) 实训分小组进行，每组 3 个人，其中 1 人扮演客户，1 人扮演迎宾员，1 人在旁进行观察并倾听双方的交谈，评判沟通效果，给出成绩。

5．实训提示：

与客户进行有效沟通的方法参见本章"有效倾听、表述和非言语沟通技巧"等的相关内容。

(二)在交往中接近对方、表述和倾听能力实训

1．实训目标：在人际交往中接近对方，切入交谈正题，控制交谈方向，聆听对方表述的技巧。

2．实训背景：中信集团宏华玻璃制造有限公司与美国某玻璃设备制造公司合作办汽车挡风玻璃生产合资厂。双方初步意向是宏华玻璃制造有限公司以现有的厂房、设备折价入股，美方则以他们先进的玻璃制造配方、技术和设备折价入股。今天，他们双方第一次接触磋商。美方派出的首席代表约翰总经理是个性格内向、做事极其严谨的人。面对这样的合作伙伴交谈磋商，该如何接近对方，打开话题，最后就上述意向达成共识。

3．实训内容：

(1) 在见面寒暄中双方如何迅速接近对方。

(2) 把握适当时机转入交谈正题。

(3) 通过适当的方式阐述各自的观点和态度，巧妙提问打破冷场和僵局。

(4) 有效聆听对方陈述，把握对方阐述的要点。

4. 实训要求：

(1) 本实训在综合实训室进行，实训室配置有打印机、传真机等全套日常办公必需的设施和可供上网的计算机工位。

(2) 实训分小组进行，每组 4 个人，两组对演，其中 6 个人分别扮演交谈双方的不同角色，2 个人记录交谈内容，最后整理形成交谈意向书。

5. 实训提示：

与客户进行有效沟通的方法参见本章"有效倾听、有效表述及沟通技巧"等的相关内容。

(三) 秘书在谈判中收集和运用影响谈判的信息因素

1. 实训目标：通过本实训掌握在谈判中秘书收集并运用影响谈判信息因素的方法。

2. 实训背景：美国某玻璃设备制造公司与我国中信集团下属的宏华玻璃制造公司谈判出售玻璃制造替代材料技术。谈判已进行了一周，中方在作出几次让步后，美方仍不满意，提出最后期限，即最迟明天 12:00 以前答复美方提出的价格底线，若不接受就将乘下午 2:30 的飞机回国。

3. 实训内容：选择分析谈判双方的基本信息，拟定谈判策略。

4. 实训要求：

(1) 本实训选择在模拟的办公室进行。

(2) 实训分小组进行，每组 5 个人，其中 1 人担任组长，组织大家共同选择分析影响谈判的信息因素，并据此拟定谈判策略。

5. 实训提示：

秘书在谈判前应广泛收集影响谈判的信息因素。

(1) 己方信息：我方经济实力、技术实力、竞争实力等，客观地了解自己，力争在谈判中取得主动权。

(2) 对方信息：谈判对手公司的基本情况；谈判对手的基本情况，尤其是主谈人的个人情况，如年龄、学历、资历、个性爱好、风俗习惯、价值观念、谈判风格和谈判经历等。

(四) 根据谈判内容拟订谈判计划

1. 实训目标：通过本实训掌握拟订谈判计划的技能技巧。

2. 实训背景：宏华玻璃制造厂与美国某玻璃设备制造公司谈判汽车挡风玻璃制造设备引进并合资生产事宜。

3. 实训内容：在分析谈判双方信息的基础上拟订谈判计划。

4. 实训要求：

(1) 本实训选择在模拟的办公室进行。

(2) 实训分小组进行，每组 5 个人，其中 1 人担任组长，组织大家共同选择分析双方信息，然后据此拟订谈判计划。

5. 实训提示：

谈判计划的拟订有以下内容。

(1) 确定谈判目标。

(2) 设计谈判议程。

(五)面对四面楚歌的谈判环境和艰难谈判议题的实战演练

1．实训目标：在极其不利的谈判环境和艰难的谈判议题下寻找谈判出路。

2．实训背景：中信集团的一个出访小组奉命前往丹麦拜访客户并争取订单。当他们路经德国时，当地的客户说"你们的报价过高"；在法国时，当地客户认为"你们的价格不切合实际"；到英国时，英国的客户也说"经销你们的产品赚头太小"。这一路上，客户们的所有反映对他们都是很不利的，面对这种情况，出访小组应该怎么办？

3．实训内容：面对四面楚歌的谈判环境，出访小组应在夹缝中寻找谈判的出路。

4．实训要求：

(1) 本实训选择在模拟的办公室进行。

(2) 实训分小组进行，每组5个人，其中1人担任组长，组织大家共同分析面对的谈判环境，探讨是进还是退，若是进，又该采取什么样的应对方案？

5．实训提示：

面对不利的谈判环境和艰难的谈判议题应坚持的谈判原则和采取的谈判策略参见本章"谈判的原则"和"谈判的策略"。

第六章 秘书的文书工作

本章学习要求：

秘书的文书工作，即秘书在日常工作中按一定规范要求撰写形成及收到的文书材料，以这些文书材料为依据办理结束后，按一定的程序整理成册并归档的工作过程。要求通过学习本章内容，了解文书的种类、公务文书的格式，掌握文书的处理程序及文书办理结束后的立卷、归档技能。

第一节 秘书文书工作概述

学习目标：

- 了解文书的概念。
- 了解公务文书的版面格式。
- 掌握秘书文书管理工作的规范。

案例导入：

中信集团下属的华美服饰有限公司秘书李萍收到了一份市政府的通知，通知说将在12月8日下午组织召开冬季防火工作会议，要求全市所有大中型企业的主要负责人都要参加，并要准备相应的汇报材料在会上发言。通知还特别强调，如果发现在这次会议中出现无故缺席或汇报材料不详细的企业，将给予一定的处分。李秘书粗略看了一下标题，认为这不过是常规性的工作安排，到时跟总经理道一声去参加就行了，因此，她没有把文件给总经理过目，而是直接放进了档案盒。

到了12月7号，李秘书在给总经理汇报工作后说："钱总，明天下午2:30你有个会，是市政府组织召开的冬季防火会议。"钱总经理听后说："哎呀，我明天还有个重要的客户要谈呢，这样吧，你让赵副总去一下。"

李秘书随后即去通知赵副总。赵副总一听是冬季防火工作会议，随口问了句："需要汇报吗？"李秘书一听愣住了："汇……汇报啊，这个，我想想……哎呀，好像是有提到过汇报计划什么的，我也没太在意，以为又是常规例会呢。""那赶紧找来看清楚。"赵副总果断地说。

"好，好，我这就去。"李秘书边说边擦了擦额头上的冷汗，她飞快地冲进办公室，一阵翻箱倒柜，终于找到那份文件。仔细阅读完后，她半天没回过神来，心里想：坏了，坏了，这下要倒霉了，竟然把这么重要的内容给忽略了，怎么办？怎么办？自己受处分不要紧，关键不能影响公司声誉啊，赶紧补救吧。她马上把这份文件复印了几份，分别给钱总和赵副总人手一份，并主动承认自己的过失，表示愿意加班把材料赶出来。钱总和赵总虽然很震惊、生气，但想想现在也不是发脾气的时候，先应付难题要紧。于是，马上组织召开公司紧急会议，讨论汇报材料内容，经过大家的共同努力，终于在第二天中午的时候完成了汇报材料的写作，总算及时地弥补了过失。

收文工作是办公室秘书的日常性工作，做好收文工作的关键就是要注意区分来文的单位和文件的内容，一般而言，上级单位的文件、公司重要客户、合作伙伴的来电、来函，下级部门的请示、报告等这类文件应该及时送交领导审阅，对于常规性的文件应把重点圈阅出来送领导过目。李秘书的失误首先是没有仔细阅读文件的内容，仅凭文件的标题就判断来文的内容，造成判断失误。其次，没有按照收文的处理程序进行，既没有登记，也没有传阅，更没有存档，而是随手放入档案盒，延误了时间，造成整个工作被动的局面。

(根据黄海主编《办公室工作实务》的案例修改，电子工业出版社2009年1月版)

一、文书工作的概念

(一)文书的含义

文书即人们在社会交往活动中以一定惯用格式形成的，用以表达某种意思或处理各种事务的应用书面文字材料。

(二)文书的分类

文书分为私务文书和公务文书两大类。

1. 私务文书

私务文书是指所有社会成员在社会实践活动中形成的包括书信、日记、自传、论著以及契约、字据、证书、合同等所有的书面文字材料。

2. 公务文书

公务文书是由法定机关或组织按照特定的体式制成，并按规范的处理程序，在特定范围内使用的书面文字材料。

二、文书工作的特点

(一)私务文书的特点

形成私务文书的主体可以是所有社会成员，其内容有书信、日记、自传、论著以及契约、字据、证书、合同等所有的文字材料，而形成文字材料的体式则各有要求，互不相同。

(二)公务文书的特点

公务文书的形成主体必须是法定的机关、组织及其负责人，其内容是在公务活动中产生并使用的文字材料，它代表着机关的法定权威性，任何机关都不得超出其法定权限的范围制发公务文书。公务文书印有固定的红色版头，且其制作的体式也固定。

1. 公务文书的用纸

公务文书用纸为 A4 型，其成品幅面尺寸为 210mm×297mm。

2. 公务文书的排版

(1) 公务文书的排版正文用 3 号仿宋体字，一般每面排 22 行，每行排 28 个字。

(2) 文字从左至右横写横行。在民族自治地方，可以并用汉字和通用的少数民族文字(按其习惯书写、排版)。

(3) 公务文书应左侧装订，不得掉页。张贴的公务文书用纸大小，根据实际需要确定。

3. 公务文书的眉首

眉首是置于公务文书首页红色反线(宽度同版心，即 156mm)以上的各要素的统称。

(1) 公务文书的份数序号。公务文书份数序号简称份号，即印制同一份公务文书时每份的份数顺序编号。带有密级的公务文书应当标明份数序号。其标注位置为版心左上角第一行，顶格书写，并使用阿拉伯数字，但至少要有两位数字，即从 01 排序至 99。

(2) 秘密等级和保密期限。秘密等级根据《中华人民共和国保守国家秘密法》分为绝密、机密和秘密三种。它和保密期限都用 3 号黑体字，顶格标识在版心右上角第一行，两字之间空一字，两者中间用符号"★"隔开。

(3) 紧急程度。紧急程度是对公务文书送达及处理时限的要求。根据公务文书办理的紧急性，分为"特急"和"急件"。一般用 3 号黑体字，顶格标识在右上角第一行，两字之间空一字。如需和秘密等级同时使用，紧急程度置于密级之下，上下对齐。

(4) 发文机关标识。一般由发文机关全称或规范化简称后加"文件"两字组成。位于公务文书首页上端，居中排列，常选用红色字体，故公务文书又常称为"红头文件"。

联合行文时，主办机关名称在上，其他发文机关名称在下，"文件"二字置于发文机关名称右侧。联合行文机关不宜过多，必须保证在首页显示有正文的内容，必要时可通过缩小发文字号或行距加以解决。

(5) 发文字号。发文字号一般由发文机关代字(含区域代字、单位代字、发文形式代字三部分)、年份和序号组成。发文字号的位置在发文机关下空两行、红色反线之上，用 3 号仿宋字体，下行文、平行文居中排印，上行文居左侧空一字格排印，与右侧的"签发人"对称；年份应标全称，用六角括号"〔〕"括住，与序号一起用阿拉伯数码标识；序号不编虚位(即 1 不编为 001 或 01)，不加"第"字，如(国发〔2013〕5 号)。发文字号下 4mm 处印一条与版心等宽的红色反线，使之与正文相区分。

(6) 签发人。签发人仅在上报公务文书中为明确发文责任才出现。它标识在发文字号平行右侧，发文字号居左空一字格，签发人居右空一字格，签发人之后标全角冒号并用 3 号仿宋字体标识签发人姓名。

4. 公务文书的主体

主体部分是置于红色反线(不含)以下至主题词(不含)之间的各要素的统称。它是公务文书写作的核心部分。

(1) 标题。红色反线下空两行居中标注标题，标题一般由发文机关名称、发文事由和文种三部分组成，上述内容可根据具体要求省略，但文种不能省略。公务文书标题中除法规、规章名称加书名号外，其他一般都不得加注标点符号。

(2) 主送机关。主送机关是指公务文书的主要受理机关，应当使用全称或者规范化简称、统称，它标识在标题下空一行，左侧顶格用 3 号仿宋体字，如需回行时，仍顶格书写，最后一个主送机关名称后标全角冒号。主送单位名称过多而使公务文书首页不能显示正文时，可将主送单位名称移至版记中的主题词之下、抄送栏之上，标识方法同抄送。

在行文规则中，如向上行文，主送机关一般只写一个；向下行文，主送机关可以写一个或多个。

(3) 正文。正文是公务文书的主体部分。不同文种其内容和写法的要求不同，秘书专业一般都将公务文书写作作为一门专业课程教授，故此处不作详细介绍。

(4) 附件。公务文书正文中有些内容如图表、名单等穿插在正文中，往往会隔断公务文书前后的连贯性而造成阅读上的不便，故此时可将其从公务文书正文中抽出作为附件单独表述。附件说明的位置放在正文下空一行及生效标识印章之前，左空两字格用 3 号仿宋字体标识，后标附件顺序和名称，注意附件名称后不可加标点符号。附件与公务文书正文一起装订，并在附件左上角第一行顶格标识"附件"，若有序号应同时标识序号。附件若不能与公务文书正文一起装订，应在附件左上角第一行顶格标识公务文书的发文字号并在其后标识附件(有序号还须标识序号)。

(5) 成文时间。成文时间即公务文书生效的时间，通常以负责人签发的日期为准，联合行文则以最后签发单位负责人的签发时间为准。成文时间须用汉字标识年、月、日；其中"零"字应写为"〇"。如二〇一〇年一月一日。成文时间居右空 4 字格。

(6) 附注。附注一般是对公务文书的发放范围、使用时需要加以说明的事项的补充。用 3 号仿宋字体，居左空两字格加圆括号标识在成文时间下一行。

5．公务文书的版记

版记是置于主体部分以下各要素的统称。它位于公务文书最后一页的底部。

(1) 主题词。主题词是将公务文书内容作高度概括并经规范化处理过的词和词组，这是为了便于计算机的检索、查询。标注主题词以国务院公文主题词表(国办秘函〔1997〕350号)为准，通常选用 2~3 个，最多不超过 5 个，用 3 号黑体字居左顶格标识，后标全角冒号，词目之间空一字格。

(2) 抄送机关。抄送机关是指除主送机关外需要执行或知晓公务文书的其他机关。抄送机关标识在主题词下一行，左右各空一字格，用 3 号仿宋字体标识"抄送"，后标全角冒号，回行时与冒号后的抄送单位对齐，最后一个抄送单位后标句号。

(3) 印发机关和印发日期。印发机关指公务文书的印刷主管部门，一般是公务文书制发机关的办公室(厅)或秘书部门，左空一字格；印发日期指公务文书正式印制时间，右空一字格。二者位于抄送机关(无抄送单位则在主题词)之下，占一行位置，用 3 号仿宋字体。

(4) 版记中的反线。版记中各要素之下均加一条反线，宽度同版心，目的是为了显示各要素之间的区别，并使条理清晰且还有美观的效用。

(5) 版记的位置。版记应置于公务文书最后一页，版记的最后一个要素置于最后一行。公务文书主体之后的空白如容不下版记的内容，需另起一页标识版记，可采用调整行距、字距的方法使正文与印章同处一个页面。如附件后的空白能容下版记，而该页又是双页，此时版记应置于该空白处。如是转发的文件,原件也有版记,此版记不能代替转发的版记,应另标注版记。

三、文书工作的管理

(一)文书工作管理的概念

秘书文书工作的管理,是指由个人或法定组织按规范体式撰拟的文书从其产生、传递、办理及办理结束后的归档保管的全过程规范。企业商务秘书文书的管理范畴比党政机关秘书文书的管理范畴要宽泛,它除了公务文书之外,其私务文书往来的分量占了相当大的比重,故此处我们所讲述的不仅仅只是公务文书的处理,而称其为"文书工作的管理",它包含了"公务文书"和"私务文书"处理的管理规范。

(二)文书工作管理的要求

1. 准确及时

文书是商务活动的依据,在文书的办理过程中,任何一点失误,都有可能造成重大损失,因此,秘书必须要具有高度的责任感和严谨的工作作风,认真细致地做好文书处理工作,保证准确无误,万无一失。

文书是各种信息的载体,是企业管理的重要工具。文书所承载的信息能否迅速及时地传播,直接影响着组织或企业的工作效率。作为秘书,在文书的办理过程中,若拖压缓办,超过时限就会错过时机,贻误工作,造成损失。因此,秘书要增强时间观念、效率观念和程序观念,力求及时解决问题,迅速处理工作,杜绝办文拖拉、办事效率低的现象,努力提高文书处理水平,缩短处理时间。

2. 安全保密

文书的安全,即保证文件书信实体的安全。文件书信在运转传递过程中,要严格遵守管理制度,防止遗失;要消除人为的不安全因素,保证文件不受损坏;阅读文件时,喝茶、吸烟要小心,勿使文件受潮、被烧;印刷文件的纸张质量要好,书写、使用的墨水、油墨质量要高;在起草、修改或批注文件时要使用钢笔或毛笔,不得使用铅笔、圆珠笔;文件书信在保管中,不得乱堆、乱放、乱折叠,以免遗失或受过多的机械磨损,还要注意防火、防潮、防盗、防虫、防霉变。

文书包含了大量的单位内部机密信息,机密信息内容须保密。秘书必须牢固树立保密观念,努力增强保密意识,时刻注意并经常检查自身的言行以杜绝泄密。保密的文件资料应注意区分不同的保密期限,绝密文件应有专人负责并有安全的保管设备,在保密期内的文件,不得随便给无关人员借读或传阅。

3. 统一便捷

文书是商务活动的依据和重要的办事工具,分散则可能因壁垒阻隔、相互封锁而造成工作不协调,影响工作效率,因此,文书工作必须集中统一管理。要统一组织和安排文书工作的管理,建立和健全有关文书工作制度,文件的收发、分送、传递等要由文书处理部门或秘书统一负责。

文书集中统一管理的目的是为了利于协调，但集中统一管理的使用则应便捷，这样才能真正起到提高效率的作用。使用便捷的做法在于简化领用手续，讲求实效。

(1) 发文数量要控制。凡是能够不发的文件一律不发，能够少发文的尽量少发，能够用其他方式解决问题的就不要发文。

(2) 运转程序要精简。减少不必要的层次和工作环节，有效控制程序。凡能够直接送阅的，就不要装封邮寄；能会议传达的就不要人人传阅；能直接送阅的，就不要层层转送。

(3) 管理要便于使用。文书管理要严格，手续要严密。管理文书的目的在于方便使用，应当根据这一目的制定文书的管理办法，使其符合简便的原则。

第二节　秘书文书处理程序

学习目标：

- 掌握秘书收发文书的程序和步骤。
- 掌握秘书拆阅处理文书的技能。
- 了解上司出差后须上司处理的文书的处置方法。
- 掌握秘书文书的立卷与归档工作技能。

案例导入：

小毛刚毕业，被招聘到中信集团办公室任见习秘书。她不是秘书专业科班出身，因此，总经理安排她先跟着办公室秘书王丽做事，让王丽多带带她，使她早点熟悉工作。

周二上午刚上班，王秘书拿了一个专用大文件袋来到办公室，把小毛叫过来，对她说："这是今天收到的信件，我们一起把信件处理一下，你学着点。"小毛很高兴，今天又有新工作做了。

王秘书把信件从袋子里倒出来，让小毛数一下有多少封。小毛很认真地数了数，一共有18封。王秘书先把私人信函挑出来放在一起，又把标有密级和"某某亲启"的信件放在一起，对小毛说："你把剩下的这些信件按部门分开。"小毛动作迅速，很快就分好了，王秘书很满意。

接下来，王秘书拿出信件登记簿，让小毛把分好的信件进行登记。小毛很快填写完了登记簿的内容。王秘书拿起登记簿检查了一下，说："登记得不错，现在该拆信了。"她拿出一把剪刀递给小毛，刚想告诉小毛怎样拆信。这时，电话铃响了，是总经理挂来的电话，让王秘书马上去他办公室一下。

王秘书放下电话回过头来对小毛说："我得先去总经理那一趟，正好把他的信件带过去。你先干点别的工作，信等我回来一起拆。"说完，拿起标有总经理亲启和标有密级的文件走了。

王秘书走后，小毛想：看来信件处理不是件很难的事，前面的工作我做得很好，王秘书都夸我了，拆信不是很简单吗？我自己先做就是了，等王秘书回来说不定又夸我能干了。说干就干，她右手拿剪刀，左手拿信件，把剩下的信件一封一封从封口的顶部剪开，拿出里面的文件，摊在办公桌上。正在她忙着剪开最后一封信件的时候，王秘书回来了，一进门，被眼前的情景吓坏了，赶紧喊："小毛，你在干什么？快住手！"小毛被王秘书吓了一跳，说："我在拆信啊。你看，我都拆完了。"说完，一脸得意，等着王秘书夸她。

王秘书被她弄得又好气又好笑，严肃地说："小毛哇小毛，信件不是这样拆的。为什么不等我回来？"小毛不服气地说："那应该怎么拆？"

王秘书说："首先，别的部门的信件我们是不能拆的。幸亏我把总经理和标有密级的信件带走了，否则，后果不堪设想。还有，拆信的时候一定要小心别剪到里面的信纸。你看，你已经把好几封信的信纸都剪破了，还把信封里面的东西乱扔，把文件都弄乱了。另外，拆信时应该把每封信里面的文件都拿出来，然后按顺序叠好，连同信封一起用回形针别好。"小毛不说话了。王秘书接着说："我看，你要学习的东西还很多，但首先你要改掉毛躁的缺点，做事多动脑筋，工作要踏实。"

秘书每天都要收到很多信件，包括信件、印刷品、报纸、杂志、包裹等。信件接收时要签收；接收的这些信件有的是公函，有的是私人函件，有的是有密级的文件，有的只是普通的宣传品，应对其进行分类，私人信函和有密级的文件不能随便乱拆；部门信件应送给部门拆阅；公函拆封时要注意保持原信封的完好，特别要注意封内文件不能损坏；拆封后要进行登记等。信件的收发、分拣看起来很简单，实际上要做好并不容易。因此，秘书人员在做这项工作时要细心负责，更要熟练掌握收发文件的程序和方法。

(根据孟庆荣主编《秘书工作案例及分析》的案例修改，清华大学出版社2007年6月版)

一、文书的收发与处理

(一)文书的收文程序

1. 签收

1) 清点

清点实收信件数与投递清单上的件数是否相符。

2) 检查

(1) 检查文件信封上或封套上所注明的收文机关、部门、姓名是否都是本机关的，如有误投，应立即退回。

(2) 检查包装和封口是否损坏。

(3) 文件经清点检查无误后，收件人要在送件人的"投递回执单"或"送文簿"上签字，并注明收到的时间。

2. 分类

分类就是将信件(文件)按急件、要件、密件、例行公事件、私人件五类进行区分，归入五个规格一致但颜色不同的专用文件夹内。

3. 呈送

(1) 信件(文件)中的要件(如保价函件、特快专递、重要人物或重要部门的来信)和密级文件，秘书不能随便拆阅，应立即呈送具有拆阅上述文件权限的上司拆阅。此类信件呈阅时应登记并要求收件人签字。呈阅登记表样式见表6.1。

(2) 部门信件和私人函件也不能随便拆阅，应分别送部门和个人拆阅。

表 6.1 要件和密级文件呈阅登记表

序号	发件时间	收件时间	信件名称	来件人及单位名称	收件人	签名	备注

4．拆封

(1) 启封公务信件，要求用剪刀、拆信器或电动信件启封机等工具。要注意保持原信封的完好，不能剪坏信封上的文字、邮戳和其他标识；特别应注意封内文件不能损坏，开拆前应用手提起信件，左侧朝下在桌面上轻碰数下，让信封内的物件沉落到信封左侧，然后再于信封右侧边沿剪开。如果有必要，还应把原信封订在文件后面，以便日后查阅。

(2) 开拆后，秘书即应对信函内的物件进行检查，检查的内容主要有：信封内的物件（信纸及附件）是否全部取出；信件中所提附件与信封内随寄附件是否相符；信件和信封上的地址、姓名是否一致；如果发现有不相符的情况，应及时做好标记或与寄信人取得联系，予以确认；如发现有不属于本单位的文件，或内装文件与应送文件不符，一般应予以退回。

(3) 如果接收的信件是单位订购的物品，秘书还应找出订购副本，核对订购物品的品种、规格、数量等是否与订购单一致。

(4) 如果接收的是传真信件，必要时秘书应将传真信件进行复印后再作处理，因为传真用的热敏纸上的字迹不能长久保留，因而不能直接存档。如果接收的是 E-mail 信件而上司又不习惯机上阅读，秘书还要将它打印出来呈上司处理。

(5) 有时，由于一些信封上未标明"私人信件"、"亲启"或"保密"等原因，不慎误拆了这些信件，秘书应及时向收信人道歉并予以说明；如果无法直接见到收信人，应将这些信件连同信封一起装入本单位的信封里，在上面注明"对不起，误拆"等字样，并注上自己的姓名，转呈收件人。

5．阅信

(1) 秘书可以处理的信函在拆封后应阅读处理。

(2) 属自己职责范畴的来信在阅后就可直接办理或复函。

(3) 需要上司或其他相关部门处理的信函，秘书在阅读时可注出重点部分，批注时应用尺和黄色笔（因如需复印，黄色不会在复印件上显现）在这些内容下面画上直线，或在信件（文件）上用简练的文字作旁注，以提醒上司或相关部门注意。

(4) 批注后的信件要及时转送。

(5) 重要的信件（文件），转送前最好复印一份保存，以备查考。

6．登记

秘书处理的所有文件都应进行登记。登记时，按收文登记簿中所列内容逐项登记，收文登记簿表格样式见表 6.2。收文登记的目的在于方便秘书掌握重要的、需要办理的信件的去向、办理结果及办妥后的归档。

表 6.2 收文登记表

序号	收文时间	文件名称	发文单位	文件标题或摘要	附件	承办单位	签收人	办理期限	归卷日期	存档号

7．处理

登记后，秘书应在需要办理的每份文件的首页贴上"文件处理单"。文件处理单样式见表 6.3。

"文件处理单"是供上司批注文件办理意见和办理结果的记录凭据。其纸幅一般为文件纸幅的一半，以上不遮盖文件的眉首和标题、下与文件地脚并齐为原则，左侧粘贴，随文件一起运转并归档。

表 6.3 文件处理单

文件标题			
发文机关		文件字号	
批办			
拟办			
办理结果			

8．拟办

拟办是指在领导人批办之前，由秘书部门负责人或经授权、具有较高水平的秘书人员，在仔细研究文件的基础上，提出如何办理文件的初步意见或建议，供领导人批办时参考。

1) 拟办文件的范围

(1) 上级机关下达需要领导传阅或要求本机关办理落实的文件。

(2) 下级机关和内设部门上报的需要领导阅知或本机关答复的文件。

(3) 其他机关主送本机关需要答复的文件。

2) 拟办文件处理方法

(1) 阅知件拟办。阅知件是指只需领导阅读了解情况，无须具体办理的文件。其处理方法如下。

- 来文内容只需有关领导或部门阅知，不需办理，阅后即可归卷的，可写明"请××和××(姓名和职务)阅"。
- 内容重要，事关全局，必须让领导成员都阅知的文件，可写明"请党委常委(职务

- 问题必须交有关部门处理，但内容应该让分管领导知道的文件，可写明"请××(姓名和职务)阅，并由××同志(或部门名称)处理"。

(2) 阅示件拟办。阅示件是指需领导人阅读并批示的文件。阅示件拟办的具体方法如下。

- 需要具体办理或要进行传达贯彻的文件，应当请领导人阅后批示，再由有关部门或秘书部门根据领导批示办理的，可写明"请××(姓名和职务)阅示"。
- 内容涉及两位及以上的分管领导，必须由两位及以上分管领导共同研究、提出处理意见，再行处理的文件，可写明"请××、××(姓名和职务)阅示"。
- 内容重要，必须由领导班子集体研究作出决定的文件，可写明"此件请党委常委(职务范围)传阅，并拟在××会议研究"。

(3) 阅办件拟办。阅办件是指需要领导阅知批示并具体办理的文件。阅办件的拟办方法如下。

- 来文内容重要且较为复杂，必须请领导人阅知并办理批示的，拟办时要提出如何办理的具体建议，如说明可能涉及哪些方面的工作或问题、过去办理此类文件的情况、此件应由哪个部门办理(如需两个以上部门办理的应当提出主办部门)、如何办理、办理时限等。
- 文件涉及重大问题的，拟办时应附上有关的背景材料或上级有关规定。情况不明的，应进行初步调查，掌握实际情况，形成调查材料，一并向领导人提供，以便领导人作出全面、正确的判断和批示。
- 属一般业务性问题，需要职能部门负责人阅知并由职能部门办理的，可将来文直接转有关部门处理，具体意见可写明"请××同志(或部门名称)阅办(阅处)，并直接答复来文单位"。
- 涉及事项较为重要，职能部门办理完毕后须向分管领导做口头或书面汇报的，可写明"请××同志(或部门名称)阅办，办毕向××(分管领导姓名和职务)汇报"。
- 转给职能部门或下级单位的文件，要写明文件办理后是否应退回、由谁保存归档等意见。

(4) 呈报、呈转件拟办。呈报件是指下级机关或部门上报并未要求转发的文件，呈转件是指下级机关或部门上报并要求批转、转发的文件。其拟办方法如下。

- 呈报件如对其他机关或单位有参考价值，可建议领导人转发或批转，拟办的意见可写为："此件在××方面具有一定的借鉴意义(或指导作用)，拟转发至××(领导人姓名和职务)阅示。"
- 呈转件如内容无特色或不成熟，可以不予批转或转发，拟办时可写明"此件内容一般，拟不转发，请××(领导人姓名和职务)阅示。"

3) 拟办的要求

拟办是秘书部门辅助领导决策，当好参谋、助手的重要一环，也是秘书部门和秘书人员思想、政策水平和业务能力的集中体现，应予以高度重视。拟办时要求做到以下几点。

(1) 了解机关或单位内部机构设置和具体职能分工，掌握每位领导人的职权范围，熟悉各项工作的流程和规则。

(2) 在认真阅读文件、切实领会文件的精神实质和具体的办理要求的基础上，从本机关或单位的工作全局出发，尊重客观实际，提出切实可行的建议。必要时可向领导人提出多套方案以供选择。

(3) 拟办意见力求简明扼要，语气应当是建议性、祈请性的。拟办人要亲署姓名，写明日期，以示郑重负责。

9．批办

1) 批办的含义和权限

批办是领导人对来文由谁办理、如何办理作出决断的行为。批办方法如下。

(1) 全局性、事关重大的文件由主要领导亲自批办。

(2) 业务文件由分管领导批办。

(3) 日常事务性文件可由秘书部门负责人批办。

(4) 领导人批办、明确承办部门后，秘书要做好再分文的工作。

2) 批办的要求

(1) 需组织传达和传阅的文件，要批明传达或传阅的范围、方法、时间。

(2) 需本机关贯彻执行的，要提出具体的贯彻措施和步骤。

(3) 需向下交办落实的文件，应批明承办部门或承办人员及承办期限和要求；如需两个以上部门会办的，应批明主办单位。

(4) 涉及方面较多的文件，应实行有关部门会批。会批中产生分歧难以协调的，呈送主要领导人批示。

(5) 批办的语言要明确、清楚，姓名和日期要完整。

10．传阅

1) 组织传阅范围的依据

(1) 来文中规定的阅读范围。

(2) 领导人批办意见中提出的阅读范围。

2) 组织传阅的方式

(1) 阅文室传阅。规模较大、收到文件较多、阅读范围较广的机关和单位，应当专门设立阅文室，既便于集中管理文件，也便于领导人和其他阅读对象随时抽空前来阅读文件。

(2) 以人立户传阅。指为每位领导人设立一个文件夹，将一段时间内领导人需要阅读的文件组合在一起，呈送阅读。采取以人立户传阅的方法，必须填制"文件送阅单"，由领导人阅读后签字。文件送阅单样式见表6.4。

(3) 以文立户传阅。如果收到的文件只有一份，而阅读的范围较广，可将这份文件立为传阅的户头，在规定的阅读范围内进行传阅。采取以文立户传阅的方式，秘书应填制"文件传阅单"，每位阅文人阅读后应在"文件传阅单"上签字。文件传阅单样式见表6.5。

3) 组织传阅的要求

(1) 避免"横传"。所谓"横传"，是指领导人之间绕开秘书自行横向传阅文件，这极容易造成文件的压误或丢失。因此，应当实行以秘书为轴心的"直传"。即第一位领导人应当将阅读后的文件直接退给秘书，然后再由秘书送给第二位领导人阅读，以此类推。这一办法尽管手续较多，但能够切实保证文件的安全，并从整体上提高文件处理的效率。

表 6.4　文件送阅单

阅文人：_____　　　　　　　　　　　　　　送阅时间：_____年__月__日

序号	文件标题	来文机关	来文字号	密级	阅读范围
1					
2					
3					
4					
5					
6					
批示意见					

注：请于××××年××月××日前退回。

阅文人签字：_____

签字日期：_____

表 6.5　文件传阅单

来文单位		来文字号		〔　　〕号	
文件标题					
收文日期	年　月　日	收文号			
阅文人签名	阅文时间	阅文人签名		阅文时间	
	年　月　日			年　月　日	
	年　月　日			年　月　日	
	年　月　日			年　月　日	
	年　月　日			年　月　日	
	年　月　日			年　月　日	
备注					

(2) 分清主次。当来文份数较少时，应优先安排主要领导人或与文件有关的主管部门阅读。

(3) 灵活调整。指要根据文件传阅的具体情况灵活调整传阅次序，提高传阅速度。

(4) 加强催阅。对已经传递给领导人的文件，应加强催阅，以免延误。

(5) 保护文件。组织传阅时，要将文件放在文件夹内，避免直接磨损。

(6) 及时处理。在文件的传阅过程中，领导人如有批示，应及时办理。

11. 承办

1) 承办的含义

承办是指承办部门或承办人员根据领导人批办的意见和文件的内容、要求，对文件进行具体办理落实的过程。

2) 文件承办的方式

(1) 传达承办。对需要向下传达的文件，可以会议、电话或转发的方式进行传达。

(2) 专案承办。对需贯彻执行或具体落实的文件，指定专人或成立专门的工作小组(如专案组、调查组、督察组、起草小组等)进行专题研究，提出切实可行的措施和办法，形成有关文件，下发给下级部门和单位，组织贯彻落实。

(3) 答复承办。即以适当的方法答复对方的来文。答复的方法有电话答复、当面答复和回文答复等。

3) 文件承办的要求

(1) 务求时效。承办部门收到交办的文件后，应当及时办理，不得延误、推诿。紧急文件应当在规定的时限内办理完毕，确有困难无法按时办理完成的，应当提前说明并获得同意。

(2) 分清主办与协办。主办部门负责牵头、协调、拟稿，并与协办部门充分协商，取得一致；如果意见不一，应及时报请有关领导人裁定。

12. 催办

1) 催办的含义

广义上的催办是指对每道文件处理环节的催促；狭义上的催办是指对文件承办环节的督促、检查，提醒承办部门和承办人员及时办理，防止文件积压。

2) 催办的方法

(1) 电话催办。文件发出一定时间后，秘书人员可用电话向承办部门或单位询问办理情况，直至办理完毕。电话催办的间隔时间，视文件的轻重缓急程度而定。每次电话催办的情况都要记录在案。

(2) 书面催办。重要文件在交办、转办或发出一段时间后，可发催办函或催办通知单督促对方抓紧办理。催办函或催办通知单可以临时书写打印，也可以制成统一格式。文件催办单样式见表6.6。

(3) 派人催办。机关之间驻地较近或事关重大而又紧急的事项，可派专人催促办理。

13. 办结

1) 办结的含义

办结是指由具体承办人在文件处理单上留注或电话回复承办结果和日期，表明文件办理结束的行为。

2) 办结留注的方式

(1) 以收文方式承办的事务，在文件处理单上留注承办内容、处理方式、处理结果，并注明承办单位和日期以回复。

(2) 以专案方式承办的事务，应拟文注明调查结论和处理结果，并将有关结论性材料的名称(标题)、编号、承办机关或部门、承办人姓名、内容要点等一起留注。

表6.6 文件催办单

中 信 集 团 办 公 室
催办文件通知单(存根)

中信催字( )号

被催办单位			
文件标题			
催办文件字号			
交(转)办日期			

中 信 集 团 办 公 室
催办文件通知单

中信催字( )号

_____：

　　《_____》(收文号_____)已于_____年__月__日交给你们承办，请你部将办理情况速告集团办公室督察科。

电话××××××××

中信集团办公室
_____年__月__日

(3) 上级机关批示交办并查办的事务，应向上级机关书面报告承办结果。书面报告的发文名义、发文字号、主送机关、标题、成文时间等应当留注。

(4) 以电话或面谈的方式承办的事务，可以回文也可以电话回复处理结果。电话回复应登记清楚承办内容、处理方式、处理结果，并注明承办单位和日期以留注。

(二)上司外出时文书的处理方法

(1) 上司如果习惯每天都给办公室挂电话，秘书则可以把必须由上司处理的信件的内容大致记录一下，以便随时向上司汇报。

(2) 如果上司没有每天给办公室挂电话的习惯，秘书则应该主动挂电话把需要上司亲自处理的信件告诉他，或者传真一份给他。

(3) 上司没有授权而又必须由上司亲自拆阅的急件、保密件等，在可能的情况下与发件人联系，告诉对方因上司出差，可能要等到何时才能得到答复。

(4) 如果很紧急，则要办理转寄手续。转寄时应在未拆封的原信上套上本单位的信封寄出，保密件的转寄还得按保密件的寄发手续办理并寄发。

(5) 上司出差而积压的信件较多时，秘书应对积压信件作分类处理。即把信件分类装入纸袋，标上"待签信件"、"待处理信件"、"需阅读信件"和"一般阅读材料"等字样，在上司回来后及时交给他，方便上司分轻重先后处理。

(三)文书的发文程序

1．核对名址

即对要寄发的文件进行查对，检查信封上的收信人姓名、地址与信笺上的收信人姓名、地址是否一致。

2．检查附件

即检查信函的附件是否放进信件，附件是否齐全。

3．信件分类

将各类信件、包裹等分类，快件立即处理，大宗的信件可以捆扎好运送邮局寄送。

4．信件标记

即检查信封上应该标注的标记是否标注。

5．邮政编码

即检查信封上收信人的邮政编码是否正确。

6．签发信件

重要的文件必须有领导者的审核签名才可寄发。

7．装封登记

(1) 信件装封要考虑方便收件人拆阅，故折叠时应将信纸的上下和左右与信封留有0.5厘米的间距；多页文件应按顺序折叠成一叠，不能单页折叠。

(2) 附件要与信件正文分开，应把附件叠好放在正文的最后一叠中，使收件人取信时，方便把附件一同取出。

(3) 文件装封好后，重要的文件在寄发时应登记，以便于工作的跟踪与落实。

二、文书的立卷与归档

(一)文书的立卷

1．文书立卷的概念

文书立卷是指把已经办理完毕的文件(信件)，根据其相互联系、特征和保存价值分类组成案卷的整理过程。文件(信件)立卷能保持文件之间的历史联系，便于文件(信件)的今后查找和利用，既可保证文件(信件)的安全和完整性，又可为单位的档案工作奠定基础。

2．文书立卷的范围

在日常的工作中会产生很多文件，并不是所有的文件都需要立卷，这就需要明确立卷的范围。根据国家档案局发布的《关于不归档的文件材料的规定》，下面列出了不需要立卷与归档的文件材料。

(1) 上级机关的文件材料中，普发性不需要本机关办理的文件材料。

(2) 任免、奖惩非本机关工作人员的文件材料。

(3) 供工作参考的抄件等。

(4) 本机关文件材料中的重份文件。

(5) 无查考利用价值的事务性、临时性文件。

(6) 一般性文件的历次修改稿、各次校对稿。

(7) 无特殊保存价值的信封，不需办理的一般性人民来信、电话记录。

(8) 机关内部互相抄送的文件材料。

(9) 本机关负责人兼任外单位职务形成的与本机关无关的文件材料。

(10) 有关工作参考的文件材料。

(11) 同级机关的文件材料中，不需贯彻执行的文件材料，不需办理的抄送文件材料。

(12) 下级机关的文件材料中，供参阅的简报、情况反映的文件材料。

属于以上的文件范围就不需要立卷，其他的就需要立卷归档。

3．文书立卷的方法

(1) 按作者特征立卷。即将同一作者制发的文件(信件)组合成案卷。作者指制发文件(信件)的机关、部门及其领导人。特别强调"同一作者"，本机关的发文、直接领导机关、某一个下级机关的来文，都可以采用按作者特征立卷。按此特征立卷，有利于反映同一文件(信件)作者的工作状况及本机关与某机关之间的工作联系，有利于依据文件(信件)来源确定其重要程度和保存价值。

(2) 按问题特征立卷。即将反映同一事件、案件、人物、问题、业务活动和同一性质工作的文件(信件)集中在一起组卷。按问题特征立卷，将同一主题的一系列关系密切的文件(信件)组合成一个整体，可反映"同一问题"发生、发展以及解决的全过程，既能保持文件(信件)之间的有机联系，又能符合利用者按问题(主题)检索文件(信件)的习惯。这是常用的立卷方法。

(3) 按时间特征立卷。即按照某一问题下文件(信件)产生的时间顺序将文件(信件)编立成案卷。按时间特征立卷，可以反映出一个机关(部门)在不同时期的工作特点和发展状况，有利于保持同一时间文件(信件)的联系，可以使利用者从"纵"的(历史)联系中去把握、认识事物的发生、发展、影响等，为那些需要根据时间特征检索文件(信件)的人们提供方便。一般按永久(50年以上)、长期(15～50年)、短期(15年以下)三种时间分类。

(4) 按名称特征立卷。即将名称相同或性质、作用相同、相近的文件(信件)集中组卷。文件(信件)名称即文种，它反映了文件(信件)的性质、效能和价值，因此，按文件(信件)的名称特征立卷，可适当区分文件(信件)的重要程度和保存价值。还可以把名称相近、保存价值相近的文件(信件)合并立卷，但要注意名称相同、其性质不同的一名多用情况。按名称特征立卷,可以满足人们从文种角度利用文件(信件)的需求。

4. 文书立卷的步骤

将文件(信件)归类到适宜组成案卷的数量时,即可按照下列步骤进行组卷:排列卷内文件(信件)、编卷内页码、填写卷内目录、装订案卷、加贴卷末备考表、填写案卷封皮。

(二)归档

归档是指机关文书部门或业务部门,将处理完毕的文件(信件)整理立卷,定期移交给机关档案室集中保存的过程。

按照国家有关规定,归档案卷必须有完整的移交目录。编制移交目录是档案移交的重要手续,没有编制移交目录,案卷就无法移交,档案室就不会接收,文书部门也就不能不明不白地把案卷送走。

档案室在接收档案时,要根据移交目录检查案卷,检查无误后方可在移交目录上签字。移交目录最少两份,交接方各保存一份。

综合练习与实训

一、思考题

1. 什么叫文书?什么叫公务文书?公务文书的特征是什么?
2. 公务文书的眉首、主体、版记三部分各包括哪些项目?
3. 发文字号由哪三部分组成?拟写中要注意什么问题?
4. 收文处理的基本程序是什么?
5. 简述收文中拟办及拟办文件的处理方式。
6. 简述文件传阅的基本方式。
7. 简述催办及催办的基本方法。
8. 简述发文工作的基本程序。
9. 简述文件处理后立卷的方法。
10. 简述立卷后的文件归档的程序。

二、案例分析

案例(一)

小王是应届的硕士研究生,毕业后分配到一家研究院下属的第三研究所工作,这个研究院下属五个研究所和两个部。正巧,所里办公室助理缺编,由于他本科学的是行政管理专业,所以领导就让他担任这个职务。他本来以为学过这方面的知识,做事情应该能够得心应手,谁知他上任后做的第一件事就让他困惑了。

事情是这样的:主管技术的刘副所长让他给科技部起草一份公文,申请采购一套试验设备。小王心想这写文件可难不倒他,在大学学习时,上应用文写作课,他可是学得很认真,下了不少功夫的。

小王回到办公室,静下心来仔细琢磨刘副所长交代的任务,分析行文的目的。最后,根据刘副所长话里的意图，他认为这次行文的文种应该确定为公函。因为根据行文规则，公函属于平行文，是平行机关和不相隶属机关之间请求和批准时使用的公文。他们所与科技部两者之间就是平行关系，所以即使是请他们批准采购，那也应该用平行文公函这个文种来行文。

确定好文种后，王助理根据所学知识，很快就写好了一篇格式规范、内容充实、文字顺畅的公文，然后兴冲冲地拿着写好的公文给刘副所长审阅。谁知刘副所长拿过公文一看，马上说："不行，文种写错了，应该是请示，怎么能用公函呢？"小王说："不会错，根据《国家公文处理办法》的规定，就应该用公函行文，我在学校就是这么学的。"刘副所长一听很不高兴，批评小王说："小王，你太不谦虚了，我在这所里这么多年了，给科技部的类似内容的文都是用请示的。我们和科技部是平级单位，可在业务上归其领导，你不能把课本的知识死搬硬套，太教条了，赶紧拿回去重写。"

在回自己办公室的路上，小王困惑了，到底谁错了？

（根据孟庆荣主编《秘书工作案例及分析》的案例修改，清华大学出版社2007年6月版）

请问：本案例中两者到底谁错了？为什么？如果是刘副所长错了，你应该怎样与其沟通，使其认识到自己的错误？

案例（二）

华美服饰有限公司的李秘书一天早上收到了一封来信，拆开一看，原来是一跨国公司发来的询问函，想了解华美公司一员工的表现情况。李秘书一看了解的对象是自己的好友，马上提笔给对方回复了一封热情洋溢的信，极力表彰该员工在公司的表现，并大力推荐，信写好后她加盖了单位公章就立即寄出去了。

（根据黄海主编《办公室工作实务》的案例修改，电子工业出版社2009年1月版）

请问：张秘书的收文处理工作有何不妥？

案例（三）

宏利公司南昌分公司刚成立不久，公司各方面的工作还在适应和调整当中。这天，公司销售部萧经理代拟了一份以公司名义发出的急件，他将文稿打印在空白的复印纸上送到公司办公室。办公室的秘书小李一看是急件，二话不说就盖了公章，萧经理拿着盖了章的文稿急忙送到总经理处签字。总经理看了觉得某些地方还不太满意，于是又用笔在文稿上修改，最后在文稿的下方空白处签上了自己的姓名和日期，吩咐秘书立即发送出去。

（根据黄海主编《办公室工作实务》的案例修改，电子工业出版社2009年1月版）

请问：你觉得上述人员的发文处理是否正确，为什么？发文工作正确的程序应是怎样的？

案例（四）

某汽车销售公司的档案管理人员小肖在文书立卷归档过程中发现上次公司大型车展活动中的文件缺少一些新闻报道和相关图片，邀请的上级领导的讲话稿也不见了，同时还有些重要的机密文件跟一般文件放在一起。几经查找，她将文件收集齐全，并且将机密文件和一般文件进行了分开处理。事后她将发现的问题写了份报告交给领导，分析文件收集不全以及机密文件与普通文件混杂的原因，据她分析，文书归档出现遗漏的原因主要有：一是有些承办人员不愿意将自己认为有用的文件归档，担心用起来不方便；二是一些文书人员未按归档范围收集文件；三是公司内部未进行立卷分工，存在遗漏立卷和重复立卷的情况。另外在区分机密文件与普通文件的问题上主要是归档人员没有注意保管期限的划分标准，针对这些现象，她提出一些合理化的建议，受到了领导的表扬。

(根据黄海主编《办公室工作实务》的案例修改，电子工业出版社 2009 年 1 月版)

请问：对该汽车销售公司文件出现缺失和遗漏的情况，你认为该怎样补救？今后该公司文书的立卷和归档应如何规范管理？

三、情景实训

(一)收文处理程序和方法

1. 实训目标：通过本实训，掌握秘书收文处理的程序和方法。

2. 实训背景：秘书小沈今天收到 21 件信函。她根据收件部门的名称进行分类，有 5 封信是人力资源部的；6 封信是销售部的；1 封是计财部的；1 封是科研部的；1 封在信封上标有机密字样的公司收件；1 封信封上写总经理亲启；另 2 封是总经理办公室的；剩下的 4 份是报纸杂志。模拟小沈对上述收件的处理。

3. 实训内容：秘书收件分拣、分送、登记、处理程序和方法。

4. 实训要求：

(1) 本实训在综合实训室进行。

(2) 实训室中日常办公用品配置齐全，有拆信专用工具、收文登记簿及阅文处理单等。

(3) 本实训每个人独立完成。

5. 实训提示：

(1) 收件分类一般按急件、要件、密件、公事件、私人件分拣。密件、部门信件及私人信件呈送相关人员拆阅。

(2) 属秘书可处理的信件要进行拆阅、登记、处理(拟办、批办、传阅、转办或承办、办结归档)等程序。

(二)掌握文件归档的方法与技巧

1. 实训目标：通过本实训，掌握归档文件的范围和文件归档的方法与技巧。

2. 实训背景：小张刚招聘来集团总经理办公室当秘书，主任让她先学习管理档案。在综合模拟档案室里，小张分拣归类各部门送来的文件资料，然后组卷归档。

3. 实训内容：根据所给的背景材料，分拣归档文件资料和不归档文件资料，按一定根据立卷组卷，排列和填写目录，装订案卷存档。

4. 实训要求：

(1) 本实训在综合模拟档案室进行。档案室配置有存档橱柜、案卷封皮及装订案卷的办公用品等。

(2) 实训分小组进行，5 人一组，其中 1 人扮演小张，1 人扮演上司，其余扮演送文件资料的部门秘书人员，扮演上司和送文件资料的人员同时兼负考评之责。

(3) 组内每个成员都要轮流扮演小张一次，每个同学在演练过程中一定要严肃认真，最好都能按照实训内容设计演练的脚本(包括情节和台词，并给本小组成员分派角色)。

5．实训提示：

(1) 根据国家档案局发布的《关于不归档的文件材料的规定》中列出的不需要立卷与归档的文件材料，剔除不立卷归档的文件资料。

(2) 文件资料立卷归档的方法和步骤见本章"公文立卷归档"的相关内容。

第七章 秘书的会务工作

本章学习要求：

秘书会务，即秘书会议事务的简称，包括会前的筹划准备、会间的组织服务、会后的事务处理及决策落实工作。要求通过本章的学习，领会会议、会议构成要素、会议种类、会议作用等的含义；掌握秘书会务工作的内容，包括确定会议议题，编排撰拟会议议程、会议日程和会议方案；确定会议对象及会议规模；制发会议通知和会议文件资料；安排会议时间和地点；布置会场；安排会议食宿和会议接送引导；组织会议进程和会议期间的沟通协调、安全保卫、参观娱乐活动；安排会后返离及会议文件的清退整理归档等会务工作的技能技巧的综合应用。

第一节 会议概述

学习目标：

- 正确领会会议及会议相关概念的含义。
- 了解会议的构成要素及会议的作用。
- 了解企业常见的会议种类。

案例导入：

一跨国公司总裁即将到中信集团进行投资合作考察，陈总经理认为有必要以文明整洁的面貌迎接跨国公司总裁的到来，因此要秘书王琳安排一个整治环境卫生动员大会，请各部门负责人出席。

王秘书起草会议通知时想：我们某些部门的领导对环境卫生问题一向不大重视，要是他们知道召开的是整治环境卫生动员会，就肯定不会亲自出席而是派员"替会"。怎么办？思虑再三，灵机一动，他拟写了一份通知，内容如下。

会 议 通 知

经集团领导研究：拟定于3月6日下午3:00在集团办公大楼第二会议室召开各部门负责人会议，会议重要，请各部门负责人务必准时出席。

中信集团办公室
××××年3月3日

通知发出不久，办公室就络绎不绝地接到各部门的询问电话，当获知是召开整治环境卫生动员会后，各部门负责人当即气鼓鼓地吐露抱怨之语。最后，在开会的当天，来参加动员会的部门负责人稀稀拉拉,有不少部门还是派了其他的人来替会。

　　上述案例的问题在于:首先,这种议题的会议不必如此高规格;其次,王秘书的做法也欠妥。通常情况下,一份规范的会议通知,应该明确会议时间、地点、出席对象及会议内容等。不能因为担心人家不参加会议而故弄玄虚,将真情加以隐瞒,这样必然要引来微词。比较好的做法是:在下发会议通知时亲手交给出席人员,并简单说明为什么一定要大家参加的道理,这样,部门负责人也会理解并支持的。

(根据孙荣等编《秘书工作案例》的案例修改,复旦大学出版社2005年2月版)

一、会议的含义

　　《现代汉语词典》对会议一词有两种解释:一是指有组织有领导地商议事情的集会,如总经理办公会议、厂务会议、工作会议等,是一种动作行为;二是指一种经常商讨并处理重要事务的常设机构或组织,如"全国人民代表大会"、"职工代表大会"等,是一个名称。我们这里所讲的"会议",是指前一种含义的"会议"。秘书的会议事务工作指的是举行这种集会或聚会时需要帮助处理事务的内容。

二、会议的要素

　　会议的构成要素,可分为基本要素和其他要素两大类。

(一)会议基本要素

　　会议基本要素即所有会议必有的要素,包括会议名称、会议时间、会议地点、会议主持者、会议参与者、会议议题、会议方式、会议议程、会议结果。

(二)会议其他要素

　　会议其他要素即可供选择的、并非为所有会议所共有的要素,如服务机构、秘书机构、经费、文件材料、专用设备工具、各种消耗性材料等。

三、会议的种类

　　根据不同的标准,会议可分为不同的种类。

(1) 按会议的组织类型,会议可分为内部会议和外部会议、正式会议和非正式会议。

(2) 按会议的性质,会议可分为常务会议、行政会议、群众会议或法定性会议、日常性会议、专业性会议、纪念性会议、动员性会议、座谈性会议、综合性会议等。

(3) 按会议的内容,会议可分为学术会议、咨询会议、庆祝会、报告会、联欢会和竞赛会等。

(4) 按工作领域,会议可分为政治会议、经济会议、军事会议、科技会议、文化教育会议等。

(5) 按会议的时间,会议可分为定期性会议(例会)和不定期性会议、一次性会议和多次性会议。

(6) 按会议的公开程度，会议可分为绝密会议、机密会议、秘密会议、公开会议。

(7) 按会议出席对象，会议可分为联席会(由若干单位共同召集并参加)、内部会、代表会、群众会等。

(8) 按会议的功能性质，会议可分为决策性(必有决议、决定)、讨论性、执行性(分配工作、布置任务、执行政策)、告知性(发布会、说明会)、学术性、协调性、报告性、谈判性、动员性、纪念性会议。

(9) 按照会议规模大小，会议可分为特大型(万人以上)、大型(数千人)、中型(数百人上下)、小型(数十人或数人)等会议。

(10) 按会议的阶段，会议可分为预备会议和正式会议。

(11) 按会议的信息传播方式，会议可分为面授会议、观摩会议、广播会议、电话会议、电视会议、网上会议等。

(12) 按与会者的国籍及议题的范围，会议可分为国内会议和国际会议等。

四、企业的会议

(一)经理例会与经理特别会议

(1) 经理例会是指由本企业的经理们参加，研究经营管理中重大事项的办公会议。这类会议是例行的，通常每月一次或每周一次，与会者和会议地点都相对固定。

(2) 经理特别会议是在企业的外部环境或内部运转机制面临重要问题，急需领导集体研究，立即拿出解决方案时召开的会议。这类会议的主要任务是研究和解决新问题，作出相应的对策。

(二)部门员工例会

部门员工例会是某一部门定期召开，由本部门全体员工参加的会议，如生产部门例会、销售部门例会等，一般起到通报情况、交流信息、解决问题、融洽感情的作用。

(三)股东大会和董事会议

(1) 股东大会是股份制企业定期召开的例行性会议，一般每年召开一次，由股东参加，决定股份公司的最高执行方针。秘书通常在会前 3~4 个星期就要将会议通知邮寄给参会人员。

(2) 董事会是股份制企业选举产生的法人代表机构，董事会向股东大会负责，对企业的经营管理负领导责任。董事会由董事长召集和主持，但有 1/3 以上的董事提议也可以召开董事会。秘书应于董事会召开的 10 日前将通知发送给参会董事。

(四)公司年会

公司年会用于各部门报告一年来的工作业绩，确定下一年的工作计划。公司年会往往在年终举行，不仅总结表彰，还可能开展一系列的庆祝活动。

(五)客户咨询会

这类会议主要是邀请企业的客户代表、合作单位代表参加，听取客户对企业经营管理方面的意见、建议，对客户提出的问题集中给予解答。这类会议的与会者来自方方面面，有本地区的，也有外埠的；有本国的，也有外国的。这类会议规模比较大，工作难度大，要求较高。

(六)产品展销订货会

这类会议是企业经营中经常使用的一种手段，一般由销售部门负责操办，会议的主题是展示企业产品并签订销售合同，参会的对象主要是代销或购销客户，也有一般消费者。

(七)业务洽谈会

业务洽谈会的内容广泛，可以是技术合作、资金合作、联合、协作、购销等多种内容，是企业经营中的一项重要活动。企业的领导人常常亲临此类会议。

(八)新产品新闻发布会

企业研制出新产品并准备将其推入市场时，常常采用新闻发布会的形式进行宣传。

五、会议的作用

(一)民主决策的作用

会议是实行民主决策的一种重要手段。通过会议，使人们畅所欲言，各抒己见，从而集思广益，博采众长，比较优劣；统一认识，少数服从多数，形成决定或决议并付诸实施。

(二)行使权力的作用

会议是发扬民主、行使民主权利的基本形式。如通过会议，讨论、选举领导人；评议、弹劾领导人；以提案、建议确定大政方针等。

(三)领导和指导的作用

通过会议制定决策并贯彻、指导决策的执行。

(四)交流信息的作用

通过会议沟通交流、互通情报；上情下达、下情上传。

(五)宣传教育的作用

通过报告会、表彰会、庆祝会、总结会、审判会等起宣传、警示的教育作用。

(六)研讨和咨询的作用

通过学术交流会、业务咨询会，展示理论见解和科研成果，或解释、表述大政方针拟定的依据，达到形成共识的目的。

第二节 秘书会前的准备工作

学习目标：

- 领会并掌握会议议题、会议议程、会议日程与会议方案等知识及拟制上述项目的技能。
- 能根据议题确定与会者、发送会议通知、制作各种会议证件及文件资料。
- 掌握选择并预定会议室、布置会场、准备会议物品等技能。
- 掌握接站、报到、安排与会人员的食宿和交通等技能。

案例导入：

中信集团决定于12月20日召开下年度公司产品销售会议，销售公司经理必须参加会议。陈总经理在交办此事时特别交代王秘书，会议通知要提前发出，以便销售公司黄经理预先安排工作。王秘书接到指令后，马上将开会的时间、地点、内容、要求通知到销售公司的秘书科，要他们及时向黄经理汇报。但到开会的前一天，黄经理有事与陈总经理通电话，电话中陈总经理告知明天开会的事，可黄经理却说："没有接到通知，我已安排明天召集东南片区各销售部经理开明年的销售计划会议，有几十人参加，怎么办？"总经理听后马上找王秘书查问，王秘书说总部的销售会议通知已于当天发出。

那为什么会出现这个问题，原因在哪里？

经与销售公司秘书科核查，会议通知确实是当天已通知到销售公司的秘书科，当班的秘书已做了电话记录，但当时已接近下班时间，当日黄经理在外地出差，电话一时没有连接上，当班秘书因要去幼儿园接孩子，便匆匆忙忙下班离去。第二天，他把此事给忘了，故而造成了现在两会冲突的局面。

最后，经协商，黄经理服从总部的安排，推迟销售公司安排的片区经理会议，先参加总部的产品销售会议，然后再召开片区销售会议。

像这种重要的会议及关键的与会人员，会议通知必须直接送达并落实到其本人，同时，在可能的情况下，会前两三天还得再一次加以核实，这样，才能保证不会发生矛盾冲突。

一、秘书会务准备工作概述

(一)会议议题

会议议题即召开会议所要解决的问题或事项。它是会议的宗旨、内容和任务，对整个会议起导向的作用。

1. 会议议题的提出

(1) 大中型会议的议题，由会议领导机关或领导人提出。

(2) 代表会议或代表大会的议题，需通过法定程序确定。

(3) 日常性会议的议题，由分管某项工作的领导人提出。

2. 秘书要做的工作

(1) 收集议题并进行筛选分类，然后据此向领导提议需召开什么类型的会议。

(2) 安排每一个会议所要研究或解决的议题内容。

(3) 拟制并提议解决这些议题中暴露出来的问题的方案，以供领导决断。

(二)会议议程

1. 会议议程的概念

会议议程是指会议对讨论研究议题前后顺序进行安排的具体议事程序。

2. 编制议程的原则

(1) 编制会议议程顺序时，应按议题所涉及各种事物的习惯性顺序或本公司章程对会议议程顺序规定的原则进行安排。

(2) 不同性质内容的议题原则上是不能放在一次会议上研究的，秘书要尽量将同类性质的问题集中排列在一起，再按议题轻重缓急程度，将重要、紧迫的议题安排先讨论；次要的、可暂缓的议题安排在后面讨论。

(3) 保密性较强的议题，参加讨论研究人员范围少的议题，可安排在一次会议的前期或后期讨论研究，以便其他与会人员推迟参加会议或提早退席，避免耗会或因议题原因而使参会人员忽进忽出地流动，造成会场秩序的混乱。

下面是中信集团拟召开一次销售团队会议议程编排的案例。

中信集团将举行销售团队会议，研究销售工作下一季度的目标以及人员招聘、选拔等问题。秘书吴宏欣在会议召开之前，先请销售公司黄经理及销售总监等有关上司提出议题，再询问各位主管是否有在会上提请讨论的事情，经过收集整理，然后将要讨论的问题排出顺序，编制出销售团队会议议程表，如下所示。然后他将该表打印提交给主管上司，主管上司认为这份议程表有问题，需要修改。

会议议程编排

中信集团销售公司销售团队会议议程

公司销售团队会议将于5月25日(星期一)上午9:00在集团总部的三号会议室举行。会议研究议题如下。

1. 销售二部经理的人选。
2. 东部地区销售活动的总结。
3. 上次会议记录。
4. 销售一部关于内部沟通问题的发言。
5. 公司下季度销售目标的制定。
6. 公司销售人员的招聘和重组。

根据会议议程设计原则，吴宏欣对上述议题重新调整，拟定了如下所示的会议议程。

第七章 秘书的会务工作

调整后的会议议程编排

中信集团销售公司销售团队会议议程

公司销售团队会议将于 5 月 25 日(星期一)上午 9:00 在公司总部的三号会议室举行。会议研究议题如下。

1. 宣布议程。
2. 说明有关人员缺席情况。
3. 东部地区销售活动的总结。
4. 销售一部关于团队内部沟通问题的发言。
5. 公司下季度销售目标的制定。
6. 公司销售人员的招聘和重组。
7. 销售二部经理的人选。

(三)会议日程

会议日程是对会议议程在日期时间上的安排程序。会议日程一般采用简短文字或表格形式,将会议时间分别固定在每天上午、下午、晚上三个单元中,将会议的议题具体化,具体示例如表 7.1 所示。

表 7.1　中信集团××××年度产品销售订货会日程表

日期	午别	时间	内容安排	地点	参加人员	负责人	备注
12.21	全天		来宾报到	紫金宾馆	会议秘书组	吴宏欣	
12.22	上午	8:30	集团陈总经理致辞	麒瑞礼堂	全体与会代表	黄聚源	
		10:00	销售公司黄经理报告	麒瑞礼堂	全体与会代表	黄聚源	
12.22	下午	2:30	分组讨论	1-10 号会议室	全体与会代表	各片区经理	
		6:00	宴请	宾馆芙蓉厅	全体与会代表	黄聚源	
12.23	上午	8:30—11:30	分片区签订销售合同	1-10 号会议室	全体与会代表	各片区经理	
12.23	下午	2:30—4:10	分片区签订销售合同	1-10 号会议室	全体与会代表	各片区经理	
		4:30	销售公司黄经理作总结报告	麒瑞礼堂	全体与会代表	黄聚源	
		5:30	晚餐后分别送与会者离会			各片区经理	

(四)会议方案

1. 会议方案的概念

会议方案是对召开一次会议作整体安排的构想和制定。它包括会议的议题、议程、日程、主持人、与会者、会场的选择与布置、经费预算及后勤保障安排等全过程的设计编制,具体示例如下所示。

编制会议方案

中信集团××××年度产品销售订货会会议方案

中信集团总经理办公室：

为落实我公司明年的销售计划，拟决定于12月21日至23日，在总部俱乐部召开××××年度产品销售订货大会。现将会议方案呈报如下。

1. 会议任务

收集消费者对我集团主打产品的外观设计和技术指标含量的要求，落实该产品的市场占有量，探讨适合我集团产品销售的模式和产品销售分成比例。

2. 出席会议对象和名额

出席本次会议的对象为全国各地代销和购销我集团产品的商家经理及我销售公司各片区经理，另邀请本集团产品总装生产线领导和产品设计实验部全体成员参加，预计约320人。

3. 会议议程及日程

12月21日：全体与会人员报到。

12月22日：上午8:30，由集团总经理向与会者致辞并介绍我集团主打产品的性能和生产情况；10:00，由销售公司黄经理介绍本公司产品销售渠道、销售模式和销售计划。下午2:30，分片区讨论，收集消费者对产品的外观设计和技术含量的要求；研究我公司产品销售模式，交流产品销售经验；下午6:00，在公司宾馆芙蓉厅宴请与会人员。

12月23日：上午8:30，各代销和购销商家与我公司各片区经理签订销售合同书。下午2:30，继续签订销售合同书；4:30，集中，由销售公司黄经理作总结报告；5:30，晚餐，然后送与会人员离会。

4. 会议机构设置

本次会议程序简单，但规模较大，准备工作较复杂，故拟组建会议秘书组和会议接待组两个精干的机构，分别准备会议文件的起草、印制会议证件、布置会场和安排来宾食宿、宴请等工作。准备工作要求在12月18日之前落实完成。

5. 会议经费预算

这次会议时间不长，又在我总部召开，我部只需提供来宾的食宿费用和会议常规费用，按每位来宾食宿每天人民币200元；外加宴请一次，按每桌人民币2000元(含酒水)；会议文件制作及接待车辆费用约需人民币5000元，总计需经费323000元，该费请从公司产品销售费用中支付。

6. 会议的后勤保障

与会人员将统一安排在集团宾馆住宿，会场布置由销售公司组织人员安排，总部只需派出两辆大巴和三辆中巴供会议使用。

以上安排妥否，请批示。

中信集团销售公司
××××年12月2日

2．会议方案的内容

（1）确定会议的主题与议题。会议主题是指关于会议要研究的问题和会议要达到的目的。确定会议主题的方法为：一是要有切实的依据；二是必须结合本单位的实际；三是要有明确的目的。议题是对会议主题的细化。

(2) 确定会议名称。有些会议的名称是固定的，如董事会等；有些会议的名称是不固定的，应根据会议的议题或主题来确定；有的名称中还可以包括时间、范围等因素。

(3) 确定会议的议程。①根据到会主要领导的情况，确定会议主持人。②根据会议的主题，确定会议发言人。③围绕会议主题，确定讨论题目、讨论方式。④根据会议目的，安排主要领导作会议总结。

(4) 确定会议时间、会期。何时开会为最佳时间，这要根据会议内容、会议的组织者和参加会议的人员等多方面因素进行综合考虑。会期的长短应根据会议内容的多少来确定。总体原则是要注意提高会议效率，尽量开短会。

(5) 确定与会人员。根据领导提议或根据会议的有关规则确定与会人员。

(6) 印制会议文件和会议证件。

(7) 确定会议所需设备和工具，满足会议的需要。

(8) 安排会议餐饮和住宿。

(9) 确定会议经费预算。

(10) 大型会议还需确定会议筹备机构与人员分工。

(11) 会议方案拟定后报请上级主管部门批准后方可执行。

二、会议文件的制作与发送

(一)确定与会对象并发送会议通知

1. 确定与会对象

1) 领导确定

由领导者根据会议的目的、性质和议题来确定与会对象。

2) 规则确定

根据法定性会议(如党代表大会、人民代表大会、职工代表大会、董事会等)的组织章程或议事规则确定与会对象。

3) 磋商确定

由会议的发起者、主办者或成员根据会议目的和议题协商确定与会对象。

不论采取何种形式确定与会对象，其前提都得根据会议的目的和议题来确定，即选择对议题了解、熟悉，且能对议题献计献策并拍板决定的人来参加会议，以避免听会、耗会、泡会、误会，造成会议效率低下。

2. 发送会议通知

出席会议的人员一经确定，秘书即要向所有与会人员逐一发出通知，然后再逐一落实出席会议者。

1) 会议通知的内容和样式

(1) 会议通知的内容。

- 会议的名称、被通知部门或人员的姓名及职务。
- 会议内容(议题，会期长的会议须附议程)。
- 会议时间和会议地点。

- 会议出席对象或范围。
- 报到日期及应携带的材料。
- 出席会议的凭证。
- 食宿安排及个人支付的费用。
- 主办单位全称、联系人姓名和电话。
- 接送车船安排。
- 通知日期。
- 其他注意事项(如回执、预订返程班机、车票、船票及随行人员等)。

(2) 会议通知的格式。

会议通知的格式有多种,这里介绍常用的三种格式,如下所示。

便函式会议通知(适用于小型且议题简单的会议)

会 议 通 知

拟定于 5 月 30 日(星期三)下午 2:30 在销售公司三楼小会议室由黄经理主持召开各片区经理会议,讨论本公司上半年销售计划落实问题。请各片区经理准时参加。如您无法出席,请于 5 月 29 日前电话告知秘书唐琪。电话 62479521。

中信集团销售公司经理办公室
××××年5月28日

会议通知及附会议委托书(适用于重要且不得缺席的会议)

中信集团股东大会会议通知

×××股东:

经董事会研究,拟定于××××年 1 月 20 日上午 9:00 在集团总部三楼麒丰会议厅召开第 18 次股东大会,讨论研究本集团最新研发产品 DRV 芯片生产投融资扩股问题。会议重要,请各股东务必参加。如您无法出席,请务必委托您的全权代表准时出席。

中信集团董事会
××××年1月8日

附:会议委托书。

中信集团股东大会会议委托书

兹委托×××作为我的代理人参加××××年 1 月 20 日上午 9:00 在集团总部召开的中信集团股东大会。×××是我公司的高层管理人员,不管此次会议如期还是延期召开,他都将作为我的全权代表,行使出席会议所拥有的全部权力。

委托有效日期:××××年 1 月 15 日至××××年 1 月 25 日

签名:(股东签字)

会议通知及附会议回执(适用于大型、重要且与会者分散的会议)

中信集团××××年度产品销售订货会会议通知

为落实我公司明年的销售计划,拟定于××××年12月22日至23日,在我公司总部俱乐部召开××××年度产品销售订货大会。

一、会议的主要内容

(一)收集消费者对我集团主打产品的外观设计和技术指标含量的要求。

(二)探讨我集团产品销售模式和产品销售分成比例。

(三)签订××××年度销售订货合同。

二、会议对象

各代销或购销我集团产品的贸易公司经理。

三、会议报到时间

12月21日全天,当天我公司将派车在汽车站、火车站和机场迎接与会贵宾的到来。

四、会议食宿安排

所有与会贵宾都将安排入住我集团舒适清雅的紫金宾馆,公司为与会贵宾免费提供食宿。

五、会议需带材料

烦请与会贵宾广泛收集消费者使用我集团产品的意见、建议和要求提交会议,我们将十分感谢。

请参加会议的贵宾于12月15日以前将回执寄回我公司会议筹备组秘书科。

六、会议联系方式

通信地址：××省××市×路×号中信集团销售公司

邮　　编：364000

联系电话：62479525　62479526

联系人：吴宏欣

中信集团销售公司经理办公室
××××年12月6日

附：会议回执。

中信集团××××年度产品销售订货会会议回执

请于12月15日以前将回执寄回。

请在下列选项的方框内打"√"。

□我准备参加此次会议。

□届时我乘____时(汽车、火车或航班)抵达,并带_____宾客来。

需预订返程票请注明种类(汽车、火车或飞机)、时间及坐卧舱位等。

署名：_____
公司：_____

2) 会议通知的发送

(1) 口头通知和书面通知的发送。
- 公司或单位内部小型的会议和常规的定期例会可用口头、广播、电话或板报通知。
- 规范的会议都应正式打印会议通知，用书面形式递送到与会人员，以示正规和郑重。
- 重要的会议(如股东会议、董事会等)在发送通知时应按规定的会议规则递送，同时在书面通知内还应附上一份代理委托书或回执。

(2) 随同会议通知一起发送的附件资料。
- 有关会议议程或其他需让与会者事先了解的文件资料，或需要与会者提交会议的文件资料清单等应随会议通知一并寄发。
- 需要回复的会议通知，可夹入一张明信片，上面注明本公司地址、邮编、电话、发信人姓名，以便对方有时间考虑并能及时回复。
- 会中使用的有关票证(入场券、代表证、汽车通行证、座次号、编组名单、就餐证和乘车证等)与会议通知一并发出。
- 会议没有准备接站而又有某些与会者对会议地址不熟悉，应附加一份标明到达会址的交通草图或公交车、航空大巴、的士等交通工具线路及大概票价的说明书。

(3) 落实会议通知发送是否到位。
落实会议通知发送是否到位，可以通过电话、口头询问或电子邮件加以确认。

(二)制作会议证件及资料

1. 会议证件的类型及作用

(1) 代表证：与会者不仅能参加会议，而且有表决权、选举权。
(2) 列席证：能够到会旁听，但无表决权。
(3) 工作证：只证明是大会的工作人员，在会议期间出入行走有一定的限制。
(4) 记者证：发给新闻媒体的记者，会议记者在有些工作区域出入受到限制。
(5) 来宾证：表明是被主办方邀请的嘉宾，他们在会议期间出入行走也受一定的限制。

会议证件的发放和佩戴，能证明与会者身份，便于组织者控制会场出入人员，维持会场秩序，保证会议安全。

2. 制作会议姓名卡片和证件的方法

(1) 重要的大中型会议必须制发姓名卡片和会议证件。
(2) 会议证件上的内容有：会徽、会议名称(全称)、与会者姓名、身份(职务、职称等)、组织或代表团名称、证件编号、会议日期等。
(3) 重要的大型会议要在证件上贴上与会者的相片，并加盖印章。
(4) 会议证件可将不同的会议代表设计为红、蓝、白、黄等不同的颜色，以方便区别。
(5) 主席台上就座人员要放置姓名台签，台下座位席一般在前排放置单位或部门台签。

3. 会议文件资料的准备和发放

1) 会议文件资料的准备

常见的会议文件资料主要包括会议通知、会议须知、日程表、编组名单、开幕词、闭幕词、领导讲话稿、主题报告、专题报告、典型经验、会议简报、会议记录、会议纪要、新闻稿等。

2) 会议文件资料的发放

(1) 按照与会人员名单，为每人准备一个文件袋，在文件袋上填上与会者的姓名，并注明"会议文件"等字样。袋内首页有文件目录，文件按目录次序叠放并放入袋内。

(2) 分发重要文件一般要编号、登记。文件编号通常印在文件首页的左上角处。字体字号应有别于文件正文。具有保密内容的文件，还要注明密级。

(3) 一些征求意见稿，或保密性文件，需要在会后退回的，应附上一份文件清退目录。

(4) 分发会议资料要适时适量。准备会议资料不能有多少代表就打印多少份，这是因为有可能会出现临时增加与会者，或有代表丢失材料等情况，因此材料应留有一定的余地。

(5) 内容重要又需事先送达与会者的文件，可派专人递送或用传真、特快专递送达。

三、会务机构及会议的经费

(一)组建会务机构并拟定各机构职责

中大型会议的筹备和服务工作，不可能靠一两个人完成，这就需要组建会务筹备机构。一般来讲，会务筹备机构包括以下几个小组。

1. 会务组

会务组负责会务组织、会场布置、会议接待签到、娱乐活动等会议的组织、协调工作。

2. 秘书组

秘书组负责拟写会议方案，准备各种会议文件资料，做好会议记录，编写会议纪要、简报等工作。

3. 接待组

接待组负责会议引导、生活服务、交通疏导、医疗服务等工作。

4. 宣传组

宣传组负责会议的录音录像、照相服务和对外宣传报道等工作。

5. 财务组

财务组负责会议经费的统筹使用和收费、付账等工作。

6. 保卫组

保卫组负责防火、防盗、人身安全和财物安全、保密等工作。

(二)会议经费预算

会议的经费预算主要包括以下内容。

1. 文件资料费

文件资料费包括文件资料、文件袋、证件票卡的印刷、制作等开支。

2. 邮电通信费

如发送会议通知，就会议事项发电报、传真、电传或打电话进行联络等费用；若召开电视、电话等远程会议，则使用有关会议设备系统的费用也应计算在内。

3. 会议设备和用品费

如各种会议设备的购置和租用费用。

4. 会议场所租用费

如会议室、大会会场的租金以及其他会议活动场所的租金。

5. 会议办公费

如会议所需办公用品的支出费用、会场布置等所需费用。

6. 会议宣传交际费

如会议广告宣传、现场录像及与有关协作各方交际的费用。

7. 会议食宿补贴费

即会议伙食和住宿补贴费(一般由与会人员自理一部分，会议主办者补贴一部分，也有由主办单位全部承担的)。

8. 会议活动交通费

即会议组织的娱乐、参观、游览活动费用及上述活动的车辆交通费用；参会人员往返的交通费用如果由会议主办单位承担，也应列入预算。

9. 其他开支

其他开支指各种不可预见的临时性开支。

会议经费预算样式，如下所示。

会议经费预算

中信集团新产品发布会经费预算方案

我集团定于××××年1月15日在金隅大厦一楼展厅召开新产品发布会。与会人员预计200人，现就会议所需各项经费预算如下。

一、场地租用费

金隅大厦一楼展厅租金一天5000元，两天共计10000元。

二、摄像设备租用费

拟租摄像机2台，每台每天租金1000元，两天共计4000元。

三、聘请专家咨询费

拟请专家2人，每人每天支付500元，两天共计2000元。

四、宴请费用

10人一桌，每桌标准2000元，共计40000元。

> 五、交通费用
> 租用旅行车2辆，每辆每天500元，两天共计2000元。
> 六、会议用品费
> 资料印制费：每份宣传资料成本为5元，需印制2000份，共计10000元。
> 七、纪念品
> 到会每人赠送一份纪念品价值300元，共计60000元。
> 此次会议经费总计128000元。
> 此预算提交总经理办公会审查批准。
>
> 中信集团新产品发布会议筹备小组
××××年1月8日

四、会场预订和会场的布置

(一)预订会场

(1) 企业一般都有自己的内部会议室，可供中小型会议使用，大型会议则可能要租用外部场地和设施。无论内外会场，在确定准确的会期之后，就应尽早预订，以免临时被动。

(2) 会场应选在方便与会者前往的地方。预订后在使用的前一天，还要再次落实，以免发生变故；同时要根据会议议程，了解会议的主持者和演讲者是否需要配置媒体影像等辅助设备。所有会议要使用的设备，都应在会议召开之前检查调试到最佳状态。

(3) 会场场地的大小、格局要与会议的人数、性质和类型相匹配，一般按每人二至三平方米的活动空间，还要注意留有足够的自由活动空间和停放车辆的场所。

(4) 会场要有良好的设备配置，如桌椅家具、通风、照明、空调、音像设备等；特殊会议还需配置特殊设备，如演示板、电子白板、放映设备、投影仪、计算机等。

(二)会场布置

会场布置就是运用文字、图案、色彩和实物对会场进行装饰以突出会议主题、烘托会场气氛的行为。

1. 会标

会标就是揭示会议名称和其他会议信息的文字性标志。

1) 会标格调要与会议主题相一致

如代表大会的会标格调应当凝重庄严，联欢会的会标格调则可以活泼轻快一些。

2) 会标要具有视觉冲击力

(1) 会标的制作形式和显示的位置应当醒目，有时也可以辅以背景性图案，使其具有较强的视觉冲击力，从而给人以深刻的印象。

(2) 室内会议的会标既可用横幅的形式悬挂于主席台上方的沿口，也可用计算机制成幻灯图片，映射于天幕上，以增强会议的现代感。

(3) 室外活动可布置大型的布景板。

3) 会标要体现会议主要信息

(1) 如果会议名称揭示的主要信息较全面，可以直接作为会标的内容。

(2) 会议名称较为简洁的，可在名称下面标出会议的主办者、承办者以及会议的时间、地点等，以辅衬会议信息。

2．会徽

会徽是体现或象征会议精神的图案性标志。比较庄重的会议一般将会徽悬挂在主席台的天幕中央，形成会场的视觉中心，产生较强的感染和激励作用。

1) 会徽的样式

(1) 以本组织的徽志作为会徽。如党徽、国徽、团徽、警徽、公司徽志等。

(2) 选择能体现或象征会议精神的图案作为会徽。如运动会、学术报告会、技术竞赛会等。

2) 会徽的设计要求

(1) 体现会议活动的宗旨。

(2) 图案新颖独特，寓意深刻，色彩明快，易于识别，引人注目，具有时代感。

(3) 便于对其进行平面图像或立体表现形式的复制，便于相关载体的生产、加工，便于组委会对其进行开发、使用或采取保护措施。

3．标语

把宣传、烘托会议主题和表达热诚欢迎、祝贺之意的礼仪性口号用醒目的书面形式张贴或悬挂起来，即成为会议的标语。标语制作和悬挂的要求如下。

(1) 切合主题。标语口号是为宣传会议主题服务的，制作时一定要切合主题，体现会议的目标。

(2) 亲切感人。标语口号要亲切随和，喜闻乐见。

(3) 有号召力。标语口号要有强烈的鼓动性和号召力，使人看后精神为之一振。

(4) 简洁工整。简洁的标语更能引起与会者的视觉注意，也更容易记忆和流传。

(5) 悬挂得法。一是悬挂的数量要适当，太多的标语不仅达不到好的宣传效果，反而会产生视觉污染，使人感到压抑和厌烦；二是悬挂的位置要适当，主席台一般不悬挂标语，以免冲淡会标的效果，会场两侧和会场外面可适当悬挂；三是悬挂的方式要别致新颖，如用横幅、直幅、广告牌、气球吊挂等。

4．人物画像

会议活动悬挂人物画像可以烘托会议的主题和气氛。会议的画像主要有两类：一类是领袖人物，如国家领导人、组织创始人；另一类是纪念或追悼的对象。画像一般悬挂在天幕中央。

5．旗帜

在会场内外可悬挂或插布旗帜，以烘托会场气氛。会场中的旗帜有以下几种类型。

(1) 国旗。重要会议的会场升挂国旗，有的还要举行升国旗仪式。重要的国际会议应当同时升挂与会国国旗。

(2) 会旗或司旗。合法组织举行会议时可悬挂本组织的会旗或司旗。

(3) 红旗。气氛庄严的会议，如党代表大会、人民代表大会等，在主席台上以红旗衬托会徽。

(4) 彩旗。彩旗有两种：一种是用各种单纯颜色的旗帜组成彩旗，另一种是印有会议的吉祥物、会徽、口号等会议活动标记的彩旗。庆祝性、表彰性的会议可在主席台及会场内外升挂彩旗，以增加会议隆重、热烈、喜庆的气氛。

6．模型标志

模型标志是一种矗立在会场内或会场周围、象征会议精神、表达深刻寓意的视觉冲击力的造型。

7．花饰

会场内外适当布置鲜花，能烘托会议主题，渲染会议气氛，给人一种清新、活泼的感觉，还能减轻与会者长时间开会的疲劳。布置花饰要注意以下几个问题。

1) 花饰的品种与颜色

花饰的品种与颜色要符合会议的整体格调。

(1) 气氛热烈的庆祝会以红、黄等颜色较为浓烈的花为主，如圣诞红、月季、玫瑰等。

(2) 庄重严肃的会议应以常青观叶类花卉为主，如君子兰、棕榈、万年青等。

(3) 座谈会等气氛比较轻松的会议，可摆放月季、扶桑等观赏性花卉以及米兰、白玉兰、茉莉等赏香型花卉，以增加和谐融洽的气氛。

2) 花饰的形式

花饰的形式有花篮、花环、盆花等。

(1) 花篮主要表达庆贺的意思，用于开幕、开张等仪式。

(2) 花环主要表达欢迎的意思，用于欢迎场合。

(3) 盆花主要起点缀作用，各种会议均可使用。

3) 花饰的位置

花饰摆放的位置包括主席台台口、讲台、会议桌、会场入口处。大型会议的主席台台口、会场入口处是花饰布置的两个重点区域。

8．灯光

运用灯光的强、弱、明、暗及颜色，会给会场带来不同的视觉效果，以辅衬会场氛围。灯光布置形式如下。

(1) 一般性会议，宜使用白炽灯或日光灯作为会场的照明光源；而喜庆色彩较为浓烈的会议，可适当使用彩色灯光。

(2) 主席台是会场的中心区域，其照射光线的亮度应强些，以利于集中与会者的视线，突出主席台的地位。

(3) 投射在主席台后面天幕上的光线不能太亮，否则会使主席台产生逆光的效果，造成主席台上领导人正面形象的模糊，同时也会使主席台下的与会人员产生视觉疲劳。

(4) 一般不要开启低角度的光源，因为低角度的光源会改变甚至扭曲人物的形象。

9．会场的整体色彩与色调

不同的色彩与色调能使人产生不同的心理感受。

(1) 时间较长的会议，会场可用绿色、蓝色的窗帘，布置绿、蓝色的花草、树木，以消除与会者的疲劳。

(2) 喜庆色彩的会议，如代表大会、表彰庆祝大会等会场的色调布置要鲜亮、醒目一些，可在主席台上摆放五彩缤纷的鲜花，两侧顺列插布红旗等。

10．会场的指示标志

1) 座位号

会场内的座位都要标识排号和座位号，大型的会场还要标识楼层和区号。

2) 团组或身份标识

可以制作落地指示牌，写明团组名称或与会者身份(如首长席、正式代表席、列席代表席、来宾席、旁听席、记者席等)的类型，置于该座区首座的前方或两侧；或制成台式标志，放置在该座区首座的桌上。

3) 台签

台签即每个与会者前面桌上放置的写有姓名的标签。

(1) 台签通常两面书写姓名，一面朝外，一面朝向与会者自己，这样既便于与会者寻找自己的位置，又方便相互辨认、结识。

(2) 国际性会议的台签，朝向与会者的一面用其所在国的文字书写姓名或组织的名称；朝向外侧的则用举办国文字书写其姓名或组织的名称。

(3) 大型会议的主席台放置台签，台下一般只放团组标识。

4) 桌签

桌签即用序号标明桌次的标识。大型宴会、联欢会等采用分散式座位格局的会场，由于桌席较多，要用序号标识桌次。

5) 指示牌

大型会议为方便与会者寻找座位，要在会场门口和场内悬挂或放置指示牌，表明各座区的方向和方位。

11．会场座位安排

1) 大型会议座位安排

大型会议，指与会者众多、规模较大的会议。大型会议在会场上分设主席台与群众席。

(1) 主席台座位排序。

大型会场一般都设主席台，主席台设置应面对会场主入口，且与群众席呈面对面之势。主席台座次排序原则为："前排高于后排"、"中央高于两侧"、"右侧高于左侧"。根据这一原则，主席台座次排序为：人数为单数时，以前排正中的位置为职务最高者的座位，其余人员按职位高低，分别安排就座于居中位者的右侧和左侧，以居中者右手位为第二尊位，左手位为第三尊位，以此类推，详见图7.1。

主席台就座的人数若为双数时，则以会场中轴线为界，按"右高左低"排序原则，即中轴线右边为第一尊位，中轴线左边为第二尊位，以此类推，再安排其他人员就座，详见图7.2。

图 7.1 大型会议主席台就座单数座位排序

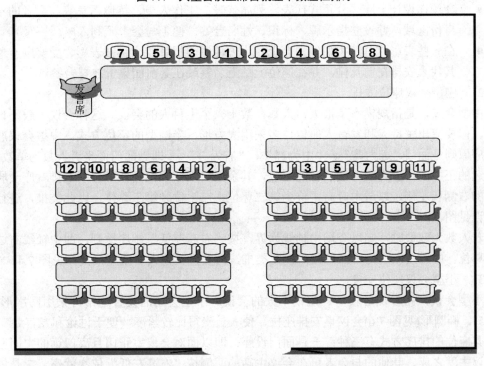

图 7.2 大型会议主席台就座双数座位排序

上述为商务类会议主席台座位排序规则,要注意的是在我国,政务类会议及民间举办的会议，仍还沿袭传统民族习俗：以"中为尊及左高右低"的排序原则安排座位，即主席台人数为单数时，居中为第一尊位，居中者的左手位为第二尊位，居中者的右手位为第三尊位，以此类推，再安排其他人员就座；主席台人数为双数时，则以会场中轴线左边为第一尊位，中轴线右边为第二尊位。在主席台的桌面上，于每个座位的前方应放置姓名台签。姓名台签须双面书写就座人的姓名。

(2) 主持人座位排序。

会议主持人，又称大会主席。其座次安排有三种方式：一是居于前排正中央；二是居于前排的右侧；三是按其具体身份排座，但要注意绝对不能安排就座于后排。

(3) 发言者座位安排。

发言者的席位，即发言席。在正式会议上，发言者发言时一般不宜就座于原处发言。发言席的常规位置有两种方式：一是在主席团的正前方，二是在主席台的右前方(见图7.1)。

(4) 群众席座位排序。

在大型会议上，主席台之下的一切座席均称为群众席。群众席的具体座位排序方式有两种。一是自由式择座，即不进行统一安排，由大家自由择位而坐。二是按单位排序就座，它指的是与会者在群众席上按单位、部门或者地位、行业进行排序就座。其排序的依据是：按领队的身份高低排序；按与会单位、部门的汉字笔画顺序排序；按汉语拼音字母的顺序排序；也可以按平时约定俗成的序列进行排序。位次排序的原则是"中间高于两边"、"前排高于后排"(见图7.1)。大型会场若有不同楼层，则楼层越高，位次排序越低。

(5) 场内其他人员座位的安排。

- 会场在设计上应区分正式代表、列席代表、工作人员、特邀嘉宾等与会者的不同身份区域，并设立指示牌、标识、姓名台签，便于与会者顺利入座。
- 在一些表彰、总结类型的大会上，为方便颁奖授牌，应将被表彰、受奖励对象或其代表安排在前几排，并在座位上贴上名签或在其前面桌上放置台签。

2) 中型会议座位安排

中型会议，是指规模不是很大，人数在数十人至上百人的会议。这种会议一般不设主席台，但要突出主持人和发言人座位，多采用大方形、半圆型的座位方式。中型会议座位的排序原则是面门"远为尊"、"中为尊"、"右为尊"。即当面门而坐者人数为单数时，离门远的正中的位置为职务最高者的座位，其余人员则按职位高低，分别安排就座于居中位者的右侧和左侧，以居中者右手位为第二尊位，左手位为第三尊位，以此类推，进行排座，详见图7.3。

若人数为双数时，则以会场中轴线为界，按"右高左低"排序原则，即中轴线右边为第一尊位，中轴线左边为第二尊位，以此类推，再安排其他人员就座，具体见图7.4。

3) 小型会议座位安排

小型会议，指参加者较少、规模不大的会议。小型会场的设置通常可采用回字形(见图7.5)、椭圆形(见图7.6)会议桌安排座位，使人员坐得比较紧凑，便于讨论和发言。

其座位的排序方式有三种：一是面门设座，即以面对会议室正门且离门远的中间座位为会议主席之座，其他的与会者可在会议主席的两侧按"右高左低"依次就座。二是依景设座，这是指在一些造型比较复杂的会议室或面门时背后靠的是玻璃窗户，此时，会议主席的位置不必一定得面对正门，可以选择背依会议室之内的主要景致，如背景墙、字画等确定为第一尊位,其他与会者的排座,则如同于前,在第一尊位的两侧仍按"右高左低"依次就座。三是自由择座,即不排定固定的具体座次,而由全体与会者完全自由地选择座位就座。

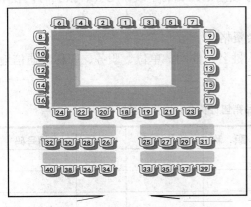

图7.3 中型会议大方形座位排序

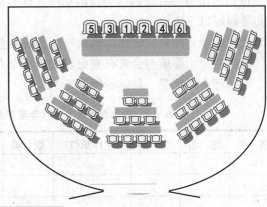

图7.4 中型会议半圆形座位排序

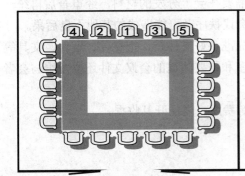

图7.5 小型会议回字形座位排序

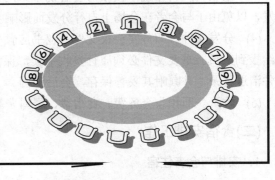

图7.6 小型会议椭圆形座位排序

五、接站报到及食宿的安排

(一)接站报到工作

会议的性质与规模不同,接待的要求、程序和规范也不同。大中型会议参加人数较多,应及时做好接站报到工作。

1. 接站工作步骤

(1) 统一指挥调度接站工作。根据回执掌握与会代表的名单,乘坐汽车、火车、轮船、飞机班次及抵达的准确时间,编制成一目了然的接站表,按秩序安排接站。有可能的话还要掌握与会代表的联络方式,方便联系,准时准确接站。

(2) 在车站、机场设置接待站。制作醒目的牌子或横幅,注明"××××会议接待处"的字样。

(3) 对于自备交通工具的外地与会人员,要事先通过发传真或电话的形式告之到达报到地点的详细路线图。

(4) 在报到处的周围设立引导牌和标识牌，标明报到的具体位置。

2. 报到工作步骤

报到是指与会者在到达会议活动所在地时办理登记注册的手续。与会者报到时，秘书人员要做好以下工作。

(1) 验证。即查验证件，确认与会者的参会资格。

(2) 登记。即请与会者在登记表上填写个人姓名、性别、单位、职务、职称、通信地址、电话等有关信息。具体示例见表7.2。

表7.2 中信集团××××年度产品销售订货会会议报到登记表

序 号	姓 名	性 别	工作单位	职 务	职 称	通信地址	电 话	房间号码

(3) 接收材料。即统一接收与会者携带来的需要在会上分发的材料，经审查后再统一分发，以免由于与会者在会场上自行分发而影响会议秩序及可能造成的其他不良后果。

(4) 分发文件。即分发会议文件。秘书应预先准备好文件袋，把文件、证件、文具等发给报到人员。重要文件必须履行签收手续，保密和需要清退的会议文件还要发给与会者文件清退目录，并嘱咐其妥善保存，会后退回。

(5) 收费。即预收会务费、食宿费、资料费等费用，当场开具收据。

(二)食宿安排工作

1. 安排与会者住宿

1) 安排与会者食宿的原则

(1) 住地相对集中。这样便于管理，也便于休会期间与会者进行非正式的沟通和交流。大型会议住宿人数较多，可预订几个宾馆，但宾馆之间的距离要尽量靠近。

(2) 尽量靠近会场。最好是会场和住宿在同一宾馆，这样既方便开会，又节省时间和费用。

(3) 标准相对一致。房间内设施齐全并确保使用安全；身份相同者，住房标准应大体一致。

2) 安排住宿工作的程序

(1) 制订住宿安排方案。大型会议活动的住宿安排要事先制订方案，内容包括所住宾馆的地点、规格、费用、房间分配原则等。

(2) 统计并预订房间。预订可根据会议回执、报名表、申请表统计大致人数，并据此预订房间数量。当然，最终确定住宿人数是根据实际报到人数，然后落实房间和床位。

(3) 分析情况安排住宿。主要是分析与会者的国籍、民族、性别、年龄、职务、职称、专业以及生活习惯、相互关系等，在此基础上给女性、年长者和职务较高者予适当照顾。

2．安排会议饮食

1）安排会议饮食的原则

(1) 卫生安全。要按照有关食品卫生的要求和规定，严格把关，确保饮食安全。

(2) 规格适中。根据经费预算确定就餐标准。

(3) 照顾特殊。与会者中如有不同饮食习惯的少数民族代表、外宾或其他有特殊饮食要求的代表，要特别予以照顾，尽可能满足他们的要求。

2）安排饮食工作的程序

(1) 就餐标准。就餐标准要分解到早、中、晚三餐的具体定额，在经费预算的框架内商定科学、合理的菜谱。当然，还得尽可能满足少数民族代表以及一些有特殊饮食习惯的代表的需求。

(2) 就餐时间。就餐时间一般要结合会议活动的作息时间综合考虑。

(3) 就餐地点。如果人数较多，要多安排几个就餐地点。

(4) 就餐形式。就是决定采取分餐制还是合餐制。

(5) 就餐组合。即就餐人员是自由组合还是按会议活动编组的方式组合。

(6) 就餐凭证。即凭就餐券入场还是凭会议证件入场就餐。

第三节 秘书会间的服务工作

学习目标：

- 掌握会议签到和引导工作的方法与技巧。
- 掌握做好会议记录及编发会议简报、会议纪要的方法和技巧。
- 掌握会议期间的信息沟通协调与会议宣传的内容和方法。
- 掌握会议值班与会议保卫工作的内容和具体方法。

案例导入：

中信集团用自己研发的新产品 DRV 芯片装入 CZ06P 型机车上，用以控制发动机点火燃烧，能起到喷油均匀、点火及时、燃烧干净的功效，具有大幅度节能减排作用，市场前景看好。为了尽快把新产品推向市场，经总部研究拟召开新产品推介会。因本次推介会受邀参加人数较多，推介会筹备组特意租用金隅大厦一楼的大展厅作为会场。推介会各项准备工作紧锣密鼓，在会议召开的前一天晚上 11:00，所有与会代表都已入住金隅大厦。会务组长吴宏欣在对会议准备工作做了最后检查后，叮嘱会务组负责签到的林秘书："明早 8:30 准时开会，你在 8:00 以前一定要到会场，做好与会客人的签到和发放证件、文件的工作。"

林秘书第一次参加这样大型的会议筹备工作，明天一早又要她独当一面做签到发证工作，她有些兴奋，也有点紧张。回家后一开始睡不着，好不容易睡着了，一觉醒来，发现已经 8:00 了。她赶紧简单地收拾了一下，匆匆忙忙打的赶到金隅大厦。到那里推门一看，见已经有一批客人在签到台前等着签到了。会务组长吴宏欣正在一边招呼客人，一边着急地等着她。看到她进门，急忙叫她赶快给客人签到。刚交代完，展厅那边又有人火急火燎地叫他，于是，他只好撇下这头，匆匆忙忙赶去展厅。

吴宏欣走后，林秘书赶紧把签到表、会议资料(其中有一份设备技术参数指标属集团机密资料，会后要回收)和餐券等拿到桌面上摆好。看到等候签到的客人这么多，觉得自己边给客人签到边发资料和餐券太慢了，就让客人自己在签到表上签到，签完后再到她这边领资料和餐券。这个办法的确使速度大大加快，不一会儿工夫，客人们都签完到并领了资料和餐券进入会场了。

会议立刻就要正式开始，林秘书赶紧进行清点核对。这一清点，发现签到的人数与她发的资料和餐券数不相符。签到表上还有 26 个人没有签到，而她手里的资料和餐券却都发完了。这下她慌了，不知道是这些人领了资料没有签到，还是根本没来而让别人代替领的资料。想去核对一下，可是她又不认识与会的代表，且时间也已经来不及了，她该怎么向总经理汇报呢？林秘书茫然不知所措。

会务秘书在会场入口迎接与会者，组织与会人员签到和登记，发给与会者会议文件资料，是会议进行中的第一件事，其目的是为了及时了解到会人数。签到工作结束后，会务秘书应及时将与会者到会情况报告会议主持人，以便会议主持人心中有数，有效地主持会议。特别是有机密文件要回收，签到和发放资料更是马虎不得，必须保证绝对不能出错。现在这一问题的出现，首先是林秘书无法向会议主持人准确汇报出席会议人数，会议马上就开始，会议期间她无法去核对，因为在开会时挤过来晃过去询问核对，会影响会议的召开，而等会议结束后再去核对，恐怕她是绝对无法核对清楚了。

(根据孟庆荣主编《秘书工作案例及分析》的案例修改，清华大学出版社 2007 年 6 月版)

一、会议签到和座位引导

(一)会议签到

1. 会议签到的作用

大型或会期较长、内容较多的会议，会务秘书要在会场出入口处组织与会人员签到和登记。会议签到具有以下作用。

(1) 表明与会者参加了这次会议。
(2) 统计实到人数，以确定法定性会议的有效性。
(3) 检查缺席情况，以便及时通知有关人员到会，或通知缺席对象另行补会。
(4) 庆典仪式、纪念性和追悼性会议活动的签到簿可以珍藏，留作永久的纪念。
(5) 与会者的亲笔签名是第一手签到记录，是其参加会议活动的书面证明，可为日后的查考提供历史凭据。在一些法定性会议上，签到还是一种法律行为。

2. 会议签到的方式

(1) 簿式签到。就是用装帧精美的签到簿签到。其好处是适宜保存，具有纪念意义，常用于各类庆典或仪式会议签到；规模较大、与会者较多且集中到达时，可采取分头、分册签到的方法，以避免签到时拥挤，影响会议活动按时进行。签到簿的封面或扉页上应当写明会议活动的名称、时间和地点，以便日后查考。

(2) 表式签到。即采用格式规范的表格签到。其好处在于方便统计人数。在会前预先设计好出席、列席或不同单位(部门)的签到表格，请与会者分开签到，统计起来更加方便。不同类型的会议签到表格见表 7.3 和表 7.4。

表 7.3　总经理办公会议签到表(适用于经常性召开、名称固定的会议)

时间	年　月　日　时　分			
地点				
出席			列席	
姓名	签到		姓名	签到
陈振刚			李明锐	
李宏营			赵杰仁	
王善福			安信诚	
施如孚				
钟雅琴				
席斯文				

表 7.4　会议签到表(适用于一般性非固定的会议)

会议名称					
主办单位					
会议时间			会议地点		
出席单位名称	签名	签名	签名	签名	
×××××					
×××××					
×××××					
×××××					

(3) 电子签到。电子签到即采用非接触式电子签到卡签到，该系统会自动记录和显示与会者的姓名、性别、年龄、单位、职务、职称、代表性质、组别、代表证编号等信息，并自动进行统计分析，在显示屏上显示到会和缺席的情况等一系列数据。电子签到卡可以和代表证组合制作，使用更加方便。

(二)座位引导

座位引导是指会议活动期间会务工作人员为与会者指引会场、座位、展区、餐厅、住宿的房间以及答复与会者问询的其他相关事宜，为与会者提供方便的行为。

(1) 大型会议在报到以及进入会场时应当派专人负责引导。

(2) 负责引导的礼仪人员要统一着装，熟悉会场的布局以及各种配套设施情况。

(3) 大型会议活动的礼仪人员还要了解本地的交通、旅游、购物等情况，以备与会者随时咨询。

(4) 国际性会议的礼仪人员还要具备外语会话能力。

二、秘书的会议记录工作

(一)会议记录的作用

会议记录是会议客观进程原始、真实信息的记载,其作用如下。

(1) 为日后查考、研究会议提供第一手材料。
(2) 在一些法定性会议中,会议记录经发言者和会议领导人确认签字后具有法律效力。
(3) 便于领导及时、全面了解和掌握会议的进展情况和动向。
(4) 为形成决定、决议、会议纪要等最后文件打好基础。
(5) 经会议领导和发言者同意,可印发会议记录整理稿,以便传达和学习会议精神。
(6) 图像类会议记录还可用于会议宣传报道。

(二)会议记录的方法

1. 会议记录的准备

(1) 会议记录要存档,因此要准备碳素钢笔、黑色自动水笔和专用的会议记录用纸。
(2) 准备好录音机和足够的磁带来补充手工记录。
(3) 要备有议程表及其他的相关资料和文件,以便需要核对相关数据和事实时使用。
(4) 提前到达会场,了解与会人员的座位图,便于识别会议上的发言者。
(5) 在利用录音机的同时必须手工记录,这样可以防止录音机中途出故障。

2. 会议记录的内容

(1) 会议概况。包括会议名称、时间、地点、出席、列席、缺席、会议主持人、会议记录人;有的要标注职务,注明缺席的原因。这些项目,都应在会议正式召开前详细、清楚地填写好,经常性的例会可以制成表格。

(2) 会议内容。会议内容是会议记录的主体部分,包括会议议题、出席会议者的讲话发言、形成的决议等。这部分记录按会议议程和各项活动的先后次序记录,发言人姓名要写全,会议的决议要准确,并写明表决的方式(如口头表决、鼓掌表决、无记名书面表决、电子按键表决等)以及同意、反对、弃权的票数。

(3) 其他情况。如与会者的掌声、笑声,与会者迟到、早退或中途退场以示不满的情况等。

3. 会议记录的类型

(1) 详细记录。即要求有言必录。详细记录用于重要会议,秘书必须具备熟练的速记能力。有时可以由几个秘书同时记录,会后共同核对整理,整理稿上每个秘书都要签名。如领导者同意,也可以使用录音的办法,然后根据录音整理。

(2) 摘要记录。即除了会议概况必须详细记录之外,只需记录会议的议题议程、发言人姓名、发言要点、决议情况等,会议中的其他一般情况不必记录。一般性的会议可以使用摘要记录。这种记录方法的关键是要善于抓住发言者的发言要点。

(3) 简易记录。即除了记录会议概况外,只要求记录会议的议题议程和会议的结果,不必记录发言的内容和经过。简易记录仅限于事务性会议。

4. 会议记录的要求

(1) 完整。会议记录必须体现会议的整个过程。会议的主要情况、发言的主要内容和意见，记录人必须完整记录，不能遗漏。

(2) 真实。即要记录发言人的真实本意，绝不能将记录者的主观臆想和情感好恶掺入会议记录中。

(3) 简洁。即以清楚而简洁的形式将会议内容表达出来，不要采用详细的报告或载录的写法。

(4) 快速。记录时注意力要集中、反应迅速、判断准确，以提高记录的质量和效率。为此，秘书人员平时应加强听知能力的培养，会前应了解会议的内容，尤其是专业性会议，事先应掌握相关的专业术语，以免记录时茫然无知。

(5) 规范。会议记录是立卷归档的重要材料，一定要用碳素钢笔或黑色自动水笔记录。录音记录、速记和多人同时记录时，会后要及时核对、整理、誊清并签字，以示负责。

三、会务协调与会议宣传

(一)会务协调

会务协调就是在会议筹备和会议进程安排的基础上，对各机构、各部门的各项工作进行检查、协商和调和，从而建立和谐、融洽的关系，密切配合，步调一致，以实现会议拟定的共同目标。

1．准备工作协调

准备工作协调就是对会议的议题、时间、地点、会期、日程、与会人员、会议使用设备、场地等准备工作进行细致检查落实，协调工作，从而保证会议顺利进行。

2．组织工作协调

组织工作协调就是对会议组织的各个分工部门加强协调领导，分工明确而又互相配合，完成会议期间的各项服务工作，使会议圆满、成功。

会务头绪繁多，必要时应将任务分工情况列表(具体示例见表7.5)人手一份，逐一检查和落实，及时协调解决问题。

表7.5　会务筹备检查协调表

阶　段	检查项目	负　责　人	完成情况(√)
会前	会议方案		
	会议时间		
	会议地点		
	会议议程		
	发送会议通知		

续表

阶　段	检查项目	负 责 人	完成情况(√)
会前	会议证件及文件资料 会场布置(会场指示图、设备需求等) 食宿安排 接站报到 经费预算		
会中	签到和登记 会议记录 会议期间录音、录像工作 会议设备的操作		
会后	清理会场文件 会议纪要和总结 送别与会人员 核算会议经费		

(二)辅助引导会议的进程

辅助引导会议的进程是指根据会议目标的需要，在会议进行过程中创造与会议目标相适应的环境气氛，掌握会议议程，维护会间秩序，排除外界对会议的干扰，统一思想，增进共识，高效形成决定、决议和结论。引导会议进程的方法如下。

(1) 会议召开之前，须认真研读有关文件材料，了解议题和议程，了解与会者的构成情况及基本意见倾向。

(2) 明确会议开始和结束的时间，准时开会和散会。

(3) 在讨论时，建议规定讨论与不讨论的界限，合理安排，给每位与会者以平等的发言机会和权利。

(4) 当时机成熟时，应建议适时终止讨论或辩论，及时确认结论形成决议；一个议题结束后应立即转换议题，以免延误时间或节外生枝。

(5) 多议题会议的议题安排次序应科学合理，一般情况下，需要大家开动脑筋，集中献计献策的议题应放在会议前半部分进行。

(三)会议宣传工作

1．会议宣传的意义和作用

(1) 及时传递会议信息，增强会议透明度，尊重群众的知情权。

(2) 使会议的目的和意义深入人心，调动广大群众的积极性，为贯彻落实会议精神及各项决策创造良好的舆论环境。

(3) 树立领导机关或主办单位良好的社会形象，提高会议知名度和影响力。

2．会议宣传的方法

1) 媒体宣传

(1) 邀请新闻媒体宣传。设立会议新闻中心或新闻发言人，择机召开新闻发布会或记者招待会，邀请各新闻单位和有关方面参加会议，向外界发布信息，并回答记者的提问。

(2) 自己撰稿宣传。由会议秘书处拟写新闻稿，送请有关新闻机构编发。

2) 自我宣传

(1) 运用内部媒体宣传。通过单位内部的广播、有线电视、内部计算机网络、简报、内部刊物等载体宣传会议的精神。

(2) 邀请群众旁听会议。邀请群众旁听立法会议、决策会议和调查听证会议，获取群众的理解和支持。

(3) 通过信访渠道宣传。设立专门的会议信访工作部门，积极、认真、慎重地受理群众的来电、来信、来访和电子邮件，解答群众提出的问题，满足群众的合理要求，接受群众的正确意见和建议，解决群众的实际困难，取得当即的会议效果。

(4) 渲染会议气氛。在会议举行前和会议举行过程中，通过刊登会议广告、张贴会议海报和宣传画、进行网上传播、举行讨论会、发表评论文章等方法，表现会议的主题和意义，渲染会议气氛。

四、编发会议简报和纪要

(一)编写会议简报

会议简报是会议期间编印的用来反映会议动态、进程和主要内容的内部性简要报道。会议简报的内容包括会议进展情况；主题报告的基本精神；典型人物和典型经验；与会代表的意见和建议；会议的决定和采取的举措等。人数多、会期长的大中型会议都要编写会议简报。会议简报的编写方法一般分为报道式和转发式两种。

1．报道式会议简报

报道式会议简报即采取新闻报道的方式，介绍会议活动以及分组活动的情况。

1) 报道式会议简报的种类

(1) 综合性报道。即对会议活动的方方面面作较为全面的报道。

(2) 专题性报道。即对会议活动的某一侧面，如在分组讨论中代表们对某一问题的看法作较为深入的报道。

(3) 动态性报道。即迅速及时地反映会议最新情况、最新动态的报道。

2) 报道式会议简报的结构

(1) 标题。标题要概括、醒目、简短、富有吸引力，居中并以较大的字体书写。格式上有单行式标题或双行式标题。

(2) 导语。报道式会议简报的导语有两种写法：①概述式导语。即采用叙述的方式概括介绍会议活动的概况或主要信息，如介绍会议的名称、时间、地点、主持人、与会单位和主要与会者、会议的气氛等。综合性会议简报常使用这种导语。②点题式导语。即简报一开头便直截了当切入主题，常用于专题性会议简报。如"生产安全问题成了这两天职工代表们在会内和会外的热点话题"，又如"第三届×××贸易展示洽谈会成交额创历史新高"等。

(3) 主体。主体部分介绍会议的过程和主要精神。这部分是会议简报的主要内容，要围绕主题、突出重点进行阐述。

(4) 结尾。简报可以无结尾或者以一句话、一段话结尾。

2．转发式会议简报

转发式会议简报就是转发在分组活动中具有代表性或有重要价值的发言及书面建议。

1) 转发式会议简报的种类

(1) 全文转发。对篇幅不长、内容精彩的发言或书面建议可以全文转发。

(2) 摘要转发。篇幅较长的重要发言或书面建议可以采取摘要转发的办法。摘要转发要抓住发言或书面建议的中心和要点，尽可能保持发言的原来风格。

2) 转发式会议简报的结构

(1) 标题。转发式会议简报的标题一般要反映发言者姓名和发言的主题。例如，王建和代表呼吁要设立贫困职工帮扶基金。

(2) 按语。按语又称编者按，一般根据会议活动领导机构的意图起草，用以说明转发目的，提示内容，以引起注意和重视。按语可分为说明性按语(说明转发原因和目的)、提示性按语(提示内容的重点和要点)和评述性按语(对转发的发言和建议发表意见、表明态度)。按语的字体字号要与正文有明显区别。

(3) 正文。刊载所转发的发言或建议的具体内容。

3．会议简报的编发程序和要求

1) 信息收集

会议秘书要通过以下渠道广泛收集会议信息。

(1) 各种会议记录，如主席团会议记录、分组会议记录等。

(2) 召集各团、组联络员碰头会，汇总情况。

(3) 收集代表的提案、发言稿、书面建议等。

(4) 统计分析与会者的签到、报到信息。

2) 信息筛选

编入会议简报的信息必须按照以下原则进行筛选。

(1) 真实性。真实性是会议简报的生命，因此必须对写入简报的有关事件的发生时间、地点、人物、语言、数据及其来龙去脉、前因后果进行严格的核实，确保简报的真实性本色。

(2) 典型性。会议简报的典型性表现在：一要反映会议的主要活动和主要事件；二要反映与会者反响强烈的问题；三要反映代表性较为广泛的意见；四要反映与会者的新观点、新建议。

3) 简报编发

简报编发包括拟稿、编辑、审核、打印、校对、登记和分发等环节。具体要求如下。

(1) 语言简洁，篇幅简短。一般情况下，会议简报的字数应控制在1000字以内。

(2) 一事一报，主题突出。一份简报只报一件事。

(3) 校对严格，格式规范。简报有约定俗成的统一格式，它包括报头、正文和结尾三个部分。

(4) 注意保密，严格登记。涉密简报必须编号，逐份登记，分发时要履行签收手续。

(5) 编印迅速，分发及时。简报的拟稿、编辑、审核、打印、校对、登记和分发等各个环节要迅速及时,做到上午的简报下午发,当天的简报次日发。

(二)印发会议纪要

会议临近结束的时候,秘书要根据会议记录尽快草拟并印发会议纪要。会议纪要不同于会议记录,记录是将会议进程详细如实记载;纪要则是根据会议的宗旨,用准确而精练的语言记述会议概况、指导思想、主要议题、基本经验以及会议讨论、决定的重大问题等。其目的是为了完整、准确地传达、贯彻会议精神,使会议决定的事项得以具体落实。

1. 会议纪要和种类

会议纪要一般有办公会议纪要、工作会议纪要、协调会议纪要和研讨会议纪要等几种。

2. 会议纪要的形式

会议纪要一般包括标题、开头、主体和结尾等四部分。

1) 标题

标题一般由会议全称加上"纪要"二字构成,如《中信集团第××届职工代表大会会议纪要》;也可将会议主要事项加上"纪要"二字构成,如《产品科技创新研讨会会议纪要》。

2) 开头

会议纪要的开头一般是介绍会议概况,包括召开会议的根据、目的、时间、地点、人员、主要活动和收获等,这样可使读者对会议的来龙去脉有个总印象,有助于加深对文件的理解,提高贯彻执行的自觉性。

3) 主体

会议纪要的主体部分集中表述会议主要情况和议定事项。具体要求如下。

(1) 可按问题的主次或按事物内部的逻辑顺序来写,使文章主次分明。

(2) 可以按议程的先后顺序来写。

(3) 可按事项的成熟程度分条列项逐一写来。

4) 结尾

可以提出贯彻执行的意见和要求;可以提出希望;或意尽则止,不另写结尾。

3. 会议纪要的制发

秘书人员将会议纪要拟好核定,经主管领导签发后,即要印制并发送给有关部门执行。

五、会议的值班保卫工作

(一)组建会议值班机构

中大型会议,要安排会务秘书 24 小时值守,要制订应付各种突发性事件和事故的应急预案,准备好相应的器材和物资,落实并培训专门人员坚守岗位,以保证会议的顺利进行。

(二)会场的检查与控制

(1) 入场时检查出入者的有效证件,严格控制与会议无关人员随便出入会场,特别是保密性较强的会议更不能让外人随意进出。

(2) 定时对会议现场和与会者住地进行安全巡逻，重点检查用电安全、重要设备的运行情况以及防火和防盗的措施等。

(三)安排医务值班制度

安排医务人员现场值班，配备必需的医疗急救器械和设备，随时应付可能出现的医疗急救事件。

(四)安排后勤服务机构

(1) 预备设备维修人员、车队调度人员和食宿等后勤服务部门主管人员的电话通讯录，发现仪器设备运转不正常，及时联系排除故障。

(2) 指挥和安排好与会者用车的进出与停放，保证会议期间行车和停车安全。

(3) 帮助解决与会者的临时用车、临时用餐、临时住宿和个人生活上的特殊困难问题。

六、会议的后勤服务工作

(一)设备维护

对于会议使用的音响、照明、通信、录音、录像、通风等设备，应有专人操作，出现问题要有人及时维修，以免会场上出现不必要的尴尬场面。

(二)生活服务

要妥善安排与会人员的住宿、就餐等事项。作息时间、就餐时间及地点，应在与会人员签到时通知；如会议期间情况有变动，要及时作出安排并通知与会人员。不论大会、小会，会场都要做好饮水供应。

(三)车辆服务

做好停车场的调度，适当配备会务用车。

(四)娱乐服务

如果会议时间较长，可根据会议日程适当安排娱乐活动。娱乐活动的内容要健康，要为大多数人所喜爱，要注意尊重与会者的宗教信仰和风俗习惯，避免因政治内容或宗教信仰、风俗习惯等问题而引起与会者的不愉快。此外，娱乐活动还要考虑费用和交通等问题。

1. 会议娱乐活动的项目

会议娱乐活动可安排文艺表演、舞会或文艺晚会，以及参观、考察、游览等项目。

2. 娱乐活动的时间安排

会议娱乐活动应安排在休会期间，如晚上或休息日。若是参观游览，则要事先确定参观游览的线路和具体时间表。

3. 娱乐活动的组织安排

(1) 参观游览活动的计划确定之后，应及时与接待单位取得联系，以便提前做好接待和介绍工作的准备。组织观看电影、文艺表演活动，要预订座位。自娱自乐的活动要准备好场地、器材等。

(2) 组织外出的娱乐活动应当集体行动，事先要统计人数，安排来回接送的车辆，并注意上车后清点人数，避免漏接、漏送。

(3) 时间较长的参观游览活动，要安排好食宿。

(4) 准备必要的资金和物品，如摄像机、摄影机、手提扩音机、对讲机、团队标志、卫生急救药品等。

(5) 参观游览活动的人数较多时，要事先编组并确定组长，也可为每个小组配备一名会务工作人员，负责具体的事务工作和安全工作。

(6) 组织外出考察、参观、游览应当派有一定身份的领导人陪同，必要时应配备导游和翻译。

第四节 秘书会后的事务工作

学习目标：

- 掌握闭会返离工作的处理程序和方法。
- 掌握会议经费结算工作的方法。
- 掌握做好会务工作总结的方法和技能。
- 掌握收集会议文件汇编并立卷归档的方法和技能。
- 了解提高会议效率的方法和技巧。

案例导入：

中信集团销售公司承办省营销协会召开的本年度年会，会务组组长吴秘书负责代表们的返程工作。由于这次会议会期较长，吴秘书在会议通知的回执中就已要求与会人员填写返程的时间、所乘交通工具的种类及舱位和座卧要求等内容。

根据会议回执统计的情况，他在会前就与车站、码头、机场的票务部门预订了车、船、班机票。与会代表报到时，吴秘书又逐个跟代表进行核对，落实最后的返程日期、乘坐工具以及车次、班次、航班及座卧要求。在核实过程中，发现有的代表还不清楚返回的车次、班次及航班出发和到达的时间，也不知道乘坐什么交通工具比较方便，一时难以确定。吴秘书就拿出随身携带的公路、铁路、港口和民航的时刻表，与代表一起讨论，作出最佳的选择。与全部代表核实完毕后，吴秘书便抓紧时间跟相关的票务部门最后核定车、船、机票，尽量满足代表的要求，实在不能做到的，及时返回跟代表沟通，重新选择，再行预订。

会议已接近尾声，吴秘书开始忙碌起来，穿梭于代表之间送票。同时，他还统计需要送站代表的名单，把他们出发的时间分成几个集中的时间段，以便派专车分别送站。

与会代表离会的那天，吴秘书提醒代表及时与会务组结清费用，归还所借物品，收拾好自己的物品和票据，准备返程。跟代表们说完再见，看着他们登上送站的专车离开会场，吴秘书才稍微松了口气。此时，还有个别与会代表暂不返程，需要继续留住宾馆。吴秘书又跟相关部门协商，都给予了妥善安置，尽量满足他们的需要。

在与会代表填写的会议评估表上，吴秘书所做的返程工作得到了大家的一致好评。

> 会议结束后，会议组织机构的会务秘书要做好与会人员的返程工作。返程工作最关键的是返程交通工具的落实。会务秘书要在会前或会议期间就要预订落实。会议快结束时，及时将返程车、船、班机票分发到与会人员手中，以便他们及时返程。这期间秘书还有责任帮助与会人员做好返程的其他准备事宜，如清退回收相关文件资料、结算费用、归还借用的物品等；还须编制与会人员离会的时间表，安排好送行车辆，做好送站工作；对于暂不返程的人员，应安置好他们的食宿。吴秘书的返程工作做得很到位，所以受到与会人员的称赞。

(根据孟庆荣主编《秘书工作案例及分析》的案例修改，清华大学出版社 2007 年 6 月版)

一、会后事务工作

(一)闭会返离工作

闭会返离工作即闭会后安排与会者离会返回的工作。

1. 预订发放返程票

返程票是与会者最为关心的内容，它直接关系到与会者能否按时返回的问题，因此会务秘书必须提前做好这项工作。预订与会者返程票的方法如下。

(1) 在汇总会议活动回执、报名表的同时，仔细登记与会者对回程票的具体要求，包括回程的交通工具(飞机、火车、汽车、轮船)、返程日期、航班或车次、舱位或座卧等级、抵达地点等内容。

(2) 及时同民航、铁路、公路、港口等部门沟通联系，提前预订飞机、火车、汽车、轮船票；用暂借款支付购票款。

(3) 与会者报到时，进一步确认其订票要求，如有变化及时与票务部门联系更改，同时编制与会者离会的时间表。

(4) 拿到票后及时与订票者交割票证票款，并做好记录。

2. 回收有关文件、材料

根据保密原则，应当回收的会议文件、材料，在代表离会前要一一清点回收。其具体做法如下。

(1) 印发收集清退文件、材料目录。规模较大的会议，可事先印发会议文件的回收清退目录，要求每位与会者在会议结束时，根据目录整理好应清退的文件，统一交至秘书处；或由各组秘书(联络员)收齐后交给秘书处。保密文件，要按会议文件的清退目录和发放文件登记簿逐件、逐项检查核对，以免漏收。

(2) 确定收集清退的重点对象。文件收集的对象包括全体与会者和工作人员，但重点是会议领导人、小组召集人、发言人、记录人、拟稿人。抓住文件收集的重点，就能基本保证会议文件收集的齐全性。

(3) 现场收集清退。小型会议可由会议领导在会议结束时要求与会者将需要收集清退的文件当场留下。

(4) 个别收集催退。对提前离开的参会对象或工作人员，如果手中有必须清退的文件，要及时进行个别催退。

3. 离会送行

会议结束，与会代表离会时要安排送行。其具体方法如下。

(1) 结算费用。列出会议收费项目清单，在报到时如预收了有关费用，离会时，结清应由与会者承担的费用，对抵预收款，多退少补，并出具正式发票给与会者。

(2) 检查会场与房间。与会者离会时可能会在会场或房间里遗忘一些物品和文件，会务人员要仔细检查，一旦发现，及时送归。

(3) 告别送行。尽可能安排会议活动的组织者出面送行。送行的形式可以是到与会者住宿的房间走访送别；也可在会议活动闭幕式结束后到会场门口道别；重要的与会者还应当安排一定身份的领导人亲自到机场或车站送行。安排好送行车辆，派人将外地与会人员送到机场、车站、港口。

(二)会议经费结算

1. 会议经费结算的方法

会议经费一般是由主办方支付，但有些会议要由与会代表向主办方支付一些必要的费用(如资料费、培训费、住宿费、餐饮费等)。

会议若要收费，应当在发送会议通知时详细注明收费的项目和标准，同时还应注明与会人员可采用的支付方式(如现金、支票、信用卡等)。如用信用卡收费，应问清姓名、卡号、有效期等。

2. 开具正式的收费票据

收费一般须开具正式发票给缴费者，因此，收取会务费用的工作人员，应事先向财务部门申领正式发票，并与财务部门确定正确的收费开票程序，以免开票时出现差错。

3. 特殊的经费开具证明

有些项目无法开具正式发票时，应与会议代表协商，开具收据或证明。

(三)会务工作的总结

会议结束后，秘书人员应当对会务工作进行总结。总结报告的写法不强求统一格式，一般可先简述会议组织实施过程，再较详细地总结为办好本次会议所采取的措施、办法以及从本次办会中获得的经验、教训，发现问题，分析原因，最后谈谈今后努力的方向。总体上撰写的要求是实事求是、言简意赅，为做好以后的会务工作提供借鉴和动力，提高办会水平。

会务工作总结的内容如下。

(1) 检查会议预案所制定的各项会务工作是否准确到位，有无脱节现象。

(2) 检查会务工作机构各部门之间的协调状况。

(3) 检查每个会务工作人员是否达到最佳工作状态。

(4) 个人或组织在提高会议效益方面还有哪些可以改进的方法或措施。

(四) 收集汇编会议文件

1. 会议文件的收集

1) 会议文件收集的目的

(1) 回收不宜扩散和保密的文件，防止泄密。

(2) 为会议文件的立卷归档做准备。

2) 会议文件收集的要求

(1) 齐全。凡是有保存价值的会议文件，在会议结束后都要收集立卷归档。

(2) 及时。由于会议活动有明显的期限性，而大量的文件又分散在与会者、会议领导者以及会务工作人员手中，如不及时收集，就会造成收集困难甚至收集不全的后果，从而影响立卷工作以及会议档案的查考价值；而机密文件收集清退不及时，还容易造成文件内容扩散、会议机密泄露等后果。

3) 会议文件收集的范围

(1) 有关审批及举办会议的文件，如请示、策划书、会议方案、会议通知、会议总结等。

(2) 有关会议内容的文件，如议程、日程、讨论提纲、各种报告和发言材料、会议记录、会议简报、决定决议、参考资料等。

(3) 有关会议活动宣传报道的文件，如新闻稿(包括报刊上刊登会议新闻的版面)、新闻发布会上的介绍材料等。

(4) 有关会议管理与服务方面的文件，如各种名单、票证、表格、簿册和承办合同等。

(5) 会议文件的定稿(即经领导签发的发文稿纸和会议通过的文稿)，重要文件的草稿、讨论稿、修正稿、送审稿、草案、修正草案、表决稿等。

(6) 有关会议活动的照片、录音和录像磁带、计算机软盘、光碟等。

2. 会议文件的立卷归档

1) 会议文件立卷归档的方法

会议文件立卷归档就是把收集起来的会议文件整理成一套完整的会议材料并将之分类立卷归档(注意其中若有缺件、缺页、缺损的情况，应及时采取补救措施补全)。立卷归档的方法如下。

(1) 一般性会议，如专题工作会议、法定性代表大会、洽谈会等，应当一会一卷归档。

(2) 大型综合性会议，由于活动内容多，文件数量大，可依据活动的类型分别组卷。如举办大型经贸洽谈会，可按展览展示活动、高层论坛活动、投资洽谈活动等分别立卷归档。

(3) 日常工作会议，如领导办公会议等产生的文件，可根据每份文件的性质确定如何归卷。比如，属于业务部门工作的文件，经会议讨论同意后，可由业务部门按问题特征与其他相关文件一起立卷归档。会议记录、会议纪要、决定、决议则按会议性质和会议名称集中立卷归档。

(4) 联合举行的会议活动，由主要的主办单位负责收集立卷归档。

2) 卷内文件排列次序的方法

(1) 按议程顺序排列法。即卷内文件一律按会议议程进行的先后顺序排列。这种方法便于反映一次会议的自然进程。

(2) 按重要程度排列法。即按照议题的重要程度排列文件次序。

(3) 按议题—时间排列法。会议讨论的议题较多，组卷时，先按议题将所有文件分成若干组，然后再根据议程顺序或议题的重要程度确定每组文件的先后排列顺序。

3) 会议文件归档方法

由于会议文件通常一会一卷，而一次会议的文件，既有需要永久和长期保存的，也有只需短期保存的，因而需要分别进行处理。处理其保存期限的方法如下。

(1) 以其中最高保存价值的文件为准确定案卷的保存期限。

(2) 按存档年限复制文件，再按各档保存期限组卷存档。

二、提高会议效率

会议是管理的一种手段。因此，会议不可不开，但也不宜多开。我们的目的是要解决问题，而不能沉溺于"会海"。故而这里要讨论如何提高会议效率的问题。

(一)会议的效率

会议的效率即会议所取得的效果和会议成本(包括各种人力、物力以及其他资源的支出或消耗)之间的比值，比值越大，则会议的效率越高；反之，则会议的效率越低。

(二)会议效率低下的表现

1．会议多、长、大、高

(1) 会议多。大小事情都开会，似乎开会越多越好；照搬上级的会议精神，层层传达，层层开会；议而不决，决而不行，会议开得多，问题解决少。

(2) 会期长。议程安排不紧凑，领导轮番讲长话，或会议期间安排其他活动，会期无限拖长。

(3) 会议规模大。与会议无关的人员参加会议，"陪会"的人多。

(4) 会议规格高。强拉级别高、数量多的领导出席会议，以此抬高会议规格，造成浪费。

2．会议支出超标，浪费惊人

(1) 把会议地点选在旅游胜地，借开会搞"公费旅游"。

(2) 会议食宿超标准，滥发纪念品，抬高会议成本。

(3) 会议用品超标超量，加大了会议支出和会议的成本。

3．会议准备不充分，会议质量不高

(1) 会前未做充分调查，会议研究的方案脱离实际，发言说不到点子上，解决问题的方案不完善。

(2) 会议程序安排欠妥，主持人主持会议技能不强。

(三)提高会议效率的措施

1．严格控制会议

控制会议的次数和会议的长短是提高会议质量的有效手段，因此要做到以下几点。

(1) 能不开的会坚决不开。
(2) 能开小会就不开大会。
(3) 能开短会就不开长会。
(4) 能合并开的会不分开来开。
(5) 能到下边去开的会就不到上边开。
(6) 能由一般干部参加的会，就不一定非要其领导人参加。
(7) 能由分管领导参加的，就不要请所有领导都来参加。
(8) 非开不可的会，也必须充分准备，精心组织，服务周到，讲求实效。

2．严肃会议会风

(1) 准时开会，不无故迟到，不随意推迟会议时间，严禁拖拉作风。
(2) 会议发言要言简意赅，抓住实质问题议深议透，严禁跑题离题、长篇大论。
(3) 问题已经清楚的议题，要求提供具体建议和措施，研究如何解决问题。
(4) 集中精力开会，禁止交头接耳、窃窃私语，大会下面开小会。

3．改进开会方法

根据会议的不同性质，灵活地采取不同的开会方式。
(1) 已经能解决的问题，就印发文件，不要再层层开会传达；文件下发后，领导再组织有关人员深入基层，检查文件传达贯彻的效果。
(2) 需要开会讨论研究的问题，会前应将有关讨论稿或讨论提纲印发给与会者，使其能预先准备解决问题的方案，会上有备而发，做到事半功倍。
(3) 部署工作的会议，只把相关人员集中起来加以布置，然后分别去贯彻落实。
(4) 汇报性的会议，汇报内容要尽可能简明扼要，重点放在如何贯彻执行会议精神方面，汇报时间应加以限定。
(5) 研讨性会议，发言时不讲套话，不高谈阔论，不言不及义，不重复别人的意见，观点要鲜明，言辞要简练。
(6) 会议议程要紧凑，使与会者集中精力，抓紧时间发表意见。
(7) 利用现代通信工具(如电视、电话等)来开会，既可减少人员集中的费用，又可节省会议时间，是提高会议效率的好方法。

4．抓会议决策落实，及时反馈信息

1) 贯彻落实会议决策

召开会议拟定的精神和决策，能迅速得以贯彻执行，达到预期目的，会议效率就高。可现实中往往存在会议精神和决策贯彻落实不及时或不到位的情况，造成会议效率低下。

(1) 会议精神和决策贯彻不落实或不到位的原因如下：一是执行者责任心不强，工作节奏缓慢，贯彻落实会议精神和决策不及时；二是执行者能力有限，对会议精神和决策理解失误，贯彻落实不到位；三是决策方案本身不完善，因而无法执行到位；四是执行者思想品质有问题，按会议精神和决策执行可能有损其既得利益，因此恶意曲解会议精神和决策内涵，或顶抗不执行，造成无法达到会议的预期目标。

(2) 解决会议精神和决策贯彻不落实、不到位的方法如下：一是加强督促，促使执行者增强责任感，履行职责；二是加强引导，提高执行者的理解能力，不折不扣贯彻落实会议精神和决策；三是对有瑕疵的决策方案及时调整修改，使执行能顺利达到预期目标；四是严格纪律，对顶抗不执行或恶意曲解会议精神和决策者绳之以法。

2） 及时反馈督察信息

反馈督察信息，就是把通过督察了解并掌握的有关会议的精神或会议的决策，在传达、贯彻落实中所产生的影响和结果，及时向主办会议的领导机关汇报，以便会议精神或会议决策得到有效执行，不妥的决策能迅速得到修正完善，使会议效率得到有效提高。

(1) 信息反馈的内容如下：一是下级机关传达学习和贯彻落实会议作出的决定、决议以及有关精神是否迅速及时；二是下级机关在贯彻落实会议精神和会议决策方面的有效经验；三是下级机关在贯彻落实会议决定、决议时遇到哪些困难和问题，这些困难和问题是由什么原因造成的；四是会议作出的决定、决议因有瑕疵，贯彻执行无法达到预期目标，需要修正或作某些调整。

(2) 信息反馈的形式如下：一是通过电话向有关方面口头催询，了解情况，然后向决策机关汇报；二是要求有关方面提交书面报告，经秘书部门汇总整理后呈交决策机关；三是秘书部门派人深入有关单位实地检查和催询，了解情况，写出调查报告呈交决策机关。

综合练习与实训

一、思考题

1. 简述会议、会议的构成要素和会议的作用。
2. 了解会议的种类和企业常见的会议类型。
3. 确定与会者的根据是什么？
4. 发送会议通知有哪些形式？
5. 预订会议室的基本方法是什么？
6. 会议经费预算通常包括哪些项目？
7. 接站工作有哪些基本步骤？
8. 会议报到工作有哪几方面的内容？
9. 怎样安排会议的食宿？
10. 秘书该怎样做好会务协调工作？
11. 试述会议简报的编发程序和要求。
12. 安排会间的娱乐活动要注意哪些问题？
13. 收集会议文件有哪些方法？
14. 会议宣传的方法有哪几种？
15. 简述会议记录的方法和内容。
16. 秘书应如何辅助引导会议进程？
17. 会议期间秘书的后勤服务工作内容有哪些？
18. 会议期间值班、保卫工作有哪些内容？
19. 怎样做好会议的送离工作？
20. 如何提高会议效率？

二、案例分析

案例(一)

中信集团新产品推介会即将开始，总经理秘书王琳在展厅的四处走动察看，她是在做会议召开前的最后检查。她发现主席台上放置的台签有问题，一位董事因故不能前来，台签却没有撤掉，而另一位原来说没办法来参加推介会的嘉宾刚刚来电话说他正驱车赶来，可他的台签还未准备好。这时她的手机又响了，原来是接电视台记者的汽车在路上抛锚了，重新派车去接恐怕来不及了。电话刚放下，会议秘书组的人员来报，宣传材料不太够。此时嘉宾已陆续到来。

(根据范立荣主编《秘书——国家职业资格培训教程》的案例修改，海潮出版社2003年3月版)

请问：王琳该采取什么办法解决这一连串的问题？

案例(二)

中信集团销售公司承办了省营销协会召开的本年度年会。根据会议议程安排，会议期间将安排一场晚会，晚会的内容定什么呢？曾秘书忧虑再三，无法确定，就跑去请示分管办会的马副经理。马副经理想了想，说："定为电影晚会吧。"曾秘书听后，心里嘀咕：最近也没什么好看的电影，再说电影院人声嘈杂，恐怕代表们不会去看。他没表示赞同，也不说反对，心想再去请示一下一把手黄经理，也许他会有更好的点子。于是，当即跑去找黄经理。在请示黄经理时，他没有把马副经理定的意见告诉黄经理。黄经理看完请示，当即提笔批复：晚会可定为观看能体现地方风情的黄梅戏。就这样，一个晚会出现两种不同的领导意见，这下子倒把曾秘书自己推上左右为难的窘境了。怎么办？会务组几个办会秘书一起帮忙左商量右研究，最后没办法，只好决定按黄经理的意见执行，并由曾秘书自己去找马副经理作解释，说明为什么不办"电影晚会"而改为观看黄梅戏，请马副经理谅解。马副经理听后，没吭声，提笔在方案里签上：按黄经理的意见执行，与市歌舞剧团联系，落实剧目和场地。只是在他签字时，明显看出一脸的不高兴。

(根据孙荣等编《秘书工作案例》的案例修改，复旦大学出版社2005年2月版)

请问：会议议程的安排应注意哪些细节方面的问题？秘书是否应注意协调领导之间的不同意见，更不要去制造不同意见而使自己难堪？

案例(三)

中信集团本年度产品科技创新颁奖大会上，颁奖仪式正在进行。本年度获产品科技创新奖的奖项有一等奖一项，二等奖三项，三等奖五项。按照惯例，一等奖奖项由总经理颁发，二等奖奖项应该由常务副总和另两位副总颁发，三等奖由剩下的一位副总和四位分公司经理颁发。司仪在安排礼仪小姐送奖牌和奖品上台及领奖人出台领奖的排序时想：这是没有外宾参加的会议，领导座位的排序应该是按国内规则排列，因此，她就按这样的排序安排礼仪小姐和项目领奖人出台。可实际情况是自加入世界贸易组织以后，我国商务活动规则都与国际接轨，此次会议会务组也当然是按国际惯例安排主席台上领导的座序。由于这一环节上的脱节，当热烈而轻快的乐曲声响起时，盛装的礼仪小姐依司仪的安排顺序，手捧奖牌和奖品出台送给在主席台前排就座的各位经理们颁奖。其中被安排送给常务副总经理颁奖的礼仪小姐认得常务副总，当她走到这位副总跟前时心想：我手中捧的奖牌和奖品是由常务副总颁发的，当然就应该交给他，否则等一下颁奖时会出错的。因此，她就停在常务副总面前不走了。她后面的礼仪小姐认得总经理，见前面的小姐不走，她清楚自己手捧的是一等的奖牌和奖品，必须由总经理颁发，因此，没办法，只好绕过她的身边走到陈总经理面前站下。再后面的礼仪小姐不知前面情况的变故，见走不动了，都各自就近站在一位领导的面前。这样，最后一位礼仪小姐就变成找不到领导了。她想，大概是奖牌和奖品多出来了，用不着自己手捧的这份，站在台上没人领奖，到时反而更尴尬，于是就手捧奖牌奖品跑到台后去了。站在总经理左边的副总没有人把奖牌奖品送到他面前，左观右望，找不到还有多余的奖牌和奖品，以为是用不着自己颁奖，再站下去到时更难堪，因此，也就悄悄退到一边去。礼仪小姐走过去后，领奖人随后也依序出台，他们各自都靠近一位领导站好，最后当然也就多出一位找不着主了，他东张西望一番，再怎么找也找不着为自己颁奖的对象，也只好灰头土脸地退下来。颁奖开始，前面上台的三个人奖项与领奖人能对得上号，都接过奖牌奖品，转过身面向台下，等着照相。而自总经理以后面对的领奖人与奖项都对不上号了。于是，颁奖人或呼唤领奖人，或互相交换奖牌奖品；而领奖人则跑过来绕过去地找自己的奖牌奖品，颁奖台上乱成一片。

就只一个小小的差错，把颁奖大会应有的庄重、热烈的气氛破坏殆尽，还给颁奖者和领奖者的心里留下了一个阴影。

请问：这次颁奖会议在程序上有什么问题？当碰上这种情况时，该如何及时纠错？

案例（四）

中信集团新产品开发研讨会已近尾声，出席这次研讨会的有公司各部门的经理和研发部的全体成员，公司还请了几位专家来参加。为了避免干扰，这次会议租借了金隅大厦的会议室召开，开会用的设备也是租借金隅大厦的。

会议结束后，负责清理会场的唐秘书赶紧走到会议室门口等候与会人员走出会议室。当参加会议的人员都走出来后，唐秘书开始清理会场。她先把会场悬挂的横幅取下来折叠好，把桌子上剩余的文件整理好装进文件袋，然后把横幅和文件袋放进一个大塑料袋内准备带走。又把桌子上的茶具和烟灰缸收到一个整理箱里，拿到茶水间去清洗，洗干净后整齐地摆放在会议室的茶几上，然后把会议室凌乱的桌椅摆放整齐。在摆放桌椅时她发现椅子下面有一个公文包，不知是谁的包忘记拿了。唐秘书就先把包收起来，心想，也许过一会儿就会有人回来取。

接下来是清点会场的设备。唐秘书和宾馆会议室的负责人一起，根据租借清单，一一进行核对，设备一件也没少，就是其中一个麦克风打开后不出声音了。她马上给负责这次会议的总经理秘书王琳打电话询问情况。王秘书说："这个情况我知道，是一位专家在发言时不小心掉到地上，当时就不出声了，走的时候匆忙，没有及时告诉你，不好意思，该怎么处理就怎么处理吧。"唐秘书接完电话，把情况如实跟宾馆会议室的负责人讲清楚，双方协商解决，并在交接单上签了字。然后，她跟随宾馆会议室负责人一起到宾馆财务部办理了付费事宜。一切办理完毕，唐秘书见还没人来取公文包，就把包带回公司，交到总经理办公室，请他们帮忙寻找失主。

（根据孟庆荣主编《秘书工作案例及分析》的案例修改，清华大学出版社2007年6月版）

请问：秘书应该怎样做好会场整理工作？唐秘书清理会场的工作做得到位吗？

三、情景实训

(一)会务筹备工作——拟制会议日程表、会议方案并预算会议经费

1．实训目标：通过本实训能熟练掌握拟制会议日程表、会议方案及预算会议经费的方法。

2．实训背景：中信集团销售公司承办省营销协会召开的本年度年会，会议定于12月15日至17日在金隅大厦举行。出席本次年会的代表有省营销协会会长、副会长、秘书长、理事成员、会员单位代表等，预计有450人左右。本次会议的议题是，诚信经营在营销中的作用；产品"三包"应具体包哪些内容并且包到什么程度；营销活动中货款赊欠和三角债问题的解决办法；面对日趋成熟的消费者，营销策略应作怎样的调整等。会议召开期间，市政府分管经贸工作的领导和集团总经理将出席并讲话。

3．实训内容：根据上述背景材料，拟制会议日程表、会议方案及预算会议经费。

4．实训要求：

(1) 本实训安排在秘书综合实训室进行。

(2) 实训分小组进行，每组3个人，其中1人任组长。

(3) 每个同学在实训过程中要按照实训的内容和要求，认真拟制日程表及会议方案，议程安排要科学合理，预算应符合实际。

5．实训提示：

(1) 会议日程是对会议议程在日期时间上的安排程序，是将会议的议题具体化。

(2) 会议方案是对召开一次会议作整体安排，包括会议的议题、议程、日程、主持人、与会者、会场的选择与布置、经费预算及后勤保障安排等全过程的设计编制。

(二)会务筹备工作——制发会议通知、预订与会人员食宿及返程票

1．实训目标：通过本实训，掌握制发会议通知和预订安排会议人员食宿的技能。

2．实训背景：中信集团批复同意省营销协会本年度年会由集团下属的销售公司承办。请根据会议方案，制发会议通知；同时，根据会议回执，统计落实并分析出席会议人员情况，预订住宿宾馆及返程的车、船、班机票。

3．实训内容：能根据议程制发会议通知，并根据会议回执统计预订住宿宾馆及返程的车、船、班机票等会务筹备工作。

4．实训要求：

(1) 本实训安排在秘书综合实训室进行。

(2) 实训分小组进行，每组3个人，其中1人任组长。

(3) 实训室配置全套日常办公必需的设施，如电话、传真、复印机等设备。

(4) 为每个实训台预先准备一份会议议程和若干参加会议的回执单。

(5) 要求每位参加实训的同学态度要认真，制发会议通知要仔细，不得出错；回执统计数据分类要准确，据此预订住宿宾馆及返程的车、船、班机票，预订内容要有确定的回单凭证。

5．实训提示：

(1) 会议通知发放要准确，对于重要出席对象要再次确认。

(2) 会议回执的统计要注意关键人物和特殊对象的要求并尽量给予满足。

(三) 会务筹备工作——模拟布置会场

1．实训目标：通过本实训，掌握设计并布置会场的技能。

2．实训背景：省营销协会年度年会于 12 月 15 日至 17 日在金隅大厦召开，根据会议性质与规模，模拟布置会场。

3．实训内容：能根据会议性质与规模，设计一个切合议题内容的庄重而又严肃的会场，并掌握实地布置会场的技能。

4．实训要求：

(1) 本实训拟选择在室外现场进行。

(2) 实训时全班综合演练，大家共同设计并布置会场。

(3) 每个同学在实训过程中一定要严肃认真，积极参与设计方案并实地操作布置。

5．实训提示：

(1) 根据会议规模确定会场大小。

(2) 根据会议内容设计会场氛围(运用文字、图案、色彩和实物对会场进行装饰)。

(四) 会务筹备工作——工作例会的准备

1．实训目标：通过本实训，掌握安排常规工作例会的技能。

2．实训背景：星期一上午九点半是集团经理办公例会，公司所有在家的领导和各部门经理都要参加，总共二十多个人。会议内容主要是各部门交换信息，总经理部署本周的工作。所以，早上一上班，总经理就让秘书王琳做开会的准备工作。

3．实训内容：常规例会会场的布置、会议材料的准备。

4．实训要求：

(1) 本实训安排在秘书综合实训室进行。

(2) 实训时全班分成两个小组进行，其中 1 人扮演王琳，其他人员由王琳指派分别扮演不同的角色。

(3) 每个同学在演练过程中一定要严肃认真，言行符合规范。每个同学最好都能按照实训的内容设计演练的脚本。

5．实训提示：

(1) 准备会议文件。

(2) 安排布置会议室。

(3) 做好会议记录。

(五) 会务筹备工作——外租场地又需安排食宿会议的准备

1．实训目标：通过本实训，掌握外租会场并安排食宿会议的筹备安排技能。

2．实训背景：每个季度末销售公司都要召开一次全国二十多家分公司经理的工作会议。会议内容一般是讨论市场销售中存在的问题，反馈竞争对手的销售动态，据此研究制定新的销售策略。会议一般都是租用公司附近金隅大厦三楼的小会议室，会期一般是两天。第二季度的销售例会将于下星期三召开，销售公司黄经理让秘书吴宏欣做好会议的筹备工作。

3．实训内容：掌握外租会场连同安排食宿场地的预订程序及会场布置安排。

4．实训要求：

(1) 本实训拟在综合实训室进行。

(2) 实训分小组进行，每 3 人为一组，大家共同拟订计划并通知与会人员，联系会议场地并准备会议相关文件。

(3) 实训室配置全套日常办公必需的设施，如电话、传真、复印机等设备。

(4) 外租预订内容要有确定的回单凭证。

5．实训提示：租借外场地开会的筹备工作关键是落实与会成员、会议时间和地点、经费预算、会议通知的期限、需要准备的物品和资料、用餐招待工作等。

(六)秘书在会议期间做会议记录

1．实训目标：通过本实训，掌握做会议记录的技能。

2．实训背景：中信集团销售公司在召开全国分公司经理会议期间，黄经理安排秘书吴宏欣的主要工作就是做会议记录。

3．实训内容：掌握做会议记录的技能。

4．实训要求：

(1) 本实训拟在秘书综合实训室进行。

(2) 实训时全班分两组进行：一组全部做会议记录，另一组则分别扮演销售公司经理和各地分公司经理。

(3) 扮演经理的同学要按照实训的内容和要求，设计自己所扮演角色的演练脚本，做好发言准备；扮演记录的同学则做会议记录。会议结束时大家相互核对，看记录项目的内容是否完整准确，并集体给定各人成绩。接下来轮换调整角色再演练。

5．实训提示：会议记录中应记载的项目有会议的名称，开会的时间、地点，出缺席和列席人员，主持人和记录人以及会议的内容。

(七)撰拟会议纪要

1．实训目标：通过本实训，掌握编写会议纪要的技能。

2．实训背景：销售公司召开的年度第二季度全国分公司经理会议上，各销售分公司经理反映本集团产品的主要竞争对手在第二季度推出新的销售手段。据此销售公司也研究制定出了新的销售策略，以应对对手的冲击。根据会议发展动态，拟制一份会议纪要。

3．实训内容：总结概括与会的销售分公司经理在会上发言阐述的关键要点，撰拟会议纪要。

4．实训要求：

(1) 本实训在秘书综合实训室进行。

(2) 单兵训练，每个人根据会议记录独立概括总结撰拟。

(3) 实训室配置全套日常办公必需的设施，每个同学都有一个录入工位，工位上预先放置上次会议记录的复印件，同时配有公用印刷设备。

5．实训提示：

(1) 会议纪要是根据会议的宗旨，用准确而精练的语言记述会议概况、指导思想、主要议题、基本经验和会议讨论、决定的重大问题等。目的是为了完整、准确地传达、贯彻会议精神，使会议决定的事项得以具体落实。

(2) 会议纪要一般包括标题、开头、主体、结尾等四部分。

(八)闭会送行

1．实训目标：通过本实训，掌握闭会清理会场的扫尾工作程序及送行仪式的技能。

2．实训背景：省营销协会年度年会于 12 月 17 日下午 5 时结束，模拟演练闭会送行。

3．实训内容：

(1) 闭会前该收回文件资料的回收方法。

(2) 发放返程车票并结算账款的程序和方法。

(3) 安排离会送行的仪式。

4．实训要求：

(1) 本实训在秘书综合实训室进行。

(2) 实训时分小组进行，每组 3 个人。一个小组扮演秘书组，按程序办理闭会手续并组织送行仪式，其余小组成员扮演与会人员。按程序演练结束后再轮换小组重新进行。

(3) 预先准备有供回收的文件资料及收款票据等。

5．实训提示：

闭会送行工作主要内容如下。

(1) 发放返程票。

(2) 回收有关文件、材料。

(3) 离会送行。

第八章　秘书的事务工作

本章学习要求：

秘书的事务工作，即办公室日常事务管理工作，包括办公资源的管理、电话通讯的管理、信访督察工作、值班保密工作、印章凭信管理、接待管理、领导日程安排及领导公务旅程安排等项目。要求通过本章的学习，领会和掌握办公资源的管理技能；掌握办公电话的接打及传真、电子邮件的接收处理技能；协助领导处理信访及决策执行的督察落实工作；安排公务值班及办公场所的保密工作；掌握印章和证明信函的保管和使用技能；掌握来宾的接待及服务工作的技能；掌握安排领导时间和日程的技能技巧；掌握安排领导公务旅程的技能技巧。

第一节　办公资源管理

学习目标：

- 掌握恰当进货、入库并控制库存办公设备和办公用品的技能，合理调配和利用办公资源。
- 掌握办公设备及办公用品采购的程序和步骤，了解办公用品的发放程序。
- 掌握计划安排办公事务、工作时间表及工作日志等手段的技能。

案例导入：

邱志伟是从销售部调来集团办公室任秘书的，他有比较丰富的管理经验。到办公室的第二天，主任就交给他一项任务，让他负责管理集团本部的办公资源。

随着事业的发展，总部这几年规模拓展很快，十几层的办公大楼，密密麻麻的部门，家大业大，现在到底有多少家当，主任自己也搞不清楚了。但主任又很清楚：本部经常重复购买一些设备和物品，再不就是各部门在使用办公资源时互相冲突争抢。正因为如此，他才决定招聘一位秘书专业毕业而又懂管理的秘书把这项工作负责起来，实行统一规范管理，以减少资源浪费，合理地调配和利用办公资源，提高办公资源的使用效率。邱秘书来到总部办公室后，经过一段时间辛苦烦琐的工作，把集团本部所有的办公资源，包括日常用品、办公用品、办公家具、各类设备、车辆等的数量、现状和使用情况调查得清清楚楚，然后进行建档和分类。鉴于集团本部的办公资源种类实在繁多，邱秘书向主任提出购买办公资源管理软件，实现办公资源管理的信息化，以便提高办公效率。主任欣然同意。邱秘书购买安装好软件，把各种办公资源的信息输入计算机，建立起办公资源的档案和办公资源的运行记录。根据档案记录，邱秘书就能有效地调配办公资源了。昨天，财务部新招聘了一位会计专业的大学生，他们提出申请，要求购买办公桌椅，配置计算机及其他办公用品。邱秘书通过办公软件查询，发现前两天正好有一位员工退休，腾退了一套办公桌椅和办公用品，邱秘书就把这套桌椅和办公用品配给了新来的大学生；同时，公关部上个月购买了一台配置相当高级的计算机却没用而闲置在那里，经协商，他们同意退出来调配给其他部门使用，这正好调给新来的大学生。此事不需花费一分钱，问题就圆满解决了。主任对邱秘书的现代办公资源管理表现很是满意。

加强对办公设备和办公用品的管理，用最节约的经费投入获取最高的经济效益；合理利用和发挥办公室人力资源，在有限的工作时间里，有序安排工作任务，有效激发工作人员的工作积极性，提高工作绩效，这是现代社会管理所追求的目标，也是一个企业和单位能在激烈的竞争中取胜的秘诀。秘书辅助管理，必须掌握绩效管理的方法和技能，协助领导合理有效地利用办公资源，提高管理绩效。

(根据孟庆荣主编《秘书工作案例及分析》的案例修改，清华大学出版社2007年6月版)

一、设备用品的管理

(一)办公设备和办公用品的采购

1. 选择办公设备和办公用品供应商

办公设备和办公用品供应商的选择主要从以下几个方面进行比较确定。

(1) 价格和费用。比较不同供应商的报价，同时还要考虑购买后的费用支出，如存储占用空间的费用；存储中的损耗；设备更新后带来的存储用品报废；存储用品过多占用资金等。

(2) 质量和交货。检查比较货品的质量，保证购买后能满足需求，最好选择那些可以更换不适用物品的供应商。还要比较供应商的交货时间，看能否在需要时快速交货并按约定准时交货，以减少库存费用。

(3) 服务和位置。比较供应商为客户所提供的服务，如哪些可以满足单位所需要的全部办公用品和易耗品的供应；哪些能电话或传真订购；哪些能订货后最快交货；哪些不用每次付费而定期结算；哪些能退货等。同时，考虑供应商的所在地点也很重要，这将方便联络和交货。

(4) 安全和可靠性。比较供应商供货的包装、存放、运输和交货的安全性，比较供应商供货手续及相关发票、单据是否齐全，还应了解商家规模的大小、经商史上的信誉度及可靠性等。

2. 采购办公设备和办公用品的程序

(1) 由需要购买货物的人填写公司内部的《购买申请表》并签字，说明需要货物的理由，经过部门领导批准后交给采购人员。

(2) 由采购人员向供应商发出购买需求，各供应商会返回对应的报价单或估价单，经过采购人员比较、筛选，填写正式订购单并报公司高级主管签字批准。同时要复制一份给财务部门，告知已开始购货，准备付款。

(3) 收到供应商的货物后，要对照供应商的交货单和自己的订购单检查货物，查明货物的数量、质量，验收合格后将签收的交货单送财务部门。

(4) 采购人员要根据收到的货物填写入库单，货物入库，库房管理人员验收签字。

(5) 财务部门收到发票后，对照交货单、入库单和订购单，三单货名、数字相符，经财务主管签字批准，支付款额或支票。

(二)办公设备、办公用品的进库和保管

1. 办公设备和办公用品的进库

(1) 核对订货单、交货单及货物，要求账物相符。

(2) 发现账物不符，应立即通知采购部门联系供应商；同时通知财务部门，按实际接收数支付货款。

(3) 将接收的每一类货物详情输入单位办公用品库存卡的接收项中。

(4) 及时更新库存余额。

(5) 将接收的货物按照办公用品存储规定存放好。

2. 办公设备和办公用品的保管

办公设备和办公用品进库后，必须保存在安全的地方，注意消除事故和火灾隐患，以防物品失窃、损坏或浪费；同时应摆放有序，在需要时能容易地找到。库存保管中应采取以下措施。

(1) 储藏间或物品柜要上锁，保证安全，避免丢失；储藏需要的面积取决于单位规模的大小。

(2) 各类物品要清楚地贴上标签，标明类别和存放地，以便在需要时能迅速找到物品。

(3) 根据"先进先用，后进后用"的原则，新物品应置于旧物品的下面或后面，使先进的物品能先发出去，保证物品不会因过期而不得不销毁。

(4) 体积大、分量重的放置在最下面，以减少从架子上取物时发生事故的危险。

(5) 小的物品、常用的物品，如订书钉盒等，应放在较大物品的前面，以便于找到和领取。

(6) 储藏间要有良好的通风，房间保持干燥。

(7) 储藏办公用品应有良好的照明，以便容易找到。

(8) 办公用品的进货、存货和发放记录与资料要注意保管好。

(三)办公设备和办公用品的领用

1. 办公用品的识别

(1) 纸簿类。包括 A4、B5 等类型办公用复印纸；带单位名称的便笺；普通白纸；复写纸；条纸；留言条；标签纸；牛皮纸；专用复写纸；大、中、小信封；笔记本；速记本；专用本册(如现金收据本)。

(2) 笔尺类。包括铅笔、圆珠笔、钢笔、彩色笔、白板笔、橡皮、各种尺子、修正液。

(3) 小装订类。包括大头针、曲别针、剪刀、打孔机、订书机、订书钉、橡皮筋、胶带、起钉器。

(4) 归档用品。包括各种文件夹、档案袋、收件日期戳。

2. 办公设备的识别

(1) 桌椅、橱柜类。包括办公桌椅、计算机桌椅、会议桌椅、文件橱柜、沙发、茶几、茶具、咖啡具、饮料橱柜、冰柜或冰箱等。

(2) 器械、设备类。包括电话机、传真机、复印机、打印机、照相机、录音机、扩音机、扫描仪、投影仪、计算机、碎纸机、电风扇、空调机，以及相应的设备耗材，如打字机用色带、复印机用墨盒、计算机用磁盘等。

3. 办公设备和办公用品的领用程序

(1) 统一领用。对办公设备和办公用品应制定领用制度，一般都规定在统一的时间并确定专人发放办公设备和用品。

(2) 特殊领用。特殊紧急办公用品的领用要按特殊领用程序申请办理。

(3) 领用申请。领用办公设备和用品必须填写领用申请表。领用申请表的内容如下：申请表编号、申领部门、物品名称(项目)、数量、特殊要求、发放人签字、领取人签字、授权批准人签字、日期等。领用申请表见表 8.1。

表 8.1 领用办公设备办公用品申请表

NO：00351

领用部门			领用人	
	品名规格型号	数量	单价	特殊要求
领用用途				
部门意见		领用人签字		
批准人签字		发放人签字		

(4) 办公用品发放人清点核实发放办公用品，并在办公用品库存表上登记核减库存余额。

4. 节约使用办公用品的措施

(1) 复印。申请复印时必须填写有细节要求的申请表，并在复印前由主管人员签字批准。也可以发复印卡以限制部门的使用。较昂贵的复印如彩色复印，可由中心服务区按部门根据需要复印，并由各个部门独立核算成本。

(2) 传真。指定人员使用传真机，登记并保留所有发送记录，其中包括日期、发送信息人的姓名和信息接收者等项目。

(3) 计算机、打印机、因特网。很多单位已在工作中提供该类设备，但在使用中要注意：昂贵的设备要控制使用；严格监督因特网的使用。

(4) 电话、移动电话。应控制公话私用；控制国内国际长途电话的使用；按单位有关规定使用移动电话；定期检查并核对电话账单以控制开销。

(四)办公用品的库存管理

单位、企业在运营中，所需要的办公用品、消耗品、小型办公室设备应当满足，但又不能占用大面积的库房和积压大量的存货，因此需要建立库存记录，确定各类办公用品的库存控制量。

库存控制是办公用品管理人员通过实践计算出单位或企业在某个时间段内对每种库存物品的需用量，并将其确定在库存卡上的一种管理方法。不同的单位，其库存控制量是不一样的。秘书要做好库存记录，还要对库存物品的数量进行控制，了解库存的余额，对是否需要进货作出选择。

1．最大库存量

最大库存量是一项物品应该存储的最大数量，这个数字的确定是由存储费用、存储空间、物品的保存期限及在一定时间段内的需要量所决定的。

2．最小库存量

最小库存量是指一个单位在一定时间段内某物品存在短缺危机的数量值。当库存余额达到最小库存量时，就必须检查是否已经订货，并与供应商联系，确定可以接受的交货时间。紧急时有必要采取紧急订购，以保证货物在很短的时间内就能交货。

3．再订货量

再订货量是由一个单位对该物品在某个时间段内的平均使用量及供应商供应该物品的时间长短来确定的数值。当库存余额与再订货量接近时，就意味着必须订购新的货物来使货物的余额达到最大库存量，以保证业务正常运行的需要。

(五)调配和利用办公资源

1．设备建档与运行记录

(1) 办公设备建档。设备档案内容包括商品名称、设备制造商、制造时间、购买时间、开始使用时间、放置的地点等。

(2) 设备的操作、保修和维护信息。指该设备制造商编制的操作使用指南、该设备的正常保修和维护信息登记。

(3) 设备的故障排除和零部件更换信息。指该设备发生故障的日期、故障情况、报告人、维修或更换零部件情况等信息的登记。

(4) 设备使用情况登记。每件设备都得建立使用日志。设备的使用日志内容有：使用日期、运行时间及运行状况等。

2．合理调配使用设备

(1) 汇总设备使用信息。所有办公设备维护和使用情况在规定的时段要进行统计整理，然后汇总列表，以此作为调配使用的依据。

(2) 设备的调配使用。若某项设备的使用不是满负荷，在需要的情况下，可调整与其他需要的部门合用，以充分发挥设备应有的功效；若某些设备长期闲置没用，在其他部门需要时，应进行调配，以充分利用办公资源。

二、办公事务的管理

(一)办公事务计划安排和目标管理

1. 办公事务计划安排

1) 处理办公事务的途径

办公事务纷繁复杂，秘书要有效地处理事务，就必须对纷繁的事务理出一个清晰的头绪，因此，计划安排是提高办公效率的有效途径。

2) 办公事务计划的原则

办公事务计划的原则即 ABCD 排序原则，就是把某一阶段所要处置的工作任务一项项列出，然后按轻重缓急的标准进行条分缕析。

(1) 重要并紧急的事务，属 A 类，必须立即做、优先做。

(2) 重要而不急的事务属 B 类，应重视并抓紧处理。

(3) 紧急而不重要的事务属 C 类，可安排在有时间时及时处理。

(4) 不紧急也不重要的事务属 D 类，可做可不做，可安排在有富余的时间时再顺便处理掉。

秘书的办公事务无论是长期还是短期乃至每日的工作，都应先从 A 类开始做起。按 A、B、C、D 循序着手处理事务，就能保证把重要且紧急的事务及时处理，不至于因琐事缠绕而误了要事大事；也能充分有效地利用时间，取得工作的最佳效益。

2. 办公事务计划的方法

1) 总体事务计划的制订

(1) 按 A、B、C、D 排序法则把部门的总体工作任务进行排序。

(2) 列出完成每一项任务所需的资源和相关信息，如任务的具体目标、数量和质量要求、所需资源、完成日期、各阶段要求等，具体分析并优化组合分配本部门的人力、财力和物力资源，明确责任人和所承担的任务。

(3) 明确完成每一项任务的各个阶段指标并估算时间要求，时间的安排应根据期限向前推算各阶段工作应何时完成。

(4) 明确工作进展的情况和出现问题时向谁报告、何时报告，确保计划的顺利实施。

(5) 明确工作进展的情况和质量评估标准，并落实如何监督和管理的程序。

2) 总体事务计划执行的监控和调整

(1) 根据既定目标，按阶段总结、分析和评估工作成果和计划执行情况，保证各项工作按照制订的计划有条不紊地实施。

(2) 在执行无法达到预期目标时，应找出与计划目标偏差的原因，并在自己职权范围内采取正确的行动；如是执行人员的原因，应及时向相关领导部门汇报，采取措施或指导、或更换；如系决策失误，则应向决策机构汇报，及时更改或调整决策计划。

(3) 根据情况变化，若要改变工作计划或实施方案的顺序，应与相关人员进行沟通协调，重新统一步调。

3) 具体事务计划的制订

(1) 分析条件。即仔细考虑计划实施中的预期环境，包括外部环境和内部环境。

(2) 确定目标。确定任务所要达到的数量和质量目标(含完成目标所需的资源、完成日期及各阶段要求)。

(3) 拟制方案。拟制能够实现目标的方案。方案应拟制几个，然后进行比较选择，从中挑选出能实现目标的最佳方案。

(4) 评价方案。根据计划前提条件和目标，对可供选择的方案进行评价比较。评价比较的指标包括对资金投入、利润、风险、回收期、未来前景等多种因素的评价，最后选定最有可能使组织以最低成本投入达到最高效率实现目标的方案。

(5) 拟订派生计划。为了支持基本计划，还需要有不同的与之相关联的辅助计划。这些派生的辅助计划都要围绕基本计划来拟订，辅助计划的实施能起到推动和促进基本计划更高、更快地执行的作用。

(6) 编制预算。即完成计划所需的人、财、物的数量预算。

4) 制订具体事务计划和实施计划中应注意的事项

(1) 实事求是。制订计划要实事求是，目标应是通过努力能够实现的，不要设立不切实际的工作目标。

(2) 明确权责。要善于授权，明确分工，权责一致才能保证计划得以实现。

(3) 定期检查。定期检查所需的资源是否保证和满足，不要因供应不足而影响进度。

(4) 沟通协调。及时与同事沟通工作进展和出现的问题，让大家都知道工作进度和达标情况，以便协调同步。

(5) 控制应变。在实施计划过程中，应进行监控，发现问题，要及时采取应变措施，以保证计划的实现。

3．编制工作时间表

编制工作时间表就是将某一时间段中已经明确的工作任务，按轻重缓急程度和工作量的多少，确定在清晰的时间进程中，以此为依据，督促限期完成任务的管理方法。编制工作时间表的具体要求如下。

(1) 根据工作情况确定编制工作时间表的周期。通常有周、月、季、年四种工作时间表。

(2) 收集并列出该阶段所有工作、活动或任务。

(3) 发现活动有矛盾，主动与负责人协商，及时调整。

(4) 按照时间顺序将任务排列清晰。

(5) 绘制表格，标明日期、时间以及适合的行、列项目。

(6) 用简明的文字将信息填入表格。包括内容、时间、地点和任务承办人等。

4．建立工作日志制度

工作日志就是员工把每一天的工作内容安排在一天的时间段里，并据此完成工作任务的管理方法。秘书应先为上司安排工作日志，然后再根据上司的工作日志安排自己的工作日志。

1) 为上司安排工作日志

即把上司每天要处理业务的事项、参加的会议、接待来访、宴请及个人私事等进行编排。上述事务的处理都须标明时间、地点、所需材料及联系方式等。

2) 制定秘书工作日志

根据上司的工作日志，秘书再制定自己的工作日志。秘书工作日志的内容主要是上司在处理上述事务时需要提供的辅助或服务，如准备材料、联络引导、提醒等，在其中有空当的时间里，再安排自己的工作职责内容。

3) 处理工作日志的变化与调整

有时秘书会因为预想不到的事或由于对方的原因而必须改变日程安排，如原定结束时间延长超时；或追加了紧急的、新增加的活动项目；或原定项目的时间调整、变更；或项目终止、取消等。秘书在调整工作日志时应注意以下几点。

(1) 安排的活动之间要留有 10 分钟左右的间隔或适当的空隙，以备活动时间的拖延或新添临时的、紧急的事项。

(2) 进行项目的时间调整、变更，仍然遵循先重急后轻缓的原则，并将变更的情况报告上司，慎重处理。

(3) 确定变更后，应立即做好有关善后工作，例如通知对方、说明理由、防止误解等。

(4) 再次检查工作日志，看是否已经将变更后的信息记录上，不要漏记和不做修改。

5. 建立事务承办周期制度

承办周期是指机关、企业接到服务对象或客户的要求后处理该项事务并给予回复的时间规定。这一规定是在时效性上指导和约束员工履行职责的行为规范和效率准则，明确处理工作花费的时间必须按照规则执行，并以此为根据进行监督和考核，用以提高单位、企业的形象、信誉和效率。制定承办周期的内容和期限规定要考虑以下因素。

(1) 本单位或组织在生产、服务和管理工作方面有哪些行为需要作出时间期限的规定。

(2) 确定多长的时间期限做标准才适宜。这包括能体现组织的形象；能体现组织的效率；能适合执行者操作并完成的极限时间。

(3) 注意同一任务因不同的表现情况，其确定的时间期限应不同。例如都是投诉，电话投诉和信件投诉的承办时间期限应不同。

(4) 同一任务紧急情况不同，确定的时间期限也应不同。例如都是复印文件，"紧急"需要的任务和"日常"需要的任务，确定的承办时间期限就应不同。

(二)建立工作目标管理制度

目标管理就是用可以考核的目标进行管理工作或者评价工作人员工作成效的一种方法。

1. 工作目标的种类

(1) 数量目标。如工作任务的数量、占用资源、资金的数量、时间的数量等。

(2) 质量目标。如错误率、废品率、损失率等。

2. 建立工作目标管理制度的作用

1) 提高工作效率

实施目标管理，会促使员工为实现目标而认真制订计划，并想方设法去实现目标。

2) 落实岗位责任

(1) 实施目标管理，把目标落实到岗位上，使人人明确自己的岗位职责，便不存在无目标、无职责的岗位。

(2) 岗位职责明确，人们不用再消极等待命令、指示去工作，而是主动履行职责，完成工作任务，成为工作任务的主人。

3) 便于控制监督

实施目标管理，有一套可以考核的目标对业务活动进行测定和监督，更容易对计划在实施中出现的偏差予以纠正。

第二节　办公电讯管理

学习目标：

- 掌握电话挂接的基本程序和方法。
- 熟悉接收电话内容后的处理方法。
- 熟练掌握收、发传真和电子邮件的技能。

案例导入：

应届大学毕业生小林近日在中信集团化妆品企业华润公司实习，其职位是经理助理小刘的助理。小刘让小林先负责电话的接打工作。小林觉得这实在是太简单了。这不，电话铃响了。

小林拿起电话，声音圆润地说："你好，华润公司，请讲。"

"华润吗，你们王总在吗？我有要事找他。"电话里传来对方焦急的声音。

小林一看，王总正在办公室里看文件，立即说："王总在，你稍等。"

小林放下话筒，走到王总身边："王总，你的电话。"

"谁打的电话？"王总问。

"不知道，好像挺着急的。"小林答道。

只见王总皱了一下眉头，拿起了话筒。不一会儿，小林听到王总在电话里和对方吵了起来。王总放下电话后，生气地对小林说："以后有找我的电话先问问清楚。"小林脸红了，但一副茫然样。

这时，电话铃又响了。小林拿起电话，没精打采地说："你好，华润公司，请讲。"

"请问刘助理在吗？"对方轻声地问道。

小林吸取刚才的教训："请问你是哪位？"

"我是她的男朋友。" "哦，那请你稍等。"

小林想这个电话肯定要传给刘助理。她看到刘助理正在对面的办公室复印资料，于是大声喊道："刘助理，你男朋友的电话，快来接。"

只见刘助理一脸不高兴地匆匆赶来，边走边说："轻点，轻点，别大声嚷嚷。"

这时，桌上又有两部电话同时响了起来，小林拿起一部，没好气地说："你好，华润公司，请讲。"

"我是周洲，请转告刘助理，我明天9点下飞机，叫她派车来接，同时带上编号TG5193的那份合同，我有急用。千万别忘了。"这个电话的声音有些含糊不清，显然是用手机从远距离打来的。

另一部电话仍然在响。小林拿起电话："喂？"

"化工公司吗，我找李主任。"

"什么化工公司？"

"你们是生产肥料的嘉华化工公司吗？我找销售部李主任。"

"我们是华润公司，你打错了。"小林说完把电话重重地一挂。

没想到接电话这么麻烦，小林刚想喘一口气，这时刘助理走过来问：

"小林，周副总有没有来过电话？"

"是叫周洲吗？刚来过。"小林想起了要通知刘助理的那个电话。

"他说了些什么？"刘助理问。

"他说要你接机，好像还要带份文件。"

"哪个航班？几点？哪份文件？"刘助理问道。

"这个，我记不清了。"小林红着脸低下了头……

通讯，即人们利用电讯设备进行信息传递的行为。在公务或商务活动中用电话联系业务并传递信息，是现代办公的基本手段，秘书必须熟练掌握电话挂接的基本技能并妥善处理电话传递的信息内容。本案例中秘书小林挂接电话的行为不够规范、用语也不够文明；在没了解对方身份及来电意图的情况下，随意将电话转接给上司，引来不必要的麻烦；在上班期间大声嚷嚷接私人电话，给当事者带来不安；接听电话听记不认真，遗漏关键信息，给工作带来严重的不便。电话的接挂看起来很简单，但在实际中要做好却并不容易，秘书必须熟练掌握公务活动中接挂电话及处理电话信息传递的技能。

(根据孙荣等编《秘书工作案例》的案例修改，复旦大学出版社2005年2月版)

一、电话挂接的程序和方法

(一)主叫通话程序

1. 通话准备事项

1) 通话内容准备

(1) 挂电话前先要想好挂给谁，何时挂。应尽可能选择对方方便的时候挂；往国外挂电话，还要注意时差，不要在人家下班后甚至是半夜时给人家挂电话，以免影响人家休息。

(2) 挂电话前还要考虑说什么，怎么说。重要事项通话要有书面提纲；传达领导口头指示要有笔录稿；一般事项通话应事先打好腹稿。

(3) 做好答复对方提问的思想准备。在挂电话前，要预先准备好对方可能会提什么样的问题，要想好对不同的问题该做什么样的答复，以免临时仓促答不出或乱答。

(4) 要安排好通话事项的先后顺序。通话时如果有几件事情同时要说，还应考虑其先后顺序。

(5) 为上司挂电话要考虑受话对象。上司要挂电话找对方的上司，作为秘书不宜直接找对方的上司，应先挂电话给对方上司的秘书，等对方的上司出来通话时再把话筒交给自己的上司。

2) 挂拨号码准备

(1) 电话号码准备。电话号码有电信局印制的最新电话号码簿或自编的常用电话号码表，还有国内外城市直拨电话区号(代码)、世界各地时差表，记录工具有笔、纸(或电话记录单)等。拨号之前要准备好上述通话工具并查对清楚要找的人及其电话号码，不能先摘机再查对，因为那样会无效占用电话资源。

(2) 正确拨号。摘机后要立即拨号。拨号时精神要集中，以免拨错。要耐心等待线路接通，至少要让电话铃响6次以上，确认对方没人应答时再收线。

(3) 长途电话的拨挂方法。

- 国内按下列顺序拨两组数字：地区号+对方电话号码。
- 国际长途的拨号顺序是：国际识别码+国家区号+城市区号+对方电话号码。

2．连接通话处理

1) 自我介绍

电话接通并确认对方是自己要联系的单位或人员后，应先做自我介绍。自我介绍的内容主要是自己的单位和姓名，然后客气地寻找要接听电话的人。如"您好，我是中信集团总经理办公室的秘书王琳。请问施先生在吗？麻烦您请他接听电话。"

2) 挂错电话的处理

如果是挂错了电话，要表示歉意。道歉的态度要诚恳，话不必多，可以说："对不起，我可能拨错号了。"此时可以再询问一下对方的电话号码，看是不是与自己所拨的号码相同，以免再次拨错。

3) 通话时间长的处理

若通话的时间较长，应在通话开始时就询问对方此时是否方便长谈。如果对方愿意谈，但此时不方便，要有礼貌地请对方指定下次通话时间。

4) 接听电话的人不在的处理

若恰巧要找的人不在，或是不能来接听电话，可用协商的口气请接电话的人转告。留言时要说清自己的姓名、单位名称、电话号码、回电时间、转告的简要内容等。在对方记下这些内容后，不要忘记问："对不起，请问您怎么称呼？"对方告知的姓名要用笔记下来，以备查找。

3．陈述通话内容

(1) 在确认对方是自己所要找的对象后，应按事先准备的内容准确、清楚、完整地向对方陈述。

(2) 有些重要的内容或容易使人按习惯理解而事实上却做了调整或改变的事项，如一些会议通知的时间、地点、出席对象的变化，一定要重点陈述并予以强调。

(3) 对方如有疑问要耐心解答。

4. 礼貌告别挂机

(1) 告别一般是由主叫方先提出，可以这样说："您看还有什么问题？"在对方表示没问题了，主叫方便可以结束通话。

(2) 告别时要用礼貌用语。

(3) 固定电话放下听筒应先将耳机一头朝下，按住叉簧，切断通话，然后放下话筒另一端。切不可粗鲁重放，否则对方会以为你在摔电话。

(4) 挂机后，还要检查电话是否确实挂断，如未挂断，电话就会连续计费，来电也无法呼入，而且还可能造成泄密。

(二)被叫通话程序

1. 及时摘机

"响铃不过三"，秘书在电话第二声铃响之后、第三声铃响之前应迅速摘机应答，这样既体现对客户的尊重，又能展示讲求工作效率的良好形象。如果因故不能及时摘机应答，应在摘机后主动向对方说一声"对不起，让您久等了"，以示歉意。

2. 自报家门

摘机接通后首先说话的是被叫方，应答对方首先应当用问候语"您好"，而不要用"喂"，然后主动向主叫方自报家门，以便对方判断电话拨打是否准确。自报家门的规范用语是对外报单位名称，对内部则报部门名称。

3. 准备记录

秘书应当养成随时准备记录电话的职业习惯，平时要将记录用的纸(或记录本)和笔放在桌上固定的地方，听到电话铃响，左手摘机，右手立即拿起纸和笔准备记录。不要等到通话开始后再去临时寻找纸和笔，这不仅会造成无效占用双方的电话资源，还会让对方一下子就看出你不上手，不规范。

4. 辨明身份

(1) 主叫方已做自我介绍，则可进行正式通话。

(2) 主叫方未做自我介绍，秘书应当用礼貌的方式了解对方的身份和来电意图，尤其是找领导的电话，更应如此。

(3) 领导暂时不能接电话的，秘书要做好解释。切记，在未弄清对方身份和意图之前，不要盲目把电话转给领导，也不要轻易和对方讨论有关自己单位的事情。

5. 听记陈述

(1) 对方陈述通话内容时，秘书应注意倾听，并在适当的时候给予呼应，让对方知道你在注意听讲。同时，要迅速抓住对方陈述的要害，弄清意图，记住细节。

(2) 凡有不清楚、不明白的地方，一定要请对方重复或者解释。给领导的留言以及重要事项，要做好详细记录，事后及时向领导汇报。

6. 复述内容

被叫方在主叫方讲述结束后，应主动复述来电内容，这样既可以与主叫方核对信息，也有助于自己加强记忆。一般的通话内容可作简要复述,重要的通话内容应作详细复述。

7. 告别挂机

(1) 一般情况下,应当由主叫方先告别挂机,被叫方回敬对方"再见",也可以向对方表示感谢。

(2) 在确认对方已经挂机后,再轻轻放下听筒,并检查是否确实挂断。

(三)秘书通话的要求

1. 陈述清楚

陈述清楚包括意图明确、内容清晰、表达准确、口齿清楚、声音适中。在技术操作上,通话时,话筒应离下巴 10 厘米左右;使用免提式电话机时,嘴巴离话筒应在 40 厘米左右。太近会因音量太大而造成声音失真;太远则声音模糊,使对方听不清楚。

2. 语言礼貌

(1) 用语礼貌。如通话前用"您好"致意并主动自报家门;迟接电话应道歉"对不起,让您久等了";询问对方身份应说"您贵姓"或"我怎么称呼您";要求重复内容应说"对不起,我没听清楚,请您重复一遍";挂机前可根据不同对象分别采用"再见"、"谢谢"、"请多联系"等告别用语。

(2) 态度温和。秘书通话的语气、态度要温和,努力创造一种相互尊重的气氛。即使对方语言粗俗或双方话不投机,秘书也应当以礼相待,切不可在通话时耍态度、发脾气。

(3) 语速适中。通话时要掌握好说话的语速。语速过快,对方来不及听清;语速过缓,会使人感到很别扭。

3. 行为文明

通话时的行为文明包括如下几项。

(1) 回电或铃响后接电话要迅速,以免让对方久等。如果正在接待客人,可向客人说:"对不起,您稍等,我接一下电话。"

(2) 长时间的通话,在接通电话后要先询问对方是否有足够的时间,如果对方觉得不方便,则可另约时间。

(3) 尽可能在对方的工作时间内与其电话联系;非紧急的情况,不要在对方休息时挂电话,或将电话挂到对方的家中。

(4) 通话时不随便打断对方,必须打断时,应先征得对方同意。双方发生争执时,要注意倾听对方的意见,等对方说完后再发表自己的看法。

(5) 通话时不应随便离开电话与他人说话,以免引起对方的不快;必须临时与其他人说话时,应请对方稍候并表示抱歉。

(6) 通话中其他电话机铃响或听到第三方呼叫等待的通知音,可向对方说明情况,请求暂时中止通话,但必须尽快处理完后一个电话。回到原来的电话时,应当向对方表示歉意。如果后一个电话更为紧急,且通话时间可能较长,应当马上向原通话的一方说明,取得谅解,并承诺主动再与其联系,然后挂机。

4. 保持警惕

秘书接到的电话，成分相当复杂，其中难免会有恶意骚扰、欺诈行骗的电话，对此秘书要保持警惕。具体要做到如下几点。

(1) 辨明身份。正式通话前，秘书应先辨明对方的身份。身份难以在电话中证实的，先将对方反映的情况记录在案，不做表态，事后通过其他途径调查核实。

(2) 认清来电。电话上安装"来电显示"功能，一旦发现对方利用电话行骗、骚扰或恶作剧，可查出对方的电话号码，掌握证据。

(3) 录音取证。对反映重要问题的来电，可使用录音电话机，留下声音文件，一旦查实是欺诈行骗，可据此追查。

5. 记录规范

电话记录既起备忘作用，又是重要的凭证和依据。进行电话记录应注意以下几点。

(1) 重要的通话应在通话后及时整理原始记录，并填写"电话记录"或"电话处理单"。

(2) "电话记录"或"电话处理单"的格式要统一、规范，项目设计要齐全、合理。电话处理单具体样式见表 8.2。

(3) 电话记录应字迹端正，用纸用墨符合存档的要求。

表 8.2　电话处理单

来电单位		来电人	
来电时间	年　月　日　时　分	职务	
来电号码		记录人	
来电内容	(内容较多可用附页填写)		
拟办意见			
领导批示			
办理结果			
备注			

6. 办理及时

(1) 需要办理的电话，秘书应当及时分办，或将电话处理单呈领导阅批，或直接转交业务部门处理。

(2) 属于秘书职责范围的，秘书应立即着手办理。

(3) 来电内容如属客户投诉或属群众反映问题、提出要求的，应另填写"群众来电处理单"，纳入投诉处理或群众来信来访处理范围。

二、传真电邮的收发与处理

(一)收发传真的程序

1．传真的概念

传真，又叫传真电报。它是利用光电效应，通过安装在普通电话网络上的传真机，对外发送或接收文件、书信、资料、图表、照片真迹的一种现代化的通信联络的方式。

2．发送传真的程序

(1) 首页应注明发收信息。正式的公文传真都有首页，并标示传送者与接收者双方的单位名称、人员姓名、日期、总页数等。在发送传真时，应检查是否注明了本公司的名称、发送人姓名、发送时间以及自己的联络电话；同时，还要写明对方收传真人的姓名、所在公司、部门等信息。所有的注释均应写在传真内容的上方，即使在发送传真时已经口头给对方说明了，也还应该在传真上注明以上内容，这样做是为了便于对方对文件进行管理。

(2) 预先应电话联络沟通。秘书在平时就应养成良好的习惯，认真记好交往对象的传真号码。但即使是已做了详细的记录，为了保证传真的发送万无一失，在向对方发送传真之前，还是应先挂拨电话向对方通报一声，这样做既是征询对方，看马上接收是否方便，又能保证不至于发错传真。

(3) 内容简明、时间适宜。发送传真的目的只是为了快速告知对方相关的信息，但传真机所使用的纸张质量一般都不高，印出的字迹也不是很清楚，且光电热敏反应的字迹保存期不长，若需长久保存须将传真件复印，然后用复印件加以保存。收件人若需要原件备案，如需主管人员亲笔签字的材料或合同等，则应在传真后将原件用商业信函的方式寄送，故传真的内容不必很详尽，篇幅不宜太长。发送传真属公务往来的事务，因此，发送的时间应选在上班时间，不宜将传真发送的时间设定在下班后，下班后给人发送传真则无法保证快速传递信息的作用。

(4) 格式规范、用语礼貌。发送文件、书信、资料时，应该像写信一样有礼貌，必要的称呼、问候语、签字、敬语、致谢语等是不可缺少的。应尽量使用清晰的原件，避免发送后出现内容看不清楚的情况。

3．接收传真的程序

1) 认真负责接收

准确告知交往对象本人或本单位所使用的传真机号码，接收传真时，若发现其中有不清楚或未收到的信息，可以请对方再发送一次。在收到他人的传真后，应在第一时间即刻采用适当的方式告知对方。需要办理或转交、转送他人发来的传真时，应及时办理，切不可拖延时间，耽误对方的要事。

2) 注意安全使用

单位所使用的传真设备，应当安排专人负责。若无专人负责，则应设置使之处于自动接收状态。为了不影响工作，单位的传真机尽量不要同办公电话采用同一条线路。传真材料在传送过程中，可能会经过许多人的手才能送达当事人，因此，机密内容不宜用传真机发送。

3) 及时给予回复

使用传真设备传递信息，最为人们所看重的是它的时效性与真实性。因此，发送传真之前，发送方必须先与收件方取得联系，确认其是否能及时收到传真。收件方在收到传真后，也应及时给发件方回复，告知收件的情况，以免漏收或失收，造成损失。

(二)收发电邮的程序

1. 电子邮件的概念

电子邮件，又称电子函件或电子信函。它是利用电子计算机所组成的互联网，向交往对象发送的一种电子信件。用电子邮件对外联络，具有方便快捷，清晰度高，不受篇幅的限制等优势，且还可大大降低通信费用，特别是对远距离的国际性交流和大量的信息交流，其优势更是明显。

2. 发送电子邮件的程序

(1) 电子邮件的撰写应规范。撰写发送电子邮件，与我们平常撰写并发送普通书信的性质是一样的。因此，撰写电子邮件，也应按撰写普通书信一样的格式对待，如称呼、敬语、落款签名、日期等必不可少，且抬头、落款的格式也应规范，讲究规范，是对收件人表示敬重的行为。

(2) 电子邮件的主题要明确。添加邮件主题是电子邮件与普通通信信件的主要差异所在。在主题栏里用短短的几个字概括出整个邮件的内容，这便于收件人权衡邮件的轻重缓急，分别处理。一般而言，一封电子邮件只有一个主题，主题的作用是为了让接收者了解邮件的第一信息，因此，概括主题要提纲挈领，简明清楚，让收件人看一眼，就能迅速辨明邮件内容并判断其重要性。回复信件，重新添加或更换邮件主题也是要格外注意的环节，最好写上来自某某公司的邮件及年、月、日，以便对方一目了然，清楚是回复邮件，及时阅读和处理。

(3) 邮件的正文栏要有内容。发送电子邮件时，正文栏不能空白。正文栏空白也是对收件人的不敬重，且这样的邮件往往会被收件人当作垃圾邮件而删掉。正文栏书写的内容一般为：敬称收件人、简要告诉邮件的主要内容、落款及发件时间。

(4) 电子邮件的用语应简明。撰写电子邮件，内容应当简明扼要。邮件信息不要冗长，能短则短，愈短愈好，冗长的邮件，不但不会引起别人的注意，相反，可能会引起对方的不耐烦而没那么好的耐心看下去。

(5) 慎重选择电子邮件功能。网络上所提供的电子邮件软件，有多种字体备用，有各种信纸可供使用者选择。但我们须谨慎选择此类功能，这是因为：一方面，对电子邮件修饰过多，难免会使其容量增大，收发时间延长，浪费时间；另一方面，电子邮件的收件人所拥有的软件不一定能够支持上述功能，这样一来，他所收到的那个电子邮件就很可能会大大地背离了发件人的初衷，甚至无法打开阅读，使之前功尽弃。

3．接收电子邮件的程序

（1）接收邮件。一般用户设置为默认在线方式，即可自动收到新邮件，并将邮件存放在收件箱中，同时设置显示邮件到达通知，以提醒及时查看。

（2）阅读邮件。收到电子邮件后，应及时阅读。但由于现在电子邮件为全社会所广泛应用，打开邮箱，广告邮件、会议邮件，垃圾邮件铺天盖地，全面阅读费时费工，不可能也没必要，因此选择邮件阅读的方法就显得十分必要。通常情况下，阅读电子邮件可采取的方法有纵横阅读、浏览主题、自动阅览和分组查看等，把不看的垃圾邮件及广告邮件及时删除，应当看的业务邮件则及时认真审阅。

（3）答复邮件。有关业务邮件，通常是需要回答对方某些问题或告知一些情况，因此，就需要答复邮件。答复邮件可从原邮件视窗下方进行快捷回复，也可以在邮箱中选择某一邮件条目，如点击写信条目，建立新信件进行回复。回复邮件也应合乎礼仪规范地称呼收件者，并且在信尾签名。

（4）转发邮件。转发邮件，通常用于将自己收到的邮件转给需要知道或处理的其他相关人员。转发邮件的方法就是选择并输入新收件人的地址，这一过程的操作将自动携带原邮件的附件，然后进行转发。

（5）归档邮件。在计算机中建立邮件归档文件夹，将收到的需要处理的有关业务邮件或有作用的其他邮件分类存放，以便于邮件的跟踪处理，同时，腾出邮箱空间，以接收新的邮件信息。

第三节　信访督察工作

学习目标：

- 了解信访工作的含义、要素与作用。
- 掌握来信受理与处理的基本程序。
- 掌握来访接待与处理的程序。
- 掌握企业信访工作的内容、特征和方法。
- 了解督察工作的含义和督察的必要性。
- 掌握督察工作的基本方法、程序和要求。

案例导入：

> 林权体制改革，使得原来挺红火的林业贮木加工现在变得门庭冷落了。
>
> 中信集团下属宏华玻璃制造公司因业务拓展的需要，提请征用与之相邻的一块已经停产两年多的贮木场，用来改建合资玻璃制造厂房。征用手续经层层审批，历经半年，总算办妥。
>
> 这一天，承建厂房的建筑施工队伍带着施工器械，浩浩荡荡开进贮木场，准备拆房整地时，住在里面的原贮木场退休职工都不愿撤出原住房，他们手挽手挡在挖掘机前，发誓要与居住的旧宿舍共存亡。双方争执异常激烈，矛盾激化，可能会造成流血事件的发生。

施工队伍不得不退出场地，工程因此受阻而停工。第二天，贮木场的25位老同志集体上访市政府，要求主持公道，按政策解决他们的住房和福利待遇问题，否则他们就要越级上访。

市政府领导得知此事后，高度重视。事发后连续两天召开专门会议，由副市长、市土地管理局局长出面与贮木场领导共同研究，分析了退休职工所提问题的合理性，在此基础上拟定了几条解决问题的措施：一是根据相关规定，对现在贮木场退休职工所居住的宿舍进行评估折价，给予合理的补偿；同时，在城郊的市政安居工程中拨出30套经济适用安置房，用以安置已退休但现仍居住在贮木场的职工住房问题。二是召开退休职工子女座谈会，要求他们协助做好老人们的思想工作。三是召开退休职工子女所在工作单位领导会议，请这些单位支持搬迁职工的子女们承担搬迁的实际工作，在运输工具、时间、人力等方面给予支持。会议开后，大家分头做工作，在各方的共同努力下，五天内完成了搬迁任务，顺利交出场地，避免了一次流血事件和越级集体上访事件的发生。

上述案例的集体上访是新旧体制转换和社会利益格局调整中出现的新情况和新问题。它涉及退休职工的切身利益，处理不当，影响经济建设发展和社会安定。市政府及贮木场领导及时发现了矛盾所在，运用思想教育与解决实际问题相结合的方法，采取果断有效措施，合理解决退休职工所反映的问题，把问题解决在可能酿成流血事件之前，避免了集体上访问题的恶化，取得了良好的效果。

一、信访工作概述

(一)信访工作的含义

信访工作的全称为"来信来访工作"，是指公民、法人或者其他社会组织采用书信、电子邮件、传真、电话或走访等形式，向各级政府机关、企事业单位反映情况，提出建议、意见或者投诉请求，并依法由有关部门处理的活动。

(二)信访工作的要素

信访工作由信访人、信访受理者、信访形式、信访内容、信访结果等五个要素构成。

1. 信访人

信访人即信访的发起人。它可以是公民个人，也可以是法人或其他组织(包括企事业单位和社会团体)，还可以是外国人、无国籍人和外国组织。信访人必须是精神正常、有独立意愿、不受他人指使和操纵的人员。

2. 信访受理者

信访受理者是指接待信访人和信访活动，处理信访事项，解决信访问题的人。它可以是机关、企事业单位、社团等社会组织，也可以是代表这些组织的首长或负责人，基层单位则由秘书人员承担。

3. 信访形式

信访形式是指信访人进行信访活动时所采取的途径和方法。主要通过书面写信和当面访问两种形式，也通过由此派生的诸如电报、电话、电子邮件、传真、录音、录像等其他形式，向党政机关、企事业单位、新闻媒介单位、社会团体询问或反映情况，控告侵害自己合法权益的单位或个人，检举、揭发违法失职行为的方式。

4．信访内容

信访内容是指信访人在来信来访中所反映的意见和要求，其中包括请求、申诉、揭发、控告、询问、建议、批评、表扬等方面的具体内容。信访内容是信访工作的核心，没有信访内容，就不成其为信访工作。

5．信访结果

信访结果是对信访案件从受理立案到调查处理全过程的结局。它包括信访人的正常要求得到满足，有关政策得到落实，询问得到解答，被揭发控告的人得到处理，违法乱纪者受到惩处，反映的情况得到核实和澄清，党政机关和企事业单位的工作得到改善等多方面。

(三)信访工作的作用

1．参政议政作用

信访是人民群众参政、议政的重要方式之一。人民群众关心国家大事，关心党的方针政策，关心政府的法令、法规和各项工作，关心社会、经济、文化、教育、风气等各方面的发展。他们有意见、有建议，通过信访的形式反映出来，可以也应该被各级党组织、政府机关、企事业单位所重视、所采纳或参考，从而作为修订决策、改进工作的依据之一。

2．监督控制作用

人民群众对国家机关和企事业单位工作人员违法、失职行为的控告或检举，有助于各级机关克服官僚主义，打击违法乱纪；有助于端正党风和纠正各种不正之风；也有助于人民群众维护自身的合法权利和利益。

3．信息反馈作用

管理的基本规律就是"信息—决策—执行—反馈—再决策—再执行—再反馈……"。信访工作是实践的最直接、最真实的反馈之一，也是检验真理的重要途径之一。决策通过执行，就能暴露出不妥当和不科学的地方，这些问题通过信访渠道反馈到决策层，决策层据此再对决策方案进行调整和修正，从而保证最终能有效达到预期目标。

4．化解矛盾作用

信访内容中有大量是人民群众反映、申诉自己的疾苦、困难、冤屈，或是相互之间的矛盾、纠纷，或是利益受到的侵害。他们通过信访，使问题得到正确处理，从而能达到消除疾苦、平反冤屈、化解矛盾的作用，使人民的安全和利益得以保障，使社会因此安定团结。

5．公关形象作用

各级组织，尤其是工商企业，做好信访工作，还可以起到"内求团结、外求发展"、"双向沟通"的公共关系作用。可以搞好与广大顾客的关系，搞好社区关系，提高单位和企业自身的知名度和美誉度，树立组织的良好形象，从而使自己在激烈的竞争中立于不败之地。

二、信访工作程序

(一)来信受理与处理的程序

1. 收拆

(1) 收到上访的来信应当日拆封,并加盖收信章。拆信时要让信封内的物件都沉落在信封的左侧后,再用剪刀沿信封右侧边沿垂直剪开,注意不能剪断信封里的信笺。

(2) 信笺按页码顺序理好放在信封上面,再将信笺、信封、附件等以左上角为准对齐一起装订。

(3) 转办信件并附有"转办单"的,转办单要放在信笺前面一并装订,并在信笺上第一页的右上方加盖收信日戳。

(4) 信封以及信封上的文字、标志和邮票等要保持完整,以备考查。

(5) 对缺页的来信,要注明其所缺页码。

(6) 附寄的现金、证件、票证、照片、汇单、物品等要专项登记,妥善保管以备查。

(7) 外文信封要待翻译好后再拆。

(8) 来信要求上转的不得拆封。

(9) 来信不论是否属于受理范围,都应予以登记。不属于受理范围的,也不可将信退回,而应在登记后将来信附以简明函件转到对口单位;同时要回信给写信人,告知已转至什么单位处理。

2. 阅信

(1) 来信由负责拟办的秘书或专职信访人员阅读,阅信时要耐心仔细,弄清信件所反映的主要问题,并初步分析和掌握信件的可靠性和重要程度。

(2) 阅信时,不得在来信上勾画、圈点、添改、涂抹等,要维护原信的完整性。

3. 登记

(1) 基本情况登记。登记写信人的姓名、工作单位、职业、通信地址、电话号码、同信或同访人、信访次数等基本情况。

(2) 信访内容摘要登记。即事情的时间、地点、当事人、起因、过程、结果、性质、人证、物证,信访人的要求或建议,有关部门的意见等。

(3) 领导批示和处理意见的登记。

(4) 处理结果和答复情况的登记。

(5) 处理情况跟踪登记。①登记往往不是一次一时完成的,表格中应留些空白,准备信访者多次来信来访时进行再登记。②处理总得有一个过程,要等处理结束,登记才算全部完成。因此信访登记应跟踪登记。来信来电登记表样式见表8.3。

4. 拟办和送批

拟办和送批即对阅后的信件,根据其内容提出处理意见,明确主办单位和协办单位。

(1) 需要直接办理的较重要的群众来信,应提出由信访部门有关处室直接办理的意见。

(2) 属于反映下级机关、单位领导或成员问题的信件,应提出将信件转请其上一级领导机关处理的意见。

(3) 拟办意见应送信访部门负责人阅批,重要的信访事项,信访部门负责人还应送主管领导审批。根据领导批示,确定信件承办走向。

表 8.3 来信来电登记表

编号：　　　　　　分类：

来信来电人姓名		来信来电人单位及职务		信访次数	
来信来电人住址、邮编			来信来电日期	年　月　日	
同信或同访人情况			登记人		
来信来电内容摘要					
领导批示					
处理结果					

5. 转办

转办即某些信访事项不属于第一受理单位的职责范围,则应负责将这些信访事项转至对口的单位或部门去办理。

(1) 转办时,应进行转办登记手续,其内容主要包括转办日期、转办信件内容、批准转办人、要求办结的时间等。

(2) 根据信访内容的性质和重要程度以及原受理单位的职权,转办的信访事项可以要求"回告",也可不要求"回告",而由被转办单位直接答复信访人。

6. 催办

催办就是原信访受理单位对承办信访处理事项的单位进行催促,要其在限定时间内办理信访事项的行为。

1) 信访受理的时限规定

(1) 信访工作人员收到信访事项后,能当场答复的,应当场书面答复;不能当场答复的,应在收到信访事项之日起 15 日内书面告知信访人。

(2) 信访事项应当自受理之日起 60 日内办结;情况复杂的,经批准可适当延长期限,但延长期限不得超过 30 日,并要告知信访人延期的理由。

2) 催办的形式

催办的形式可以是通过电话、电子邮件,可以发文,也可以直接派人去。间隔的时间可长可短,如三五天一次,或十天半个月一次。形式和时间均以信访事项的重要和缓急程度而定。

7. 结案与审查

1) 结案

来信反映问题的解决或落实,案件终结,这时,接办单位应向上级转办机关函告处理结果，有规定要求的应写出正式的结案报告。

2) 审查

承办单位将信访材料及处理意见回告原受理单位，原受理单位应进行认真审查。审查的要点如下。

(1) 事实是否清楚。

(2) 证据是否确凿。

(3) 定性是否正确，结论是否恰当。

(4) 处理意见是否符合政策、法律、法规。

(5) 手续是否完备，即有关材料、记录、文件是否齐全。

(6) 对处理意见，信访当事人是否接受，意见怎样。

8．复信

复信就是在承办机关作出信访处理意见后给予信访者的书面答复。

(1) 复信的内容可以是告知性、答复性的，也可以是解释性、交代性的，还可以是感谢性、鼓励性或批评性的。

(2) 复信应署明时间，加盖公章，并留存底稿。

9．复查与复核

复查与复核就是信访人对作出的处理意见不服而重新进行复查和复核的行为。

(1) 信访人对作出的处理意见不服的，可以在收到书面答复之日起 30 日内提出复查要求。复查结果仍须给予提出复查要求者以书面答复。

(2) 信访人对复查意见还不服的，可以自收到复查书面答复之日起 30 日内向复查机关的上一级行政机关请求复核。

(3) 上级行政机关应在 30 日内提出复核意见。复核机关可按有关规定举行听证，经过听证的复核意见可依法向社会公示。

(4) 信访人对复核意见仍不服，且仍以同一事实和理由提出投诉请求的，信访工作机构可不再受理。

10．秘书承办来信时应注意的事项

(1) 拆信件前，要检查信封、邮票是否完整；对随信附寄的现金、证件、票证、照片、汇单、物品等要逐项清点，详细登记，妥善保管，一般不要随信下转；转发信件时要保持原信封、邮票的完整。

(2) 登记信件时，要书写工整，字迹清楚，摘录登记内容要言简意赅；需要呈送领导、上司批阅的信件，要附上"信件呈阅单"。

(3) 对初次写信者，承办开始就要复信或回告承办情况，以避免信访者重信或越级上访。

(4) 对于举报违法违纪的，或者申诉遭到打击报复的，或是涉及基层负责人的信件，如需要转(交)办的，只能将信件转(交)被举报、申诉或涉及单位(负责人)的上级或有关部门处理，不得将信件转交给被涉及的单位或本人，以保护举报人的合法权益。

(5) 对下列情况的信件，不再承办，但可作为已经处理的信件进行登记和统计：①已做结案处理的,本人要求过高并明显不符合政策规定的;②精神病患者的来信;③没有具体内容和情节的匿名信;④有过激言论或谩骂领导、上司而无须转公安部门查处的匿名信;⑤其他经过认定不再承办的信件。

(二)来访接待与处理的程序

1. 接待

(1) 凡群众来访,接待人员都要以尊重、信任、关心的态度起身迎接、问好、让座、上茶水,即使是面对情绪急躁或言行失控、言辞过激甚至是出口伤人的来访者,接待人员也要以礼相待,切忌简单草率或拒之门外。

(2) 来访者离开时,不论问题解决与否,接待者都要起身相送。

2. 登记

(1) 接待以后接待人员应及时填写登记簿(卡),依次填上姓名、年龄、单位、住址、联系电话以及反映的主要问题等。来访登记表样式见表8.4。

(2) 对于有一定文化程度的来访人员,可把来访登记表发给本人填写,由接待人员复核。

3. 接谈

(1) 接谈应热情耐心,聚精会神听来访者申述,并认真做好记录,问明答准。

(2) 对来访者提出的问题,不能不信,也不能偏信;不能不答,也不能乱答;必须回答而且能够回答的,要根据事实和政策作出回答,切忌模棱两可;对政策无明确规定、难以回答的问题,应实事求是地加以说明,请来访者理解和支持。

4. 处理

(1) 对来访者反映的情况和提出的问题,应按党和国家的政策、法规作出恰当的处理,满足他们的正当要求。

(2) 凡能当即答复解决的应予以答复解决;应由所在地机关、单位处理的,可通过电话向当地机关、单位进行初步核对,弄清有关情况,酌情处理。

(3) 比较重要的、典型的问题,可及时整理材料或编写《来访简报》,送领导批办。

(4) 来访群众要求合理、政策允许、应解决而长期得不到解决的问题,可交办或直接调查,查明情况后,督促有关单位处理。

(5) 需要与有关机关、单位共同研究处理的,应及时联系,组织落实,并动员来访群众回原单位等待处理结果,以免盲目乱跑,劳民伤财。

(6) 来访群众留下的申诉材料,需要转办的,应及时转办。

5. 回访

回访的重点一般放在问题已作恰当处理但本人思想不通的信访者身上。目的是要进一步做好思想疏导工作,消除隔阂,化解矛盾。

表 8.4　来访登记表

来访日期：　年　月　日

序号	来访代表姓名	性别	单位或地址	身份证号码	联系电话
1					
2					
3					
4					
5					
曾访部门		户籍地		问题分类	
来访反映的主要问题及要求					
处理意见			批示人(签名)		
处理结果					
备注			接待人(签名)		

(三)立案查处的程序

对人民群众来信来访中所反映的重大问题，应根据立案标准立案查处。立案查处的问题包括以下内容。

(1) 涉及对党和国家方针、政策的意见。

(2) 上级机关和领导人有批示意见或上级机关重点发函交办的以及报刊摘编。

(3) 对本机关工作的重要批评和建议。

(4) 反映下级领导机关严重违法乱纪的。

(5) 反映人民群众生产、工作、生活中重大问题的。

(6) 在生产和建设、工作中有重大发明创造的，提出重要改革意见和建议的。

(7) 反映经济体制和政治体制以及社会主义精神文明建设的重要情况和动态的。

(8) 反映群众正当要求，而基层顶着或拖着不办，或长期得不到解决的。

(9) 有关社会秩序和治安秩序等重大问题。

(10) 民主党派、少数民族和各界有影响的上层知名人士、港澳台同胞、海外侨胞、外国人士的来信来访。

立案查处的程序是：立案交办—直接查处—督促检查—结案上报—立卷归档。

1. 立案交办

凡是重要的信访件，信访工作人员都要先初步核实，然后根据原件内容加上初步核实情况，提出拟办意见，写成报告，正式立案；立案报告呈上级主管批示，然后将信访中所反映的问题函交有关部门或单位组织办理，并要求承办单位及时汇报处理结果。

(1) 凡属下列情形之一者都应立案交办：①重要的或长期顶着拖着不办的申诉、求决的问题；②需要了解的重要情况和问题；③对严重违法乱纪或党内不正之风问题的揭发检举；④对严重压制民主和打击报复事件的投诉；⑤对党和政府的各项方针、政策阳奉阴违，不贯彻执行的人和事；⑥领导批示或上级交办的问题。

(2) 在交办函(单)中，应写明信访者所反映的主要问题、情节、要求以及立案负责人的批示意见，限期结案的上报时间。

(3) 立案的信访案件，应根据案件的复杂程度、处理难易、缓急不同等情况，要求办案单位在一个月或两个月、三个月内办完，并上报处理结果，如到期没有完成的，应说明原因，并提出延缓期限。

(4) 立案的案件要编号，按系统(基层按单位或承办人)建立分户登记，以便分析研究，掌握工作进程，及时催办。

2. 直接查处

(1) 凡属于本机关、单位职权范围内的信访案件、上级领导机关交办的案件或一些不宜转交下级机关、单位办理的案件，立案机关应直接派人调查处理。

(2) 有时，为加快办案进度，提高办案质量，领导应包干负责承办信访案件，具体方法是"三定三包"，即定办案单位、定办案人员、定结案时间；包调查、包处理、包做思想工作。做到包一案、查一案、结一案、了一案。

3. 督促检查

这是使信访案件件件有着落、案案有结果的重要措施，也是加强信访案件的目标管理、提高办案质量的有效手段。

1) 督察的重点内容
(1) 抓逾期不报的信访积案。
(2) 抓报而不结的信访要案。
(3) 抓结而不报的信访老案。
(4) 抓久办不决的信访难案。

2) 督察的方法
(1) 加强催办：保证信访问题及案件解决的时间性。
(2) 定期回访：检查信访事项解决的彻底性和落实的程度。

4. 结案上报

(1) 结案是从受理到查处全部过程的终结。结案的标准是：事实清楚，结论正确，符合政策，手续完备，并有申诉者的意见。

(2) 上报是报请上级审批结案。需上报的信访案件有：负责人批办或上级领导机关交办并要求上报处理结果的信访问题。

5．立卷归档

（1）信访工作中产生的原始材料。如信件、来访登记表与记录、电话记录、电子邮件稿、各种单据、照片、图纸等。

（2）办理过程中形成的文字材料。如立案报告、转办与交办单、调查记录、结案报告等。

（3）综合性材料。如总结报告、信访简报、分析研究报告、大事记、统计表等。

三、企业信访工作

(一)企业信访工作的概念

企业信访工作是指企业在生产管理活动中与职工发生权益冲突，或在经营活动中与顾客发生权益冲突而造成职工、顾客上访，由企业自身或有关国家机关及其工作人员依法进行处理的信访活动过程。

(二)企业信访主体

（1）职工，包括在职职工、下岗职工和失业、退休人员。

（2）顾客，包括主动与企业生产产品发生关系的消费群体和被动的消费群体。

(三)企业信访内容

（1）企业自主生产经营管理活动的产品及生产过程中与主、被动消费群体的矛盾。

（2）职工依法享有的政治民主权利、劳动权益和其他经济权利、精神文化需求的保障。

(四)企业信访工作的特征

企业信访情况复杂，处理起来难度较大。原因是处于社会转型时期，利益格局调整不平衡，法制不规范，政策措施调整不到位，顾客与职工权益的认定和维护往往受到多种因素的制约和影响。主要表现在以下几个方面。

1．事件处理难度大

到信访部门上访的案件或是"三不管"、求告无门的事件，或是终审判决仍不服的事件，处理起来复杂、难度大。

2．事件牵扯因素多

企业信访事件大都是些久拖不决，涉及经办人员多且牵涉其他一些复杂因素。

3．矛盾双方关系杂

劳动关系中权利与义务的复杂性和共同性，牵扯面广，使得信访问题的解决变得更为复杂和棘手。处理不当、不及时，往往酿成罢工、请愿，甚至游行示威。

4．判别是非标准乱

生产产品的标准指标不明确，不合格产品和服务给消费者造成的伤害无法准确认定。

5．造成损害补偿难

利益驱动而不规范的生产程序给职工权益造成重大损害；不明确的产品质量标准，或制假、售假给顾客造成重大伤害；超标排放的污染给被动消费者造成巨大的伤害而难以补偿。

(五)企业信访工作的方法

1．树立群众观念，热情接待来访

信访工作者不论有没有能力解决问题，首先要对来访者热情接待，耐心倾听来访者的申诉，真诚地为来访者服务，争取获得来访者的信赖。但热情服务不是"有求必应"、"有问必答"。有的问题看起来小，但涉及面广，涉及人数多，因此，不宜擅作主张，而要经过集体讨论和领导审查、指示后再给予答复。

2．宣传信访法规，树立全局观念

来访者的有些要求，从其个人或局部看合情合理，确应解决，但从全局看则与全局工作部署相悖，因此，不能随声附和，无原则支持。信访接待人员要积极主动地向信访人员宣传信访法规和有关政策，帮助企业来访者树立全局观念，理解、配合和支持大局工作。

3．按照规范程序，谨慎处理来访

采取听、问、看、析、处理五个基本步骤接待上访，摸清情况，抓住重点，督办落实。

4．根据具体情况，灵活接待上访

(1) 热情真诚，稳定情绪。
(2) 摸清情况，缓解矛盾。
(3) 领导重视，依法依据。
(4) 督办落实，措施有力。

5．来信处理

消费者、职工和企业以信函、电话、电传、电子邮件形式进行信访活动，应把握好答复咨询、自办自查、转办交办等环节，其处理方法一般分为阅信、办信和复信三个基本步骤。

(1) 阅信。仔细阅读来信，熟知来信内容，弄清来信意图和反映的问题，分清办理责任。

(2) 办信。根据来信所反映的问题，依据相关法律、法规，作出实事求是、合情合理的处理。

(3) 复信。对已经作出处理的来信，要及时给来信人复信，做到事事有回音、件件有落实。

(六)企业信访工作的要求

1．坚持治标与治本并重的企业信访原则

信访问题发生在企业，消化这些问题也要依靠企业自身。

(1) 通过解决企业内部各类信访问题，达到标本兼治，推进企业各项工作的开展。

(2) 充分发挥信访工作联系基层、联系群众的桥梁作用，变被动接访为主动查访，及时掌握企业动态，把问题解决在萌芽状态。

(3) 对消费者和职工反映的每一个信访问题，特别是初信初访问题，要认真对待，公正处理。提高一次性结案率和满意率，做到调查核实情况到位，落实法律政策到位，疏导化解矛盾到位，处理问题措施到位。

2．强化基层信访组织自我消化信访问题的能力

企业内部一般应当设立专门的信访机构或信访工作岗位，方便职工信访，也方便企业信访部门和信访人员及时处理信访事件，同时也减轻政府信访部门工作的压力。

3．处理与疏导并举

职工信访，既有实际问题，也有认识问题。化解各类信访，必须既解决实际问题，又解决思想问题。要从解决思想问题入手去解决实际问题，并在解决具体问题过程中，做好信访人的思想工作。

4．用企业的科学管理方法解决企业信访问题

现代企业管理方法具有很强的科学性和合理性，企业信访工作不但应当借鉴其中适应信访规律和特点的成分，而且在借鉴过程中也可以实现信访工作贴近企业生产经营实际、贴近职工所思所想所虑的目标，从而逐步使企业信访工作成为企业管理的组成部分，最大限度地促进企业的发展。

5．发挥企业内部协调组织的作用

按照国家相关规定，企业内部应建立劳动关系协调组织，如党组织、工会、共青团、人民调解委员会等，这些组织承担的职能与信访密不可分，要充分发挥这些组织协同处理问题的作用。

四、督察工作概述

(一)督察工作的含义

督察是指对下级机关和部门贯彻执行领导机关决策和领导人指示的情况展开督促检查的活动，又称督办、查办。

(二)督察工作的必要性

决策与执行是现代管理中两个相互联系而又相互区别的运作环节。决策方案只有得到全面贯彻执行，才能最终实现决策的目标。执行不力、执行走样或者不执行，再好的决策方案也不过是空中楼阁。产生决策与执行脱节现象的原因如下。

(1) 执行系统对决策指令的理解能力和执行能力存在不足，导致执行不力或执行偏差。

(2) 执行系统不能顾全大局，为维护本系统的利益，对决策指令或各取所需，或消极抵触，或拖延执行，有的甚至搞"上有政策，下有对策"。

(3) 执行系统的分工不明，职责不清，或者相互推诿、扯皮，妨碍决策指令的顺利

执行。

为了使领导机关的决策和领导人的指示得到全面正确的贯彻落实，必须加强执行过程的督促检查，切实做到令行禁止，从而有效地维护领导决策和指示的权威性和严肃性，保障领导管理系统的健康运行和组织目标的顺利实现。

(三)督察工作的要素

1．督察者

督察者即提出督察任务并具体组织和实施督察过程的机构或秘书人员。

2．督察任务

督察任务即督察者围绕领导机关的决策或领导人的指示所确定的督察目标、督察范围、督察事项以及督察要求。

3．督察对象

督察对象即具体落实执行领导机关决策或领导人指示(即督察事项)，并接受监督检查的机关或单位。

4．督察方式

督察方式即确保督察目标实现和督察任务完成的督察制度、督察程序和督察方法。

5．督察结果

督察结果即督察任务的完成情况，也是反映督察工作质量的最终指标。

(四)督察工作的种类

1．决策督察

决策督察是指督察机构或秘书人员围绕领导机关以文件、会议等形式作出的各项决策所展开的督促检查工作。

决策督察的范围包括上级领导机关和本级机关制定的所有重要决策事项。

2．专项督察

专项督察是指督察机构或秘书人员围绕上级机关或本级机关领导人针对某一特定事项的批示、口头指示或以其他方式交办的重要事项而展开的督促检查工作。

凡是需要向领导人反馈办理结果的事项，都应当列入专项督察的范围。

五、督察工作程序

(一)督察工作的形式

1．电话督察

电话督察即通过电话向承办执行督察任务的机关或部门了解情况，催促办理落实或要求报告办理落实的情况。

2. 书面督察

书面督察即采取下发督察通知或督察函的形式，要求承办执行督察任务的机关或部门抓紧落实并限期报告情况。

3. 实地督察

实地督察即督察人员深入承办执行督察任务的机关或部门，实地了解落实情况，发现问题，及时与有关方面会同协商，共同研究解决的办法。

4. 会议督察

会议督察即由督察机构出面召集各承办机关或部门开会，了解情况，分析问题，交流经验，协调关系，共同研究加快办理时效和提高办理质量的办法。会议督察既可以请进来，也可以在当地举行。

在督察重大而且比较复杂的决策事项时，由于需要协调的问题和方面较多，常常需要运用会议督察的方法。

(二)督察工作的步骤

1. 立项登记

无论是重大决策还是领导人的批示或交办的事项，一旦形成，就要列入督察范围，立项登记。立项登记的要求如下。

(1) 明确承办单位或部门以及责任人。有些事项可能会涉及几个单位或部门共同承办，此时要分解立项，并确定主办单位或主办部门。

(2) 明确承办落实的具体要求和时限。

(3) 落实负责督察工作的责任人，做到督察任务明确、时间要求明确。

(4) 专项督察事项，一事一项。

(5) 督察登记要清楚。即督察过程中登记的内容要详细、清楚，以备查考。

2. 制订督察方案

重大决策的督察，立项后要尽快制订督察方案，交领导批准后执行。督察方案的内容如下。

(1) 督察事项。写明项目名称或具体事由。

(2) 确定督察的机关。

(3) 明确主办与协办单位。

(4) 交办方式。有口头交办、书面交办和会议交办等。

(5) 督察方法与程序。

(6) 协调方法。如需要多方办理的事项，应写明协调的方法和步骤。

(7) 督察部门及督察责任人。

(8) 其他需要说明的事项。

3. 交办

交办是指将督察事项向承办执行机关或部门做正式交代。交办方式主要有口头交办、书面交办(督察通知或督察函)和会议交办三种。

4．督促检查

(1) 督察事项交办后，要运用电话、传真、书面通知、现场调查、明察暗访、召开座谈会等方法及时了解办理进展情况，提出督察意见，保证督察事项的落实。

(2) 重要事项要重点督察，紧急事项要跟踪督察，一般事项要定期督察。

(3) 对于承办单位无故逾期未办结的事项，要填发"督察催办单"，限期办结。

5．协调

对于涉及两个以上部门办理落实的事项，一般情况下由主办部门负责协调。如问题较复杂，也可由督察部门会同主办部门进行协调。

6．审核验收

由督察机构或秘书人员对承办机关或部门上报的办理工作答复报告进行审核，检验承办落实决策事项的质量与效果。对不符合要求的报告和办理不合格的事项，填发"督察退办单"，退回限期重办。

7．反馈督察结果

督察事项办理落实并经验收合格后，督察部门要及时写出督察报告，向制定决策的领导机关或批示、交办的领导人作出反馈。

(1) 上级机关或上级机关领导人交办的督察事项办理完毕后，不仅要向本级领导反馈情况，而且还要经本级领导审查同意后，向上级机关和上级机关领导人作出反馈。

(2) 提交督察报告时应当附上承办落实机关或部门的答复报告。一时难以按时办理完毕的，要向上级交办部门说明理由以及进一步采取的措施。

(3) 督察报告和办理答复报告要按照正式公文的格式和要求撰写。要写明督察事项、调查情况、办理过程、采取的措施和效果、问题和建议等。

8．再督察

督察情况反馈后，领导人如有批示，要求重新办理或补办的，秘书要重新交办，再次督察。

9．立卷归档

督察过程中产生的文件要按规定程序立卷归档。

第四节 值班保密工作

学习目标：

- 了解值班工作的基本类型。
- 掌握秘书值班工作所要承担的主要任务及履行职责的基本技能。
- 了解保密工作的基本内容、种类及保密工作的基本要求。

- 熟练掌握秘书部门履行保密职能的基本技能。

案例导入：

> 今年的 11 月中旬，寒冷的冬天里，中信集团却出乎反常的人潮涌动。原因是集团决定对本部行政机构的中层部门进行一次较大改革：裁并一些机构，精减一些人员。一石激起千层浪，本部的中层干部们坐不住了，大家纷纷四处转悠，想尽办法祈盼嗅出点有关自己去向的味道来。
>
> 这些天秘书王丽的办公室突然反常地热闹起来：一会儿计财部李经理过来转了一圈；一会儿公关部周经理借故来了一趟；一会儿研发部经理也挂来电话，王丽询问他有什么事情，他也没说出所以然来。不了解内情的人可能会觉得很奇怪，但是对于经验丰富的王秘书来说，却见怪不怪了。她很明白，这些部门经理之所以往她这儿跑，就是因为她是总经理秘书，近水楼台先得月，知道一些关于人事调整的内幕，想事先从她这儿打听一些消息，但既然他们不好意思明说，她也乐得假装糊涂。
>
> 中午在餐厅吃饭的时候，销售部的田科长端着饭菜来到她对面坐下。寒暄了几句，就话锋一转问道："小王，咱们平时关系不错，我就不拐弯抹角了。能跟我透点消息吗？这次我们销售部的人事是怎么变动的？咱们总经理很信任你，有机会的话，帮我在总经理面前多说几句好话。"王秘书一听，心想：该来的还是来了，躲是躲不掉的。她望着田科长期盼的眼神，却只能悠悠地回答："对不起，田科长，我不太清楚。"田科长对她的回答有点失望，不高兴地说："你不知道谁知道，是不想告诉我吧！"王丽只好说："田科长，我真的不知道。所有人事方面的文件都是人力资源部做的，不是我起草的。"其实，王秘书说的话一半是真的，一半是假的。文件是人力资源部起草的不错，但是在经过她的手送给总经理的时候，她看到了里面的内容。接下来，田科长只好转移了话题，闲聊几句就悻悻地走了。
>
> 看着田科长的背影，王秘书也有些难过，人事调整对于田科长这些男性的中层干部影响较大。但是，职场的生存环境就是这么残酷，作为职业秘书，她必须严守不泄露秘密这条最基本的职业道德，否则，她的饭碗也就不知什么时候被砸掉了。
>
> 王秘书的做法是对的，所有的组织都有自己内部的规章制度，所有的职业也都有应该遵守的职业纪律。秘书身处组织的核心要害部门，长期在领导身边服务，经常接触重要文件和资料，掌握的秘密多，知道的秘密早，了解的秘密深，因而必须自觉地树立保密观念，严守秘密。同时，聪明的秘书不仅会对组织事务守口如瓶，也会尽量使自己避免介入太敏感或令人尴尬的事情中。
>
> （根据孟庆荣主编《秘书工作案例及分析》的案例修改，清华大学出版社 2007 年 6 月版）

一、值班工作

（一）值班工作的含义

1. 值班的一般含义

值班是指在当值的班次里担任工作。

2. 秘书值班的含义

秘书值班是指在正常工作时间之外，或为保证机关正常运作，在一般的秘书业务之外安排的有关人员轮流交替坚守岗位，负责处理机关的一些临时性综合事务或专项性的特定事务的工作。

3. 值班工作的安排和管理

各单位的值班工作一般都归口在秘书部门或置于秘书部门之下。因此，秘书值班工作，既指秘书在本人轮值期间要按值班要求做好具体的值班工作，也包括要做好或协助上司做好值班管理工作，如安排值班人员、制定值班表，事先通知有关部门及人员做好有关的值班准备等。

(二)值班的类型

1. 按值班的时间分类

按值班的时间，值班可分为常设性值班、休假日值班和临时性值班。

(1) 常设性值班。一些重要的党政机关或较大的企事业单位，建立常设性值班室，有固定的值班人员，实行全天候值班制度。

(2) 休假日值班。一般机关或企事业单位在休息时间(如晚间和节假日)安排值班。

(3) 临时性值班。临时性值班主要是指遇到或为防范一些突发性事故或突发性事件而采取的临时值班措施，如防汛防台风值班。

2. 按值班的内容分类

按值班的内容分类，值班可分为综合性值班和专项性值班。

(1) 综合性值班。这类值班负责处理本单位的各类临时性事务。如大中型机关或企事业单位的总值班室。

(2) 专项性值班。专项性值班是指针对某项专门工作的值班，值班人员只负责处理特定的事务，如安全值班等。

(三)值班工作的主要任务

1. 安排值班人员

(1) 常设性值班室平时有固定人员值班，但节假日则安排各部门的工作人员轮流值班。

(2) 一般单位的休假日值班基本上采取各部门工作人员轮流值班的办法。

(3) 轮流值班人员的名单可由各部门提出，经秘书部门初步安排并与各有关部门协商后报领导审定。

(4) 经领导审定的名单及时间安排应绘制成表格印发各有关部门，通知到有关人员，并放置在值班室内醒目处。值班表参考格式见表8.5。

2. 承办临时事项

无论是常设性值班还是临时性值班，都要承办领导指示和其他部门委托的临时事项，包括临时性会议通知、向有关单位转达领导的指示、催查领导指示落实情况、根据领导意图安排和落实接待任务、了解上级部门领导在本地区进行考察活动的情况等。

表 8.5　值班表

中信集团国庆期间值班表(10月1日—10月7日)

日期	10月1日	10月2日	10月3日	10月4日	10月5日	10月6日	10月7日
姓名	王　丽 夏晓峰	姜敏娜 张晓明	邱志伟 林筱虹	吴宏斌 张彬彬	蒋聪颖 陈小丽	吴荣融 李小敏	张萍逢 郭玲玉

值班时间：上午 8 时—下午 6 时

值班地点：公司值班室(综合楼 1005 室)

值班要求：

1．按规定时间值班，当班时人不能随意离岗。
2．有事需向办公室请假，不得擅自调换值班时间。
3．阅读处理来信来函，急件须及时转当班领导处理。
4．认真做好电话记录、接待记录和值班日志。
5．值班领导联系电话：××××××××　××××××××××　××××××××××
6．报警电话：火警 119；盗抢警 110。

中信集团办公室
××××年 9 月 28 日

3．接待临时来访人员

(1) 非正式上班期间，来访者一般先由值班人员负责接待。值班人员应根据来访者的意图，作出合理的安排和答复。

(2) 凡符合规定手续的，值班人员要热情接待并尽量提供方便。

(3) 对来反映情况、提出要求的来访者，能直接给予解决的，要按有关政策规定给予解决或解释。

(4) 对不能解决的，应及时转交有关部门处理。

(5) 对于直接找上司解决问题的来访者，应视情况加以甄别和过滤，或安排约见，或耐心解释、婉言谢绝。

4．处理来电来函

(1) 平时的来电来函都由职能部门或秘书部门受理，休息时间或节假日，则往往由值班室代为收受。

(2) 函电内容重要或紧急的，应立即报告有关领导或转告有关部门；一般来电和来信，值班人员只负责记录和登记，不直接答复或表态，也不能随便拆信。

5．处理突发事件

值班人员在值班期间有时会遇到一些突发性的紧急情况，如生产事故、交通事故、失火、偷盗、自然灾害等。值班人员要临急不乱，处变不惊，沉着、冷静地在可能的范围内适当采取临时应急措施加以处理，如及时向上司汇报请示，或就近组织人力物力抢险救灾，或向邻近的组织单位、部队求援，或保护好事故现场等。

6. 掌握领导日程安排及外出情况

值班人员应对领导班子成员的日程安排及外出情况了如指掌，尤其是当班领导人的联系方式必须标明在值班表上，一旦出现紧急情况可以及时联络。

7. 协调安全保卫工作

较小单位的休息时间和节假日值班，往往要同时兼顾安全保卫工作。有的大单位在休息和节假日安排专门人员进行安全保卫值班，这种情况下，总值班人员应当做好协调工作。

(四)值班工作的要求

1. 认真负责

值班工作具有联络上下左右、应对紧急情况和窗口形象等重要作用，值班人员应当高度重视，认真负责地做好每一项工作。

2. 热情待人

在值班中，值班人员经常要接待来访、接听电话等。值班人员应当待人热情、说话和气、举止文明，要能给来访者和来电者留下良好印象，从而塑造领导机关和企事业单位良好的社会形象。

3. 遵守制度

值班工作应当制度化、规范化，值班人员应当遵守制度，按章办事。这些制度包括如下几类。

(1) 岗位责任制。无论是固定值班人员还是轮流值班人员，都要明确岗位职责，坚守岗位，不得擅离职守，这是值班工作最基本的制度。

(2) 请示报告制度。值班期间，遇到重要事项或者没有把握答复处理的事项，必须请示领导；重要信息应当及时向领导报告；紧急情况可以边处理边报告。

(3) 交接班制度。值班人员交接班时一定要办理交接班手续，做到文电交接清楚、值班记录交接清楚、未办事项交接清楚。实行全天值班的，应实行当面交接班。实行白天值班或夜间值班的，可采取电话交接或书面交接(即把需要交接的事项写在交接书或值班日志上，由下一班值班人员处理)。

(4) 保密制度。接到需要保密的来文来电来函，要严格按规定办理，不得疏忽，要绝对保证国家和本组织秘密的安全。

(5) 安全防范制度。值班中要特别注意防盗、防火、防诈骗。对要害部位要定时检查巡视；对陌生的来访者既要热情礼貌，又要保持警惕，谨防上当受骗。

4. 做好记录

值班记录是保存值班信息的重要载体，其作用一是用于交接班，保证值班工作的连续性；二是以备将来查考。

(1) 电话记录。内容包括来电人单位、来电人姓名、来电时间、来电内容、回电号码、记录人姓名。

(2) 接待记录。内容包括来访人单位、来访人姓名、来访时间、来访事由、联系方法、接待人姓名。

(3) 值班日志。值班日志是对当天值班过程中接收的信息和办理的事项的全面记录，包括收到或接到的电话、传真、信函，接待的来访，领导要求办理的临时事项等。值班日志表样式见表8.6。

表8.6 值班日志表

值班员	月　　日	办理情况
值班记录		

二、保密工作

(一)保密工作的含义

1．秘密

秘密是指在一定的时间内只限一定范围的人员知悉的事项。

2．保密

将秘密控制在一定时间和范围内称为保密。

3．保密工作

保密工作是指特定组织及其成员为达到保守组织秘密的目的所采取的一切手段和措施。

(二)保密工作的内容

保密工作包括：制定保密法律、法规以及组织内部相应的保密规章；建立保密机构；开展保密宣传教育；研制开发和应用保密技术；进行保密检查督促；查处泄密事件；开展保密理论研究等。

(三)秘密的种类

1．按秘密的性质分类

按秘密的性质秘密可分为国家秘密、商业秘密和组织内部秘密。

(1) 国家秘密。国家秘密是关系到国家的安全和利益，依照法定程序确定，在一定时间内只限一定范围的人知悉的事项。这类秘密关乎国家的政治安全、经济安全、信息安全，必须严格保守。

(2) 商业秘密。商业秘密是指不为公众所知悉，能为权利人带来经济利益，具有实用性并经权利人采取保密措施的技术信息和经营信息。商业秘密受《中华人民共和国反不正当竞争法》保护。有些商业秘密同时也是国家秘密。

(3) 组织内部秘密。组织内部秘密是指特定组织内部在一定时间内只限一定范围的人知悉、不对外公开的事项。如正在酝酿而尚未确定的干部任免事项、招聘信息、调薪方案、领导人之间的意见分歧等。

2. 按秘密等级分类

秘密按等级可分为绝密级、机密级、秘密级和内部级。

(1) 绝密级。即国家的核心秘密，一旦泄露会给国家的安全和利益造成特别严重的损害。

(2) 机密级。即国家的重要秘密，一旦泄露会给国家的安全和利益造成严重损害。

(3) 秘密级。即国家的一般秘密，一旦泄露会给国家的安全和利益造成一定损害。

(4) 内部级。包括商业秘密和组织内部秘密，其密级和保密期限由特定组织自行确定。

3. 按秘密存在的方式分类

按秘密存在的方式秘密可分为有形秘密和无形秘密。

1) 有形秘密

所谓有形秘密，是指那些看得见、摸得着、具有秘密特征的实物。有形秘密主要有以下几种。

(1) 文献类秘密。即运用纸质文书记载的秘密信息，如记载秘密信息的文件、资料、信函、数据、图表、档案、报刊、书籍等。

(2) 物体类秘密。即含有秘密信息的物体。如使用关键性的技术，通过观察或者测试、分析手段能够获得其中秘密信息的设备或者产品。

(3) 声像类秘密。即运用录音录像和多媒体技术保存的秘密信息，如用于存储秘密信息的录音磁带、录像带、照片、影片。

(4) 电子类秘密。即通过计算机系统和网络传递、接收、处理、存储的秘密。这类秘密包括存储秘密信息的计算机(包括软盘、硬盘、光盘)、内部局域网等。

2) 无形秘密

所谓无形秘密，是指不具有一定的实体形态、存在于人脑中的、具有秘密特征的意识、思维、技能等。无形秘密主要有以下两种。

(1) 口头类秘密。口头类秘密看不见、摸不着，但却普遍存在。如会议上口头传达的、需要保密的精神，领导人口头交代给秘书的工作意图，领导班子内部的不同意见等。

(2) 技术类秘密。技术性秘密即以技术、技能方式存在的秘密。例如，产品设计和制造过程中的关键性技术；再如，技术诀窍、传统工艺、设计方法等。

(四)保密工作的要求

1. 加强领导，健全机构

保密工作关系到国家的安全和利益，关系到经济建设和社会稳定的大局，关系到一个企业的生死存亡，意义极其重大。因此，各级领导要在思想上高度重视，把保密工作列入经常性议事日程，作为一项长期任务认真抓好。具体要求如下。

(1) 实行保密工作领导责任制，主要领导作为保密工作第一责任人，要切实履行职责，关心、支持保密工作。

(2) 在主要领导之下明确一名分管领导，负责对本单位的保密工作进行具体规划、指导、检查、督促和协调。

(3) 重要单位应成立保密工作委员会或保密工作领导小组，由党委一把手挂帅，下设保密委员会办公室，负责处理日常性工作。一般情况下，保密委员会办公室和党委办公室合署办公。

(4) 一般性单位的日常保密工作由秘书部门负责。

2. 依法管理，完善制度

做好保密工作需要法律和制度保证。我国的《宪法》和《保密法》对保守国家秘密有明确的法律规定，此外还制定了一系列行政法规和规章，为做好保密工作创造了良好的法律环境，提供了有力的制度保障。各单位必须将保密工作纳入法制化轨道，做到有法必依、执法必严；同时以法律为依据，从本单位的实际出发，建立并且不断完善、加强本单位内部保密工作的规章制度。其主要内容如下。

(1) 专项保密制度。如文件保密制度、会议保密制度、新闻报道保密制度、通信保密制度、办公设备使用保密制度、计算机使用保密制度等。

(2) 员工保密培训制度。要定期对员工进行保密培训，使他们牢固树立保密意识，掌握保密技术和技巧，养成保密的习惯。对新上岗的员工，特别是涉密的重点岗位人员，要进行重点培训。

(3) 保密工作定期检查制度。对各项保密制度的执行情况要进行定期检查，以便及时发现保密工作中的漏洞和隐患，及时采取有效措施，将问题解决在萌芽状态，避免造成更大的损失。

(4) 泄密责任追究制度。对违反保密规定，造成泄密的事故，要严肃追究有关人员的责任，给予其相应的处罚，绝不能姑息纵容。对违法犯罪的，要追究法律责任。

(5) 保密工作总结表彰制度。对于在保密工作中有突出贡献的单位和人员，要总结其先进事迹，进行表彰和奖励；对工作中的先进经验，要及时加以宣传和推广。

3. 积极防范，突出重点

(1) 积极防范是保密工作的着眼点和立足点。积极防范首先要提高警惕，从思想上高度重视保密工作，强化保密意识；要以防为主，未雨绸缪，以积极的姿态把工作做在前头。

(2) 保密工作还要区别情况，突出重点。这些重点是：①从秘密的等级上来说，重点是绝密级；②从秘密的分布来说，重点是秘密相对集中、秘密等级高的部门；③从掌握秘密的人员来说，重点是接触秘密较多的领导人员、秘密所在的要害部门(部位)的工作人员以及经管秘密的专职人员。

4．既确保秘密，又便利工作

保密工作既要确保国家秘密、商业秘密和组织秘密的安全，又要有利于各项业务工作的正常进行，二者要相互兼顾，辩证统一。为此要做到以下几点。

1) 秘密范围要准确

定密过窄，该确定为秘密的事项而未定密，会造成泄密事件的发生；定密过宽，不该确定为秘密的事项而确定为秘密，就会给业务工作带来许多不便。

(1) 凡公开或泄露的事项造成下列后果之一的，应列入国家秘密的范围。

● 危害国家政权的巩固和防御能力。

● 影响国家统一、民族团结和社会稳定，损害国家在对外活动中的政治经济利益。

● 影响国家领导人、外国要员的安全。

● 妨碍国家重要保卫对象和目标的安全。

● 使保护国家秘密措施的可靠性降低或者失效。

● 削弱国家的经济、科技实力。

● 使国家机关依法行使职权失去保障。

(2) 凡公开或泄露后，使权利人的经济利益遭受损失的技术信息和经营性信息，应当确定为商业秘密。

(3) 凡一个组织内部尚未确定或虽已经确定，但公开或泄露会给该组织的工作和利益带来损害的非技术和经营性的事项，应当列为组织秘密。

2) 秘密等级要合适

秘密等级合适，不仅能够确保各项秘密，而且也有利于秘密信息的合理利用。

(1) 秘密等级定得过高，虽然秘密无恙，但会对信息的利用造成不必要的麻烦。确定国家秘密的等级，要综合考察该项秘密一旦泄露，对国家的安全和利益所造成损害的时间长短、损害面的大小、经济损失量的多少等因素。损害特别严重的事项，应当确定为"绝密"；损害严重的事项，应当确定为"机密"；损害一般的事项，应当确定为"秘密"。

(2) 商业秘密可由商业秘密的权利人确定相应的密级。

3) 保密期限要合理

任何一种秘密都是在一定时间只限一定范围的人员知悉的事项，这里的"一定时间"就是保密期限。根据国家保密局发布的《国家秘密保密期限的规定》：除有特殊规定者外，绝密级事项不超过30年，机密级事项不超过20年，秘密级事项不超过10年。

4) 变更密级和保密期限要及时

(1) 秘密事项泄露后的损害程度已明显变化，或因工作需要，原接触范围需做很大变动的，应由确定密级和保密期限的机关或单位及时变更密级和保密期限。

(2) 文件中所涉及的秘密事项公开后不会再造成损害，或从全局衡量公开后更为有利的，应及时解密，并通过法定程序公开。

(五)应用技术，严防窃密

当前，利用高新技术窃取秘密的事件屡有发生。技术越是落后，秘密就越容易被窃取。

因此，要确保国家、商业和组织的秘密的安全，就要不断开发和使用新的保密技术，提高反窃密的技术能力。

(六)秘书部门的保密工作

1. 文件保密

文件保密要对以下环节严格把关。

1) 定密

(1) 需列入保密范围的文件，应在其产生的同时，由制文机关或单位确定密级和保密期限。

(2) 涉及商业秘密和组织内部秘密的文件，其密级和保密期限由产生该文件的企业或组织确定。

2) 审核与签批

审核、签发、审批文件时，如发现不符合保密范围，或者密级和保密期限规定不当的，应当予以纠正。

3) 标识

密级和保密期限应在文件首页的右上角(地图、图纸、图表在其标题之后或者下方)作出明显并易于识别的标志。

(1) 国家秘密的标识为★，★前标密级，★后标保密期限，如"秘密★五年"。

(2) 商业秘密的标识由商家自行确定，但不得出现★标识。

(3) 文件、资料汇编中有密级的，应当对各独立的保密件的密级和保密期限作出标志，并在封面或者首页以其中的最高密级和最长保密期限作出标志。

(4) 摘录、引用密件中属于秘密的内容，应当以其中最高密级和最长保密期限作出标志。

(5) 文件中只有少量内容属于秘密的，除在文件首页标注相应的密级外，还可以直接在应保密的段落之前标明密级，或者以文字指明哪些内容属于秘密事项。

(6) 密级和保密期限变更后，应当在原标注位置的附近作出标志，原标志以明显方式废除。

(7) 在保密期限内解密的密件，应当以能够明显识别的方式标明"解密"字样。

4) 缮校

(1) 密件缮印应指定专人，批量印制应指定专门的印刷厂，并由专人监印。

(2) 印刷密件时产生的废纸、校样等应彻底销毁。

(3) 密件校对时，不得高声朗读，也不得私自找他人代校。

(4) 印刷和校对密件的场所不能让人随便出入。

5) 传递

(1) 密件应当通过机要交通或派专人传递。

(2) 传递时，信封上必须标明密级并加盖密封章。

(3) 用电报传送密件，必须使用密码；用电话传达密件，必须使用保密电话。

(4) 用传真机和计算机传输密件，应采用加密装置。

(5) 绝密件不得用传真机和计算机传输。

6) 运转

(1) 密件应实行严格的签收、登记制度。

(2) 签收、登记时，要核对份号(印制顺序号)是否准确。

(3) 登记、分文、传阅时，不能搞错每份密件的份号。

(4) 密件必须严格按文件规定和领导人确定的范围组织传阅，其他人未经批准不得接触密件。

7) 保管与翻印

(1) 密件平时应存放在保险柜中，以防被盗。任何人不得将密件带回家，也不得在公共场所阅读密件。

(2) 如因工作需要，需翻印、复制密件，应办理审批手续。翻印党的密件，须经制发密件的机关批准或授权。国家行政机关的密件，除绝密件和注明不准翻印的以外，经收文机关负责人或者办公厅(室)主任批准，可以翻印。

(3) 翻印时，应当注明翻印的机关、时间、份数和印发范围。

(4) 翻印和复制的密件，应按原件的密级和保密期限管理。

8) 清退

(1) 密件应当定期清退，任何单位或个人不得借故拖延留存。

(2) 工作人员调离岗位时，应当将本人暂存、借用的文件按规定移交、清退。

(3) 清退密件时，应填写清退报表，一式两份，由接收部门核对后退回一份备查。单份密件的清退应开具收据。

(4) 清退时，应仔细检查密件中有无缺页，签收与退还的密件的份号是否一致。

9) 销毁

(1) 销毁密件必须严格登记，经主管领导人批准后，至少由两人监销。

(2) 销毁密件时，应禁止无关人员介入，保证不丢失、不漏销、不泄密。

(3) 销毁后，监销人在销毁密件登记表上签字。

(4) 非特殊情况，个人不得销毁密件。

2. 会议保密

1) 场馆保密

场馆是会议人员集中的地方，为防止泄密和窃密，必须加强场馆保密。具体要求做到以下几点。

(1) 会议地点保密。即不对外公开会议的地点。

(2) 会场环境保密。保密会议或内部会议应当选择具备保密条件的场馆举行，不得安排在接待外国人的宾馆、饭店、招待所内举行。如遇特殊情况必须召开的，应采取保密措施。

(3) 基本设施保密。举行保密会议的会场必须具有良好的隔音和屏蔽效果，以免声音和信号外泄，并能有效防止扩音设备产生寄生振荡泄密。

(4) 会后清场保密。会议结束后，工作人员应立即进行清场。清场的重点有两处：一是会场，二是与会者住宿的房间。清场的任务主要是检查有无遗留的文件、笔记本以及可能造成泄密的物品或痕迹。

2) 会议文件保密

保密会议中使用的所有文件都要列入保密范围，除遵守一般文件保密的要求外，还要做到以下两点。

(1) 实行严格的签收制度，明确签收责任。

(2) 需清退的文件，会议结束时要逐一清退，不留死角。

3) 器材保密

现代会议离不开先进的器材，如扩音机、录音机、录像机、照相机、电话机、传真机、计算机、签到机、复印机等。举行保密会议，必须对这些器材采取保密措施，具体要求做到以下几点。

(1) 有专人管理和使用，实行谁管理、谁负责。

(2) 会前对使用的器材进行防窃密、防泄密检测。会议期间必须使用的电话机、传真机和计算机要严格加密。复印机、传真机使用后，要及时删除信息痕迹。录音带、磁带、胶片和数码记忆卡要按密级保管。会场内严禁使用无线话筒。

(3) 参会人员不得携带手机等移动通信工具进入会场，已携带的必须交工作人员统一保管。

4) 时间保密

时间保密指除了与会者和必要的工作人员外，不向外界公开会议的具体时间，包括开始和结束时间。

5) 人员保密

这里的人员包括与会者和必要的工作人员。人员保密要求做到以下几点。

(1) 根据工作需要限定参加会议人员的范围。

(2) 会前对参加保密会议的工作人员严格审查。

(3) 严格入场检查制度。与会者必须携带证件，如会议通知、单位介绍信、代表证等，无证件者原则上不得进入会场。确需列席会议的人员，应将名单呈报主管会议的领导审定。与会者的随行人员因特殊情况需要进入的，应报请批准。

(4) 除了会议的领导和少数重要的工作人员外，其他与会者和工作人员会前不得了解和打听有哪些人参加会议，会后也不能公开。

(5) 参加保密会议或内部会议的所有人员及工作人员都必须履行报到登记手续，会议期间外出应当经过批准并记录在案。

6) 传达和宣传保密

保密会议或内部会议如果需要传达和宣传报道，应当做到以下几点。

(1) 事先确定传达和宣传的口径、程度、方式和范围。

(2) 各单位要按规定的范围、规定的内容和规定的方式进行传达。如需扩大传达的范围和内容，应报请上级机关批准。未经批准，任何人不得擅自向外透露会议的内容。

(3) 有的会议属于半公开会议，可以进行一定的宣传报道，但要指定专人对报道会议的新闻稿或简报原稿进行统一审查把关，统一宣传报道的口径，避免因文字疏忽导致泄密。

3．新闻宣传保密

(1) 单位和个人需提交广播、电视、报纸、刊物、书籍、计算机网站以及在信息发布会上公开发表的消息、声明、启事、简章、论文、广告、照片、录像等，如可能涉及国家秘密、商业秘密或组织秘密，或者对其中某一内容是否需要保密没有把握时，应交保密工作部门进行保密审查，并由负责保密工作的领导人审核签发。

(2) 涉及秘密事项的新闻或宣传文稿，应当作适当的技术处理，如采取删节、改编、隐去等保密措施，既保持文稿的完整性，同时又不泄露秘密。

4. 通信保密

1) 电话通信保密

(1) 需在电话中涉及秘密事项，必须使用具有保密功能的电话，不得在普通的固定电话、无绳电话、移动电话、电视电话、对讲机中传递秘密信息。

(2) 平时用普通电话商量内部工作时，要留意周围环境是否安全，如有客人来访，应当中止通话。如果办公室其他同事正在接待客人，秘书通话应压低声音或转至他处通话。

(3) 正式通话前必须先确认对方的身份并了解其是否有资格获得本单位的内部情况。在没有确认通话对象身份之前，或者对方的身份虽然明确，但无法确定其是否有权获得信息时，不能透露本单位的内部信息。

(4) 经常检查户外电话线是否被偷接设备。

(5) 通话后要检查确认是否真正挂机，防止未挂机泄密。

(6) 负有机要任务的人员，不得轻易使用移动电话，以防频率泄密。

2) 传真通信保密

(1) 传送或接收秘密级和机密级文件应当使用具有保密功能的传真机。

(2) 绝密级文件不得使用传真机传递或接收。

(3) 文件传真后，应取回原件保存，不要遗忘在传真机上。

(4) 带有图像记忆功能的传真机，在传递或接收秘密文件后，要删除图像，以免他人复制。

3) 电报通信保密

(1) 秘密事项必须使用密码传送。

(2) 密码电报不得翻印、复制。

(3) 不得密电明复，不得明电、密电混用。

5. 使用办公设备保密

1) 使用复印机保密

(1) 复印秘密文件的复印机应当放置在机要室，由机要人员专用。

(2) 用公用复印机复制内部文件时，应避免他人在场。

(3) 使用具有图像记忆功能的复印机后，应立即删除自动保存的内容。

(4) 复印后将原件取回保存。

(5) 损坏的废纸要立即投入碎纸机粉碎，不得再次利用。

2) 使用录音机、照相机和录像机保密

(1) 使用录音机、照相机和录像机记录秘密会议或文件，要事先征得领导同意。

(2) 涉密的录音带、胶片、相片和录像带要按其密级同秘密文件一样严格保管。

3) 使用计算机保密

(1) 计算机显示屏放置要隐蔽，不要直接对着门窗或通道。客人来访时应迅速启动屏幕保护程序或直接关闭显示屏。

(2) 离开计算机一定要关闭系统，或加密后休眠。

(3) 用计算机传递秘密信息要使用加密器，但绝密级事项不得用计算机传递。

(4) 用计算机打印秘密文档时，应确保周围环境的安全。

(5) 存有秘密信息的计算机应当专人专用，秘密数据要用密码保护；他人必须使用时，应采取指定盘区、限制存取范围等技术措施，使外来用户不能涉及秘密数据。

(6) 存有秘密信息的软盘、光盘应当标有密级标志，保存在安全的地方，不得随便携带外出。

第五节　印信管理工作

学习目标：

- 了解印章的作用、印章的种类、印章的样式。
- 熟练掌握印章管理(刻制、启用和保管)的基本要求。
- 熟练掌握印章使用的程序规定与用印的技巧。
- 掌握机关凭信的管理与使用规范要求。

案例导入：

与宏昌机械制造公司做配件的一合作企业的推销员张某找到宏昌机械制造公司办公室秘书小王，声称他有一单好买卖，可他因远离公司，无法在三天内赶回公司拿来介绍信与对方签订合同，想借用宏昌公司的名义与对方签合同，让王秘书给他出具一张宏昌公司的业务介绍信，等合同签完后立即归还介绍信，并承诺事成后给王秘书一万元报酬。王秘书想，对方与本公司一直有业务往来，长期以来一直都很守信用，因此，不好意思驳回他的面子而影响两家关系；再者自己也有好处可得，是个一举两得的好事。因此，没经请示，就擅自应允并给张某开具了一张业务介绍信。张某拿到介绍信后，即以宏昌机械制造公司业务经理的身份与一家代销公司签订一份购销合同，要对方先预付200万元到指定账户，半个月后再提货。款项到达后，张某即分数次提款，然后携款潜逃。代销公司在半个月后提不到货，便将宏昌机械制造公司告上法庭，要宏昌机械制造公司赔偿被骗款项。

根据最高人民法院《关于在审理经济纠纷案件中涉及经济犯罪嫌疑若干问题的规定》的规定，个人借用单位的业务介绍信、合同专用章或盖有公章的空白合同书，以出借单位名义签订经济合同，骗取财物归个人占有、使用、处分或进行其他犯罪活动，给对方造成经济损失构成犯罪的，除依法追究借用人的刑事责任外，出借业务介绍信、合同专用章或盖有公章的空白合同书的单位，依法应当承担赔偿责任。上述案件经法庭审理，判定宏昌机械制造公司先行赔偿代销公司经济损失。此案例说明一个单位印信管理的重要性，秘书必须严格按规范对印章及介绍信进行管理和使用。

一、印章的作用

(一)权威作用

每个机关或单位都有其特定的地位和所辖范围,在一定范围内具有权威性,而单位的印章就是该单位权威性的象征物,加盖印章后,在其职权范围内所发布的命令、指示、规定、制度等,就会发生效力,所属单位和人员都得遵照执行。

(二)凭信作用

印章历来和权力、责任、信用相联系,对下象征权力,对上承担责任,对外代表信用。文件材料一经加盖印章,就代表制文机关对其法定效力的确认,开始施行法定的职权,或者承担法定义务。因此,盖章是一种法律行为。

(三)标识作用

一个组织往往都是通过使用一个法定名称来和其他组织加以区别,而这个法定名称又是通过印章来做标志的,印章上标明这个机关或单位的法定全称,使人一目了然地看出其性质、级别和职权范围。

二、印章的种类

(一)正式印章

正式印章又称公章,是按照法定的规格、外形、尺寸和样式刻制的标明一个机关或单位法定全称的印章,是一个机关或单位的标志和象征。这种印章是由上级领导机构正式批准并刻制给所属机构使用的。

(二)钢印

钢印是用铜质材料制作的,不用印色,利用压力凹凸成形。一般加盖在贴有相片的证件上,起证明持证人身份的作用。

(三)领导人签名章

领导人签名章是由领导人亲笔书写,而后照其真迹按比例放大或缩小刻制的印章。

如果该领导是单位的法人代表,那么该印章又称法人章,其与领导人的亲笔签字具有同等效力,代表一个机关或单位的法人身份,是行使职权的标志。

法人章的模式有两种:按领导人亲笔书写的姓名字样刻制的,无外框,用于命令、任免、通知等下行公文和重要的凭证;用楷书、隶书等字体刻制的,一般为方形或长方形,有外框,用于代替一般的签字。

(四)个人名章

这类印章为一般干部姓名的印章,如文秘人员、文件校对人员的名章,会计人员、出纳人员的名章等。个人名章的作用是代替手写签名,加盖在文件或凭据上以示负责。

(五)专用印章

专用印章是机关或单位为了便于工作，专门刻制用于某种特定用途的印章，其款式应与正式印章有区别，除刊单位名称外，还应刊"×××专用章"字样，如"合同专用章"、"财务专用章"等。这种印章只适用于印章上标明的使用范围，超过这个范围就失去了法律效力。

(六)套印章

套印章用于制印大批量文件时的盖章，是把正式印章通过扫描编制入文件中一起印刷而成，其款式和法定效力与正式印章相同。因此用套印章印制文件须严格控制，文件印制好后其模板必须销毁。

(七)缩印章

缩印章是依据正式印章和专用印章按比例缩小了的印章，主要用在各类票券上作为凭信，例如在我们常见的发票、副食品券、国库券等上面用的就是缩印章。缩印章不能作为正式印章使用。

(八)收发章

收发章是机关单位的收发室在收发文件过程中使用的专门印章。收发章又分为收文章与发文章两类。收文章有两种样式：一种是在所收文件的回执上盖用的，表明文件已经收到；另一种是加盖在收到的文件上的，刻有收文单位名称、收文号、收文日期等内容。发文章一般刊有文件编号等内容。

(九)校对章

校对章专门用于校对、勘误文件或表格中个别错误之处，一般刻成"××单位校对章"的格式。校对章的作用主要是区别真伪，证明此处修改为文件所发单位本意，而非个人随便更改，以证明其修改具有法律效力。

(十)其他戳记

其他戳记主要是指为标识特定信息而使用的事务性印章。如保密章(分绝密、机密、秘密、内部文件)、急件章、注销章等。

三、印章的样式

(一)印章的质料

常用的印章质料有角质、木质、橡胶、塑料、钢材等。电子印章采用数字化技术制作。

(二)印章的形状

党政机关、事业单位、社会团体的正式印章，一律为正圆形。其他公务印章可视情况而定，一般有正方形、长方形、椭圆形、三角形等形状。企业正式印章的形状由企业自定。

(三)印章的印文

正式印章的印文必须是机关和单位的法定名称。如名称字数过多不易刻制,可以采用规范化简称。

(1) 地区(盟)行政公署的印章,冠省(自治区)的名称。自治州、市、县级人民政府的印章,不冠省(自治区、直辖市)的名称。市辖区人民政府的印章冠市的名称,乡(镇)人民政府的印章,冠县级行政区域的名称。

(2) 印文的文字应使用国务院公布实行的简化字,字体为宋体字,自左而右环行。

(3) 领导人签名章字体可根据个人书写习惯而定。

(4) 实行民族区域自治的地方人民政府的印章,可以并刊汉字和相应的民族文字。

(5) 三资企业的正式印章的印文可用外文,也可中外文对照,外文在上方,中文在下方,自左向右横排,中文多用宋体和繁体字。也有的三资企业的公章上方刻外文,中间是一横线,横线下刻有"总经理"三个字,这种印章说明用印时必须同时有总经理的签名才有效。

(四)印章的图案

(1) 国务院、国务院各部委及直属机构、办事机构,经国家机构编制管理部门认定具有行政职能的国务院直属事业单位,国务院部委管理的国家局,国务院部委的外事司(局),国务院部门的内设机构和所属事业单位法定名称中冠"中华人民共和国"或"国家"的单位、县及县以上各级人民代表大会常务委员会、人民政府、人民法院、人民检察院、专门人民法院、专门人民检察院以及我国驻外使(领)馆等的正式印章中央应刻有国徽。

(2) 上述机关或单位以外的国务院各部门、国家行政机关内设机构或直属单位、地区(盟)行政公署、乡镇人民政府以及企事业单位、社会团体的正式印章中央刊五角星图案。

(3) 党的各级机关的正式印章中央刊党徽。

(4) 国务院的钢印、国务院有关部委外事用的火漆印,中央刊国徽。

(5) 其他确需使用钢印的单位,钢印中央刊五角星。

(五)印章的尺寸

(1) 国务院的正式印章,直径为6厘米。

(2) 下列机关或单位的正式印章直径为5厘米:各省、自治区、直辖市人民政府;国务院办公厅和国务院各部委;正部级的国务院直属机构、办事机构;正部级的国务院直属事业单位;国务院议事协调机构和临时机构。

(3) 下列机关或单位的正式印章直径为4.5厘米:副部级的国务院直属机构、办事机构;副部级的国务院直属事业单位;国务院部委管理的国家局;自治州、市、县级(县、自治县、县级市、旗、自治旗、特区、林区,下同)和市辖区人民政府以及地区(盟)行政公署。

(4) 国务院有关部委外事用的火漆印、乡(镇)人民政府的印章,以及驻外使(领)馆的印章,直径为4.2厘米。

(5) 国家行政机关内设机构或直属单位、企事业单位、社会团体的印章,直径不得大于4.5厘米。

(6) 党的机关的正式印章尺寸规格一般与同级行政机关的印章相同。

(7) 套印章的尺寸大小与正式印章相同。

(8) 国务院的钢印，直径应为 4.2 厘米。其他确需使用钢印的单位，其钢印的直径最大不得超过 4.2 厘米，最小不得小于 3.5 厘米。

(9) 其他印章或戳记的尺寸大小由使用单位自行确定。

四、印章的管理与使用

(一)印章的管理

1．印章的刻制

单位的正式印章、钢印、法人代表的签名章及单位内设部门的印章必须严格遵守国家有关文件的规定进行刻制，任何机关未经批准一律不得自行联系刻章。

(1) 正式印章的刻制采用分级负责的原则，下级机关或单位的印章是由上级领导机构批准后刻制颁发，下级机关领取上级颁发的正式印章时，必须由本单位的两个正式职工持本单位领导人签名的介绍信领取，并严格履行接印手续。

(2) 本单位如因印章损坏或其他原因而需要自己刻制正式印章，必须事先以"请示"文种报经上级主管领导机关审核批准。报批时，应同时将上级主管领导机关批准本单位成立的正式公文和按照有关规定拟定的包括印章式样、尺寸、印文、图案、字体等内容的章程一并上报。批准后，由印章的制发单位开具公函，附上章样到所在地的公安部门办理登记手续，由公安部门指定专门的刻章单位刻制。任何机关未经批准一律不得自行联系刻章，更不得在私人摊贩处刻制印章。

(3) 单位内部使用的领导人签名章、办事章、校对章、合同章以及其他戳记，无须报请上级机关批准，但应凭本单位的介绍信到指定的刻制单位进行刻制。

2．印章的启用

(1) 印章启用时，应由制发或批准刻制印章的机关颁发启用通知，并于文到之后方能正式启用。如是由新印章取代旧印章，起用新印章后，旧印章同时作废。

(2) 印章启用时，使用印章的机构应将印模和启用日期一并报送颁发机构备案，并要立卷归档，永久保存。目的是为日后辨别真伪印章时起鉴证作用。

(3) 印章启用之前，使用印章的机构还应向有关单位发出正式启用的通知并附上印模，以便相关单位辨认。在正式印章启用通知所规定的生效日之前，该印章不得使用。

3．印章的保管

(1) 专人负责管理。印章是代表机关单位的信物，是权力的象征。因此，印章必须由政治上可靠、工作上责任心强、懂得印章管理和使用的法规规范要求并了解本单位情况的人员来负责管理，以便从组织上保证印章的正确使用。

(2) 确保安全可靠。印章应选择安全保险的地方存放和保管，如机要室或办公室的保险箱内。如果是存放在办公桌的抽屉里，则应装配牢固的锁具。经管人员不得将锁存印章的钥匙委托他人代管，也不得将钥匙插入锁孔后离去，以免印章被人盗盖。节假日在存放印章的地方应加锁或加封条。假后重新启用时要检查是否有被盗用的痕迹。

(3) 应注意保养。平时使用印章要注意轻取轻放，避免破损。同时要注意经常洗刷，防止印泥和其他污物将刻痕填塞,以保持图案和印文的清晰。

(二)印章的使用

使用印章一般应遵循如下程序。

1. 盖用单位公章

盖用单位公章用印人必须填写"用印申请单",经本单位的主要负责人或经主要负责人授权的专人审核签名批准。用印申请单样式见表 8.7。

表 8.7 用印申请单

文件标题			
发往机关		份数	
用印日期		用印申请人	
批准人		备注	

2. 印章管理人员盖印

印章管理人员在盖印前,必须对用印的文件内容认真审阅,确认与申请用印的文件内容相符且份数相等后,才能盖印。对各类奖惩、决定、证书等重要文件的用印,均要检查有无附有批文或领导人的批复,并要按文件和批复核对人数、姓名,做好登记。上述文件须立卷归档,以便核查。

3. 履行登记手续,建立详细的用印登记本

每次用印,都必须进行详细登记,以备发生意外时核查。登记的项目有:用印日期、文件名称、发往机关、用印份数、签发人、用印人等。一般采用簿式登记。用印登记表样式见表 8.8。

表 8.8 用印登记表

顺序号	用印日期	文件标题	发往机关	用印份数	批准人	用印人	备注

4. 一般证明用印

一般证明用印可由机关的秘书长或办公厅(室)主任批准,或遵循领导所确认的用印惯例。如有不明确的情况,请示领导核准后才能用印。

5. 印章盖的位置

(1) 正式公文只在文件落款处加盖公章,其标准位置是上不压正文,下要骑年盖月。文件中正文与落款的距离不能超过 1 行,以防止被人在空白处私自加入其他内容。盖公章一律以红色印油为标准。

(2) 带存根的公函或介绍信、证明信要分别盖骑缝章和文末落款章。

(3) 调查材料、旁证材料、档案复制材料，为证明各页之间的完整联系，应将同一文件的每一页均匀错开，骑各页加盖公章。

(4) 修正文件中的文字错误，在改正处加盖校对章。

(5) 鉴证合同、证明档案摘抄(复印)材料的真实性，证实证明书写者的身份以及需要由单位证明的文件，应在合同、复印件或其他材料最后一页的末尾空白处书写证明词并盖章，或在文件指定的位置盖章。

(6) 传递秘密文件，要在封套的正面加盖标明密级的保密章，各封口处加盖公章或密级章。传递急件和特急件要在信封上盖标有"急件"和"特急"字样的急件章。

(7) 盖章要端正、清晰。为确保印文的印记清晰，使用的印油要均匀，颜色要正红，用力要适度，使盖出的印章端正、庄重、清晰。

6．加盖钢印注意事项

钢印应加盖在照片的脖子和衣领以下与证件交接部位，不得加盖在照片人的头部，更不得盖在脸上，以免凸凹作用使面部发生细微变化，影响辨认效果；加盖钢印后，照片必须印有字迹或图案，不能仅有钢印圆印迹，以免仿造或自行更换照片；钢印印迹尽量正置，以示盖印机关的权威性和严肃性。

7．领导个人名章

领导个人名章需经其本人或委托授权人签字同意后方可加盖。

(三)印章的停用

1．印章停用处理

机关正式印章在该机关名称变更，机构撤销、合并或因其他原因不复存在时，停止使用。停用印章要发文通知有关单位，并在通知中说明停用的原因，标明停用印章的印模和停用时间。停用作废的正式印章要及时送交原颁发机关封存或销毁，不得在原机关保存。

2．印章的存档和销毁

原制发印章的单位，对废印章应集中起来，定期销毁。销毁印章应当报经单位负责人审核批准。主管印章的人员应在销毁现场实地监销。所有销毁的印章都要留下印模存档，以备日后查考。

五、信证的管理与使用

(一)凭证的使用与管理

1．凭证的使用

凭证的种类很多，但必须加盖印章后方可生效。凭证有的要用钢印，如工作证、毕业证书等；有的用缩印章，如票证；有的用专用章，如身份、经历或者某项事实专项证明。出具证明信要负法律责任，且由于凭证的印发往往数量较多，因此，在用印时更要严格执行用印制度。

2. 凭证的样式

(1) 固定式。即根据某项特殊需要而统一印制证明信。如"工龄证明"、"学历证明"等。这种格式的证明信一般都有存根和编号。领用者须先申请，主管领导审核、同意并签字后才可开具。填写时，正本(即持出联)与存根的内容要一致。

(2) 便函式。出具便函式凭证的程序是先由需要凭证的个人或单位申请，然后主管领导审核、同意并签字。其内容应当实事求是、客观真实、清楚准确、简明扼要。秘书在出具凭证时要履行登记手续，并连同其申请一起存档以备查考。

3. 凭证的审核与盖章

以单位名义出具的证明信必须经主管领导审核、同意并签字。未经领导同意，秘书不得私自盖章。有存根的固定式证明信要盖两个章：落款章和骑缝章。临时书写的证明信只需盖落款章。

4. 凭证的管理

1) 按顺序编号

所有凭证都要按顺序编号，领用时须严格履行登记和签收手续。空白的凭证应选择坚固的箱柜加以保存，不得随意堆放。

2) 凭证的登记与存档

固定式凭证的存根要妥善保存一定时间；临时书写的凭证要登记注册；重要问题的证明应保存领导签发的原稿和一份正本(即存本)，并立卷归档。

所有凭证文件，具有很高的查考价值，大都要永久保存。因此，一切有关凭证的证件、抄件、存根、复制件、文稿和草图等都应及时整理，妥善保存、归档，不得丢失，更不得自行销毁。

(二)介绍信的使用与管理

1. 介绍信的基本知识

1) 介绍信的作用

介绍信是向接洽单位介绍本单位派遣人员的姓名、身份和接洽事宜的专用书信，通常由被派遣人员携带前往接洽单位联系工作，当面出具给对方，既证明被派遣人员的身份，同时又代表一个机关和单位的法定授权。

2) 介绍信的样式

介绍信有固定式和便函式两种。

(1) 固定式。固定式介绍信按固定格式印刷，分信文和存根两部分，都印有编号并装订成册，信文交由持有人携带，存根留本机关或单位存查。固定格式介绍信的样式见图8.1。

(2) 便函式。便函式介绍信用于手工书写或计算机打印。无论书写还是打印，都要使用印有单位名称的信笺。便函式介绍信的样式见图8.2。

```
NO.000501
                          中信集团介绍信(存根)
中信介字第 28 号
_____:
    兹介绍我集团_____等___位同志前往你处联系_____事宜。
(有效期____天)


                                                _____年___月___日
```

```
NO.000501
                             中信集团介绍信
_____:
    兹介绍我集团_____等_____位同志前往你处联系_____事宜,请予接洽。
    此致
敬礼!


                                                _____年___月___日(盖章)


(有效期____天)
```

图 8.1 固定式介绍信

2．介绍信的使用和管理

1) 介绍信的填写与使用

(1) 正式介绍信通常为专门印制的带存根并有编号的固定式介绍信,用于单位比较重要的正式对外联系事务。

(2) 如果是联系一般事务,可以使用即时手写在单位信笺上的便函式介绍信来代替。

(3) 领用介绍信要先由领用人填写申请书,说明申请人姓名、联系单位、联系时间和联系事项,经主管领导批准后方可开具。

(4) 办公室工作人员要对开出的介绍信负责,所填内容应明确具体,不能含糊笼统,不能让人钻空子,填写的持出信文与存根内容要一致。

(5) 开具介绍信必须填写有效限期,以防成为无限期有效的介绍信在外流窜。

(6) 下级单位要求转开上级单位的介绍信,由主管领导在下级单位的介绍信上签字同意后,秘书方可转开介绍信。

(7) 开具后要把领用申请书和下级单位的介绍信附在存根后面一起保存,以备日后查考。

(8) 领用人要履行签字手续,以示对领用的介绍信负完全的责任。固定式介绍信在存根上签字,临时书写的便函式介绍信在专用登记簿上签字。

```
┌─────────────────────────────────────────────────────────────┐
│                                                             │
│                    中 信 集 团                               │
│                                                             │
├─────────────────────────────────────────────────────────────┤
│                                                             │
│                    介   绍   信                              │
│                                                             │
│  上海×××公司:                                              │
│      兹介绍我集团×××、×××两位同志前往贵公司商谈×××产品加工事宜,望接洽为盼!  │
│      此致、                                                  │
│  敬礼!                                                      │
│                                                             │
│                                      ××××年9月25日(盖章)    │
│─────────────────────────────────────────────────────────────│
│  地址: ××省××市开发区龙腾路××号        邮编: 3××017       │
│  电话: 0××88×××26                      传真: 0××88×××27    │
└─────────────────────────────────────────────────────────────┘
```

图 8.2　便函式介绍信

2) 介绍信的盖章

(1) 固定式介绍信除盖落款章外,还要盖骑缝章。

(2) 便函式介绍信只需盖落款章。

3) 介绍信的保管

(1) 介绍信一般和公章由同一人保管,介绍信的保管与公章保管差不多是同等的管理制度,要保证存放安全保险,不可缺页或丢失。

(2) 介绍信开出后未用,应收回,粘贴在存根上。

(3) 介绍信持有人将介绍信丢失,应及时报告;涉及重要事项的应及时通知前往办事的单位,以防被人冒名顶替而造成损害。

(4) 严禁开出盖有公章的空白介绍信。特殊情况下需开出时,则要有主管领导的批准,并本着"谁批准,谁负责"的原则开具,领导的批准文字根据粘贴在存根上,以备查考。

4) 介绍信存根的保存

介绍信存根要与领用申请书、下级单位接转介绍信、作废的介绍信和退回的空白介绍信粘在一起,妥善保存一定时期,以备查证,任何人不得擅自销毁。

第六节　上司日程安排

学习目标:

- 学习了解安排上司活动的概念、种类及基本原则。
- 掌握上司年度活动、月活动内容安排的基本技能。
- 掌握上司周活动、日活动内容安排的基本技能。

案例导入：

中信集团总经理工作十分繁忙，每天的日程都安排得满满的，表 8.9 是吴秘书为总经理安排的日程表。

表8.9　上司活动日程安排表

陈振刚总经理××××年10月26日(星期五)日程安排

时　间	内　容	备　注
8:00 8:30	公司高层会议	地点：总经理办公室
9:00 9:30	主持新产品新闻发布会	地点：本公司礼堂，所有部门经理参加
10:00 10:30	接待有合作意向的美国 B 公司高层代表团参观考察	地点：公司接待室，部门经理作陪
11:00 11:30	宴请B公司代表团	地点：贵都宾馆，公司派车，主要部门经理作陪
12:00 12:30	视察联营工厂	联营厂地点：经济开发区，部门经理同行，公司派车
13:00 13:30	出席宏华玻璃制造厂合作项目的剪彩仪式	地点：龙腾路八号地，公司派车
14:00 14:30	出席员工婚礼	地点：悦华大酒店
15:00 15:30	约法律顾问谈话	地点：总经理办公室

吴秘书的这个日程安排把总经理变得如同一个陀螺，从表 8.9 中可以看出，总经理每 1 个小时就要主持或参加一项活动，可以说是在连轴转。如果领导每天的日程安排都如此，即使是铁打的人也受不了。上述总经理的所有活动内容中，重要的是接待外商 B 公司代表团，应围绕着这个中心来安排上司的活动。早晨的公司高层会议是否必要？通常情况下高层会议是安排在星期一的。接待参观考察和宴请，这项活动不可更改，但中午的视察活动是大可不必的，半个小时的视察，来往赶路，且很可能中午的联营厂也是在午休，到时根本就没什么东西可看。总经理下午的活动偏松，三点半后就没事可干了。总体上来看，这个日程表的安排不尽合理，应进行调整。

(根据孙荣等编《秘书工作案例》的案例修改，复旦大学出版社2005年2月版)

一、安排上司活动概述

(一)安排上司活动的含义

安排上司活动是指秘书在事先了解上司工作事项内容的基础上，按轻重缓急顺序具体计划安排上司的工作进程以提高工作效率的辅助管理活动。

(二)上司活动安排的种类

上司活动的类型可分为两类。

1. 常规活动安排

常规活动安排就是把上司在某一时间段内的常规活动按时间顺序安排落实,以便管理和协调上司活动的时间,提高上司工作的效率。这类方案可按年(半年)、月、周、日进行具体安排。

1) 年活动安排

年活动安排即把年内上司将要举行或亲自参加的重要活动做大致安排,作为上司年度时间管理和协调的参考依据。如有必要,也可按半年来安排。这种安排一般比较粗糙。

2) 月活动安排

月活动安排即根据年度安排和当月工作的实际情况,将上司月内的主要活动作较为具体的安排,作为上司一个月内工作时间管理和协调的参考依据。月活动安排的参考性较大。

3) 周活动安排

周活动安排即根据月安排和当周工作的实际情况,将上司一周内的主要活动作详细安排,作为上司一周内工作时间管理和协调的参考依据。周活动安排有较大的实用性。

4) 日活动安排

日活动安排即平时所说的上司日程安排,是根据周安排和每天工作的实际情况,把上司一天内所有的活动按时间顺序排列,由秘书安排提示并督促执行。

日活动安排一般以上司个人作为安排的具体对象,也是管理上司工作时间的常用方法,因而是秘书每天要做的一项工作。

2. 专项活动方案

专项活动方案即针对某项重要的上司活动专门拟写的策划方案,如出访方案、接待活动方案等。

二、安排上司活动的原则

(一)必要性原则

上司活动的必要性,是以履行职责为根据的。如果仪式类活动和应酬活动过多过滥,不仅分散上司的精力,影响正常工作,而且败坏上司的形象。秘书作为上司的助手,有责任、有义务对上司的活动进行把关。对那些上司不必亲自参加的活动,在征得上司同意后,应予以挡驾,并向主办单位说明情况,以取得谅解。

(二)统筹性原则

上司活动牵涉面广,涉及人多,影响力大,秘书在安排上司活动时一定要统筹兼顾,具体要注意以下几点。

(1) 全局性活动，应安排主要上司出面。
(2) 业务活动，以分管上司为主，其他上司适当分担。
(3) 社会活动多安排老同志、德高望重者参加。
(4) 特别重大的活动，可安排党政一把手同时出席。
(5) 外事活动，一般优先于内事活动安排。
(6) 联系群众的活动安排优先于一般的应酬性活动。
(7) 全局性活动安排优先于局部性活动。

(三)简化性原则

即使是上司必须参加的活动，也应当坚持简化性原则，不搞形式主义，以提高上司活动的效率。具体要求如下。
(1) 不搞迎送仪式。
(2) 轻车简从，不搞前呼后拥。
(3) 简化上司活动的新闻报道。

(四)合理性原则

安排上司活动要科学合理，具体应注意以下几方面。
(1) 围绕机关的中心工作合理安排上司活动。
(2) 根据上司的工作风格和办公习惯合理安排上司活动。
(3) 遵循劳逸结合的规律科学合理地安排上司活动。

三、安排上司活动的程序

(一)掌握情况，明确要求

安排上司活动首先要掌握上司工作的总体思路，上司每项活动的目的、任务、形式、涉及人员以及具体意图和要求，这样才能有针对性地安排好每一项活动。

(二)精心策划，拟订方案

在掌握情况、明确要求之后，秘书要为上司精心策划最佳活动方案。活动方案应当载明活动的内容、形式、参加人员、时间、地点、线路等，并报经上司审批确定。

(三)准备落实，搞好协调

(1) 方案确定后，秘书要围绕方案的每个细节认真做好上司活动前的各项准备工作，包括准备文件、购置物品、通知联系、安排车辆等。
(2) 对涉及多方面的重要活动还应当开好协调会，向各有关单位交代任务、落实责任。
(3) 如果是现场活动，秘书还应当亲自到现场进行查看，沿着上司活动的路线边走边查、计算时间，估计可能遇到的问题，制订应对的方案。

(四)现场服务，确保顺利

上司活动进行过程中，秘书要随时提供现场服务和随从服务，发现问题及时协调解决，保证上司活动顺利进行和圆满成功。

(五)总结经验，形成报告

上司活动结束后，秘书要总结上司活动安排的经验和教训，不断提高安排上司活动的水平；重大的活动安排还应形成书面总结报告，以便日后借鉴。

四、上司活动日程表安排

(一)上司活动时间表的格式

1．标题

标题要写明单位名称或上司姓名加上"活动安排"或"日程安排"，年度安排和月安排一般还要写明年份、月份。

2．题注

周安排和日安排可在标题下写明针对的具体时间。

3．正文

年安排和月安排既可采用日期式，也可制成表格，周安排和日安排多采用表格的形式。正文包括如下几项内容。

1) 时间

按时间先后安排各项活动，具体要求如下。

(1) 年安排应写明各项活动所有月份和大致日期。

(2) 月安排应写明活动的具体日期。

(3) 周安排应写明活动的具体日期及上午、下午，最好写明具体时间。

(4) 日安排应写明开始和结束的时间。

2) 活动内容

写明活动的名称，没有名称的写事由，文字应简明扼要。

3) 活动形式

如写明座谈会、宴请、会谈、签字仪式等，也可和活动内容写在一起。

4) 地点

应写明具体的地点。

5) 参加人员

参加人数较少的可写姓名，人数较多的可写范围，如"各部门经理"。

6) 备注

写明其他需要注意的事项。

以上内容可根据具体情况确定详略，一般说来，年度和月度安排较为粗略，而周安排和日安排则较为详细。

上司的年度活动安排、周活动安排和日活动安排分别参见表8.10~表8.12。

表 8.10　上司年度活动安排表

中信集团上司××××年度主要活动安排表

陈振刚总经理××××年主要活动安排	
1月5日—13日	公司××××年度销售工作会议
1月24日	××××年度新产品发布会
2月4日	美国GL公司来访，洽谈有关合作生产××××系列产品
……	
5月18日	公司成立15周年庆典
7月11日—25日	赴欧洲考察
……	

表 8.11　上司周活动安排表

中信集团上司活动周安排表

(××××年11月18日—24日)

时间	地点	内容	主持人	参加人员
星期一(11月19日)上午 8:30	第一会议室	总经理办公会议	陈振刚	正、副总经理 各部门经理
星期二(11月20日)下午 2:00	第二会议室	××产品开发协调会	陈振刚	销售部、计财部、科研部等各部经理
星期三(11月21日)上午 9:00	第一会议室	与仁达公司合作洽谈会	陈振刚	(人员另行通知)
星期四(11月22日)下午 8:30	第一会议室	集团机关机构改革方案研讨会	陈振刚	正、副总经理 各部门经理
星期五(11月23日)下午 3:00	多功能会议室	企业文化建设总结表彰会	陈振刚	(人员另行通知)

表 8.12　上司活动日程安排表

中信集团上司活动日程安排表

(××××年11月19日)

时间	内容与形式	地点	参加人员	备注
8:30—9:40	总经理办公会议	第一会议室	正、副总经理 各部门经理	王秘书做记录

续表

时　间	内容与形式	地　点	参加人员	备　注
10:00—11:40	主持计财部人员招聘面试	第二会议室	××副总经理、人力资源部、计财部经理	由人力资源部具体安排
14:30—16:00	主持集团公司机关中层干部会动员和布置机关机构改革工作	集团公司大会议室	各部门经理	由办公室具体安排
16:30—18:00	审议联营厂××产品开发可行性的论证	第一会议室	销售公司、科研部、张总工程师	由办公室具体安排
18:30—20:00	出席L公司成立20周年庆典酒会	悦华酒店	林明花秘书随同出席	

(二)专项活动方案的格式

专项活动方案一般包括以下几部分。

1. 标题

标题由活动名称加上"方案"、"预案"、"策划书"或"计划"(预案即预备性方案；内容与形式方面有所创新的上司活动可用策划书这一名称；计划是在任务、要求、时间进度等方面较为详细具体的操作方案)组成。

2. 正文

正文一般可分为两部分。

(1) 开头部分写明安排这项活动的目的、意义、指导思想和原则。

(2) 主体部分写明活动的内容、形式、时间、地点、出席范围、活动的程序以及准备工作的各项要求。具体见表8.13。

专项活动方案由秘书或由秘书会同有关部门起草后提交本级上司或上司办公会议审批，上司签批同意后，按批示件办理。

表 8.13　上司专项活动安排表

中信集团上司专项活动安排表

中信集团××董事长一行赴美国访问工作方案

　　为加强国际市场调研，开辟新的国际市场，扩大我集团××系列产品的对美出口，经美国××商会、××等公司邀请，我集团××董事长将于 11 月 5 日至 12 日带领×××、×××、×××、×××共五人赴美国访问。

一、××系列产品目前在美国的销售情况及市场前景

(略)

二、这次访问的目的和任务

1．进行市场调研，研究扩大××系列产品出口美国的可能性及对策。

2．积极联系客户，宣传××系列产品。

3．在条件成熟的情况下，签订销售协议。

三、行程安排

11 月 6 日抵纽约，入住××酒店。

11 月 7 日访问××公司总部，与对方董事长举行会谈并参观该公司。

11 月 8 日在××中心举行××系列新产品发布会。

(下略)

四、准备工作

1．资料准备(包括宣传资料、产品介绍、订货合同等)

2．器材准备(包括笔记本电脑、手机、文具等)

3．经费落实(略)

4．接待准备。××董事长一行在美期间的接待由美国××商会、××公司安排落实。

五、谈判中几个具体问题

1．价格掌握(略)

2．付款条件(略)

3．计价结算的使用货币问题(略)

第七节　商务旅程管理

学习目标：

- 了解秘书在上司一般差旅中需要准备的工作内容。
- 掌握上司差旅日程表的拟订技能。
- 掌握上司差旅时预订房间和会议室的基本技能。
- 掌握上司出国旅行时秘书所要做的服务工作。
- 掌握秘书随行事务的基本内容及操作技能。

案例导入：

中信集团的梁秘书第一次陪同年过半百的施副总经理去北方一个大城市出差，住在一

个比较偏僻的招待所里。施副总吩咐他去邮寄一份快递。梁秘书在招待所门口向过路人打听到邮电所的地址后，换乘了两路公共汽车，来回花了10元多钱，用了半天时间，才把快递寄出去。第二天早晨，他在陪领导散步时无意中发现离招待所不远处就有一家邮电所，十分后悔。此后，他便养成习惯，到外地出差，安顿好住处，待领导休息后，第一件事就是熟悉周围的环境，特别是交通、邮电等情况，以便在需要时，为上司提供快捷方便的服务。还有一次，他随一位年过七旬的退下来的老领导去开会，预订返程软卧车票时，由于交代不细致，结果买到的是一张上铺票，让老领导爬上爬下，虽然领导没说半句怨言，但他心里十分难受。这件事也让他明白：秘书的辅助和服务工作，必须时时处处观察细致，方方面面考虑周到，不得有半点失误。通过从实践中不断地磨炼和总结，他逐渐成熟起来。比如，他从实践中掌握了邮寄往他市的快慢规律：清晨投邮，平信和特快专递信同时到；在招待所投邮件比在邮局投邮件慢两天；等等。客观情况是在不断变化的，对一些预想不到的情况，也应有思想准备，才不至于手忙脚乱，才能从被动中争取主动，做好随从工作。

随从领导人外出是秘书人员的一项重要的事务工作。随从事务作为跟随领导人外出期间的秘书工作，具有流动性、综合性和复杂性强等特点。当领导者决定出访后，秘书人员要立即进行准备工作，熟悉被访地区的历史、地理、气候、交通、风土人情等情况，这样，才能更有效地办理好辅助和服务工作，保证上司在差旅期间有效地工作、生活和休息。

(根据孟庆荣主编《秘书工作案例及分析》的案例修改，清华大学出版社2007年6月版)

市场经济社会是交流的社会，是关系的社会。上司出差在外东奔西跑，沟通关系，广结善缘，那是家常便饭。作为秘书必须了解上司旅行的任务、地点和具体时间，并结合组织的有关规章制度以及上司的个人习惯，予以合理的安排和有效的管理。

一、上司商务旅行的准备工作

(一)差旅准备工作

差旅准备工作详见表8.14。

(二)制订差旅计划和日程安排

1. 制订差旅计划

为了保证上司能在出差期间的有限时间里高效地工作，秘书应根据上司差旅的目的为上司拟订一个合理的计划。一般来说，差旅计划应考虑如下几个方面。

(1) 地点。上司本次出差的目的地(包括中转地)，旅行过程开展工作、活动的地点、途经地点以及食宿地点。

(2) 时间。本次出差总时间的长短，启程及到达目的地、工作、活动的具体时间，返回及接站时间等。

(3) 交通工具。出发、目的地的接送及往返的交通工具(飞机、火车、汽车及火车、飞机的客舱种类)。

(4) 住宿。包括住宿地点、规格等。

表8.14 上司差旅准备工作的内容

商务活动文件资料	差旅事务资料	办公用品	个人用品
谈判提纲	差旅计划(含日程安排)	笔记本电脑	护照
合同草案	目的地情况	光盘或磁盘	签证
协议书	目的地交通图	微型录音机及磁带	身份证
演讲稿	旅行指南	照相机/摄像机	信用卡
有关讨论问题的信件	票务及预订旅馆住宿	介绍信、名片	替换衣物
备忘录	出入境事务及证件	文具用品(文件夹、笔、笔记本)	洗漱用品
日程表	对方的向导信函	公司信封及信纸	急救药品
科技、产品资料	接送事务	手机及充电器	旅行箱
公司简介	日历	现金、支票	车票、船票、机票
对方公司相关资料	世界各地时间表	通讯录(地址、电话、传真)	

(5) 差旅内容。差旅的活动内容，如访问、洽谈、会议、宴会、娱乐活动或参加某种仪式等。

(6) 资料、物品。根据差旅内容必须携带的文件、合同、协议、科技或产品资料、演讲稿和与会国的资料等。

2. 安排差旅日程

如果差旅内容较多，可把上司启程、抵达目的地(含中转)及返程要做的工作安排制成表格，形成差旅安排日程表。具体见表8.15。

表8.15 差旅日程安排表

日期	具体时间	交通工具	地点	事项	备注
10月5日(星期二)	8:00—10:30	民航班机 ××××××航班	厦门—北京	出发	集团派车送至机场
	11:00—12:00	分公司派车	北京	出席分公司业务报告会(需用1号材料)，午餐	
	15:00—16:00	分公司派车	北京	拜会××××公司领导(已与对方约定)	
	16:30—17:30	分公司派车	北京	参观××公司	
	18:00—	分公司派车	北京	晚餐，下榻于××酒店(已预先订房)	酒店电话：×××××××

续表

日期	具体时间	交通工具	地点	事项	备注
10月6日 (星期三)	9:00—12:00	分公司派车	北京	出席××公司新技术产品发布会并发言(讲话稿为2号材料)	
	12:00—13:00	分公司派车	北京	××公司的午餐会(××宾馆)	
	15:00—16:00	分公司派车	北京	会见××公司经理	
	17:20—19:50	民航班机 ××××××航班	北京—厦门	返回	公司派车接机

(三)票务工作和预订房间

1. 预订机(车、船)票

(1) 秘书通常采用电话或书信传真的方式订票。

(2) 预订时要注明机(车、船)票的启程地点、到达地点、日期、机(车、船)班次、舱(座)位。

(3) 取票。拿到机(车、船)票时，应仔细核对姓名和拼音姓名(机票)、日期、航班或车次、舱(座)位及到达地点。

2. 预订住宿房间

上司出差，秘书应根据上司的爱好和习惯为其预订住宿宾馆。

1) 使用预订服务

(1) 通过上网、翻阅当地差旅指南、地图和差旅手册、800免费电话等方式，选择旅馆，并与之联系，了解旅馆的确切位置、到机场或火车站的距离以及收费标准、是否打折等信息，在征求上司的意见后适时预订。

(2) 预订时，要提供住宿者的姓名、抵达时间、离开时间。若还有其他特殊要求，如房间面积大小、楼层朝向、上网端口及需要多大规模的会议室等，要询问落实，在对方能满足需要后再预订。

2) 保证预订

(1) 确认预订。联系预订后，秘书要设法拿到确认预订的传真或其他书面形式的证明，并把确认证明附在上司随身携带的差旅计划后面。

(2) 核准结账时间。预订旅馆时，要询问旅馆的结账时间，在上司差旅之前，把结账时间放在备忘录里。

(3) 取消预订。如果临时因特殊情况要取消预订，须在结账之前打电话或采取其他方式通知旅馆并索要取消单存档，否则当天晚上就得收费。

(四) 准备必备的文件资料及上司随身携带的用品

临行前，秘书要将本次差旅所需的文件资料及用品按公与私分别列出清单，请上司过目，避免遗漏。

(五) 预支差旅费

秘书要帮助上司填写申请预支出差旅费。差旅费包括往返交通费及在当地的交通费、住宿费、餐费，还有其他可能的活动经费。为了安全起见，差旅费的携带应尽可能少带现金，尽可能使用信用卡或旅行支票。

(六) 利用旅行社提供的差旅服务

1. 旅行社应提供的服务

(1) 提供信息。旅行社能及时提供差旅市场的最新信息，如航空公司即将实行的优惠价等，并据此作出一系列优惠全面的安排。

(2) 提供特殊服务。能满足旅客的特殊需求，如飞机、车、船舱(座)位，旅馆住宿或会议的特殊要求，饮食特殊要求等。

(3) 提醒服务。旅行社熟练的业务会准确提醒顾客在国内外不同地区差旅时需要哪些证件，如护照、签证、身份证、警察局证明和健康证明等。

(4) 节约差旅费用。为了赢得顾客，旅行社会通过各种渠道掌握最新的价格信息，并利用合适的差旅价格，如促销价、旅游价或团体价等，帮助差旅者节约差旅费用。

(5) 安排有趣的观光或特殊活动。旅行社能利用对差旅地有关人文、自然等信息的了解，有效地帮助差旅者安排有趣的游览或特殊活动，使差旅者收到"窥一斑而知全豹"的旅游效果。

(6) 解决其他琐碎问题。旅行社还能按照顾客的要求，安排驻外代表到目的地迎接、照看行李、护送过关和解决其他问题，这对于个人出行很有好处。

2. 选择可信赖的旅行社

选择可以信赖的旅行社，可以使个人的利益得到应有的保障；如果出现意外，可获得合理的赔偿，避免物质和精神上的损失。选择旅行社的参考条件如下。

(1) 旅行社的资质情况。如是否登记注册的合法企业，公章、发票是否齐全，是否具备办理出国业务的资格、社会信誉度等。

(2) 能否提供最优质服务。如旅行社提供的国内外机票、酒店等服务价位，是否最优惠价。

(3) 检查旅行社是否已交纳旅游质量保证金，有否为旅客办理旅游保险等。

二、出国商务旅行的服务工作

(一) 帮助办理各种必要的出国手续

1. 撰写出国申请

出国申请文件的内容有如下几个方面。

(1) 出国事由。

(2) 出国路线(外国公司所在国名称)。

(3) 出国日程安排,包括出国时间,在国外活动时间、地点,回国时间等。

(4) 出国组团的人数。申请文件后面要附出国人员名单和外国公司所发的邀请函(副单),出国人员名单要写清姓名、年龄、性别、职务职称等内容。

2．办理护照

1) 护照的作用

护照是各主权国家发给本国公民出入境及到国外差旅居留时证明其国籍和身份的证件。出国人员均须持有本国政府颁发的合法的护照。出国前,要凭护照办理所去国家和中途经停国家的签证,凭护照购买国际航班机票或车船票。在国外,有关当局检验时须出示护照,住旅馆也要凭护照。任何国家都不允许没有护照的人进入其国境,因此,各国对护照的检验都十分严格,以防止持过期、失效或伪造护照的人进入其国境。

2) 护照的种类

我国的护照分为外交护照、公务护照和普通护照三种。普通护照又可分为因公普通护照和因私普通护照。

3) 护照的办理

(1) 护照办理机构。因公出国人员的护照应到外交部或其授权的机关(各省、市、自治区的外事办公室)办理；因私出国人员的护照,由公安部授权的机关办理。

(2) 提供相关证件。出国人员办理护照时,须携带主管部门的出国任务批件、出国人员政审批件、所去国有关公司的邀请书、工作单位的派遣函或证明(法人本人可以免交派遣函,但须交验营业执照副本)等。

(3) 备好个人相片。到公安部门指定的照相点照相,拍2寸正面免冠半身同底相片10张(底片要保管好,在办签证时还需用同底的相片)。

(4) 认真填写信息。出入境管理机构会提供相关卡片和申请表,应按规范要求认真填写有关信息。

(5) 仔细核对护照。拿到护照后,应仔细检查护照填写项目,如姓名、籍贯、出生年月和地点等是否准确无误,授权发照人的签字和发照单位的盖章是否齐全等。如果是多人出国、集体办理护照,则还要注意检查护照上的照片是否与姓名一致。

(6) 确认签名。核对无误后,持护照人应在签字格上签名。这一环节不能忽视,因为根据国际惯例,如果持护照人没在护照上签名,护照会被视为无效,出境、入境、银行开户、法律交涉等都将难以进行,有的国家甚至会对未签名的持护照人予以拘留审查。

3．办理签证

1) 签证的作用

签证(Visa)是各主权国家发给外国或本国公民出入国境或在本国经过、停留、居住的许可证明。签证一般可做在护照上,有的也做在其他身份证件上。如前往未建交国,一般用单独的签证,与护照同时使用。我国的签证一般做在护照上。

2) 签证的内容

各国的签证内容大体相同,主要包括签证种类、签证代号、入出境(过境)目的、途经口岸、偕行人、停留期限、有效次数、签发机构、签发地点、签证官员签字盖章、签发日期等。有的国家还附有持签证者的相片(应与护照上的一致)，有的还有印花和防伪标志等。

3) 签证的办理

签证可以通过下面的途径办理。

(1) 由本人亲自持护照和有关申请签证的材料到差旅国驻我国大使馆或领事馆办理。

(2) 委托权威的可靠的签证代办机构(如中国旅行社总社签证代办处)代办。

(3) 委托前往国家洽商的邀请组织(如公司)到前往有关国家的使(领)馆办理。

4) 签证的手续

办理签证要交上护照并填写一份签证表。

5) 签证的检查

取得签证后，要检查签证。检查的重点是：签证种类是否符合申请目的，有效期和停留期是否清楚，签证持有人的姓名拼音是否正确，签证官员和签发机关是否签字盖章等。

4．办理"国际预防接种证书"

"国际预防接种证书"即"黄皮书"，因其封面通常为黄色而得名。黄皮书的英文为INTERNATIONAL CERTIFICATE OF VACCINATION。它是世界卫生组织为了保障出入国境人员的人身健康，防止某些疾病传染流行所要求的证明。

出国人员在办理有效护照和签证后，应持单位介绍信到所在地的卫生检疫部门进行卫生检疫和预防接种。不同时期、不同地区，各国对检疫和预防接种的要求不同，一般只要接种牛痘、霍乱、黄热病疫苗。近年来，各国对出入境者还要做艾滋病检查。

当拿到黄皮书后，应该进行认真查验。查验内容包括：填写的内容是否符合本人情况(姓名、出生日期和性别)，医生的签字、检疫机关的盖章是否清晰，应该接种的项目是否填写。

5．办理出境登记卡

在办妥上述各项手续后，秘书可以代替上司携带上司的护照、户口本、居民身份证到户口所在地办理临时出境登记手续。如果上司出国超过 6 个月(含 6 个月)，还要办理注销常住户口手续，再带上办理完毕的所有证件和证明，把办理护照时发的第一张"出境登记卡"换为第二张"出境登记卡"。

6．订购机票(船票、车票)

根据我国相关部门的规定，凡我国出国人员，在国内购买国际航班机票时，需交验身份证和护照，并在中国民航所属的售票处办理，也可在外国航空公司驻我国的办事处购买。

拿到机票后必须对票面进行查验。查验的内容有：姓名的拼音是否与本人护照或其他有效证件中的拼音相符；全部航程的每班航班是否都有乘机联，每一联的黑粗线框内是否与原旅程计划相一致；每个航班起飞和降落的时间、机场名称；是否在定座栏内填好 OK，若是填 RQ，则表示不被确认，应继续争取或更换航班；还要检查是否有涂改或填写不清楚的地方，是否盖有公章。

上司所到之处如果对方有接待，这时候就可以发出通知，最好以书面形式通知。内容包括航班、航船号或火车的车次、启程地点、到达口岸名称和时间、前往的人数。

如果上司乘坐国际列车，秘书应携带出国人员的护照、签证、"黄皮书"等证件到北京中国国际旅行社办理购票手续。

如果准备坐船出国，秘书可携带出国人员的护照、签证、"黄皮书"等证件到中国外轮代理公司所属分公司办理船票。

(二)出行前的准备工作

(1) 拟制旅程方案。编制几套旅程方案，供上司选择；选定最佳方案后，将其打印成文。

(2) 办理兑换外币。了解外汇信息，一般来说，只要准备少量外币现钞就行，如需用大额外汇，可用差旅支票和信用卡。

(3) 准备零钞。世界上很多国家都有付小费(Tips)的做法，有的称服务费(Service Change)，但各国各地的做法不一样，付小费的数目差距也较大。到差旅国后可先向我驻外使(领)馆打听有关的做法。

(4) 准备随身携带的物品。主要有服装、拖鞋、洗漱用品等。

(5) 准备文件资料。根据旅行目的，为上司准备必须携带的各种文件，如谈判合同协议书、科技或产品资料、演讲稿以及目的地指南等，同时还要为上司提供有关国家的风土人情及各种礼节，使上司的商务活动圆满顺利。

(6) 检查相关证件。检查护照、签证、黄皮书、国际机票、外语名片、外币以及其他必需的出国文件、证件等。

(三)办理出入境手续

任何国家都在机场、车站、码头等旅客出入境地点设有专门机构，对出入境旅客的手续予以严格的检查，秘书应根据实际情况协助上司顺利通过这些检查。

(1) 边防检查。在国际机场标明 PASSPORT CONTROL 或 POLICE 字样的柜台或窗口，就是边防设立的护照检验处。出入国境人员要填写出入境登记卡，交验护照，检查签证。边防人员确认无误后，在护照内页盖上注明出入境口岸和日期的验讫章。有的国家入境时就填好一式两份的出入境卡，入境时收走一份，另一份夹在护照内等办理出境手续时再收走。

(2) 海关检查。填写海关申报单，包括姓名、性别、职业、国籍、护照号、发照日期、入境口岸、入境日期、逗留地址、行李件数以及所带物品的数量。一般情况下，烟、酒等物品按限额放行，文物、武器、当地货币、动植物等非经特许不得出入国境。携带文物(作为礼品)出境时，如果携带的文物是从有权经营文物的商店(如文物商店、友谊商店)购买的，海关凭"文物古籍外销统一发货票"和中国文物管理部门的鉴定标志查验放行，否则，必须事先报经中国文物管理部门鉴定，经鉴定后准许出口的，由文物管理部门开具出口许可证明后才予以放行。大多数申报单还要求填写外币旅行支票、信用卡的数量等。然后将所带行李连同申报单一起到海关处结关。海关人员根据申报单进行检查。

(3) 安全检查。主要是检查禁止携带的武器、凶器、爆炸物和剧毒物等，所以在准备行李、礼品时应避免携带违规违禁物品，以减少不必要的麻烦。

(4) 健康检疫。即交验黄皮书，对未接种的旅客会采取隔离、强制接种等措施。

(5) 乘机手续。有关手续办完后即可按规定乘机。注意，在抵达机场后乘机前要先办理乘机手续，即将机票交由机场验票口查验，同时将随身托运的行李过磅，并将重量填到机票上，领取登机卡和行李卡。乘飞机应尽量轻装，按规定，手提物品不得超过 5 千克，因此能托运的，可随机或分开托运。

(6) 注意时差。国际上规定，以英国格林尼治时间(GMT)为标准时间。这样两个半球就分为东八区和西八区，东八区时间比 GMT 早，西八区时间比 GMT 晚。调整时差对于乘坐国际航班的旅行者都是必不可少的。通俗的计算方法是以经线划分，即格林尼治以东，每 15°加 1 小时，格林尼治以西，每 15°减 1 小时。表 8.16 是世界主要国家时差表。

表 8.16　世界主要国家时差表

英(格)	中+8	法+1	美(纽)-5	澳+10	加(太平洋沿岸)-8
1:00	9:00	2:00	前一日 20:00	11:00	前一日 18:00
8:00	16:00	9:00	3:00	18:00	0:00
17:00	次日 1:00	18:00	12:00	次日 3:00	9:00
21:00	次日 5:00	22:00	16:00	次日 7:00	13:00

三、上司差旅期间秘书的工作

(一)工作处理

(1) 上司动身后，对方如果有安排接站，应再电话通知对方，告知自己上司出发的具体时间。估计上司已到达下榻处后，秘书也应主动与上司取得联系，以便有紧急事宜时可向上司请示。

(2) 按照上司出差前的授权和指示开展工作，遇到超越职权范围的事，或遇到紧急、特殊情况，应立即请示在家领导解决，或与上司联系，请求上司的指示。

(3) 需要上司亲自处理的紧急邮件，而上司又不能马上回来的，应立即邮寄给上司。

(二)工作记录

随时记录上司不在家时的一些主要事情及处理结果，以便上司回来后能了解工作的进展情况。

(三)工作梳理

秘书可利用上司出差时的"暂时空隙"，对工作进行梳理，处理或整理平时无暇顾及的事宜和文件。

四、差旅返回之后秘书的工作

(一)接站

接站时，如果上司问起差旅期间的工作，或者有需要在上司回来后就必须马上知晓的事项，可择要简单汇报，但要注意不宜讲得太多，应先让上司休息为宜。

(二)汇报

上司回来上班后,按轻重缓急的顺序,扼要地向上司汇报其差旅期间单位所发生的事情及处理结果。

(三)整理文件资料

协助上司整理差旅带回来的文件、资料等,有必要的话,可协助上司将差旅的经过和结果写成差旅报告书,交给有关部门。

(四)核算报销差旅费

帮助上司核算差旅费用,并向财务部门报销。

(五)向受访对象致谢

需要时,应按上司的指示,向在上司差旅时给予上司照顾的有关单位和人士去电或去函致谢。去函致谢时,不要忘了请上司在致谢函上签字。

(六)检查总结

找机会向上司了解其在差旅期间对差旅计划和安排有无感到不妥的地方,对差旅安排和管理进行检查,为下次进一步改进和做好差旅服务积累经验,提供参考。

五、秘书随同旅行的事务工作

(一)随行事务的含义

随行事务是指秘书随同上司进行公务差旅,为上司外出开展公务活动所进行的综合性服务工作。上司差旅期间,要单独处理诸多公务,而且是在行动不定的条件下进行的,所以,同行秘书的辅助性服务就显得尤为重要。秘书应以格外认真的态度对待随行事务,以保证上司在外能顺利地开展工作。

(二)随行事务的特点

1. 流动性

在单位时,秘书工作是相对稳定的;而上司外出时,其活动时间、地点、环境和内容等在不断地转移、变化,因此,秘书于此时为上司提供服务或辅助工作具有流动性的特征。

2. 全面性

秘书随同上司一起差旅,不可能像在组织内部一样分工明确、各司其职,而往往是一两个人要承担起一个秘书班子为上司提供的全面性的综合服务。

3. 复杂性

随从事务的流动性和全面性,也使秘书提供服务工作显示出鲜明的复杂性。

(三)随行事务工作程序

1．准备阶段

(1) 根据差旅的目的、意图、地点、日程、上司的指示等协助上司确定其他随同出行的人员并加以分工。

(2) 根据上司的指示拟订差旅计划和安排行程，经上司确定后加以印制。

(3) 与有关单位先行取得联系，如订票或与旅行社(如果差旅是交给旅行社办理)交涉。

(4) 准备上司差旅所需的有关资料。

(5) 准备有关的差旅物品，如办公用品、差旅费等。

(6) 如果是到国外差旅，还要抓紧办理有关的出国手续。

2．差旅阶段

(1) 按照日程安排，灵活而有序地对差旅过程实施有效的管理，主动处理好日常事务性工作，如安排住宿或交通工具等，协调解决好有关的矛盾冲突。

(2) 安排好差旅期间的各项活动，如访问、洽谈、会议、宴会、娱乐活动或参加某种仪式等。

(3) 保持与本单位的联系，以便上司出门在外时能了解组织内部发生的重大事情。

3．结束阶段

差旅活动结束后，随行秘书应做好有关的善后工作，如妥善做好返程安排、整理好差旅资料、报销差旅费等，使上司在回来后能尽快地投入到正常的工作中去。

六、商务差旅的安全防范工作

1．妥善保管好贵重物品

(1) 差旅时，贵重物品，如钱物或重要文件，应存放在安全的地方；现金、信用卡、证件等应分开存放，或随身携带，或寄存于宾馆(酒店)的保险箱内。

(2) 到国外商谈重大项目，为防泄密，重要文件应存放在我国的使(领)馆。

2．随身携带有效证件

出外时，应随身携带如身份证或护照之类的有效证件，以备检查或遇到特殊情况时能及时联系。

3．保持联系

要有专用的通信联络工具和联系号码，随时与组织或随行人员保持联系。

4．树立安全意识

外出差旅，不要随意暴露自己的身份和差旅目的，也不要随便与陌生人交谈、交友。当然，最重要的是不能利欲熏心，为一己私利而发生违法违纪的行为。

5．随身不带现金

在公务差旅中尽量使用信用卡、差旅支票等，身上不要携带大笔现金。

综合练习与实训

一、思考题

1. 办公设备采购的程序及办公设备、办公用品进库与保管的要求是什么？
2. 什么是库存控制？什么是最大库存量？什么是最小库存量？
3. 简述办公事务计划的类别及具体内容。
4. 办公室为什么要建立承办周期制度？
5. 简述建立工作目标管理制度的具体内容。
6. 主叫通话拨打的程序要求是什么？
7. 被叫通话有什么具体规范要求？
8. 简述收发传真的基本程序。
9. 简述来信处理的基本程序。
10. 简述来访接待与处理的程序。
11. 简述立案查处的基本程序。
12. 简述企业信访工作的内涵及特征。
13. 督察工作有哪些方法？其程序是什么？
14. 秘书值班工作的主要任务是什么？
15. 秘书值班工作有哪些基本要求？
16. 简述保密工作的内容。
17. 简述保密工作的基本要求。
18. 秘书部门的保密工作有哪些基本内容？
19. 印章有哪些种类？其作用是什么？
20. 正式印章的样式有哪些规范要求？
21. 正式印章的刻制有哪些规范要求？
22. 正式印章的使用和保管有何规范要求？
23. 固定式凭证的作用与管理有哪些基本要求？
24. 出具便函式凭证有哪些基本要求？
25. 固定式介绍信的作用与管理有哪些基本要求？
26. 上司活动安排有哪些种类？各有什么特征和要求？
27. 如何为上司安排一份周活动表和日活动表？
28. 设计安排一份上司专项活动方案。
29. 上司一般差旅需要准备的工作内容有哪些？
30. 上司出国旅行时秘书要为上司做哪些准备工作？
31. 如何为上司办理出入境手续？
32. 随同上司旅行的事务性工作程序有哪些？

二、案例分析

案例(一)

赵青是经理办公室秘书,周一上午一上班她就很忙。老总让她马上打印一份他下午要用的合同。

赵青正在电脑前忙碌着,研发部的张然敲门走了进来。张然是她的好朋友,平时下班,她俩经常在一起吃饭逛街。赵青停下手中的工作问她:"有事吗?"张然说:"你帮我把这个月吃饭和打的的钱给报了,顺便领两箱A4纸。"赵青说:"公司不是规定每周二下午才报销和领办公用品吗?你明天下午再来吧!再说我现在正忙着呢。"张然说:"不行,不行,我等不到明天,我都快没钱吃饭了,你帮帮忙吧。"说着,把票据推到了赵青眼前,赵青拿起来一看,说:"不行啊,这些单子你们领导还没签字呢。"张然说:"你先报吧,我们经理出国了,要一个礼拜才回来,等他回来你找他补个手续不就行了。得了,得了,快点吧,咱俩谁跟谁啊,不报,我可不走了啊。"

赵青感到很为难,可是看着张然不达目的不罢休的架势,心想,谁叫我们是好朋友呢!就用自己掌握的零用现金给她报了账,又从库里拿了两箱纸给张然,张然满意地走了。

(根据孟庆荣主编《秘书工作案例及分析》的案例修改,清华大学出版社2007年6月版)

请问:公司关于报销和领用办公用品的规定需要遵守吗?如果你是赵秘书,遇到上述案例中的情形,应该怎么做?应如何正确处理公事与私事之间的关系?

案例(二)

[镜头一]某大学孙教授打长途电话给某市饭店,告知他同意邀请,明天飞抵该市,前来为饭店讲课,并请届时到机场接一下。该饭店秘书小齐接了电话,满口答应。但当孙教授走出机场时,左右环顾,却无人接站,静等了十几分钟,仍无人前来,孙教授只得叫了出租车去饭店。孙教授前往总台登记,问总台是否知道他来饭店讲课之事,前厅经理说知道,已安排好了。孙教授奇怪地问:"怎么没有来接站?"前厅经理"哦"了一声,连忙道歉,说:"忘了。"后经了解,事情是这样的:齐秘书打电话给前厅经理,叫他安排孙教授的食宿,同时又叫前厅经理转告车队派车去接站。当时总台客人很多,前厅经理匆匆安排了孙教授的住房后,把订车的事给忘记转告了。

[镜头二]餐厅预订部接到客人打来的电话,要预订17日3桌酒席,标准是每桌1000元。四天后客人陆续步入餐厅,宾客满座。迎宾小姐上前询问,客人说酒席已预订了,一看记录,没有。她把餐厅经理叫来,一核对,搞错了,听电话的接待员把"四天后"听成了"十天后",客人愤然离去,说再也不会到这家酒店来吃饭了。

(案例来源:http://wenku.baidu.com/view/61a91cc79ec3d5bbfd0a74ab.html)

请问:他们差错的原因是什么?如何在服务过程中避免上述失误?

案例(三)

张总经理过两天要到深圳去跟应天商贸有限公司商谈合作的事。让秘书李静准备好去谈判的有关资料,包括合同文本、产品说明书、销售方案等资料。李静按照张总经理的吩咐一一打印、核对、装订妥当后,放在一个文件夹里,交给了张总经理。送走张总经理后,李静松了口气。

第二天中午休息时，李静和几个要好的同事去附近的饭店吃饭。这几天太辛苦了，李静说得好好犒劳自己一下，点了几个喜欢吃的菜，美美地吃了一顿。吃完饭后，她们没急着回公司，顺便去了一下超市，购买了一些饼干薯片之类的零食后，兴高采烈地回到公司。

李静回到办公室，发现她的手机落在办公桌上，中午吃饭忘了带手机。拿起来一看竟然有五个未接电话，查看电话号码，五个电话都是张总经理打的。她马上紧张起来，赶紧打电话过去问张总什么事情。电话通了，那头传来张总不高兴的声音，询问李静干什么去了，为什么不及时接电话？李静正不知怎样回答，张总接着说："你马上用传真给我传个资料过来，就是应天公司最早发给我们的协议草案。现在双方对合同内容分歧很大，我想看一下他们原来的协议内容。这边的传真号是×××××××××××。"李静说："您放心，我马上给您发过去。"放下电话，李静马上打开文件柜，开始找张总要的文件，翻遍了文件夹，终于找到了要找的文件。李静刚想松口气，仔细一看文件，忽然傻眼了，原来她们公司传真机用的是热敏纸质，现在几个月过去了，传真纸上字迹模糊，淡淡的几乎看不清几个字，怎么办？给张总发一张白纸过去吗？

(根据孟庆荣主编《秘书工作案例及分析》的案例修改，清华大学出版社2007年6月版)

请问：秘书应该怎样处理传真这类热敏纸文件？总经理不在，秘书是否可以放松？中午休息时，秘书是否可以关闭手机以避免被打扰？

案例(四)

中信集团办公室秘书王丽这天拆阅信件时，发现有一封下属公司部分职工联名写给集团公司领导的信，信中列举事实反映他们公司领导经常要求他们无偿加班加点，侵犯了他们的合法权益，强烈要求总公司领导为他们伸张正义，维护他们的合法权益，否则就要诉诸媒体。读完信后，王丽立即按人民来信处理程序填写了"群众来信处理单"，并与原信一起上报给办公室主任吴宏欣。

吴主任阅后，感到问题比较严重，于是在拟办意见中写道："该公司过去曾发生过这类问题，员工反映过多次，一直未能彻底解决。这次是联名人数最多的来信，建议与工会联合进行调查，提出解决办法。请陈总经理阅示。"

陈总经理看完来信全文后，深感自己的责任重大，于是批示："此类问题员工一再反映，我们一直未能解决好，这是我工作的失职。同意吴宏欣同志的意见，由办公室会同工会联合进行调查，一经查实，所有的加班费要全额补发，并追究有关人员的责任，绝不允许此类情况再次发生。调查情况请尽快向我报告。"

根据总经理的批示，吴主任与工会协商，决定由王丽与工会的另外两位同志组成调查小组，王丽任组长，于第二天下午就到这家下属公司展开调查。调查小组经过个别访谈和查阅有关生产记录，证明员工的反映完全属实。但该公司的领导却不以为然，强调各种理由，企图推卸责任，蒙混过关。王丽传达了集团总经理的批示，屈于压力，该公司的领导口头答应补发员工的全部加班费，但却不认错。

回到集团后，王丽向陈总经理做了汇报。陈总经理指示一定要该公司领导作出全面检查和保证，否则就地免职。

第二天，王丽带领工作组再次来到该公司，向该公司领导传达了陈总经理的指示，并晓以利害。经过一番努力，该公司领导终于认识到问题的严重性，表示接受陈总经理的指示，作出全面检查，并当着工作组的面，签发了补发加班费的工资单。

三天后，王丽收到了该公司领导的全面检查。根据陈总经理的进一步指示，王丽起草了一份批评性通报，经吴主任审核和陈总经理签发后，打印下发。王丽还通过电话向每一位写信的员工询问问题是否解决，员工们十分高兴地说已经拿到了全部加班费，并请王丽向陈总经理转达感谢之意。王丽将电话询问的结果仔细地记录在"群众来信处理单"上，并向陈总经理作了反馈，陈总经理表示满意。至此，一封群众言辞激烈的来信和领导态度坚决的批示，通过秘书的受理、登记、立案、督促检查，终于得到圆满解决。

(根据向国敏《现代秘书实务》的案例修改，首都经济贸易大学出版社2005年8月版)

请问：王丽在这封群众来信处理的程序上是否正确？对领导批办事务进行督察的规范要求是什么？

案例(五)

中信集团这几年规模拓展过快，机构设置庞杂，职能穿插，因此扯皮的事时有发生。为此，总部拟对本部中层机构进行改革，裁并部分机构并精减一些人员。总经理对这次改革很重视，连续几天召开了相关部门的会议，经过反复酝酿，改革初步方案终于有了轮廓。会议结束，总经理让担任会议记录的秘书小王赶紧把方案打印出来交给他，准备提交明天的总经理办公会议研究通过。小王接受任务后，立即着手录入，刚输了一小段，电话铃响了，原来是维修部的小张打来电话，告诉她，会议室的投影仪修好了，让她过去查验一下。王秘书说声："好。我马上就去。"放下电话后，她心想没几分钟就回来，所以电脑也没有关，会议记录稿也没有收起来，就急匆匆跑去会议室了。

到了会议室，小张已在那里，他们一起演示了一下投影仪，开、关、演示等都没有什么问题，一切正常。小王关了投影仪，谢过小张后连忙赶回办公室。到了办公室推门进去，发现就这么一会儿工夫，她的办公室里坐了两个人，都是她的好朋友，一个是企划部的小苏，另一个是后勤部的小唐。她们俩一个在看电脑，一个在翻会议记录稿，看见她进来就说："你去哪里了？等你半天了。"王秘书快步走回自己的位子，抢回小苏手里的会议记录说："别看了，别看了。"小苏说："真小气，看看怕啥。咱们集团的改革大家都很关注，机构压缩了，人员精减了，改革好后效率提高了，于大家都有好处嘛！"王秘书听后连连乞求说："快别说了，你们俩记住千万别出去乱说。这还仅是一个草案，没有最终确定，还不能公开，现在就说压缩这个精简那个，传出去搞得人心惶惶，弄不好可能会出事的。现在这还是咱们集团的机密。"小唐说："得了，你对我们还保密？再说了，秘密的东西你还随便放在桌子上让别人看？"小王一听傻了眼，不知该说什么好了。

(根据孟庆荣主编《秘书工作案例及分析》的案例修改，清华大学出版社2007年6月版)

请问：王秘书犯了什么错误？她在有事需要离开时应该怎样处理还不能公开的秘密？

案例(六)

中信集团公关部的驾驶员小蒋脾气暴躁，一句话不合就挥拳向人。有一次他拉了公关部的一些人到广告施工现场，一位施工人员在搬动脚手架时不小心把小车的后转向灯碰坏了，两人吵了几句，小蒋气不过，抓住那位施工人员大打出手，将其打伤致残。为此他被法院判了3年有期徒刑。在即将服刑的时候，有人为他出主意说："如果单位能证明你现在正在搞科研项目，你就可以保外服刑。"小蒋听后，赶紧写了一份假证明，找到科研部管公章的秘书小刘给他盖章。小刘因当时较忙，听说是搞科研，也没有认真看证明的内容，就把公章盖了上去。小蒋因此被保外服刑。半年过后，有一次受害者家属在大街上看到他在闲逛，了解了事情真相后，告到法院。法院经调查，知道了事情原委，小蒋重新被送到监狱，而管理公章的小刘，因工作疏忽大意，被单位调离岗位并给予了行政记过处分。

请问：秘书小刘在不知情的情况下误盖公章有没有过错？公章管理人员在使用公章出具证明时应遵循什么样的程序？

案例（七）

秘书郭玲玉接到办公室主任交办的一项任务：集团最近有两位副总有商务任务要外出，一位是常务副总李宏营，他将于6月3日至4日到广州参加一个重型机械制造产品展销会；6月6日到三亚参加全国机械制造发展论坛，会期一天；6月11日下午在本部出席宏昌机械制造公司的新产品推介会。在广州展销会和三亚论坛期间有一段空隙，他打算到公司驻广州办事处了解该处下一步的工作计划，并到毗邻的顺德探访一位老朋友。另一位是主管科研业务的施副总应邀将于6月4日飞抵美国××公司参观考察，并初步商谈双方合作意向，时间为6天，但他从未出过国门。主任让郭玲玉为两位领导制订商务旅行计划。

郭玲玉动作迅速，第二天一早就把两位副总的商务旅行计划交到主任的手中。

集团领导商务旅行计划书

1. 李副总商务旅行计划
6月3日　去广州。
6月3日—4日　参加重型机械制造产品展销会。
6月5日　到公司驻广州办事处了解该处工作计划，并到顺德探访他的老朋友。
6月6日　到三亚参加全国机械制造发展论坛会。
6月7日　从海南乘飞机回来。
6月11日　出席宏昌机械制造公司的新产品推介会。
2. 施副总商务旅行计划
6月4日　办理护照和签证。
6月5日　飞抵华盛顿。
6月6日　参观考察美国××公司。
6月7日　与美国××公司商谈双方合作意向。
6月8日　游览纽约。
6月9日　飞回厦门。
6月11日　出席宏昌机械制造公司的新产品推介会。

请问：郭秘书为两位副总拟订的商务旅行计划可行否？规范的商务旅行计划应该怎样拟订？

三、情景实训

(一) 秘书安排处理日常事务的技巧

1. 实训目标：通过本实训掌握秘书处理每日工作内容的技巧。
2. 实训背景：

周一上班，秘书小周需要完成以下工作。

(1) 给泰达公司的洪经理挂电话，联系于下周四与自己上司约会事宜。
(2) 下午部门经理开会，讨论方案每人复印一份(共 8 人，每份 10 页)及会议议程表。
(3) 写份申请今年自己休假的报告给人力资源部门。
(4) 给某客户的答复信已写好，要复印一份以备存，原件邮寄给对方。
(5) 拆封、分类和传递今天收到的邮件。
(6) 布置下午会议的会议室，准备茶水和咖啡。
(7) 为上司预订周末去北京的火车票。
(8) 将财务部新发的办公经费报销规定复印一份备存，原件放于文件传阅夹中给部门同事传阅。
(9) 在做这些事情的同时，她还接待了 3 位访客、接应电话等事宜。
3. 实训内容：用 ABCD 法则对上述工作排出优先等级。
4. 实训要求：
(1) 本实训在模拟综合实训室进行。
(2) 实训分小组进行，每组 3 个人，每个同学在实训过程中要严肃认真，大家互相配合并互评成绩。
5. 实训提示：

ABCD 法则，即重要的并紧急的事务属 A 类，必须立即做、优先做；重要而不急的事务属 B 类，应接着处理；属于 C 类的事务有时间才做；D 类的可做可不做。每日从 A 类依轻重缓急，循序着手，就能充分利用时间，取得最佳效益。

(二)接听电话并发送传真和电子邮件

1. 实训目标：通过本实训，掌握接听和挂拨电话、发送传真和电子邮件的方法。
2. 实训背景：集团公司销售部经理郑重每天接听和拨打的电话数十乃至上百个，还要接收来自全国各地客户发来的传真及电子邮件，模拟郑重在上班时间接听和拨打客户电话、处理客户的传真与电子邮件等事务。
3. 实训内容：按照实际情况演练接听电话和挂拨电话，发送传真及电子邮件。
4. 实训要求：
(1) 本实训选择在综合模拟实训室进行，实训室配置有电话、传真机和能上网的计算机工位。
(2) 实训分小组进行，3 人一组。每个人根据所给的实训背景材料，接听电话和挂拨电话，发送传真及电子邮件。
5. 实训提示：
(1) 秘书接听和挂拨电话的基本程序参见本章第二节内容。
(2) 传真首页上方应注明发送者和接收者双方的公司名称、人员姓名、日期、联系电话。
(3) 传真正文要有礼貌，称呼、问候语、致谢语及结尾的签名必须齐全。
(4) 电子邮件的主题要明确，称呼要礼貌，内容要正确，篇幅要简短，要小心使用附件功能。

(三)产品质量问题投诉的处理办法

1. 实训目标：通过本实训掌握企业面临产品质量投诉时的处理办法。

2. 实训背景：一家化学品公司生产的驱虫防蛀片产生了始料不及的对织物的损害，消费者纷纷来信投诉，公司的接待秘书面临这种状况将如何协助上司处理投诉。所提解决问题的方案既要能满足消费者的要求，又要能保证公司度过危机，且还得保住公司产品的牌子。

3. 实训内容：企业信访处理办法。

4. 实训要求：

(1) 本实训选择在综合实训室进行。

(2) 实训分小组进行，每组4个人，其中1人为组长。

(3) 预先准备数份消费者的投诉信及本公司产品代销商场的反馈综合信息。

(4) 实训室配置全套日常办公必需的设施，小组实训过程中还有投诉电话挂进。

(5) 实训小组所提解决问题的方案必须是三全其美(能弥补消费者的损失，能保证公司度过生产危机，还得保住公司产品的牌子)。

5. 实训提示：

(1) 企业信访的处理应把握好答复咨询、自办自查、转办交办等环节。

(2) 企业信访的处理方法一般分为阅信、办信、复信三个基本步骤。

(四)保密文件的阅、存、毁

1. 实训目标：通过本实训，熟练掌握保密文件的阅、存、毁的程序和方法。

2. 实训背景：中信集团收到国家机械总局发来的国际机械行业对华机械产品限销对策的机密文件，该文件经总经理阅后保存半年，到期后由办公室组织销毁。模拟对这份机密件的阅、存、毁整个过程的操作程序和方法。

3. 实训内容：掌握保密文件的阅、存、毁的程序和方法。

4. 实训要求：

(1) 本实训在综合实训室进行。

(2) 实训分小组进行，每组4个人，其中1人扮演总经理，3人分别扮演秘书。

(3) 预先准备1份仿真机密级文件。

(4) 实训室配置全套日常办公必需的设施，有机密文件阅文室和阅文设施、机密文件保管室及机密文件保管设备、碎纸机、机密文件的阅文登记、保管领用登记及销毁登记簿(卡)等。

5. 实训提示：

(1) 密件必须严格按文件规定和领导人确定的范围组织传阅，不得在公共场所阅读密件。

(2) 销毁密件必须严格登记，经主管领导人批准后，至少由两人监销。销毁密件时，应禁止无关人员介入，保证不丢失、不漏销、不泄密。销毁后，监销人在销毁密件登记表上签字。

(五)印章的使用与管理

1. 实训目标：按规范使用和保管单位正式印章。

2．实训背景：本单位供应科小周来办公室申请办理转给配套厂家 8 月份供应本公司生产配件款项的转款用章手续。办公室秘书小李审核无误后，正在转账凭证上一份份地认真准确地盖单位正式印章和总经理的法人章。这时突然电话铃响起，小李把印章放在桌面上就去接电话。电话那头是陈总经理，他交代小李有急事，要求她必须立即去处理。模拟小李在这整个过程中的规范处理程序和方法。

3．实训内容：单位正式印章和法人章使用与管理的程序要求。

4．实训要求：

(1) 本实训安排在综合模拟实训室进行。

(2) 实训分小组进行，每组 3 人，其中 1 人扮演陈总经理，1 人扮演小李，1 人扮演小周。

(3) 实训室中日常办公用品配置齐全，有保管印信的专用保险柜(箱)、用印申请书、登记簿及电话等用品。

5．实训提示：

(1) 用印时必须填写"用印申请单"，经批准后才予以盖印。

(2) 印章管理人员对所盖凭信确认无误后才予以盖印。

(3) 用印要办理登记手续。

(4) 印章的保管要完全规范。

(六)为上司安排活动的程序和方法

1．实训目标：编制领导季度会议工作安排。

2．实训背景：销售部经理第三季度会议较多，七月的前两周要在上海开会；八月的第二周要去香港参加 5 天会议；每月的最后一个星期五上午是销售部固定的部门会议；八月最后一个星期三要参加公司的办公会议；七月的第三周星期二要在公司开销售会议，传达上海会议精神；八月第一周的星期一还要面试 3 位营销员；九月的前两周希望安排休假。销售部经理要求秘书为他制定一份一目了然的季度会议安排表。

3．实训内容：通过本实训达到熟练掌握为上司安排活动的程序和方法。

4．实训要求：

(1) 本实训选择在综合实训室进行。

(2) 实训分小组进行，每组 3 个人，其中 1 人担任组长，组织大家共同分析所给背景材料，然后编制一份清楚有序且一目了然地显现销售经理第三季度的活动和会议工作安排表。

5．实训提示：领导活动安排的编制要注明时间、地点、活动内容、活动形式、参加人员及备注或附注。上述内容要清楚又要一目了然。

(七)为上司拟订出国的商务旅行计划

1．实训目标：通过本实训，掌握为上司拟订出国商务旅行计划的技能技巧。

2．实训背景：中信集团主管科研业务的施副总应邀将于 6 月 4 日飞抵美国××公司参观考察，并初步商谈双方合作意向，时间为 6 天。他从未出过国门。请为这位上司制订一份出国的商务旅行计划。

3．实训内容：上司出国商务旅行计划拟订的内容、程序、方法和注意事项。

4．实训要求：

(1) 本实训拟安排在综合实训室进行。

(2) 实训分小组进行，每组两个人。

(3) 实训室中日常办公用品配置齐全，有电话、传真、复印机、本市主要旅行社的联系电话及世界各主要国家的时差表等。

5．实训提示：

(1) 为上司制订的商务旅行计划中，应明确注明差旅的时间、地点、内容、差旅期间需用的交通工具、住宿及需要准备的资料、物品等。

(2) 拟订差旅计划时要尊重上司的意图和要求，要符合本组织规定，还要考虑上司的身体情况，使之劳逸结合。

参 考 文 献

1. 范立荣. 秘书——国家职业资格培训教程. 北京：海潮出版社，2003
2. 胡鸿杰，申琰，张莉敏等. 办公室管理. 北京：中国人民大学出版社，2001
3. 方国雄. 秘书学. 北京：高等教育出版社，2001
4. 廖金泽. 高级秘书手册. 深圳：海天出版社，2002
5. 向阳. 现代秘书知识应用与实训. 武汉：湖北人民出版社，2003
6. 宇正香. 秘书理论与实务. 杭州：浙江大学出版社，2004
7. 张丽琍. 商务秘书事务. 北京：中国人民大学出版社，2004
8. 王毓珄. 秘书理论与实务教程. 杭州：浙江大学出版社，2004
9. 赵锁龙. 管理秘书实务. 北京：中国人民大学出版社，2004
10. 王育. 秘书实务. 北京：高等教育出版社，2004
11. 蔡超，杨锋. 现代秘书实务. 广州：暨南大学出版社，2006
12. 向国敏. 现代秘书实务. 北京：首都经济贸易大学出版社，2005
13. 陆瑜芳. 秘书学概论. 上海：复旦大学出版社，2005
14. 谭一平. 职业秘书实务. 北京：东方出版社，2006
15. 陈合宜. 秘书学. 广州：暨南大学出版社，2005
16. 欧阳周，陶琪. 现代秘书学——原理与实务. 长沙：中南大学出版社，2000
17. 朱传忠，叶明. 秘书理论与实务. 杭州：浙江大学出版社，1995
18. 陆瑜芳. 办公室实务. 上海：复旦大学出版社，2005
19. 孙荣，杨蓓蕾，袁士祥等. 秘书工作案例. 上海：复旦大学出版社，2005
20. 徐飙. 文秘实习实训教程. 北京：高等教育出版社，2005
21. 孟庆荣. 秘书工作案例及分析. 北京：清华大学出版社，2007
22. 谭一平. 秘书工作案例分析与实训. 北京：中国人民大学出版社，2007
23. 《秘书工作》杂志各期
24. 《秘书之友》杂志各期
25. 《秘书》杂志各期
26. http://www.china-mishu.com(中华秘书网)
27. http://www.cds21.com(中国秘书在线)
28. http://www.xbw2.126.com(文秘之家)